QUADRAT-KARTE

46	30°54	55	56	44	45 20°	46	54	55	56	10°64	65
D 49	57	58	59	47	48	49	5	58	59	67	68
73	81	82	83	71	72	73	81	82	83	91	92
76	84	85	86	74	75	76	84	85	86	94	9
79	87	88	89	77	78	79	87	88	89	97	98

21	22	31	32	11	12	21	22	31	32	11	12	21	22	31
23	24	33	34	13	14	23	24	33	34	13	14	23	24	33
25	26	35	36	15	16	25	26	35	36	15	16	25	26	35
27	28	37	38	17	18	27	28	37	38	17	18	27	28	3
29	02	39	03	19	01	29	02	39	03	19	01	29	02	39

AK 52 53 | 61 | 62 | 63 | 41 | 42 | 51 52 AL 61 | 62 | 63 | 41 | 42 | 43 | 51 52 AM 53

55	56	64	65	66	44	45	54	55	64	65	66	44	45	46	54	55	56	64
58	59	67	68	69	47	48	57	58	67	68	69	47	48	49	57	58	59	67
82	83	91	92	93	71	72	81	82	91	92	93	71	72	73	81	82	83	91
85	86	94	95	96	74	75	84	85	94	95	96	74	75	76	84	85	86	94
88	89	97	98	99	77	78	87	88	97	98	99	77	78	79	87	88	89	97

21	22	23	31	32	33	11	12	13	21	22	23	31	32	33	11	12	13	21
24	25	26	34	35	36	14	15	16	24	25	26	34	35	36	14	15	16	24
27	28	29	37	38	39	17	18	19	27	28	29	37	38	39	17	18	19	27

51	52	53	61	62	63	41	42	43	51	52	53	61	62	63	41	42	43	51
54 BD 56	64	65	66	44	45	46	54 BE 56	64	65	66	44	45 BF 46	54
57	58	59	67	68	69	47	48	49	57	58	59	67	68	69	47	48	49	57
81	82	83	91	92	93	71	72	73	81	82	83	91	92	93	71	72	73	81
84	85	86	94	95	96	74	75	76	84	85	86	94	95	96	74	75	76	84
87	88	89	97	98	99	77	78	79	87	88	89	97	98	99	77	78	79	87

| 12 | 13 | 21 30° | 23 | 31 | 32 | 33 | 12 | 13 | 21 22 20° 23 | 31 | 32 | 33 | 11 | 12 | 13 | 21 10° | 23 | 31 |

60°

50°

Jürgen Rohwer

GELEITZUGSCHLACHTEN IM MÄRZ 1943

Herausgegeben vom Arbeitskreis für Wehrforschung

Motorbuch Verlag Stuttgart

Einband und Schutzumschlag: Siegfried Horn.

ISBN 3-87943-383-6

1. Auflage 1975.

Copyright © by Motorbuch Verlag, 7 Stuttgart 1, Postfach 1370.
Eine Abteilung des Buch- und Verlagshauses Paul Pietsch GmbH. & Co. KG.
Sämtliche Rechte der Verbreitung in deutscher Sprache — in jeglicher Form und
Technik — sind vorbehalten.
Satz und Druck: Süddeutsche Verlagsanstalt und Druckerei GmbH.,
714 Ludwigsburg.
Bindung: Großbuchbinderei Franz Spiegel, 79 Ulm.
Printed in Germany.

Inhaltsverzeichnis

VORWORT   9

1. EINLEITUNG: VORKRIEGS-ÜBERLEGUNGEN   13
   1.1 Funkführung und Rudeltaktik   16
   1.2 Das britische Konvoi-System   19

2. DIE JAHRE 1939—1941   22
   2.1 Die Erfahrungen der ersten Kriegsjahre   22
   2.2 Die britische Reaktion auf die Rudeltaktik   26
   2.3 Die Entwicklung der Kurzwellen-Funkpeilung   29
   2.4 Die Funkführung und die Operation 1941   32
   2.5 Die durchgehende Konvoi-Sicherung im Nordatlantik   40
   2.6 Das Eingreifen der USA in die Schlacht im Atlantik   42

3. DAS JAHR 1942   44
   3.1 Die Strategie des ökonomischen U-Booteinsatzes   44
   3.2 Das alliierte Konvoi-System 1942   46
   3.3 Die deutsche Funkaufklärung   58
   3.4 Die Rolle des alliierten Funkpeil-Systems   61

4. DIE STREITKRÄFTE ANFANG MÄRZ 1943   67
   4.1 Die Situation der alliierten Geleitstreitkräfte   67
   4.2 Die Situation der deutschen U-Bootwaffe   76

5. DIE FÜHRUNG DER KONVOIS IM MÄRZ 1943   80
   5.1 Die Vorbereitungen zum Auslaufen der Konvois SC.122,
       HX.229 und HX.229A   80
   5.2 Ein Zwischenspiel auf der England-Gibraltar-Route   84
   5.3 Die Geleitzugschlachten SC.121 und HX.228   87
   5.4 Der erste Wegabschnitt von New York bis Neufundland   98
       5.41 Der SC.122   98
       5.42 Der HX.229 und HX.229A
   5.5 Die Probleme der Ocean Escort Groups   109

6. DIE OPERATIONEN AUF DEN GIBRALTAR-ROUTEN   124
   6.1 Die Geleitzugschlacht gegen den UGS.6   126
   6.2 Die Operationen auf der England-Gibraltar-Route   132

7. DIE SUCH- UND AUSWEICHBEWEGUNGEN BIS ZUM
   16. MÄRZ   138
   7.1 Der Aufmarsch der deutschen U-Boote vom 7. bis 12. März   138
   7.2 Die Operation der Gruppe »Raubgraf« gegen den ON.170   147
   7.3 Der 14. März   159
   7.4 Der 15. März   166
   7.5 Der 16. März: Die Sichtung des HX.229   170

8. DIE ERSTE NACHT   179
   8.1 Der HX.229   179
       8.11 Der Angriff von *U 603*   179
       8.12 Der Angriff von *U 758*   183
       8.13 Der Angriff von *U 435*   186
       8.14 Die Angriffe von *U 435* und *U 91*   187
       8.15 Der Angriff von *U 600*   192
       8.16 Die Versenkung der Havaristen durch *U 91*   198
   8.2 Der erste Angriff von *U 338* gegen den SC.122   199

9. DER 17. MÄRZ   208
   9.1 Die Lagebeurteilungen am Morgen des 17. März   208
   9.2 Die Tagesangriffe am 17. März   218
       9.21 Die Angriffe von *U 384* und *U 631* gegen den HX.229   218
       9.22 Der zweite Angriff von *U 338* gegen den SC.122   224
   9.3 Der Nachtangriff von *U 305* gegen den SC.122   230

10. DER 18. MÄRZ   238
   10.1 Die Lage am Morgen des 18. März aus der Sicht des BdU   238
   10.2 Die Lage aus der Sicht der Admiralität und des CINCWA   239
   10.3 Der Angriff von *U 221* gegen den HX.229   245
   10.4 Die Luftsicherung am Nachmittag des 18. März   248
   10.5 Der SC.122 am Nachmittag des 18. März   254
   10.6 Der HX.229 am Nachmittag des 18. März   258
   10.7 Die Angriffsversuche gegen den HX.229 in der Nacht zum
        19. 3.   260
   10.8 Die Angriffe von *U 666* gegen den SC.122   267

11. DAS ENDE DER OPERATION   271
   11.1 Die Lagebeurteilungen am Morgen des 19. März   271
   11.2 Die Versenkung der *Mathew Luckenbach*   276
   11.3 Das Abreißen der Fühlung   278
   11.4 Die Ankunft der Konvois   282

12. DIE FOLGERUNGEN AUS DER GELEITZUGSCHLACHT   290

13. TAKTISCH-TECHNISCHE ANALYSE DER BEIDER-
    SEITIGEN OPERATIONEN   295
   13.1 Die erste Nacht am HX.229   295
   13.2 Die erste Nacht am SC.122   297
   13.3 Die Versenkung der Havaristen   297
   13.4 Der zweite Tag am HX.229   298
   13.5 Der zweite Tag am SC.122   298
   13.6 Die zweite Nacht am HX.229   299
   13.7 Die zweite Nacht am SC.122   299
   13.8 Der dritte Tag am HX.229   300
   13.9 Der dritte Tag am SC.122   301
   13.10 Die dritte Nacht am HX.229   301
   13.11 Die dritte Nacht am SC.122   302
   13.12 Der vierte Tag an beiden Konvois   302
   13.13 Der fünfte Tag an beiden Konvois   303

14. ZUSAMMENFASSUNG: DER GELEITZUGKAMPF IM
    MÄRZ 1943   304
    14.1 Die Funkführung und das Finden der Konvois   304
    14.2 Die Funkführung in der Phase des Fühlunghaltens   305
    14.3 Der Angriff der U-Boote   307
    14.4 Die U-Bootbekämpfung   308
    14.5 Die Ergebnisse an den Konvois HX.229 und SC.122   308
    14.6 Die Rolle des HF/DF   310

15. ANLAGEN
    15.1 Liste der an Handelsschiffe der Konvois SC.122, HX.229,
         HX.229A   315
    15.2 Die Geleitfahrzeuge der Konvois   320
    15.3 Die U-Boote der Gruppen »Raubgraf«, »Stürmer« und
         »Dränger«   323
    15.4 Die Lagebeurteilung des B.d.U. vom 5. 3. 1943   327
    15.5 Die »Sailing telegrams« der Konvois SC.122 und HX.229   330
    15.6 Die U-Bootangriffe   335
    15.7 Die U-Bootbekämpfungen   339
    15.8 Die Flugzeugmeldungen und die Entzifferungen des
         xB-Dienstes   341
    15.9 Der Abschlußbericht des BdU vom 20. 3. 1943   343
    15.10 Vorläufige Bemerkungen zur Sicherheit der deutschen
          Schlüsselmittel   344
    15.11 Bibliographie   350

16. KARTEN UND GRAPHISCHE DARSTELLUNGEN
    16.1 Deutsche Marine-Quadrat-Karte des Nordatlantik   Innen auf
                                                             Buchdeckel
    16.2 Die Kursanweisungen und Ausweichbefehle für einen Nord-
         atlantik-Konvoi (dargestellt am Beispiel des Konvois
         SC.122 im März 1943)   48—51
    16.3 Die Nordatlantik-Konvois und ihre Escort Groups im
         März 1943   74
    16.4 Der Einsatz der Ocean Escort Groups, April 1942 — Juli
         1943   75
    16.5 Die Lage im Nordatlantik: 3. März — 5. März 1943   82—83
    16.6 Die Lage im Nordatlantik: 5. März — 7. März 1943   88—89
    16.7 Die Lage im Nordatlantik: 7. März — 9. März 1943   92—93
    16.8 Die Lage im Nordatlantik: 9. März — 11. März 1943   96—97
    16.9 Die Lage im Nordwestatlantik: 3. — 6. März 1943
         Die Lage im Nordwestatlantik: 6. — 8. März 1943 110—111
    16.10 Die Lage im Nordwestatlantik: 8. — 11. März 1943
          Die Lage im Nordwestatlantik: 11. — 13. März 1943 116—117
    16.11 Die Lage im Nordatlantik: 11. März — 13. März 1943 122—123
    16.12 Die Lage im Nordatlantik: 13. März — 15. März 1943 136—137
    16.13 Die Operation der Gruppe »Raubgraf« gegen den Konvoi
          ON.170 13. — 14. März 1943   148—149
    16.14 Die alliierte Konvoi-Steuerung für die Konvois SC.122,
          HX.229 und HX.229A   160—161

16.15 Die Lage-Entwicklung aus der Sicht des B.d.U.:
   11. — 15. März 1943   164—165
16.16 Die Erfassung des HX.229: 15. — 16. März 1943   168—169
16.17 Beispiel einer Ausweichbewegung eines Konvois nach einer
   HF/DF-Peilung: Der HX.229 am 16. März 1943/mittags 172—173
16.18 Die Lage im Nordatlantik: 15. März — 17. März 1943   176—177
16.19 Die Marschordnung des Konvois HX.229: 16. März 1943
   abends   181
16.20 Die Angriffe gegen den HX.229 in der Nacht vom 16. zum
   17. März 1943   188—189
16.21 Die Marschordnung des Konvois SC.122: 16. März 1943
   nachmittags   200
16.22 Beispiel eines Überwasser-Nachtangriffes: U 338 gegen den
   SC.122 in der Nacht zum 17. März 1943
   Beispiel einer Operation »Raspberry«   204—205
16.23 Beispiel für die Luftsicherung eines Konvois: Der SC.122 am
   17. März 1943   228—229
16.24 Beispiel eines Unterwasser-Tagesangriffes: U 221 gegen den
   HX.229 am 18. März 1943
   Beispiel einer Operation »Artichoke«   232—233
16.25 Die Lage im Nordatlantik: 17. März — 19. März 1943 240—241
16.26 Die Lage im Nordatlantik: 19. März — 21. März 1943 264—265

Vorwort

Seit rund 30 Jahren gehören Bücher und Aufsätze über die Schlacht im Atlantik zum regelmäßigen Angebot maritimer Verlage und Zeitschriften sowohl in England als auch in Deutschland. Es mag naheliegen, daß man sich in England sehr für dieses Thema interessiert, weiß doch jeder Engländer, welche Rolle die Beherrschung der Seewege durch die Royal Navy und ihr Sieg über die U-Boote für das Überleben des Landes in zwei Weltkriegen spielten. Doch auch in der viel kontinentaler denkenden Bundesrepublik konnten in den letzten Jahren Bücher zu diesem Thema bis auf die Bestseller-Listen vordringen. Die Frage mag nach so vielen Veröffentlichungen berechtigt sein, ob es denn eigentlich zum U-Bootkrieg 1939 bis 1945 noch etwas Neues zu berichten gibt, das nicht schon in dieser oder jener Form an anderer Stelle zu finden ist.

Gerade heute ist diese Frage eindeutiger zu bejahen als noch vor kurzer Zeit. Mit dem Ablauf der 30jährigen Sperrfrist für die Akten des Zweiten Weltkrieges in Großbritannien eröffnet sich nämlich für den Historiker die reizvolle Möglichkeit, die Vorgänge der Schlacht im Atlantik sehr viel genauer zu rekonstruieren, als das bisher möglich war. Das gilt weniger für die Fragen der großen Strategie, die bisher schon durch die amtlichen Werke für Großbritannien und die alliierte Seite und verschiedene Quellen-Publikationen in Deutschland sowie die Memoiren der führenden Befehlshaber auf beiden Seiten weitgehend als geklärt gelten können. Es betrifft sehr viel stärker das Wechselspiel von Aktion und Reaktion im Bereich der operativen Führung mit ihren vielfältigen technischen Abhängigkeiten besonders auf den Gebieten der Funkführung und der Funkaufklärung, der Über- und Unterwasserortung. Es gilt aber auch für die Darstellung des taktischen Ablaufs der einzelnen Operationen. Sie mußte sich bisher ganz überwiegend darauf beschränken, die Vorgänge aus der Sicht oder dem Erleben der einen Seite zu schildern, mit allen Fehlern, welche die begrenzten Einblicks- und Beurteilungsmöglichkeiten für die tatsächlichen Geschehnisse auf der Gegenseite im Kriege mit sich bringen. Nun ist es in einer Mehrzahl der Fälle möglich, dem Kriegstagebuch der einen Seite den nicht minder detaillierten Gefechtsbericht der anderen Seite gegenüberzustellen.

Die Untersuchung einer großen Zahl von Konvoi-Operationen und der einzelnen taktischen Aktionen darin zeigt, daß manche bisher gängigen Vorstellungen einer Prüfung im Detail nicht standhalten. Nicht nur die von den beteiligten Akteuren beider Seiten oft überschätzten Erfolge sind hier zu korrigieren und die Ursachen für Fehlbeurteilungen herauszufinden, auch viele Annahmen über die Wirksamkeit einzelner Techniken, Geräte und Waffensysteme stellen sich als viel zu monokausal gesehen heraus und müssen mit den verschiedenartigsten anderen Faktoren in Beziehung gebracht werden: der Wirkung anderer Sensoren und Waffen, aber auch dem Wetter, technischen Pannen, menschlichem Versagen, Glück und Zufall. Es zeigt sich, daß das gültige Bild der Vorgänge viel zu sehr am Modell einzelner, immer wieder dargestellter Operationen orientiert ist, deren besondere Bedingungen oft vom für die fragliche Zeit Typischen abweichen. Dabei spielte es sicher eine wesentliche Rolle, daß sowohl in den großen Gesamtdarstellungen als auch in den Schilderungen einzelner Operationen vor allem die Geleitzugschlachten ausgewählt wurden, in denen »viel passierte«, während die viel zahlreicheren Fahrten von Konvois und U-Booten, bei denen nichts Herausragendes geschah, der Vergessenheit anheimfielen.

Deshalb soll in diesem Buch einmal der Versuch gemacht werden, eine der berühmtesten Geleitzugschlachten des Zweiten Weltkrieges, die gegen die Konvois HX.229 und SC.122 im März 1943, nicht wie bisher isoliert und aus dem Zusammenhang der gleichzeitigen »ereignislosen« Operationen herausgelöst, sondern vor deren Hintergrund darzustellen. Nach einem Überblick über die Entwicklung der strategischen Konzeptionen beider Seiten in den verschiedenen Phasen der Schlacht im Atlantik von 1939—1943 und der Schilderung besonders der Probleme der operativen Führung sollen die Konvoi- und U-Bootoperationen im gesamten Nordatlantik während der ersten zwanzig Tage des März 1943 dargestellt und auf Karten in ihrem Ablauf deutlich gemacht werden.

Ohne die großzügige und geduldige Hilfsbereitschaft der histori-

schen Abteilungen der an der Schlacht im Atlantik beteiligten Marinen und ihrer Archive, vor allem aber zahlloser Akteure beider Seiten, vom Oberbefehlshaber über den Verbandschef und Kommandanten bis zum Matrosen, eingeschlossen aber auch den zivilen Techniker, wäre diese Arbeit nicht möglich gewesen. Ihnen allen an dieser Stelle zu danken, ist nicht möglich, doch mögen einige Namen stellvertretend für alle angeführt sein:
Von der Naval Historical Branch, Ministry of Defence, London, Rear Admiral P. N. Buckley, Mr. J. D. Lawson und Mr. H. C. Beaumont;
von der Air Historical Branch (RAF), Ministry of Defence, London, Group Captain E. B. Haslam; Mr. J. P. McDonald;
vom Public Records Office, London, Mr. F. F. Lambert;
von der Division of Naval History, Office of the Chief of Naval Operations, Navy Department, Washington, Rear Admiral Ernest McNeill Eller, Captain F. Kent Loomis und Mr. S. L. Morison;
vom Directorate of History, Department of National Defence, Ottawa, Dr. G. N. Tucker, Mr. E. C. Russell, Mr. S. F. Wise, Commander W. A. B. Douglas und Mr. Philip Chaplin;
vom Militärgeschichtlichen Forschungsamt der Bundeswehr, Freiburg, Kapitän zur See Dr. F. Forstmeier, Korvettenkapitän H. Horkisch;
vom Bundesarchiv-Militärarchiv, Freiburg, Dr. G. Maierhöfer;
von der Botschaft der Bundesrepublik Deutschland in London Flottillenadmiral Dr. W. Schünemann, Fregattenkapitän W. Brost.
Sie alle haben mich bei meiner Arbeit weit über ihre dienstlichen Aufgaben hinaus großzügig unterstützt.
Von den Akteuren auf alliierter Seite haben mir vor allem die folgenden Herren dankenswerterweise geholfen, die auch selbst Bücher zum Thema veröffentlichten: Vice Admiral B. B. Schofield, der in der Trade Division der Admiralität Anteil an der alliierten Führung hatte, Vice Admiral Sir Peter Gretton und Captain Donald Macintyre, die als Escort Commanders besonders erfolgreiche Escort Groups führten, und Capitaine de corvette Pierre de Morsier und Captain John M. Waters, die als Kommandant der freifranzösischen Korvette »Lobelia« und als Offizier auf dem US-Coast Guard Cutter »Ingham« das Frühjahr 1943 im Nordatlantik erlebten.
Auf deutscher Seite möchte ich an erster Stelle dem Oberbefehls-

haber der Kriegsmarine und Befehlshaber der U-Boote, Großadmiral a. D. Karl Dönitz, für die vielen langen Aussprachen über
Probleme des U-Bootkrieges danken, ebenso auch Konteradmiral
a. D. Eberhard Godt, dem leider viel zu früh verstorbenen Fregattenkapitän G. Hessler, Korvettenkapitän a. D. A. Schnee und
Kapitän zur See a. D. H. Meckel vom BdU-Stab, den Experten
auf dem Gebiet des Marine-Nachrichten-Dienstes Konteradmiral
a. D. Stummel, den Kapitänen zur See a. D. A. Bonatz, H. Giessler,
H. Möller, sowie den vielen U-Bootkommandanten, die die Schlacht
im Atlantik überlebten und mir während nun rund 30 Jahren über
die verschiedensten Einzelheiten ihrer Erfahrungen berichteten.
Wertvolle Einzelheiten erfuhr ich von Dieter Berenbrok (†),
Dr. Frank Reuter, Dr. Ing. Wachtel und Fregattenkapitän Grundke
über die deutsche Radar- und Funkentwicklung.
Nicht vergessen möchte ich in dieser Reihe meine »Historiker-
Kollegen«, Rear Admiral Prof. Dr. Samuel Eliot Morison und
Captain Stephen W. Roskill, die Verfasser der amerikanischen und
britischen offiziellen Seekriegswerke, denen ich viele Anregungen
und Detailangaben verdanke.
Zum Schluß gilt mein Dank meiner lieben Frau Evi und meinen
beiden Söhnen, die die Abend- und Wochenendarbeit des Vaters mit
Geduld und Nachsicht begleiteten, und meinen Sekretärinnen, Frau
Kasper und Frau Niggl, die das Manuskript tippten.

J. Rohwer

Stuttgart, im Sommer 1975

1. Einleitung

Die »Schlacht im Atlantik« war die längste Schlacht des Zweiten Weltkrieges. Sie begann am 3. September 1939 und endete am 8. Mai 1945. In dieser Schlacht ging es um die für England lebensnotwendigen Zufuhren aus Übersee. Neben der eigentlichen Schlacht im Atlantik spielten in diesem Zufuhrkrieg auch andere Operationen eine Rolle: der offensive Einsatz von See- und Luftstreitkräften gegen die Schiffahrt unter der englischen Küste, der Minenkrieg mit Flugzeugen, Überwasserschiffen und Unterseebooten auf den britischen Schiffahrtswegen, die Luftangriffe auf die Häfen Englands, die Abschnürung Englands vom europäischen Kontinent durch die deutsche Besetzung Norwegens, Dänemarks und Frankreichs; aber auch der See- und Seeluftkrieg auf den Ozeanen und in den Randmeeren Europas und des Fernen Ostens, sofern er sich gegen den alliierten und neutralen, für die alliierte Seite nutzbaren Handelsschiffsraum richtete. Entschieden wurde dieser Zufuhrkrieg jedoch in der Schlacht im Atlantik, in der die deutschen U-Boote in einem fast 69 Monate währenden Ringen die Hauptlast des Kampfes zu tragen hatten, zeitweise ergänzt durch Schlachtschiffe, Kreuzer, Hilfskreuzer und Fernkampfflugzeuge sowie italienische U-Boote.

Im Frühjahr 1943 erreichte die Schlacht im Atlantik ihren dramatischen Höhepunkt. In den ersten zwanzig Tagen des März 1943 kamen die U-Boote ihrem Ziel, die Verbindungen zwischen der alten und der neuen Welt zu unterbrechen, am nächsten, als sie aus vier aufeinanderfolgenden Konvois 39 Handelsschiffe versenkten. Und doch sollten nur acht Wochen vergehen, bis sich das Blatt wendete und die Konvois die Oberhand über die U-Boote gewannen, bis am 24. Mai der Befehlshaber der U-Boote den Geleitzugkampf im Schwerpunkt der Schlacht, in den Gewässern des Nordatlantik zwischen Neufundland, Grönland, Island und Nordirland, einstellen mußte.

Viele Bücher und Aufsätze sind inzwischen über die größten dieser

Geleitzugschlachten SC.121, HX.228, SC.122, HX.229 und ONS.5 usw. geschrieben worden. In den meisten dieser Bücher steht das Erleben der Seeleute auf den U-Booten, den Handelsschiffen und den Geleitfahrzeugen im Mittelpunkt der Schilderungen. Um in diesen Schilderungen möglichst viel »action« einfangen zu können, hat man sich naturgemäß als Thema jeweils Geleitzugschlachten gewählt, die auf der einen oder der anderen Seite mit großen Verlusten endeten, während man an kaum einer Stelle der Literatur Angaben über die Fahrten der Konvois finden kann, deren Ozeanpassagen mehr oder weniger ereignislos verliefen, und die deshalb keinen Stoff für dramatische Schilderungen zu bieten schienen. So hat man sich zwar bei den ereignisreichen Geleitzugschlachten mit Fragen der taktischen Führung beschäftigt. Dagegen sind die Vorgänge der operativen Führung auf beiden Seiten kaum gründlicher behandelt worden. Das vorliegende Buch soll sich deshalb in seinem ersten Teil vorwiegend mit den operativen Problemen auf beiden Seiten beschäftigen, die zu der größten Geleitzugschlacht des Zweiten Weltkrieges gegen die Konvois HX.229 und SC.122 vom 16. bis 20. März 1943 führten. Es sollen das System der Konvoisteuerung im März 1943 auf der einen Seite und der U-Booteinsatz auf der anderen Seite untersucht werden. Dabei wird der Entwicklung neuer Waffensysteme und technischer Geräte besondere Aufmerksamkeit gewidmet, da sie den Ausgang der Schlacht im Atlantik in ganz besonderem Maße beeinflußt haben.

Im allgemeinen Bewußtsein wird die mit der Technik verbundene Wende des U-Bootkrieges im Atlantik fast immer mit den Erfolgen der alliierten Funkmeßortung (Radar) in Verbindung gebracht. Dieses Gerät, das seinen Besitzer in die Lage versetzt, bei Nacht und Nebel zu »sehen« und das deshalb der menschlichen Phantasie so faszinierende Antriebe bietet, hat die Aufmerksamkeit der Schriftsteller, mochten sie nun als Seeleute Teilnehmer der Schlacht oder Historiker oder Journalisten sein, so sehr gefesselt, daß sie darüber andere Faktoren in ihrer Bedeutung unterschätzten.

Das trifft in ganz besonderem Maße für ein anderes Gebiet des »Krieges im Äther« zu: die Funktelegraphie. Sie war das Mittel, mit dem die an den Operationen beteiligten Schiffe und U-Boote Nachrichten austauschen und Befehle der eingeschifften taktischen und der an Land stationierten operativen Führungsstellen empfangen konnten. Ohne sie hätten weder deutsche Befehlshaber der

14

U-Boote (BdU) den Einsatz seiner U-Boote lenken noch die alliierten Führungsstellen dies- und jenseits des Atlantiks die Konvois und die Schiffahrt steuern können.

Die Ausbreitungseigenschaften der für die Nachrichtenübermittlung verwendeten Radiowellen bringen es jedoch mit sich, daß sie nicht nur von dem beabsichtigten Empfänger, sondern auch vom Feind mitgehört werden können. Deshalb hatten die Marinen schon seit dem Ersten Weltkriege ihre über Funk ausgestrahlten Nachrichten und Befehle in verschlüsselter Form abgesetzt, um damit dem Gegner ein Mitlesen unmöglich zu machen. Es lag nahe, daß sich die Nachrichtendienste der Marinen darum bemühten, in die zur Verschlüsselung der Funksprüche verwendeten Verfahren einzudringen und sie für die eigene Führung lesbar zu machen. Immer kompliziertere Schlüsselverfahren und schließlich der Einsatz von Schlüsselmaschinen sollten diese Bemühungen erschweren. Um die Arbeit des feindlichen Entzifferungsdienstes noch weiter zu komplizieren ging man dazu über, den immer mehr anschwellenden Funkverkehr in bestimmte operativ, taktisch oder geographisch bestimmte Funkverkehrskreise aufzuteilen, diesen gesonderte Frequenzen (Schaltungen) zuzuweisen und die verwendeten Frequenzen und Schlüsseleinstellungen immer häufiger zu wechseln.

Doch gab nicht allein der Entzifferungsdienst dem Gegner wichtige Erkenntnismöglichkeiten aus dem Funkverkehr. Man konnte die Funksprüche absendenden Stellen auch von zwei oder mehr Landstationen aus einpeilen und damit ihren Standort festlegen. Gelang es dem Funkbeobachtungsdienst, die funkenden Stellen zu identifizieren, indem man die Rufzeichen der im Funkspruch vorkommenden An- und Unterschriften auflöste, war es möglich, aus dem so gewonnenen Funkbild sich eine Vorstellung von der Gliederung und der Dislokation feindlicher Streitkräfte zu verschaffen, auch ohne den eigentlichen Funkspruch entziffern zu können. Um dem Gegner, die Gewinnung eines solchen »Funkbildes« zu erschweren, war es üblich, daß in See befindliche Streitkräfte Funkstille hielten und eigene Funksprüche nur dann abgaben, wenn sie vom Gegner ohnehin entdeckt waren oder wenn es die Lage unbedingt erforderte. Schließlich bemühte man sich noch, durch eine geschickt aufgebaute Funktäuschung den Gegner irrezuführen.

Um die Bedeutung dieser Techniken für die entscheidende Phase der Schlacht im Atlantik im Frühjahr 1943 zu verstehen, ist ein kurzer

Rückblick auf die Entwicklung der Führungstechniken auf deutscher und alliierter Seite nötig.

1.1 FUNKFÜHRUNG UND RUDELTAKTIK

Der 1935 mit dem Aufbau und der Ausbildung der neuen deutschen U-Bootwaffe beauftragte damalige Fregattenkapitän Karl Dönitz war schon früh zu der Überzeugung gelangt, daß England im Kriegsfalle zum Schutz seines Handels sofort wieder zu dem im Ersten Weltkrieg so bewährten Konvoisystem übergehen würde. Auf Grund seiner persönlichen Erfahrungen als U-Bootkommandant im Ersten Weltkrieg und nach eingehenden Überlegungen, Planspielen und Versuchen entwickelte Dönitz als zentrale taktische Konzeption des deutschen U-Booteinsatzes gegen dieses Konvoisystem die sogenannte Gruppen- oder Rudeltaktik, durch die er der Konzentration der feindlichen Schiffe und der Abwehr im Konvoi die Konzentration der U-Boote in einer taktisch straff geführten Gruppe gegenüberstellen wollte.

Die ersten Ansätze einer Rudeltaktik lassen sich bis in den Ersten Weltkrieg zurückverfolgen. Bereits 1917, als die ersten Erfahrungen mit britischen Konvois zeigten, daß ein einzelnes U-Boot gegen die massierte Abwehr nur geringe Chancen hatte, war vom Führer der Unterseeboote (FdU) der Hochseeflotte, Kommodore Bauer, der Vorschlag gemacht worden, mehrere U-Boote gemeinsam operieren zu lassen. Zu diesem Zweck wollte er einen Flottillenchef auf einem zum Führungs-U-Boot umgerüsteten Kreuzer vom Typ *U 151* einschiffen und ihn den koordinierten Angriff mehrerer U-Boote gegen einen Konvoi auf dem Funkwege taktisch führen lassen. Nach der Ablösung Bauers als FdU wurde dieser Vorschlag jedoch nicht praktisch erprobt, und es blieb bei einigen improvisierten Versuchen von U-Bootkommandanten, gemeinsam gegen Konvois zu operieren.

Die von 1935 bis 1939 entwickelten Vorstellungen über die Rudeltaktik hatten manche — durch die Entwicklung der Nachrichtentechnik modifizierte — Ähnlichkeit mit den geschilderten Plänen. Die Entwicklung der Kurzwellensender[1] und Empfänger war so weit fortgeschritten, daß bei einer häufigen Wiederholung der Funksprüche zu festgesetzten Programmzeiten und der Auswahl geeig-

Anmerkung 1: Im deutschen Sprachgebrauch werden die Radiowellen wie folgt eingeteilt:

Deutsche Bezeichnung	Frequenz	Alliierte Bezeichnung	
Längstwelle	unter 100 KHz	Very Low Frequency	VL/F
Langwelle	100— 1 500 KHz	Medium Frequency	M/F
Grenzwelle	1 500— 3 000 KHz	Intermediate Frequency	
Kurzwelle	3 000—30 000 KHz	High Frequency	H/F
Ultrakurzwelle	über 30 000 KHz	Very High Frequency	VH/F

neter Frequenzen die U-Boote in jedem Seegebiet Funksprüche der Führung aufnehmen konnten. Die Leistung der Kurzwellensender auf den U-Booten war so weit gesteigert, daß auch die Aufnahme der U-Bootfunksprüche in der Heimat gewährleistet war. Der Einsatz von Längstwellensendern ermöglichte es den U-Booten sogar, mit Hilfe von Stabantennen auch auf Sehrohrtiefe Funksprüche aufzunehmen. Damit war es möglich, den operativen Einsatz und den Aufmarsch der U-Boote im Operationsgebiet unmittelbar von der Befehlsstelle in der Heimat zu steuern. Die U-Boote konnten so — war das Anlaufen der feindlichen Konvois erkannt — in einem für zweckmäßig gehaltenen Gebiet zusammengezogen und in einer entsprechenden Aufstellung zur Erfassung eines Konvois eingesetzt werden. War der Konvoi erfaßt, so sollte der auf einem der U-Boote eingeschiffte Flottillenchef die taktische Führung der U-Bootgruppe übernehmen und dafür Sorge tragen, daß die Fühlung am Konvoi erhalten blieb, bis die anderen Boote der Gruppe herankamen. Ging die Fühlung verloren, so hatte der taktische Führer entsprechende Maßnahmen zu befehlen, um den Konvoi wiederzufinden. Die vor dem Kriege in der Ostsee, aber auch im Atlantik durchgeführten Übungen schienen zu zeigen, daß dieses Verfahren praktikabel war. Da die Masse der für den Geleitzugkampf vorgesehenen U-Boote zum Typ VII gehörte, auf dem die Platzverhältnisse im ganzen beengt waren, wurde vorgesehen, einige der 1938/39 in Bau gegebenen U-Boote vom Typ IX B und IX C als »Nachrichtenboote« mit zusätzlichen Sende- und Empfangsgeräten auszurüsten, um so für die Führungsaufgaben besonders geeignete Boote zu erhalten.

Es war klar, daß der Einsatz der U-Boote in Gruppen die Durchbrechung des Prinzips der Funkstille in See in gewissen Fällen notwendig machte. Nur durch Funkmeldungen der U-Boote über die für die Führung und die anderen U-Boote wichtigen Beobachtungen war ein Erfolg versprechender Ansatz der Gruppe möglich. Da die Abgabe jedes Funkspruches die Gefahr der Einpeilung durch den Gegner und damit der Preisgabe des Standortes mit sich brachte, mußte dafür Sorge getragen werden, diese auf ein Mindestmaß herabzusetzen. In einer grundsätzlichen Weisung wurden deshalb die Fälle festgelegt, in denen die U-Boote von dem Gebot der Funkstille abzuweichen hatten. Folgende Nachrichten hatten die U-Boote grundsätzlich bei jeder nächsten sich bietenden Gelegenheit zu übermitteln:

1. Feindmeldungen, die den Einsatz anderer U-Boote möglich machten.
2. Warnmeldungen über feindliche U-Bootstandorte oder Minensperren.
3. Meldungen über die Lage im Operationsgebiet, Verkehr, Möglichkeit des Waffeneinsatzes, Art und Stärke der Überwachung.
4. Wettermeldungen.
5. Standort- und Passiermeldungen, soweit ihre Abgabe befohlen oder ihre Abgabe für die Führung notwendig erschien.
6. Meldungen auf Anforderung durch die Führung. Welche Meldungen zu machen waren, wurde im Operationsbefehl festgelegt.

Um die Gefahr einer Einpeilung möglichst herabzusetzen, wurde im Winter 1939/40 ein Kurzsignalheft ausgearbeitet, das es gestattete, die Mehrzahl der Meldungen in einem nach den damaligen Erfahrungen kaum einzupeilenden Kurzsignal von wenigen Zeichen abzusetzen. Um die Wirkung einer Peilung herabzumindern, erhielten die U-Boote die Weisung, ihre Funksprüche, soweit deren Abgabe — wie bei einer Feindmeldung — nicht an einen bestimmten Zeitpunkt gebunden war, möglichst abends oder nachts oder vor größeren Standortveränderungen abzusetzen, um eine Reaktion des Gegners zu erschweren. Die U-Boote wurden darauf hingewiesen, daß der Gegner über ein gut ausgebautes und leistungsfähiges Netz von Peilstationen rund um den Atlantik verfügte, und daß trotz eines ständigen Wechsels der von den U-Booten benutzten Frequenzen damit gerechnet werden müsse, daß stets mehrere feindliche Peilstationen auf den benutzten Frequenzen peilbereit waren. Da die Güte einer Peilung, außer von den Empfangsverhältnissen, vor allem von der Länge des Peilstrahles und dem Schnittwinkel mehre-

rer Peilstrahlen abhing, war es für die U-Boote besonders gefähr-
lich, mittlere oder längere Funksprüche im Gebiet vor oder im englischen Kanal, vor dem Nordkanal oder ostwärts und westlich der
Orkney-Inseln abzugeben, weil in diesem Gebiet mit einem sehr
schnellen Ansatz von U-Jagdkräften auf eine Peilung gerechnet
werden mußte. In einer Entfernung von mehr als 200 km von der
Küste glaubte man dagegen, der Gefahr der Gegenwirkung auf
Grund von Peilungen geringere Bedeutung zumessen zu dürfen.

1.2 DAS BRITISCHE KONVOISYSTEM

Auf britischer Seite war die U-Bootgefahr zwischen den beiden
Weltkriegen nicht das drängendste Problem für die Admiralität.
Zunächst gab es keine U-Bootwaffe, die sich eine Unterbrechung
der einzigen für England lebenswichtigen Seeverkehrswege im
Nordatlantik zum Ziel setzen konnte. Zum anderen schien die
Zustimmung aller wesentlichen Seemächte zu dem Londoner U-Bootprotokoll von 1930, das die U-Boote auf eine Kriegführung nach
der Prisenordnung beschränkte, einen uneingeschränkten U-Bootkrieg unmöglich zu machen, der allein eine ernste Gefahr darstellen
konnte. Zum dritten schließlich hatte man mit dem seit 1927 forciert
entwickelten Unterwasserschallortungsgerät Asdic ein erfolgver-
sprechendes Mittel zur Bekämpfung getauchter U-Boote gefunden.
So beschränkte man sich zunächst darauf, für den Kriegsfall die Un-
terstellung und Steuerung des gesamten Handelsschiffsverkehrs
durch die Admiralität vorzusehen, um die Handelsschiffe an den
gefährdeten Bündelungspunkten des Verkehrs zusammenfassen und
besser schützen zu können. Dabei ging man davon aus, daß die
Schiffahrt in einem Kriegsfalle stärker von Überwasserhandels-
störern als von U-Booten gefährdet sei.
Auch 1935, als der Wiederaufbau einer deutschen U-Bootwaffe begann, änderte sich an dieser Auffassung zunächst nicht viel, da die
Stärke der deutschen U-Bootwaffe auf 45 % der zahlenmäßig nicht
starken englischen U-Bootwaffe begrenzt blieb und Deutschland
dem Londoner U-Bootprotokoll gleichfalls beitrat. Auch als 1937
Deutschland die Klausel, welche unter bestimmten Voraussetzungen
eine Aufstockung der deutschen U-Bootwaffe bis zu 100 % der britischen vorsah, in Anspruch nahm, änderte das die britische Planung

noch nicht. Allerdings wurde bei den im gleichen Jahr zwischen der Admiralität und dem Luftfahrtministerium durchgeführten Besprechungen über den künftigen Lufteinsatz über See und den Einsatz des Coastal Command der RAF deutlich, daß die Admiralität im Fall eines neuen U-Bootkrieges auf das im Ersten Weltkrieg so bewährte Konvoisystem zurückzugreifen gedachte. Obgleich der Air Staff die große Ansammlung von Schiffen in Konvois für sehr luftgefährdet hielt, gelang es dem Naval Staff am 2. Dezember 1937, das Committee of Imperial Defence davon zu überzeugen, daß im Falle eines uneingeschränkten U-Bootkrieges (den man für nicht wahrscheinlich hielt) die Vorteile des Konvoisystems die Gefahren von Luftangriffen weit übertreffen würden. Erst als mit der Sudetenkrise im Herbst 1938 die Gefahr eines europäischen Krieges sich deutlich abzeichnete, entsandte die Admiralität Rear Admiral Sir Eldon Manisty, den Organisator des britischen Konvoisystems 1917/18, auf eine Rundreise zu den Zentren der für Großbritannien wichtigen Schiffahrtsrouten, um hier die Voraussetzungen für die Steuerung des Handelsschiffsverkehrs und die eventuell notwendige Errichtung eines Konvoisystems zu prüfen. Auf Grund seiner Empfehlungen wurde die Trade Division der Admiralität im Jahre 1939 stark ausgebaut, so daß sie am 26. August 1939 in der Lage war, die Kontrolle über die gesamte britische Handelsschiffahrt zu übernehmen. Alle für die einzelnen Seeräume zuständigen Stationsbefehlshaber hatten ihre Instruktionen über die Erfassung und Steuerung des Verkehrs sowie über die eventuell notwendige Einführung von Konvois mit ihren Routen und Rhythmen erhalten.

Da die deutschen U-Boote tatsächlich zunächst den Befehl hatten, U-Bootkrieg nach Prisenordnung zu führen, wäre es anfangs wohl bei der Steuerung des Schiffsverkehrs durch die Admiralität und der Überwachung der Bündelungspunkte geblieben, hätte nicht *U 30* in der irrtümlichen Annahme, einen Hilfskreuzer vor sich zu haben, schon am ersten Kriegstage den Passagierdampfer *Athenia* warnungslos versenkt. So entstand bei der Admiralität der Eindruck, Deutschland habe bereits mit einem uneingeschränkten U-Bootkrieg begonnen, und der Befehl für die Einführung des Konvoisystems wurde gegeben. Außer den Konvois im Küstenvorfeld wurden im Laufe des Monats September die für die Schlacht im Atlantik wichtigsten Konvoirouten in Betrieb genommen. Am 7. September liefen von der Themse und durch den Englischen Kanal der Konvoi

OA.1 und von Liverpool durch den Bristol-Kanal der Konvoi OB.1 nach Westen aus. Diese Konvois wurden vom Commander-in-Chief (CinC) Western Approaches in Plymouth geführt und gesichert. Zunächst auf der Länge von 12° 30′ W, bald jedoch auf 15° W wurden diese Konvois von ihrer Sicherung entlassen. Die Schiffe marschierten allein und bald darauf einzeln zu ihren Zielpunkten weiter. Diese beiden Konvois liefen anfangs alle zwei Tage. Am 14. 9. ließ der CinC South Atlantic in Freetown den ersten Konvoi SL.1 nach England auslaufen. Am 15. 9. ging aus dem Bereich des CinC America and West Indies Station der Konvoi KJ.1 von Jamaica in See, am 16. 9., vom Naval Service Headquarters, Ottawa gesteuert, auf der wichtigsten Nordatlantikroute von Halifax nach England der HX.1. Am 26. September folgte aus dem Bereich des CinC North Atlantic in Gibraltar der erste Gibraltar-Geleitzug HG.1, während gleichzeitig ab 1. Oktober von den auslaufenden westgehenden Konvois eine OG.1-Section abgespalten wurde, welche den nach Süden gehenden Verkehr bis auf die Höhe 47° N geleitete. Diese letztgenannten Konvois liefen mit einem Rhythmus von sieben bzw. vierzehn Tagen. Parallel dazu richtete die französische Marine Konvois von Oran an der französisch-nordafrikanischen Mittelmeerküste (RS.) und von Casablanca (KS.) ein, die teilweise mit den britischen Gibraltar-Geleitzügen gekoppelt wurden.

Während die einzelnen CinC's die Sicherung der Konvois in ihren Befehlsbereichen sicherzustellen hatten, oblag der Trade Division der Admiralität die Aufstellung der Konvoifahrpläne und die Festlegung der Routen im großen, da sie mit ihrem Trade Plot auf Grund der aus aller Welt einlaufenden Nachrichten in der Lage war, die Standorte aller 2500 im Tagesdurchschnitt in See befindlichen britischen Handelsschiffe mitzukoppeln und ihre zeitgerechte Einordnung in das Konvoisystem zu überwachen.

2. Die Jahre 1939—1941

2.1 DIE ERFAHRUNGEN DER ERSTEN KRIEGSJAHRE

Das Hauptproblem für die Trade Division und die CinC's war es, in der ersten Kriegsphase die Konvoifahrpläne und die Steuerung der Routen so aufeinander abzustimmen, daß die Escort Groups der von England auslaufenden Konvois nach der Entlassung dieser Konvois mit möglichst geringem Zeitverlust einlaufende Konvois in der Nähe aufnehmen konnten. Die Treffpunkte für die in See stehenden Einheiten mußten von den Land-Führungsstellen über Funk befohlen werden.

Schon am 11. September konnte der deutsche Funkentzifferungsdienst (Bx-Dienst) die ersten solchen Funksprüche über Konvoitreffpunkte vor dem Bristol-Kanal entschlüsseln und dem Führer der Unterseeboote (FdU) übermitteln. Vier Tage später sichtete das hier operierende *U 31* den ersten Konvoi, den auslaufenden OB.4. In Erwartung der Aufnahme des Konvoiverkehrs hatte der FdU bereits eine Woche vorher die modernsten und kampfkräftigsten U-Boote in ihre Stützpunkte zurückbeordert, um sie im Oktober geschlossen gegen einen solchen Konvoi mit durchschlagendem Erfolg ansetzen zu können. Doch blieben die U-Bootzahlen, die Dönitz bei seinen ersten Versuchen zu Gruppenoperationen gegen Konvois im Oktober und November 1939 und Februar 1940 westlich der Biskaya und der Iberischen Halbinsel konzentrieren konnte, zu klein. Zwar konnten die Fühlung haltenden U-Boote auch über größere Entfernungen andere U-Boote an den Konvoi heranführen, doch blieben die Erfolge vor allem wegen der auftretenden Torpedoversager noch gering. Immerhin zeigte sich schon bei diesen Operationen, daß die Funkführung praktikabel war. Nach einer Pause wegen der Norwegen-Unternehmung und des Westfeldzuges kam es erst im Juni 1940 zu neuen Versuchen im Gebiet westlich des Kanals und der Biskaya. Doch boten sich den U-Booten der beiden

22

gebildeten Gruppen so viele Ziele, daß sie ihre Torpedos meist in sehr kurzer Zeit verschossen hatten, ehe es zu einer geführten Konvoioperation kam.

Auf der anderen Seite waren die Erfahrungen der ersten Kriegsmonate jedoch auch für die Admiralität eine Bestätigung für die Richtigkeit der Einführung des Konvoisystems. Von 5756 bis Ende 1939 in gesicherten Konvois laufenden Schiffen waren nur vier = 0,07 Prozent von U-Booten versenkt worden. Dem standen 114 Verluste einzeln oder in ungesicherten Gruppen fahrender Handelsschiffe gegenüber.

Mit der Gewinnung und Einrichtung von Basen in Norwegen und Frankreich gewann die deutsche U-Bootwaffe ab Mitte Juli 1940 wesentliche verbesserte Ausgangspositionen für die 2. Phase der Schlacht im Atlantik. Trotz der absolut gesunkenen Zahl von Front-U-Booten konnten mehr von ihnen im Operationsgebiet gehalten werden, da die An- und Rückmarschwege wesentlich kürzer geworden waren. Zwei weitere Faktoren kamen den U-Booten in dieser Phase zustatten: Wegen der großen Gefährdung der Schiffahrt im Englischen Kanal mußten alle Konvois aus dem Gebiet der Ostküste um Schottland herumgeführt werden, so daß sich vor dem Nordkanal eine starke Bündelung des gesamten Verkehrs ergab. Gleichzeitig hatten die Verluste und Ausfälle vor Norwegen und Dünkirchen sowie schließlich der Ausfall der französischen Marine und die Bindung zahlreicher Zerstörer in der Invasionsabwehr (geplante Operation »Seelöwe«) zu einer außerordentlichen Schwächung der Escort Groups für die Konvois geführt. Diese Situation war noch dadurch erschwert worden, daß man wegen der Ausweitung der Operationsgebiete der U-Boote sich im Juli dazu entschließen mußte, die Konvois bis auf 17° W, im Oktober sogar bis auf 19° W zu eskortieren. Die erheblichen Verluste an einzeln fahrenden langsameren Schiffen hatten dazu geführt, daß man auch diese meist kleineren und älteren Schiffe nun in Sydney auf Neu-Schottland sammelte und ab 15. August mit einem neuen, langsamen Konvoi SC.1 usw. nach Osten laufen ließ.

Normalerweise hatten die HX- und SC-Konvois von Neufundland aus bis zur Aufnahme durch die U-Bootsicherung nur die Begleitung von ein oder zwei Hilfskreuzern, Kreuzern oder gar Schlachtschiffen gegen die erwarteten deutschen Überwasser-Handelsstörer, die dann tatsächlich ab Anfang November auf der nordatlantischen Konvoiroute auftraten. Angesichts der schwachen U-Bootsicherungskräfte, aber auch der noch kaum einmal über zehn betragenden Zahl der gleichzeitig im Operationsgebiet befindlichen deutschen U-Boote, lag die größte Chance für den CinC Western Approaches (CINCWA), Schiffsverluste zu vermeiden, in dem Versuch, die wechselnden Aufstellungen der deutschen U-Boote vor dem Nordkanal mit Ausweichbewegungen der Konvois zu umgehen.

In diesem Bemühen konnte er sich auf die Arbeit des Submarine Tracking Room des Operational Intelligence Center in der Naval Intelligence Division der Admiralität abstützen, die ihrerseits mit dem räumlich unmittelbar benachbarten Trade Plot eng zusammenarbeitete. Unter Leitung von Paymaster Commander Thring, der bereits im Ersten Weltkrieg die gleiche Aufgabe hatte, ab Januar 1941 von Commander Rodger Winn, RNVR, einem Anwalt, wurden hier auf britischer Seite eingehende Nachrichten über die deutschen U-Boote, insbesondere die Ergebnisse des Funkpeildienstes, gesammelt und zu einem aktuellen U-Boot-Lagebild zusammengestellt. Auf der Grundlage dieses Lagebildes konnte der Chef des Trade Plot, Cdr. Richard Hall, RN, der Sohn des berühmten Director of Naval Intelligence des Ersten Weltkrieges, dann dem CINCWA Ausweichbewegungen für die Konvois empfehlen. In dessen Hauptquartier in Liverpool wiederum konnten diese Konvoibewegungen mit denen der Geleitstreitkräfte und den Einsätzen der 15th Group des RAF Coastal Command koordiniert und in Befehle über neue Kurse und Treffpunkte gefaßt werden, die auf dem Funkwege an die in See stehenden Einheiten übermittelt wurden.

Doch konnte diese weitgehend auf der Funkaufklärung aufbauende Technik im Sommer und Herbst 1940 die Erfassung einiger Konvois und deren verlustreiche Bekämpfung durch in Rudeln nachts über Wasser angreifende U-Boote nicht verhindern. Auch auf deutscher Seite lieferte die Funkaufklärung wesentliche Ansatzpunkte für erfolgreiche Operationen. Kamen die britischen Ergebnisse vorwiegend von den Land-Peilstationen (Y-Stations), so war es auf deutscher Seite in dieser Zeit der Bx-Dienst unter der Leitung von Kapitän z. S. Bonatz, der immer wieder die geänderten Kursanweisungen und die neuen Treffpunkte mit den Sicherungskräften entziffern und zeitgerecht an den Befehlshaber der U-Boote (BdU — statt FdU ab Okt. 1939) übermitteln konnte. Schon bis August war es deutlich geworden, daß die alliierte Führung versuchte, die Konvois um die erkannten U-Bootpositionen herumzuführen. Beim planmäßigen Ansatz der U-Bootgruppen gegen die Konvois mußte es deshalb darauf ankommen, die vorzeitige Erfassung der U-Boote durch den Gegner zu erschweren. Sie wurden deshalb erneut darauf hingewiesen, daß sie außer bei Sichtung von Geleitzügen unbedingt Funkstille zu halten hätten. So kam es im September zu zwei Geleitzugschlachten, denen Mitte Oktober zwei unmittelbar aufeinanderfolgende Operationen gegen die Konvois SC.7 und HX.79 folgten, bei denen acht U-Boote ohne eigene Verluste 31 Schiffe mit 152 000 BRT versenkten.

Kein Wunder, daß der BdU und sein Stab in diesen so erfolgreichen Operationen eine weitere Bestätigung für die Richtigkeit ihrer vor dem Kriege entwickelten Konzeption der mittels Funktelegraphie geführten Operation von U-Bootgruppen gegen Konvois sahen. Die Erfahrungen hatten gezeigt, daß es nicht nötig war, für die in See zu einer Gruppe zusammengefaßten U-Boote einen taktischen Führer zu bestimmen. Immer wieder war dieser taktische Führer gerade in den entscheidenden Phasen durch die Abwehr unter Wasser gedrückt und damit als Führer ausgeschaltet worden. Andererseits hatte sich gezeigt, daß die Nachrichtenverbindungen von den Führungsstellen an Land zu den U-Booten so sicher funktionierten, daß auch die taktische Führung der U-Boote am Konvoi von der Führungsstelle in der Heimat bzw. in Westfrankreich, die stets die beste Übersicht hatte, möglich war. Voraussetzung blieb dabei, daß die am Konvoi stehenden U-Boote Fühlunghaltermeldungen abgaben. Die Gefahr einer Einpeilung der U-Bootfunksprüche, mit der man zunächst durchaus rechnete, schien nach den gemachten Erfahrungen nicht so groß zu sein. Immer wieder waren U-Boote, die während der Vorbereitung der Operation »Seelöwe« als »Wetterboote« weit nach Westen geschickt worden waren, um hier regelmäßig Funksprüche mit den Wetterlagen abzugeben, von den Konvois direkt angelaufen worden. Offenbar reichte die Genauigkeit der Peilungen von den Landstellen über mehrere hundert Seemeilen nicht aus, um den Standort eines funkenden U-Bootes so genau festzulegen, daß er mit Sicherheit umgangen werden konnte. War die Schlacht erst eröffnet und die ersten Angriffe gefahren, war dem Gegner die Anwesenheit der U-Boote ohnehin bekannt. Mochte man auch im Prinzip gegen jedes unnötige Funken sein, war es andererseits nur natürlich, daß die an Land sitzende taktische Führung jede Nachricht vom Kampfplatz zur Vervollständigung ihres Lagebildes begrüßte. Die günstigen Erfahrungen des ersten Kriegsjahres haben auf deutscher Seite sicher entscheidend dazu beigetragen, daß man sich nicht rechtzeitig und genügend mit möglichen Gegenmaßnahmen der Alliierten gegen diese Form der deutschen Funkführung des U-Bootkrieges beschäftigt hat.

2.2 DIE BRITISCHE REAKTION AUF DIE RUDELTAKTIK

Auf britischer Seite war die vermeintlich neue deutsche Taktik der U-Bootrudelangriffe eine böse Überraschung. Hilflos hatten die Escorts den Angriffen zusehen müssen. Ihre Asdic-Unterwasserortungsgeräte waren gegen die aufgetaucht angreifenden U-Boote wirkungslos. Radargeräte für die Escorts gab es noch nicht. Immer wieder blieben schnellere Schiffe, die Zerstörer und Sloops, zurück, um torpedierte Schiffe zu decken und Überlebende zu bergen. Die am Konvoi zurückbleibenden neuen Korvetten, die noch keine Kampferfahrung besaßen, konnten in der Dunkelheit die anlaufenden U-Boote nicht erkennen. Die Schwierigkeiten in der Nachrichtenübermittlung zwischen dem Escort Commander (Senior Officer Escort = S. O. E.) und seinen Fahrzeugen machten eine taktische Führung und ein Teamwork innerhalb der Escort Group unmöglich. Das einzige bei Nacht und in schlechter Sicht vorhandene Nachrichtenmittel, die Funktelegraphie, war zu langsam, da jeder Funkspruch erst verschlüsselt und nach der Aufnahme wieder entschlüsselt werden mußte. So blieb dem S. O. E. und seinen Kommandanten nichts anderes übrig, als auf eigene Faust zu handeln, oft ohne zu wissen, was auf der anderen Seite des Konvois vorging.

Die Lösung war hier der Ultrakurzwellen-Sprechfunkverkehr, der eine unmittelbare Verbindung zwischen dem S. O. E. und seinen Fahrzeugen im näheren Umkreis des Konvois ermöglichte. Mit größtem Nachdruck wurden die entsprechenden Geräte von Ende 1940 ab auf den Geleitfahrzeugen eingebaut, so daß der S. O. E. nun auch nachts seine wenigen Fahrzeuge taktisch sinnvoll einsetzen konnte, wobei man der Gefahr des Mithörens durch die U-Boote mit der Verwendung von Decknamen, Buchstaben und Zahlen möglichst zu begegnen suchte. Um taktisch führen zu können, mußten jedoch die in den dunklen Nächten kaum erkennbaren U-Boote auch sichtbar gemacht werden. Es gab dafür zwei Wege. Man konnte versuchen, die Nacht durch Leuchtgranaten und andere pyrotechnische Mittel zum Tag zu machen. Doch brachte das die Gefahr mit sich, daß diese Leuchtmittel weit abstehende U-Boote anzogen.

Eine bessere Lösung schien deshalb das Funkmeß- oder Radargerät zu sein. Aus dem für den Einbau in Flugzeuge des RAF Coastal Command entwickelten Gerät ASV-II, das auf einer Wellenlänge von 1,4 m arbeitete, wurde das Marinegerät Typ 286 M abgeleitet. Im September 1940 war das erste Versuchsmuster fertig, und ab November 1940 begann der Einbau auf Zerstörern des Western Approaches Command. Bis April 1941 waren schon 40 Geleitfahrzeuge damit ausgerüstet.

Doch befriedigte dieses Gerät zunächst die hochgespannten Erwartungen der Kommandanten noch nicht. Um eine möglichst große Reichweite zu erzielen, mußte die Antenne auf dem Masttopp installiert werden, was die Stabilität der durch zusätzliche Einbauten ohnehin schon toplastigen Schiffe nicht verbesserte. Die Antenne war zunächst fest eingebaut und bestrich nur einen Sektor von je 50° nach jeder Seite voraus. Im gleichen Winkel wurden jedoch auch sehr störende Rückechos aus dem achterlichen Sektor empfangen. Die Reichweite gegen ein aufgetauchtes U-Boot betrug bei ruhiger See kaum mehr als zwei bis drei Seemeilen und ging bei nur mäßig bewegter See schnell noch weiter zurück. In den meisten Fällen lag also die Reichweite unter der optischen Sichtweite vom U-Bootturm gegen Escorts oder gar Handelsschiffe.

Eine gewisse Verbesserung brachten die auf der gleichen Wellenlänge arbeitenden schwenkbaren Geräte, so das britische Gerät Typ 290 M, die kanadischen Geräte vom Typ SW 1 C und SW 2 C sowie die amerikanische Version SC 1. Diese Geräte waren in allen Richtungen schwenkbar, sie konnten jedoch nur in einer Richtung zur Zeit gegen ein Ziel orten. Rückschauend betrachtet haben diese Geräte, die bis Ende 1942 noch die Standardausrüstung der alliierten Geleitfahrzeuge waren, wohl mehr dazu gedient, den Escorts das Positionhalten am Konvoi in dunklen Nächten zu erleichtern und damit einen Großteil der Ausgucks, die bisher für diese Aufgabe abgeteilt werden mußten, für die optische Suche nach U-Booten freizumachen.

Die Entwicklung in England beschränkte sich jedoch nicht auf dieses Gerät. Man betrieb parallel dazu die Entwicklung eines auf 9 cm Wellenlänge arbeitenden Panoramagerätes vom Typ 271 M. Bei diesem Gerät waren Sender, Empfänger und Antenne innerhalb eines zylindrisch geformten Scanner-Schirmes zusammengefaßt und oberhalb der Brücke angeordnet. Der Scanner rotierte gleichmäßig und zeichnete auf dem plan position indicator-Bildschirm die sich aus der Ortung ergebende Lage rund um das Schiff auf. Mit diesem Gerät konnte man größere Schiffe auf acht bis zehn Seemeilen, U-Boote unter normalen Verhältnissen auf etwa vier Seemeilen, unter günstigen Bedingungen, vor allem ruhiger See, auch etwas weiter orten, während die Leistungen bei bewegter See stark abfielen, da sich auf dem Bildschirm Wellenechos abzeichneten. Die Radar-Echos setzten den Escort Commander oder den Kommandanten in die Lage, auf einen Blick sowohl die Position der meisten Schiffe des Konvois als auch sich etwa von außen nähernde U-Boote in seinem Bereich zu erkennen. Im März 1941 wurde die erste Korvette mit einem Prototyp dieses Gerätes ausgestattet. Im Juli 1941 waren 25 Schiffe umgebaut, und im September 1941 begann man mit dem generellen Einbau auf allen Sicherungsfahrzeugen, der sich allerdings bei der großen Zahl der auszurüstenden Einheiten bis in das Jahr 1943 hinzog.

Aber nicht nur im taktischen Bereich bemühte man sich auf britischer Seite um Verbesserungen. Nachdem man im Sommer 1940 ein entsprechend ausgerüstetes Handelsschiff zur Beobachtung des deutschen Funkverkehrs in den Atlantik entsandt hatte, war der schwache Punkt in der deutschen Rudeltaktik bald erkannt: es war die Notwendigkeit der intensiven Verwendung der Funktelegraphie. Erfolg oder Mißerfolg einer Geleitzugoperation hingen davon ab, daß es dem zuerst an den Konvoi herangekommenen U-Boot gelang, nicht nur seine erste Feindmeldung abzusetzen, sondern darüber hinaus über einen etwas längeren Zeitraum hinweg regelmäßige Fühlunghaltersignale zu senden, die es erlaubten, Vormarschgeschwindigkeit und Generalkurs des Konvois genauer zu bestimmen. Es mußte deshalb für die Abwehr darauf ankommen, diesen Fühlunghalter möglichst frühzeitig zu erfassen, abzudrängen und an der Abgabe weiterer Fühlunghaltermeldungen oder gar am Senden von Peilzeichen für die anderen U-Boote zu hindern.

Daß ein U-Boot an einem Konvoi Fühlung hielt, war für den

britischen Funkbeobachtungsdienst verhältnismäßig einfach zu erkennen. Die mit dem Kurzwellensender gefunkten Feindmeldungen begannen 1940 als Funksignale mit dem Zeichen Alpha (lang, lang, kurz, lang, lang), das im englischen Morsealphabet einem ē entsprach. Wurde eine solche »ē-Sendung« von den britischen Funkhorchstellen (X-Station) erfaßt und von den Y-Stations eingepeilt, so zeigte der Vergleich der eingepeilten Position mit der Lagekarte im Submarine Tracking Room der Admiralität, an welchem der Konvois das U-Boot vermutlich Fühlung hielt. Ab 1941 wurden Kurzsignale mit dem Zeichen Beta (= b-bar) eingeleitet. Der Konvoi konnte dann gewarnt werden und entsprechende Ausweichmanöver unternehmen. Solange der Escort Commander jedoch nicht wußte, an welcher Seite des Konvois das U-Boot Fühlung hielt, war es für ihn immer noch ein riskantes Unternehmen, seine meist viel zu wenigen Geleitfahrzeuge im entscheidenden Augenblick vor einer Wendung Vorstöße in diese oder jene Richtung machen zu lassen, um auf gut Glück zu versuchen, das U-Boot unter Wasser zu drücken. Zu oft fehlten die Geleitfahrzeuge dann gerade in den entscheidenden Stunden der Nacht, in denen die U-Boote ihre Angriffe fuhren. Dieses Problem konnte nur durch die Entwicklung eines Kurzwellen-Peilgerätes gelöst werden, mit dem die Geleitfahrzeuge die Funksprüche der U-Boote direkt einpeilen konnten.

2.3 DIE ENTWICKLUNG DER KURZWELLEN-FUNKPEILUNG

Das Prinzip der Funkpeilung war an sich allgemein bekannt und in allen Kriegs- und Handelsmarinen bereits vor dem Zweiten Weltkriege genutzt, wobei allerdings die für reine Peilzwecke besonders geeigneten Langwellen im Vordergrund des Interesses standen. An Bord von Schiffen erfolgte der Empfang im allgemeinen mit einer drehbaren Rahmenantenne. Nach entsprechender Abstimmung wurde diese Rahmenantenne von Hand so lange gedreht, bis man das Minimum gefunden hatte, die Rahmenantenne also senkrecht auf dem einfallenden Funkstrahl stand. Auf einer Kreiseinteilung konnte dann die Peilung abgelesen werden. Schon vor dem Kriege waren die neueren britischen Zerstörer und Flottillenführer mit solchen Peilgeräten ausgerüstet worden, die außer für navigatorische Zwecke auch zur Peilung von auf dem Langwellenbereich sendenden Schiffen verwendet werden konnten. Der Frequenzbereich dieses Langwellen-Peilgerätes reichte jedoch nicht aus, um die von den deutschen U-Booten für die Abgabe von Peilzeichen verwendeten Frequenzen im Lang- und Längstwellenbereich zu empfangen und anzuzeigen.

Die Peilung von Kurzwellensendern erforderte vor dem Kriege noch einen größeren Aufwand. Es wurde dazu vielfach ein nach dem britischen Erfinder Adcock genanntes feststehendes Antennensystem von meist vier Einzelantennen benutzt, deren Empfangsspannungen gegeneinander geschaltet wurden, so daß die Differenzspannung die Peilspannung ergab, die dann mit einem angeschlossenen Goniometer die Ablesung des Peilwinkels ermöglichte. Solche Anlagen waren schon vor dem Kriege an Land im Einsatz, doch galt zumindest in Deutschland die Auffassung, daß sie wegen ihres Raum- und Gewichtsbedarfes auf Schiffen, insbesondere kleinen Geleitfahrzeugen, nicht untergebracht werden konnten.

Doch bereits im Jahr 1938 war die Abteilung Technik der französischen Marine zu der Erkenntnis gelangt, daß sich in einem künftigen Krieg der operative Funkverkehr auf See durch neue Code- und Übermittlungsverfahren mit sehr kurzen Sendezeiten abspielen würde, so daß die bisherigen Methoden der Funkpeilung zur genaueren Lokalisierung der Sender wegen ihres größeren Zeitbedarfs nicht mehr ausreichen würden. Sie beauftragte deshalb eine Studiengruppe unter den französischen Forschern Deloraine und Busignies, die sich bereits seit 1928 mit den Problemen automatischer Funkpeilverfahren befaßten, ein Kurzwellen-Peilgerät zu entwickeln, das eine genaue Einpeilung eines weit entfernten Senders selbst bei sehr kurzer Sendezeit ermöglichen sollte. Es gelang den beiden Forschern bis zum Mai 1940, vier Versuchsgeräte eines solchen automatischen Hochfrequenz-Sichtpeilers fertigzustellen. Der deutsche Angriff gegen Frankreich unterbrach jedoch diese Arbeiten; die Versuchsgeräte wurden auseinandergenommen und versteckt. Im Herbst 1940 konnten Deloraine und drei seiner Mitarbeiter mit Hilfe der französischen Marine nach Amerika entkommen, wo sie am 31. Dezember eintrafen und nun von der amerikanischen Marine beauftragt wurden, ihre Arbeiten in großem Maßstab wieder aufzunehmen und zu Ende zu führen. Bereits am 1. April 1941 hatten sie das erste neue Versuchsgerät ihres Funkpeilers fertiggestellt.

Das Gerät bestand aus einem Adcock-Antennensystem mit zwei

paarweise zusammengefaßten Vertikalantennen und einer fünften Antenne in der Mitte, die zur 180° Seitenbestimmung benutzt wurde. Die von den Antennen aufgenommenen Spannungen wurden durch eine Leitung einem sogenannten Stantor zugeführt. Er bestand aus einer Kreuzspulanordnung, die in einem kleinen abgeschirmten Raum ein Feld erzeugte, das dem von der Antenne aufgenommenen elektromagnetischen Feld entsprach. Eine dritte Spule, ein Rotor mit zwanzig Umdrehungen pro Sekunde, der sich innerhalb des von beiden Spulen abgegrenzten Raumes drehte, war mit einer hochfrequenten elektromotorischen Antriebskraft versehen, die mit jeder Umdrehung für jeden empfangenen Impuls zwei Maxima und Minima abgab, deren Richtung durch die Richtung des Spannungsfeldes innerhalb des von den Spulen umflossenen Raumes bestimmt wurde. Die elektromotorischen Antriebskräfte wurden auf ein hoch empfindliches Empfangsgerät übertragen. Auf die gewünschte Welle abgestimmt, wurde der Impuls verstärkt und in dem Empfangsgerät gleichgerichtet, sodann auf eine Spule geleitet, die sich synchron mit dem Hochfrequenzrotor um den Hals eines Kathodenstrahl-Oszillographen drehte. Das von dieser Spule erzeugte Drehfeld lenkte den Lichtpunkt auf den Bildschirm der Röhre ab. Beim Durchgehen des Feldes durch den Nullpunkt, entsprechend dem klassischen Minimum des bisherigen akustischen Peilverfahrens, wurde der Lichtpunkt nicht mehr abgelenkt. Er zeigte jetzt direkt die Peilung auf einer 360°-Skala an, die mittels eines transparenten Spiegels auf dem Leuchtschirm des Oszillographen abgebildet wurde. Falls die Richtung des eingepeilten Senders um 180° ungewiß war, konnte die genaue Festlegung der zweiten Richtung durch die Betätigung der fünften mittleren Antenne erfolgen. Wenige Umdrehungen des Rotors, d. h. einige Zehntel Sekunden, reichten aus, um das Diagramm zu erhalten. Ein mit nachleuchtenden Fluoreszenz-Stoffen präparierter Leuchtschirm sorgte dafür, daß auch nach dem Aufhören von kurzen Signalen die Peilrichtung noch einige Zeit mit ausreichender Genauigkeit angezeigt wurde.

Die französischen Forscher erhielten die Möglichkeit, in Long Island ein Laboratorium aufzubauen und wurden beauftragt, ein Muster ihres Peilgerätes nachzubauen. Schon am 1. April 1941 erhielt das im Verband der amerikanischen Firma ITT arbeitende Team den Auftrag für vier Prototypen, der am 10. Oktober 1941 auf fünfzehn weitere Geräte dieses Typs erweitert wurde. Sie waren zunächst für den Aufbau eines landgestützten automatischen Kurzwellen-Funkpeilnetzes bestimmt.

Parallel zu dieser französisch-amerikanischen Entwicklung hatte man sich auch in England seit Kriegsbeginn mit der Verbesserung der Funkpeilgeräte beschäftigt. Schon 1926 hatte dort der spätere Vater des Radar, Sir Robert Watson-Watt, bei meteorologischen Problemen mit der Verwendung von Kathodenstrahlröhren zur Peilung weit entfernter Gewitter gearbeitet. Diese Studien waren dann zwar nicht weitergeführt worden, doch Anfang 1940 fand man die Unterlagen über diese Untersuchungen in den Archiven der Signal-Schule wieder. Der befragte Sir Robert wies darauf hin, daß die Verbindung der Kathodenstrahlröhre mit einer Adcock-Peilantenne vermutlich die Möglichkeit geben würde, einen automatischen Kurzwellenpeiler für ein breites Frequenzband zu entwickeln. Möglicherweise ließe sich dieses Gerät sogar so weit verkleinern, daß man es auf einem Geleitschiff unterbringen könnte.

Entsprechende Versuche mit den bisherigen Methoden der Funkpeilung, einen Kurzwellenpeiler für kleinere Schiffe zu beschaffen, hatten schon am 12. März 1940 zum Einbau des Prototyps eines Gerätes FH. 1 auf dem Zerstörer *Hesperus* geführt. Das Gerät war jedoch noch recht unbefriedigend. Man mußte umfangreiche Verbesserungen vornehmen, ehe dieses noch mit einer akustischen Wiedergabe arbeitende Gerät gewisse Ergebnisse erbrachte. Ein verbessertes Gerät FH. 2 wurde schließlich im Juli 1941 fertig und im August eingebaut. Nur wenig später stellte man auch das aufgrund der Anregungen von Sir Robert entwickelte Gerät FH. 3 in einem Prototyp fertig, mit dem im Oktober 1941 die Sloop *Culver* ausgerüstet wurde, die jedoch am 31. Januar 1942 bei der Sicherung des Konvois SL.93 durch das deutsche U-Boot *U 105* vesenkt wurde, ehe man praktische Erfahrungen sammeln konnte.

2.4 DIE FUNKFÜHRUNG UND DIE OPERATIONEN 1941

In den ersten drei Monaten des Jahres 1941 gelang es der britischen Seite immer besser, die Konvois im Bereich des Nordkanals um die deutschen U-Bootaufstellungen herumzuführen. Dazu trug einerseits bei, daß die Ergebnisse des deutschen Bx-Dienstes nach einer

32

Admiral of the Fleet SIR A. DUDLEY P. R. POUND, First
Sea Lord and Chief of Naval Staff
12. 6. 1939–14. 10. 1943
Foto: Imperial War Museum

Fleet Admiral ERNEST J. KING, Commander-in-Chief,
U. S. Fleet, Chief of Naval Operations
20. 12. 1941/26. 3. 1942–15. 12. 1945
Foto: U. S. Navy

DIE OBERBEFEHLSHABER

Großadmiral DR. h. c. ERICH RAEDER, Chef der Marine-
leitung, Oberbefehlshaber der Kriegsmarine
1. 10. 1928–30. 1. 1943
Foto: Archiv BfZ

Großadmiral KARL DÖNITZ, Führer/Befehlshaber der
U-Boote, Oberbefehlshaber der Kriegsmarine
28. 9. 1935/30. 1. 1943–1. 5. 1945
Foto: Archiv Hildebrand

Konteradmiral EBERHARDT GODT, Chef d. Operationsabteilung im Stab des B. d. U., Abt.Chef OKM/2. Skl. B. d. U. op. 10. 39/2. 43–8. 5. 1945
Foto: Archiv Hildebrand

Korvettenkapitän ADALBERT SCHNEE, Admiralstabsoffz. f. Geleitzugoperationen im Stab des B. d. U. 10. 42–7. 1944
Foto: Archiv BfZ

Kapitän zur See HEINZ BONATZ, Chef der Abteilung Funkaufklärung im OKM (Skl. MND III) 11. 1941–1. 1944
Foto: Archiv Hildebrand

DIE DEUTSCHE FÜHRUNG

Der Befehlshaber der Unterseeboote, Admiral Dönitz, bespricht eine Geleitzugoperation im Herbst 1942 mit dem Chef der Operationsabteilung, Kapitän z. S. Godt, und dem Geleitzug-Asto, Kapitänleutnant Schnee.
Foto: A. Schnee

Captain RODGER WINN, RNVR, Submarine Tracking Room, Operational Intelligence Center, Admiralty Jan. 1941– Mai 1945
Foto: Imperial War Museum

Commander RICHARD HALL, RN, Trade Plot, Trade Division, Admiralty 1940–1945
Foto: Imperial War Museum

Rear Admiral MARTIN K. METCALF, USN, Director Convoy and Routing Section, COMINCH 1941–1945
Foto: U. S. Navy

DIE ALLIIERTE FÜHRUNG

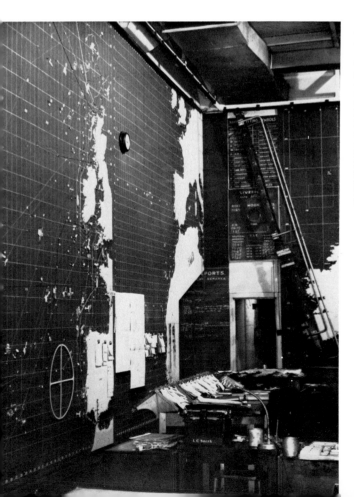

Die gemeinsame Operationszentrale des Western Approaches Command der Royal Navy und der 15th Group, Royal Air Force Coastal Command im Derby House in Liverpool. An der Wand links im Vordergrund »the main plot«, auf dem neben dem Gradnetz mit Symbolen erkannte U-Boote und die in See befindlichen Konvois mit ihren Escort Groups angedeutet sind. Die schwachen Linien zeigen die gültigen Kursanweisungen der Konvois. Der große Kreis mit Kreuz vor Spanien stellt eine »verbotene Zone« dar, in der sich alliierte U-Boote aufhielten und die deshalb für die U-Jagd der Flugzeuge gesperrt war.
Foto: Imperial War Museum

Admiral SIR PERCY NOBLE, RN,
Commander-in-Chief Western Approaches
17. 2. 1941–18. 11. 1942
Foto: Imperial War Museum

ADMIRAL SIR MAX HORTON, RN,
Commander-in-Chief Western Approaches
19. 11. 1942 – Mai 1945
Foto: Imperial War Museum

Rear Admiral LEONARD W. MUR-
RAY, RCN, Commodore, Com-
manding Newfoundland Force;
Commanding Officer Atlantic
Coast; Commander-in-Chief Cana-
dian North West Atlantic
1940 –1944
Foto: Royal Canadian Navy

DIE ALLIIERTEN BEFEHLSHABER

Air Chief Marshal SIR PHILIP B.
JOUBERT DE LA FERTE, RAF,
Commander-in-Chief, Coastal
Command
14. 6. 1941– 4. 2. 1943
Foto: Imperial War Museum

Air Marshal SIR JOHN C. SLESSOR,
RAF, Commander-in-Chief, Coastal
Command
5. 2. 1943 –19. 1. 1944
Foto: Imperial War Museum

Admiral ROYAL E. INGERSOLL,
USN, Commander-in-Chief Atlantic
Fleet
1. 1. 1942 –15. 11. 1944
Foto: U. S. Navy

Änderung der britischen Schlüsselverfahren zunächst geringer wurden. Der BdU hoffte, diesen Mangel durch den Einsatz der vom Januar ab verfügbar werdenden Fernaufklärungsflugzeuge FW 200-Condor ausgleichen zu können. Diese sollten auf ihren Flügen von Frankreich westlich um England herum nach Norwegen Konvois erfassen, melden und die U-Boote dann durch das Senden von Peilzeichen heranführen. Doch konnten die Flugzeuge meist nicht lange genug am Konvoi Fühlung halten, bis ein U-Boot heran war. Dazu wurden die Operationen durch die ungenaue Navigation der Flugzeuge noch erschwert. Andererseits konnten die alliierten Peilstellen die Funksprüche und Peilsignale der Flugzeuge leicht einpeilen, so daß Ausweichbewegungen befohlen werden konnten. Umgekehrt fanden jedoch wiederholt U-Boote in dieser Phase Konvois und konnten mit ihren Peilzeichen Condor-Flugzeuge des KG.40 an diese Konvois heranführen. Obgleich gegen Ende Februar die meisten der auslaufenden Konvois entweder von Flugzeugen oder von U-Booten erfaßt wurden, gestalteten sich die Angriffe der U-Boote immer schwieriger. Die Escort Groups der Konvois bestanden nun nicht mehr aus ad hoc zusammengestellten einzelnen Schiffen, sondern aus im Verband verbleibenden Zerstörern und neu an die Front kommenden Korvetten, die zunehmend größere Erfahrung gewannen. Der Verlust der drei erfolgreichsten U-Bootkommandanten, Prien, Schepke und Kretschmer, im März führte dazu, daß der BdU die U-Bootaufstellungen weiter nach Westen und Nordwesten zog, um die Konvois in dem Bereich anpacken zu können, in dem sie noch keine U-Bootsicherung besaßen. Man wollte damit der Gefahr neuer unbekannter Abwehrwaffen ausweichen. Tatsächlich hatte jedoch nur bei der Versenkung von Schepke ein neues Gerät eine Rolle gespielt, als am Konvoi HX.112 der einzige mit einem ersten Radargerät Typ 286 M ausgerüstete Zerstörer *Vanoc U 100* auf eine Entfernung von 1000 m auffaßte und das Boot, ehe dieses tauchen konnte, mit Rammstoß versenkte.

Es war jedoch weniger dieses neue Radargerät, das erst in einzelnen Exemplaren auf Geleitfahrzeugen vorhanden war, welches die Operationen der U-Boote vom Mai bis in den August 1941 ihrer Wirkung weitgehend beraubte. Die Hauptursache war vielmehr ein tiefer Einbruch in die deutschen Schlüsselverfahren, welcher der britischen Seite im Mai 1941 gelang. Bereits im April 1940 war es den Engländern gelungen, bei der Versenkung von *U 49* vor den

Lofoten einen auftreibenden Beutel mit Geheimmaterial zu bergen, der u. a. eine Karte mit den deutschen U-Bootaufstellungen für die Norwegen-Unternehmung enthielt. So wichtig diese Beute auch war, vor allem suchte die Royal Navy Beutematerial in die Hand zu bekommen, das einen Einbruch in den deutschen Funkverkehr erlaubte. Erste Voraussetzung dazu war eine Schlüsselmaschine M, denn man hatte erkannt, daß zwischen der bereits in einem Nachbau-Exemplar vorhandenen »Enigma«-Schlüsselmaschine des deutschen Heeres und der Luftwaffe (vgl. dazu den Anhang, S. 344/346 ff) und der von der Marine verwendeten Schlüsselmaschine M trotz ihrer engen Verwandschaft Unterschiede bestehen mußten. Doch selbst wenn man die Schlüsselmaschine erbeuten sollte, konnte man mit ihr jedoch nur dann zeitgerecht in den deutschen Funkverkehr einbrechen, wenn man im Besitz der täglich wechselnden Einstellungen für die Schlüsselmaschine war. Für die verschiedenen Verkehrskreise gab es auch verschiedene Schlüsseleinstellungen. Sie wurden jeweils für einen längeren Zeitraum im voraus festgelegt und den in See gehenden Einheiten für die voraussichtliche Dauer ihrer Unternehmung, mit wasserlöslicher Schrift auf Saugpapier geschrieben, mitgegeben. War eine Kompromittierung dieser Schlüsselunterlagen erkannt, so konnte man den in See stehenden Einheiten ein Stichwort übermitteln, dessen Sinn nur dem jeweiligen Kommandanten bekannt war und ihn veranlassen sollte, das Schlüsselschema nach einem bestimmten Modus zu verändern.

Im Frühjahr 1941 drängte die Admiralität die Frontkommandos verstärkt, jede Gelegenheit zur Erbeutung einer Schlüsselmaschine und von Schlüsselmaterial zu nutzen. Ein erster Teilerfolg gelang Anfang März 1941 bei einem Raid gegen die Lofoten, bei dem der Zerstörer *Somali* von dem in Brand geschossenen Vorpostenboot *Krebs* zwar nicht die über Bord geworfene Schlüsselmaschine oder Schlüsselunterlagen, dafür aber die Ersatz-Schlüsselwalzen der Schlüsselmaschine M bergen konnte. Außerdem hatte man durch die Beobachtung des Funkverkehrs erkannt, daß von Norwegen und Frankreich deutsche Fischdampfer in den Atlantik, insbesondere aber auch in die Gewässer nördlich Island, ausgelaufen waren, um hier regelmäßige Wettermeldungen abzusetzen, die für die Operationen der schweren deutschen Schiffe im Nordatlantik eine entscheidende Bedeutung hatten. Wenn auch die eingepeilten Positionen dieser Wetterfischdampfer noch recht ungenau waren, so schien doch die Hoffnung zu bestehen, ein solches Schiff in dem unsichtigen Wetter des europäischen Nordmeeres mit einem Aufklärungsstreifen von Kreuzern und Zerstörern zu finden. Anfang Mai wurden Meldungen des deutschen Wetterbeobachtungsschiffes *München*, das bereits für die geplante Operation des Schlachtschiffes *Bismarck* ausgelaufen war, eingepeilt und darauf eine Gruppe mit den Kreuzern *Edinburgh, Manchester* und *Birmingham* sowie vier Zerstörern angesetzt. Am 7. Mai wurde das Wetterbeobachtungsschiff auf 6000 m Entfernung gesichtet, und die *Edinburgh* eröffnete sofort das Feuer. Die Besatzung ging nach Zerstörung der Funkgeräte und der Schlüsselmaschine in die Boote. Ehe die beabsichtigte Selbstversenkung jedoch durchgeführt werden konnte, war der britische Zerstörer *Somali* längsseits, und man konnte die wichtigen Karten und Schlüsselunterlagen bergen, die von dem Zerstörer *Nestor* nach Scapa Flow gebracht wurden.

Der Zufall wollte es, daß dieses Material noch wesentlich ergänzt werden konnte. Am gleichen 7. Mai hatte *U 94* südlich Island den auslaufenden Konvoi OB.318 erfaßt und mehrere U-Boote an diesen Konvoi heranführen können. Am Mittag des 9. Mai gelang es *U 110*, im Unterwasserangriff zwei Schiffe aus diesem Konvoi zu versenken. Doch wurde das Boot dann durch die Wasserbomben der Korvette *Aubrietia* so schwer beschädigt, daß der Kommandant auftauchen mußte. Während die U-Bootbesatzung das langsam absackende Boot verließ, erkannte der Kommandant des Zerstörers *Bulldog* seine Chance und brachte ein Enterkommando an Bord, das die geöffneten Seeventile rechtzeitig schließen konnte. Alle Geheimunterlagen, die Schlüsselmaschine und sonstige Dokumente waren unversehrt und wurden auf den Zerstörer gebracht, ehe *U 110* beim Abschleppen sank.

Während die auf der *München* erbeuteten Unterlagen im Verein mit den Einpeilungen deutscher Funksprüche durch Landstationen einen wesentlichen Anteil an der Aufrollung des für die Operation »Rheinübung« aufgezogenen Versorgungssystems im Atlantik hatten, sollten die Unterlagen von *U 110* sich auf die U-Bootoperationen auswirken. Doch wurde nicht nur das deutsche Versorgungssystem völlig aufgerollt, darüber hinaus gelang es, am 4. Juni den Tanker *Gedania* und am 15. Juni das U-Bootversorgungsschiff *Lothringen* aufzubringen und dabei weitere Unterlagen zu erbeuten. Schließlich konnte am 25. Juni eine kleine Gruppe mit dem Kreuzer

Nigeria und drei Zerstörern mit Hilfe des auf dem Zerstörer *Bedouin* eingebauten Kurzwellenfunkpeilgerätes das Wetterbeobachtungsschiff *Lauenburg* einpeilen und in unsichtigem Wetter überraschen. Nochmals wurden wertvolle Schlüsselunterlagen und Karten erbeutet. Mit Hilfe all dieser Unterlagen konnte das OIC in den folgenden Monaten den von den Y- und X-Stations abgefangenen und aufgezeichneten Funkverkehr der betroffenen Schaltungen mitlesen, was für die U-Bootkriegführung verheerende Folgen hatte; denn nun konnten die Konvois um die aus den Funkbefehlen bekannten U-Bootaufstellungen herumgeführt werden, so daß es nur noch zu wenigen zufälligen Sichtungen kam.

Der BdU versuchte dieser Entwicklung, deren Ursache er nicht erkannte, dadurch zu begegnen, daß er die U-Boote im Bereich der England-Gibraltar-Route gegen die hier laufenden Konvois mit Unterstützung durch Luftaufklärung und die Auslaufmeldungen der auf spanischem Boden gegenüber Gibraltar stationierten Agenten operieren ließ. Diesen Operationen konnte die Admiralität trotz teilweiser Kenntnis der gegebenen deutschen Befehle nur begrenzt ausweichen, so daß es zu einer Reihe harter Geleitzugschlachten kam. Die Tonnageerfolge blieben jedoch wegen der geringen Größe der Schiffe unbedeutend.

2.5 DIE DURCHGEHENDE KONVOI-SICHERUNG IM NORDATLANTIK

Auf alliierter Seite sollten im Sommer 1941 wesentliche Änderungen in der Organisation des Konvoisystems eintreten. Das Vordringen der deutschen U-Boote seit Mitte März in den Nordatlantik bis in die Gewässer südlich Grönland sowie einige U-Bootangriffe auf noch nicht von der U-Bootsicherung aufgenommene Konvois ließen es für die alliierte Seite wünschenswert erscheinen, die Konvois durchgehend von ihren Abgangshäfen auf der Westseite des Atlantik bis nach England gegen U-Boote zu sichern. Die große Zahl der nun von den britischen und kanadischen Werften abgelieferten Korvetten machte die Bildung der notwendigen Escort Groups möglich, obgleich die ungenügenden Fahrstrecken der Geleitfahrzeuge zunächst noch eine mehrfache Ablösung der Escort Groups erforderlich machten. Am 27. Mai 1941 lief der erste durchgehend gesicherte

Konvoi HX.129 von Halifax aus. Eine kanadische Escort Group der auf St. John's in Neufundland stationierten Newfoundland Escort Force geleitete den Konvoi bis zum Mid Ocean Meeting Point (MOMP) auf etwa 35° West. Nach der Ablösung durch eine Escort Group der in Hvalfjord auf Island stationierten Iceland Escort Force ging die erste Escort Group nach Island zur Beölung und marschierte dann wieder zum MOMP, um dort einen westgehenden Konvoi zu übernehmen. Die Escort Group der Iceland Escort Force wurde auf dem Eastern Ocean Meeting Point (EASTOMP) durch eine Escort Group der Western Approaches Escort Force von Liverpool oder Londonderry abgelöst.

Ab Juli konnten auch die auslaufenden Geleitzüge durchgehend gesichert werden. Zu diesem Zweck führte man auch für die westgehenden Konvois die Unterteilung in schnelle ON.- und langsame ONS.-Konvois ein. Während die Escort Groups im Nordatlantik nun durch meist ein bis zwei Zerstörer und vier bis fünf Korvetten gebildet wurden, faßte man die mit einer größeren Reichweite ausgestatteten Sloops im Verein mit einigen Korvetten zu neuen Escort Groups für die durchgehende Sicherung der Gibraltar-Konvois und der Sierra-Leone-Konvois zusammen. Letztere wurden von der Londonderry Escort Force bis auf die Höhe von 20° N, nordwestlich der Kapverdischen Inseln, geleitet und dort von Korvetten der Freetown Escort Force übernommen.

In diesen Sommerwochen stieg nun auch auf deutscher Seite die Zahl der in See befindlichen Front-U-Boote im Nordatlantik zum ersten Mal auf über 30 an, so daß der BdU in der Lage war, zusätzlich zu den auf der Gibraltar-Route operierenden Rudeln eine weitere Gruppe mit bis zu 15 oder mehr Booten im Gebiet südlich Island aufzustellen und mit ihr in einer weiträumigen Suchbewegung in Richtung Grönland und Neufundland zu »harken«. Schon die erste solche Gruppe fand dabei Anfang September südlich Cape Farewell den Konvoi SC.42 und versenkte in der bis dahin größten Geleitzugschlacht 20 von 63 Schiffen, ehe der einsetzende Nebel die völlige Vernichtung des Konvois verhinderte. Der Erfolg ermutigte den BdU, in den folgenden Wochen mit den neu aus der Heimat kommenden Booten weitere solche Gruppen zu bilden, die bis Anfang November in vier aufeinanderfolgenden Wellen den Nordatlantik überquerten und dabei je einen Konvoi fanden und angriffen, ohne daß allerdings der Erfolg gegen den SC.42 wiederholt werden konnte. Dabei spielte es offenbar eine wesentliche Rolle, daß die alliierte Funkaufklärung nun, nach dem Auslaufen der erbeuteten Schlüsselunterlagen, den U-Bootfunkverkehr nicht mehr mitlesen konnte.

2.6 DAS EINGREIFEN DER USA IN DIE SCHLACHT IM ATLANTIK

Bei diesen Operationen sollte es auch zu den ersten schweren Zwischenfällen mit amerikanischen Kriegsschiffen kommen. Im Zuge der auf eine möglichst wirksame Unterstützung Englands gerichteten »short of war«-Politik des amerikanischen Präsidenten, die ihren nach außen hin deutlichsten Niederschlag bisher in dem »Destroyer-Naval Base Deal« vom September 1940 und dem »Lend Lease Act« vom März 1941 gefunden hatte, war es das Bestreben der amerikanischen Flotte, die britische Marine überall dort zu entlasten, wo deren Aufgaben ohne eine direkte Beteiligung am Kriege übernommen werden konnten. Um die Anwesenheit und das Verhalten amerikanischer Kriegsschiffe im westlichen Nordatlantik zu motivieren, wurde die Begrenzung der westlichen Hemisphäre, die bisher in der bis 60° West reichenden panamerikanischen Sicherheitszone gelegen hatte, am 18. April 1941 bis auf 30° W und am 14. Juni sogar auf 26° W vorgeschoben. Westlich dieser Linie hatten amerikanische Seestreitkräfte die Anweisung, alle gesichteten Fahrzeuge der Achsenmächte zu beschatten und ihre Standorte laufend zu melden. Am 7. Juli waren amerikanische Truppen in Island gelandet, um die dort stationierten britischen Verbände abzulösen. Am 15. Juli wurden auch die isländischen Gewässer in die westliche Hemisphäre einbezogen. Eine starke »Task Force 1« mit Schlachtschiffen, Kreuzern, Flugzeugträgern und Zerstörern wurde zur Bewachung der Dänemark-Straße nach Hvalfjord auf Island verlegt. Zugleich übernahm die bereits am 1. März 1941 gebildete, aus drei Zerstörer-Geschwadern und vier Aufklärungssquadrons bestehende »Task Force 4« die Sicherung von Nachschubkonvois nach Island, deren amerikanischen Transportschiffen sich auch neutrale Handelsschiffe anschließen konnten.

Auf der Atlantikkonferenz zwischen Roosevelt und Churchill in der Argentia-Bucht auf Neufundland im August 1941 wurde die volle Einbeziehung amerikanischer Geleitstreitkräfte in die Sicherung der

Nordatlantik-Konvois beschlossen. Ab 15. September übernahm die auf Argentia gestützte amerikanische »Task Force 4« mit aus jeweils fünf Zerstörern bestehenden Escort Groups die Sicherung der schnellen HX.- und ON.-Konvois von Neufundland bis zu dem auf 30° bis 26° W vorgeschobenen Mid Ocean Meeting Point, wo die Konvois dann von Escort Groups des Western Approaches Command abgelöst wurden und nach Island zur Beölung gingen. Am 24. September übernahm erstmalig eine von Island kommende Escort Group die Sicherung eines ON.-Konvois. Gleichzeitig übernahm die kanadische, auf St. John's gestützte Newfoundland Escort Force mit ihren Escort Groups aus insgesamt 8 Zerstörern und 21 Korvetten, davon drei freifranzösischen, die Sicherung der langsamen SC.- und ONS.-Konvois zwischen Neufundland und dem Mid Ocean Meeting Point.

Trotz der von Hitler gegebenen Weisung, Zwischenfälle mit amerikanischen Schiffen zu vermeiden, und des daraufhin vom BdU gegebenen Befehls, Zerstörer nur noch in der Abwehr anzugreifen, konnten nach dieser Reorganisation des Geleitzugsystems im Nordatlantik kriegerische Handlungen zwischen deutschen U-Booten und amerikanischen Kriegsschiffen kaum vermieden werden. Erstmalig kam es am 17. Oktober zu einem ernsten Zwischenfall, als der amerikanische Zerstörer *Kearny*, der mit seiner Geleitgruppe in eine bereits seit 36 Stunden laufende Geleitzugschlacht gegen den Konvoi SC.48 eingegriffen hatte, von *U 568* torpediert wurde. Vierzehn Tage später versenkte *U 552* den zur Sicherung des Konvois HX.156 gehörenden amerikanischen Zerstörer *Reuben James*. Nur weil die kritische Lage im Mittelmeer im November die Verlegung einer starken U-Bootgruppe dorthin und die Versammlung der restlichen Atlantik-U-Boote im Raum westlich Gibraltar erforderlich machte, blieben weitere Zwischenfälle aus. Diese Schwerpunktbildung vor Gibraltar führte im Dezember 1941 dazu, daß man zur Zeit des für die deutsche Führung überraschend kommenden japanischen Angriffs auf Pearl Harbor keine U-Boote für eine schnelle Eröffnung des U-Bootkrieges an der amerikanischen Küste verfügbar hatte. Es sollte fünf Wochen dauern, bis man mit den ersten fünf U-Booten die vierte Phase der Schlacht im Atlantik beginnen konnte.

Das Jahr 1942

3.1 DIE STRATEGIE DES ÖKONOMISCHEN U-BOOTEINSATZES

Im Zuge seiner Strategie des ökonomischen U-Booteinsatzes sah Dönitz das letztlich entscheidende Kriterium in einer möglichst schnellen Versenkung von möglichst viel feindlichem und potentiell dem Feinde nutzbaren Schiffsraum. Er wollte seine U-Boote nach dem Gesichtspunkt der Ökonomie dort eingesetzt wissen, wo sie unter den gegebenen Umständen mit dem geringsten Zeitaufwand am meisten Schiffsraum versenken konnten und wo die Verluste sich in möglichst niedrigen Grenzen hielten. Es kam ihm auf den Wirkungsgrad (versenkte BRT pro Seetag) an.

Bei der Unerfahrenheit der amerikanischen Abwehr und dem noch fast friedensmäßig unter der amerikanischen Küste laufenden Verkehr schien das optimale Operationsgebiet nun trotz der langen Anmarschwege hier zu liegen, wo die einzeln, in großen Operationsgebieten kreuzenden Boote bis zum Mai erhebliche Erfolge erringen konnten. Dabei kam dem BdU zustatten, daß jetzt die ersten Versorgungs-U-Boote fertig wurden, so daß man auch mit den kleineren U-Booten vom Typ VII bis in diese Gewässer vorstoßen konnte. Erst als die Amerikaner, von den Engländern immer wieder gedrängt, Ende April bis Mitte Mai dazu übergingen, den Schiffsverkehr an der amerikanischen Ostküste in Konvois zusammenzufassen, gingen die Versenkungen zurück.

In dieser Periode trat die Geleitzugbekämpfung im Nordatlantik in den Hintergrund. Zwar kam es im Frühjahr 1942 gelegentlich zu Geleitzugoperationen, wenn aus Norwegen nach Frankreich oder an die amerikanische Küste marschierende Boote zufällig auf einen Konvoi stießen und dann in der Nähe stehende Boote heranführen konnten. Diese Operationen und die wieder zunehmenden Ergebnisse des deutschen Bx-Dienstes ließen erkennen, daß die alliierte Führung dazu übergegangen war, ihre Konvois nun auf der kürzesten Großkreisroute über den Nordatlantik marschieren zu lassen. Einerseits war die Gefahr, hier ein U-Boot zu treffen, nicht größer als an jeder anderen Stelle des Atlantik; andererseits konnte man durch die Verkürzung der Wegstrecke viel Zeit pro Schiffsumlauf einsparen und damit den äußerst knappen Transportraum besser nutzen. Diese Erkenntnis führte auf deutscher Seite zu der Überlegung, Boote auf ihrem Marsch an die amerikanische Küste in einer Gruppe zusammenzufassen und mit ihr die Großkreisroute abzuharken. Fand die Gruppe einen Konvoi, dann sollte sie ihre Angriffe fahren und anschließend aus einem U-Tanker südlich der Neufundlandbank Brennstoff ergänzen und an die amerikanische Küste weitermarschieren.

Ehe es jedoch zu einer solchen Operation kam, gingen die Erfolge vor der amerikanischen Küste zurück, so daß der BdU die Gruppe »Hecht« auf der Nordatlantik-Route beließ, nachdem sie Mitte Mai den ersten Konvoi erfaßt hatte. Dieser Gruppe folgte Anfang Juli die Gruppe »Wolf«, mit der Mitte des Monats der Übergang zur Wiederaufnahme der Geleitzugoperationen im Nordatlantik und damit zur *fünften* Phase des U-Bootkrieges vollzogen wurde.

Aus den bei diesen ersten neuen Konvoi-Operationen gewonnenen Erfahrungen und den Überlegungen für den in dieser Lage ökonomischsten Einsatz der U-Boote ergab sich nun das folgende Konzept, das zur operativen Grundlage der fünften Phase der Schlacht im Atlantik vom August 1942 bis Mai 1943 werden sollte. Danach war es vorgesehen, die aus der Heimat und Frankreich auslaufenden U-Boote zunächst auf der Ostseite des Nordatlantik an der Grenze der Eindringtiefen der auf Island und Nordirland gestützten feindlichen Luftüberwachung zu einer Gruppe zusammenzufassen und sie in einem Vorpostenstreifen langsam nach Westen marschieren zu lassen. Dabei sollten die zuletzt beobachteten und nach sonstigen Unterlagen, insbesondere den Ergebnissen des Funkbeobachtungsdienstes, zu erwartenden Konvoi-Routen überdeckt werden. Man wollte möglichst frühzeitig einen westgehenden Konvoi erfassen, ihn über den ganzen Nordatlantik verfolgen und dann aus einem außerhalb der Verkehrswege nordostwärts Bermuda aufgestellten U-Tanker die U-Boote Brennstoff ergänzen zu lassen. Die aufgefüllten Boote bildeten im Gebiet der Neufundlandbank einen neuen Vorpostenstreifen, der nun möglichst ostgehende Konvois erfassen und bekämpfen sollte. Nach dem Abbruch der Geleitzugschlacht auf der Ostseite des Atlantik konnten sich die noch brennstoffstarken Boote wieder einer neuen Gruppe anschließen, während die verschossenen, brennstoffschwachen oder beschädigten Boote in die westfranzösischen Stützpunkte zurückkehrten.

3.2 DAS ALLIIERTE KONVOI-SYSTEM 1942

Die Entwicklung der Lage führte auf alliierter Seite im ersten Halbjahr 1942 zu einer Reihe von Änderungen im Konvoisystem. Die Anforderungen des pazifischen Krieges und die Verluste im Westatlantik hatten den Abzug eines Teils der amerikanischen Zerstörer von den ursprünglich acht amerikanischen Ocean Escort Groups im Nordatlantik erforderlich gemacht. Sie wurden teilweise durch amerikanische Coast Guard Cutter, vor allem aber neu an die Front kommende kanadische Korvetten ersetzt. Diese gemischte nationale Zusammensetzung der Ocean Escort Groups brachte jedoch manche Probleme mit sich, so daß von amerikanischer Seite der Vorschlag zu einer Reorganisation gemacht wurde, die ab 13. März 1942 in Kraft trat.

Die gesamte Leitung der Konvoi-Operationen im Gebiet westlich 26° W wurde damit dem bisherigen Befehlshaber der Task Force 4, dem amerikanischen Vizeadmiral Le R. Bristol, später Vizeadmiral R. M. Brainard in Argentia, übertragen, dem die gesamten im Westteil des Nordatlantik eingesetzten Geleitstreitkräfte mit der Bezeichnung Task Force 24 unterstellt wurden. Die kanadische Western Local Escort Force, die vom kanadischen Commanding Officer, Atlantic Coast (C.O.A.C.), Rear Admiral L. W. Murray, RCN, in Halifax eingesetzt wurde und aus 13 britischen und 25 kanadischen Zerstörern und Korvetten bestand, bildete danach die Task Group 24.18 und war für die Sicherung der Konvois von Halifax bis zum WESTOMP auf 49° W zuständig, nachdem auch die Abfahrtspunkte der SC.-Konvois im Januar nach Halifax verlegt worden waren. Die auf St. John's auf der Westseite und Londonderry und Liverpool auf der Ostseite gestützte Mid Ocean Escort Force bildete nun die Task Group 24.1, zu der 7 britische, 4 kanadische und 1 amerikanische Escort Groups gehörten. Sie hatten die HX-, SC-, ON- und ONS-Konvois bis zum EASTOMP auf etwa 22° W zu geleiten, wo sie dann von den Eastern Local Escort Groups

46

übernommen wurden. Zum Geleit der nach Island laufenden Schiffe, die auf etwa 25° W (ICOMP) abzweigten, stellten die Amerikaner zwei Escort Groups als Task Group 24.6 bereit. Der Task Force 24 waren außerdem die auf der Strecke Sydney — Grönland eingesetzten Geleitfahrzeuge, meist ältere Fahrzeuge der Coast Guard, als Task Group 24.9 unterstellt, und es bestand die Möglichkeit, aus den im Westatlantik verfügbaren Zerstörern für bedrohte Konvois Support Groups aus der Task Group 24.12 zu bilden.
Mit dem Aufbau des amerikanischen Küsten-Konvoisystems, des »Interlocking Convoy-System«, wurde es erforderlich, die Nordatlantik-Konvois mit diesem bis New York reichenden System zu verbinden. Zunächst hatte es zwischen Halifax und Boston ein eigenes Zubringer-Konvoisystem BX — XB gegeben. Vom September 1942 ab wurde der Abfahrtspunkt aller Transatlantik-Konvois nach New York verlegt, so daß hier unmittelbarer Anschluß an das amerikanische Interlocking Convoy System bestand. Damit wurde im Westatlantik eine neue Regelung notwendig, da die Geleitkräfte in ihrer bisherigen Zusammensetzung für die Strecke New York—WESTOMP nicht ausreichten. Es wurde deshalb auf der Höhe von Halifax auf 61° W ein neuer Ablösungspunkt, HOMP, geschaffen, bei dem sich die Western Local Escort Groups ablösen konnten, deren Zahl im Rahmen der Task Group 24.18 auf 12 Escort Groups verstärkt werden mußte.
Während die Zusammensetzung der einzelnen Escort Groups der Task Group 24.18 und der verschiedenen Zubringer-Geleite von Fall zu Fall ständig wechselte, war man ab April 1942 bemüht, die Ocean Escort Groups nach Möglichkeit als Einheit zusammenzuhalten, um zu einer aufeinander eingespielten Sicherung zu gelangen. Die durch die U-Bootangriffe im Gebiet der Caribic notwendig gewordene Abgabe britischer Geleitfahrzeuge an dieses Gebiet führte im Sommer 1942 dazu, daß der EASTOMP weiter an den Nord-Kanal heranverlegt wurde, so daß man in der Folge die britischen Escort Groups B.1 bis 7 auf Londonderry und Liverpool, die kanadischen Gruppen C.1 bis C.4 und die amerikanische Gruppe A.3 auf St. John's als ständige Basis stützte. Diese Gruppen wurden jedoch auf der ganzen Nordatlantikstrecke zwischen dem EASTOMP und WESTOMP als Geleit bei einem Konvoi durchgehend eingesetzt, ohne Rücksicht auf den Bereich, in dem sich der Konvoi befand. Westlich von 26° W oblag die operative Führung

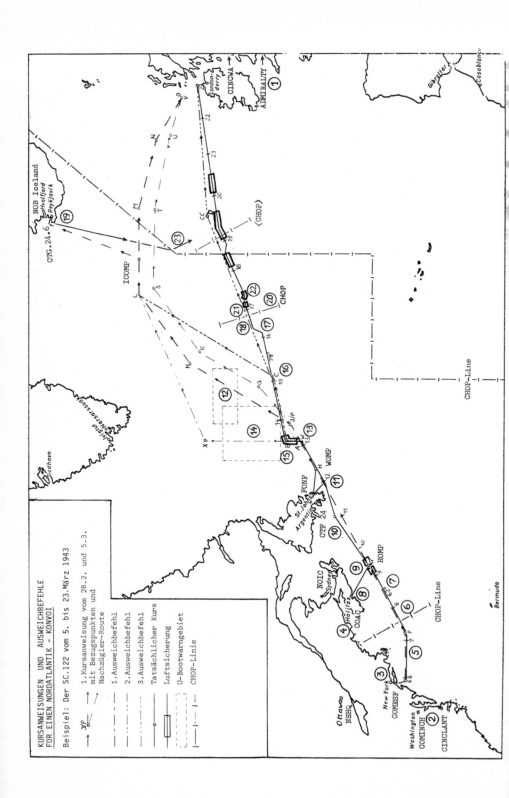

KURSANWEISUNGEN UND AUSWEICHBEFEHLE
FÜR EINEN NORDATLANTIK – KONVOI

Beispiel: Der SC.122 vom 5. bis 23.März 1943

1.Kursanweisung vom 28.2. und 5.3.
mit Bezugspunkten und
Nachzügler-Route

1.Ausweichbefehl
2.Ausweichbefehl
3.Ausweichbefehl
Tatsächlicher Kurs
Luftsicherung
U-Bootwarngebiet
CHOP-Linie

Die Kursanweisungen und Ausweichbefehle für einen Nordatlantik-Konvoi
(dargestellt am Beispiel des Konvois SC.122 im März 1943)

1	26. 2./	Convoy & Routing Section der Admiralty gibt Kursvorschlag für SC.122 an Convoy & Routing Section des Commander-in-Chief, U. S. Navy (COMINCH).
2	28. 2./	COMINCH (C & R) gibt vorläufige Kursanweisung an beteiligte Führungsstellen: Admiralty, Commander-in-Chief Western Approaches (CINCWA), Commander-in-Chief (US) Atlantic Fleet (CINCLANT), Commander Eastern Sea Frontier (COMESF), Naval Service Headquarters (RCN) (NSHQ), Commanding Officer (RCN) Atlantic Coast (COAC), Naval Officer in Command (NOIC) Sydney, Commander Task Force 24 (CTF 24), Flag Officer New Foundland (RCN) (FONF), Commander Task Group 24.6 (CTG. 24.6). Die auf Zusammenarbeit angewiesenen Befehlshaber der US Naval Air Groups, der US Army Air Force, des RCAF-Coastal Command und des RAF Coastal Command werden informiert.
3	4. 3./	Convoy-Commodore (CDRE) hält Konvoi-Konferenz in New York ab.
	4. 3./23.00	Port Director (PD) New York kündigt über Funk das bevorstehende Auslaufen des Konvois SC.122 für den 5. 3. an.
	5. 3./12.30	(Ortszeit 07.30) Konvoi SC.122 läuft New York aus.
	5. 3./21.30	PD New York funkt »Sailing telegram«: Endgültige Kursanweisung geht an beteiligte Stellen: Bezugspunkte E, F, G (= Western Ocean Meeting Point HOMP), H (= Western Ocean Meeting Point WOMP), I, K, L, Iceland Meeting Point (ICOMP), M, N, O (Eastern Ocean Meeting Point EASTOMP). Nachzügler-Route P, Q, R, S, T, U, V.
		Change of Operational Control (CHOP) voraussichtlich am 9. 3.
4	6. 3./	COAC kündigt über Funk Zubringer-Konvoi HSC.122 mit 14 Schiffen von Halifax an.
5	6./7. 3.	SC.122 gerät in schweren Sturm. Von 50 ausgelaufenen Schiffen 11 Nachzügler. Davon kehren 2 nach New York zurück, 6 laufen Halifax an, 1 vermißt, 2 schließen auf. Escort Group W. 1.
6	7. 3./20.00	Nach Passieren CHOP-Linie zwischen COMESF und COAC gibt CDRE Lagemeldung.
7	8. 3./15.00	CDRE gibt Positionsmeldung.
8	8. 3./18.00	COAC funkt »Sailing telegram« für HSC.122 mit 14 Schiffen und Escort Group W. 8.
9	9. 3./	RCAF-Coastal Command gibt Luftsicherung für SC.122.
	9. 3./16.00	CDRE entläßt 2 Schiffe nach Halifax mit 2 Escorts.
	9. 3./19.00	SC.122 auf HOMP. Ablösung EG.W.1 durch EG.W.8, Eingliederung Zubringer-Konvoi HSC.122. Konvoi hat 51 Schiffe.
10	10./11. 3.	Tatsächlich gesteuerter Kurs weicht von Kursanweisung nach Norden ab.
11	11. 3./13.30	Zubringer-Konvoi von St. John's (1 Dampfer, 1 Escort) läuft aus. FONF gibt »Sailing telegram«.
	11. 3./14.00	Ocean Escort Group B. 5 läuft St. John's aus.
	12. 3./07.30	1 Dampfer des SC.122 mit 2 Escorts nach St. John' entlassen.
	12. 3./09.30	SC.122 auf WOMP. Ablösung der »Western Local North« EG.W.8 durch Ocean Escort Group B.5.

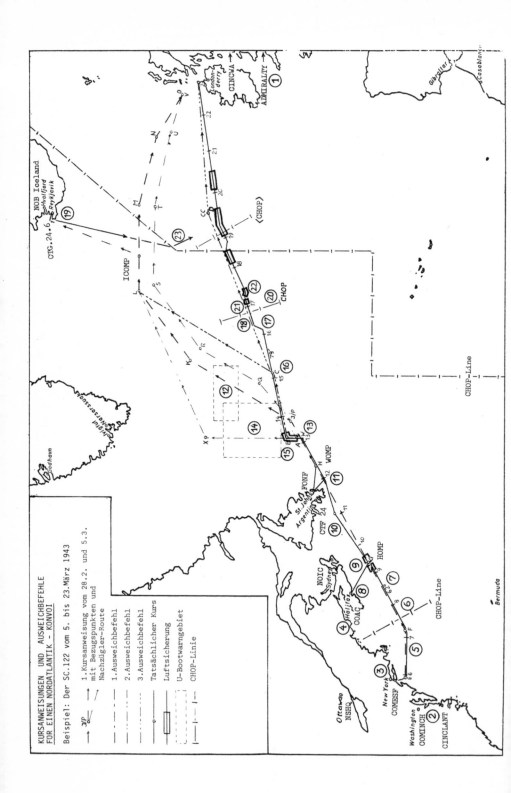

KURSANWEISUNGEN UND AUSWEICHBEFEHLE
FÜR EINEN NORDATLANTIK - KONVOI

Beispiel: Der SC.122 vom 5. bis 23.März 1943

1.Kursanweisung vom 28.2. und 5.3.
mit Bezugspunkten und
Nachzügler-Route

1.Ausweichbefehl
2.Ausweichbefehl
3.Ausweichbefehl

Tatsächlicher Kurs

Luftsicherung

U-Bootwarngebiet

CHOP-Linie

Nr.	Datum/Zeit	Ereignis
12	12.3./10.00	1 Dampfer mit Schaden nach St. Johns' entlassen, Zubringer-Gruppe aufgenommen. Konvoi läuft mit 50 Schiffen und EG.B.5 + US-Zerstörer Upshur weiter.
13	10./12.3.	Alliierte Land-Funkpeilstellen peilen in diesem Rechteck auf der Kurslinie zwischen Bezugspunkten J und K mehrere U-Boot-Funksprüche (Gruppe »Raubgraf«).
14	12.3./14.16	COMINCH befiehlt Ausweichbewegung für SC.122: Von neuem Punkt W 360° bis zu neuem Punkt X, von dort unter Auslassung von K direkt nach L. Änderung der Nachzügler-Route entsprechend (hier weggelassen, Punkte Y, Z).
15	12.3./nachm. 13.3./mitt.	Alliierte Land-Funkpeilstellen peilen neue Funksprüche von U-Booten (der Gruppe »Raubgraf«) zwischen 50°—54° N/43°—49° W, sowie ab 13.3./13.36 Fühlunghalter-Signale am entgegenkommenden Konvoi ON. 170.
16	13.3./16.02	COMINCH befiehlt neue Ausweichbewegung ab 13.3./19.00 für den SC.122. Von neuem Punkt A sollen 67° gesteuert werden. Konvoi hat Punkt A jedoch schon passiert, deshalb Änderung: von neuem Punkt B Kurs 73° bis Punkt C, von dort mit Kurs 31° nach altem Punkt L.
	13.3./	Luftsicherung von RCAF-Coastal Command am Konvoi.
	13.3./19.00	SC.122 geht auf neuen Kurs 73°, Besteck-Überprüfung ergibt bald Kurs 79°, um Punkt C zu erreichen.
	15.3./vorm.	Wegen schweren NW-Sturm kann Konvoi auf Punkt C Kurs nicht auf 31° ändern. CDRE schlägt vor, Kurs beizubehalten. Senior Officer Escort (SOE) bittet über Funk um neue Kursanweisung auf direkter Linie zum Nordkanal.
17	16.3./vorm.	Admiralty schlägt COMINCH vor, Bitte zu entsprechen, wegen Übermittlungs-Schwierigkeiten trifft neuer Befehl jedoch erst abends ein; SC.122 dreht deshalb nun auf 31°.
18	16.3./13.30	COMINCH befiehlt neuen Ausweichkurs: Von Punkt CC zu neuem Punkt CC oder D in 55° N/22° W, von dort direkt zum Nordkanal.
19	16.3./18.45	Von Reykjavik laufen USS Babbitt und USCGC Ingham aus, um den Islandteil des SC.122 mit USS Upshur am ICOMP aufzunehmen und nach Reykjavik zu gleiten.
20	16.3./20.00	SC.122 passiert neue ·CHOP-Linie. Operative Kontrolle geht von COMINCH auf CINCWA über.
21	17.3./02.00	Von den auf den dichtauf folgenden Konvoi HX.229 angesetzten U-Booten der Gruppe »Stürmer« erfaßt U 338 den SC.122 und greift an. Fühlungshalter-Signale werden eingepeilt. SOE befiehlt von nun an selbständig »emergency turns« in Übereinstimmung mit dem CDRE.
22	17.3./vorm.	Der Air Officer Commanding (AOC) 15th Group, RAF Coastal Command, setzt auf Bitte der CINCWA Luftsicherung für den SC.122 an. Sie wird an den folgenden Tagen wiederholt.
23	18.3./18.31	CINCWA befiehlt USS Babbitt, statt zum SC.122 zum noch schwerer bedrängten HX.229 zu stoßen, USCGC Ingham wie bisher zum SC.122 zu gehen, jedoch mit dem Konvoi und dem Island-Teil des Konvois beim Hauptkonvoi zu bleiben.

der Konvois dem Oberbefehlshaber der amerikanischen Marine (COMINCH) und in dessen Auftrag dem Befehlshaber der Task Force 24 (COMTASKFOR = CTF 24), ostwärts davon der Admiralität und in deren Auftrag dem CINCWA.

Westlich der *Change of Operational Control* (CHOP) — Linie war vom 1. Juli 1942 ab die Convoy and Routing Section beim Chief of Naval Operations unter Rear Admiral M. K. Metcalf zuständig. Etwa acht Tage vor dem Auslaufdatum eines ostgehenden Konvois übermittelte die Trade Division der Admiralität dieser Stelle einen Vorschlag für die Konvoi-Route auf Grund des gegebenen U-Boot-Lagebildes. Nach Prüfung und eventueller Übernahme von Änderungsvorschlägen wurde die Konvoi-Route dann zwischen diesen beiden Stellen vereinbart. Die Konvoi-Route bestand aus 4 oder mehr mit einem Buchstaben bezeichneten Punkten, deren geographische Positionen nach Länge und Breite der Konvoi zu passieren hatte. Auf dieser Kursanweisung wurden die verschiedenen Ablösungspunkte HOMP, WESTOMP, ICOMP und EASTOMP mit voraussichtlichen Daten und Zeiten festgelegt. Um eine langfristige Planung zu ermöglichen und einen gleichmäßigen Schiffsumlauf zu erreichen sowie die vorhandenen Geleitstreitkräfte optimal auszunutzen, war für die Auslaufdaten der einzelnen Konvois ein Rhythmus festgelegt, der sich von Zeit zu Zeit nach den operativen Erfordernissen änderte. Waren die HX.-Konvois ursprünglich wöchentlich und die SC.-Konvois 14tägig ausgelaufen, so war mit der Verlegung der Abfahrtspunkte aller Konvois nach Halifax der Rhythmus auf je 6 Tage verändert worden, so daß alle 3 Tage ein Konvoi auslief. Mit der Vergrößerung der einzelnen Konvois im Laufe des Jahres 1942 verlängerte sich der Abstand der Konvois auf 7, 8 und schließlich 10 Tage. Eine der wichtigsten Aufgaben für die Führungsstellen auf beiden Seiten war die zeitgerechte Führung der Zubringer-Konvois, damit die Schiffe möglichst wenig Aufenthaltszeiten in den Häfen hatten. Das war in New York, wo sich bis zum Frühjahr 1943 der gesamte Transatlantik-Verkehr konzentrierte, besonders wichtig, ehe man sich Ende März entschloß, die SC.-Konvois wieder von Halifax laufen zu lassen. Waren die Einzelheiten festgelegt, übermittelten COMINCH und die Admiralität die Konvoi-Route einschließlich der Nachzügler-Route sowie die Treffpunkte an die folgenden Stellen:

DIE ZERSTÖRER DER A-I-KLASSE

HMCS. SAGUENAY im Oktober 1940 noch mit der Originalbewaffnung: 4–12 cm Kanonen und 2 Vierlings-Torpedorohrsätze. Ortungsgeräte fehlen noch. Auf der Brücke der Rahmen des MF/DF Peilers für Navigationszwecke.
Foto: Royal Canadian Navy

HMS. HARVESTER, einer von sechs für Brasilien gebauten Zerstörern, von denen fünf als Führerboote britischer Ocean Escort Groups im Nordatlantik dienten. Die HARVESTER ging am 11. März 1943 als Führerboot der E. G. B. 3 am Konvoi HX. 228 verloren. Ab 1940/41 wurde das achtere 12-cm-Geschütz entfernt, um Raum für Wasserbombenwerfer und -ablaufgestelle zu gewinnen, und der achteren Torpedorohrsatz mußte einem Flakstand mit einer 7,6 cm weichen.
Foto: Archiv BfZ

HMCS. SKEENA, ein Schwesterschiff der SAGUENAY, nach der ersten Umrüstung im Jahre 1941 ähnlich der HARVESTER. Außerdem ist im Top des vorderen Mastes die Antenne des Typ 286 M-Radar zu erkennen. Um Topgewicht zu sparen, ist der zweite Schornstein verkürzt. Der achtere Mast ist ausgebaut, um Schußfeld für die 7,6 cm Flak zu bekommen. Im Frühjahr 1943 war die SKEENA Führerboot der Escort Group C. 3.
Foto: Royal Canadian Navy

ORP. GARLAND, seit 1939 mit einer polnischen Besatzung eingesetzt. 1942 sind die Fla-MG durch 2 cm Oerlikon in der Brückennock und auf Podesten neben den Schornsteinen ersetzt. Als Luftwarn-Radar im Masttop das drehbare Antennenkreuz des Typ 291, auf dem E-Meßstand ein Typ 285 Feuerleitradar. Auf dem achteren Mast die Adcock-Antenne des HF/DF-Peilers FH. ·3, 1943 gehörte die GARLAND zur E. G. B. 3.
Foto: Imperial War Museum

HMS. HAVELOCK, ein Schwesterschiff der HARVESTER im Rüstzustand vom Frühjahr 1943: Anstelle des vorderen 12 cm Geschützes ist ein Hedgehog-Werfer Kasten aufgestellt. Auf der Brücke sind Artillerieleit- und E-Meßstand durch die „Laterne" des Typ 271M-Radar ersetzt, achtern besitzt das Boot wie alle Führerboote einen HF/DF-Mast mit der FH. 3 Antenne. Die HAVELOCK war Führerboot der E. G. B. 5.
Foto: A. Watts

DIE »FLUSHDECK«-ZERSTÖRER

U. S.-Version

Von 1916 bis 1921 baute die
U. S. Navy 273 dieser zur Bekämpfung der deutschen
U-Boote gedachten »Flushdeck«-Zerstörer. Ein typischer
Vertreter war die USS. STEWART, hier mit ihrer ursprünglichen Bewaffnung von 4-10,2-
cm-Kanonen und 4 seitlich
aufgestellten Torpedo-Drillingsrohrsätzen.
Foto: Archiv BfZ

Im September 1940 wurden 50
»Flushdecker«, die in den USA
aufgelegt waren, im Rahmen
des zwischen Churchill und
Roosevelt vereinbarten »Destroyer-Naval Base-Deal« an
England geliefert. HMS. CASTLETON hier bereits unter britischer Flagge, aber noch mit
US-hull number: DD 132 =
USS.AARON WARD.
Foto: Imperial War Museum

Von den für den Geleitdienst
im Zweiten Weltkrieg umgebauten US-Flushdeckern behielten nur wenige ihre 4,
allerdings verkürzten Schornsteine wie die USS.BAINBRIDGE. Ihre alten 10,2-cm-
Kanonen und zwei der Rohrsätze wurden ausgebaut, dafür
erhielten sie 6–7-6-cm-Flak
und 3 bis 5-2-cm-Oerlikon-
Flak, ferner 4 oder 6 Wabowerfer, Wabo-Ablaufgestelle und
vorn neben der Brücke einen
geteilten »Hedgehog«-Starter,
im Masttop das SC-1-Radar,
darunter eine Versuchsversion
des 9-cm-Radar SG.
Foto: Archiv BfZ

USS. McCORMICK hat dagegen wie die meisten umgebauten US-Flushdecker 3 Schornsteine. Vor der Brücke steht
der »Hedgehog«-Starterkasten
für 24 Raketen. Deutlich sind
die versetzten beiden Torpedorohrsätze, die Flakstände an
Oberdeck und die Waboablaufgestelle achtern zu erkennen. Am Mast das SC-1-
Luftwarn-Radar und darunter
die normale Version des SG-2-
Seeziel-Radar.
Foto: Archiv BfZ

USS.BLAKELEY hat vorn und
achtern die 10,2 cm behalten,
dafür aber mehr leichte Flak
bekommen. Auf dem Achterdeck sind 3 Wabowerfer aufgestellt. Unter dem erhöhten
Flakstand ein Deckshaus für
das neue HF/DF-Gerät DAQ,
das dem britischen FH. 4 entsprach, mit dem Antennenmast
davor. Im Masttop das SC-1-
Luftwarn-Radar.
Foto: Archiv BfZ

DIE »FLUSHDECK«-ZERSTÖRER

Britische Version
HMCS. ST. CROIX, einer der sechs 1940 an die kanadische Marine abgegebenen »Flushdecker«, in seiner ursprünglichen Form. Einzige Neuerung ist das dicht unter der Oberdeckskante aufgesetzte MES-Kabel zum Schutz gegen magnetische Minen.
Foto: Royal Canadian Navy

HMCS.COLUMBIA zeigt die auf den kanadischen Zerstörern, Korvetten und Minensuchern zunächst eingebaute Radar-Antenne SW 1 C im Masttop. Sie arbeitete auf einer dem britischen Typ 286M entsprechenden Frequenz, war jedoch drehbar. Auf der Brücke ist der Rahmen der MF/DF-Peilantenne für Navigationszwecke zu erkennen.
Foto: Royal Canadian Navy

HMS.BROADWAY zeigt die Form der nicht zu »Long Range Escorts« umgebauten Flushdecker im Zustand von 1942/43: die drei achteren Schornsteine sind zur Verringerung des Topgewichtes verkürzt, die Artillerie ist reduziert auf 1-10,2 cm vorn, 1-7,6 cm Flak achtern und 4-2 cm Flak auf seitlichen Ständen. Zwei der vier Torpedorohrsätze sind ausgebaut. Auf der Brücke die »Laterne« des Typ 271M Radar (9 cm) und im Masttop das Antennenkreuz des Luftwarn-Radar Typ 291. Die BROADWAY war 1943 Führerboot der Escort Group C.4.
Foto: Royal Navy

HMS.RIPLEY ähnelte stark der BROADWAY, besaß jedoch wie einige andere Schiffe dieser Klasse achtern auch den Antennenmast für das FH.3-Kurzwellenpeilgerät.
Foto: Royal Navy

HMS.CLARE war einer der wenigen zu »Long Range Escorts« umgebauten »Flushdeck«-Zerstörer. Die beiden vorderen Kessel waren ausgebaut, um Raum für zusätzliche Brennstofftanks zu gewinnen. Außerdem erhielt die CLARE eine neue, kastenförmige Brücke mit der »Laterne« des Typ 271M Radar. Die Artilleriebewaffnung wurde· durch mittlere und leichte Flak ersetzt, nur 1 Drillingsrohrsatz in der Mittellinie blieb erhalten, dafür kamen 4 Wabowerfer, Abrollgestelle und ein »Hedgehog« an Bord. Die CLARE war 1943 bei der 44th Escort Group eingesetzt.
Foto: Imperial War Museum

DIE KORVETTEN DER »FLOWER«-KLASSE

HMCS.KENOGAMI war ein typischer Vertreter der Urform mit der vor der Brücke endenden kurzen Back, den zwei Pfahlmasten und einem Flakstand achtern. Auf der Back auf erhöhtem Stand die 10,2-cm-Kanone, achtern zwei Waboablaufgestelle. 1943 gehörte die KENOGAMI zur Escort Group C.1.
Foto: Royal Canadian Navy

HMCS.MONCTON. Zur Verbesserung des Bestreichungswinkels für die (hier nicht an Bord befindliche) Flak wurde der achtere Mast 1941 entfernt. Im Masttop das in Kanada entwickelte SW 1 C Radar. Auf der Brücke wie bei der KANOGAMI der Rahmen des MF/DF-Peilers für Navigationszwecke, zusätzlich ein Scheinwerferstand. Die MONCTON gehörte zur Western Local Escort Force.
Foto: Royal Canadian Navy

Die britischen Korvetten wurden 1941/42 zunächst mit dem Radar Typ 286M ausgerüstet, dessen matratzenartige Antenne hier begrenzt drehbar auf einem Ausleger am Mast angebracht ist. Die HMS. CAMELLIA zeigt bereits die seit 1941/42 allgemein übliche verlängerte Back zur Verbesserung der Seefähigkeit. Der Flakstand ist mit einer 4 cm bestückt.
Foto: Archiv BfZ

HMS.MYOSOTIS ist wie viele ab 1941 in Dienst gekommene Einheiten bereits mit der »Laterne« für das 9-cm-Radargerät Typ 271M ausgerüstet, die meist hinter der Brücke etwas nach Backbord herausgerückt auf einem hohen Unterbau stand.
Foto: Archiv BfZ

HMCS.SUDBURY zeigt die für die meisten »Flower«-Class-Korvetten endgültige Form. Um störende Echos im wichtigsten vorderen Sektor zu vermeiden, sind der Mast hinter die Brücke mit der »Laterne« für das Typ 271M Radar, der Scheinwerferpodest nach achtern über den Flakstand versetzt. Auf dem Oberdeck sind die Wasserbombenwerfer zu erkennen, auf jeder Seite vor der Brücke ein halber »Hegehog«-Werfer.
Foto: Royal Canadian Navy

Commander-in-Chief Atlantic Fleet (CINCLANT)
Commander Eastern Sea Frontier (COMESF) New York
COMTASKFOR 24 Argentia (CTF 24)
Canadian Naval Staff Headquarters (NSHQ) Ottawa
Commanding Officer Atlantic Coast (COAC) Halifax
Flag Officer New Foundland Force (FONF) St. John's
Informiert wurden die Hafenkapitäne von New York, Halifax,
Sydney und St. John's sowie die Führungsstellen der US-Navy Air
Force und der RCAF auf Neufundland.

Auf der Ostseite des Atlantik wurden die Hauptquartiere des
CINCWA und des RAF Coastal Command, 15th Group, in Liverpool unterrichtet. Der CTF 24 und der CINCWA informierten
die oberen Führungsstellen über die vorgesehene Einteilung der Sicherungsstreitkräfte, und diese erhielten zugleich ihre vorbereiteten
Einsatzbefehle. Am Morgen des Auslauftages hielt der Convoy
Commodore im Auslaufhafen eine Konvoi-Konferenz ab, an der
alle Kapitäne der Handelsschiffe und der Local Escort Commander
teilnahmen. Bei dieser Konferenz wurden den Kapitänen die einzelnen Kursanweisungen gegeben und allgemeine Verhaltensmaßregeln durchgesprochen, wie das Einhalten einer möglichst genauen
Marschformation, die Abdunkelung der Schiffe, Anweisungen für
das Verhalten bei Abreißen der Fühlung mit dem Konvoi sowie
über die Einhaltung einer strikten Funkstille. Der Escort Commander gab die nötigen Anweisungen über das Verhalten bei U-Bootangriffen und die dabei anzuwendenden Signale.

Meist am frühen Nachmittag lief der Konvoi dann von dem Ver-
sammlungspunkt auf der Reede des Hafens aus, um noch genügend
Zeit zur Formierung der Marschordnung vor Einbruch der Dunkelheit zu haben. Die Konvois waren je nach der Zahl der Schiffe
in 7 bis 14 Kolonnen mit je 3 bis 5 Schiffen hintereinander geordnet.
Der Abstand der Schiffe in Kielrichtung betrug etwa 500 m, in
der Querabrichtung 1000 m. Der Konvoi hatte ein bestimmtes Rufzeichen und allen Schiffen war eine taktische Nummer zugeteilt.
Die Nummer gab jeweils, von Backbord und vorne gezählt, mit
der ersten Ziffer die Kolonne, mit der zweiten Ziffer die Nummer
in der Kolonne an. In ostgehenden Konvois wurde darauf geachtet,
die für auf der Strecke liegende Häfen bestimmten Schiffe auf der
Backbord-Seite des Konvois anzuordnen, so daß sie leicht ausscheren
konnten. Ihre Positionen wurden dann auf den Ozean-Treffpunk-

ten von Schiffen aus diesen Häfen eingenommen. Für die westgehenden Konvois wurde umgekehrt verfahren.

Der Convoy Commodore, meist ein verabschiedeter und wieder zum Dienst einberufener Admiral oder Kapitän zur See, war auf einem an der Spitze einer mittleren Kolonne fahrenden Handelsschiff eingeschifft, das über entsprechende Unterbringungsmöglichkeiten und die notwendigsten Nachrichten- und Signaleinrichtungen verfügte. Der Convoy Commodore war für die Einhaltung des Generalkurses und der Marschformation der Handelsschiffe verantwortlich. Die taktische Führung im Falle eines U-Bootangriffs übernahm der jeweilige Escort Commander, meist ein altersmäßig wesentlich jüngerer Zerstörerkommandant im Range eines Korvettenkapitäns oder Kapitänleutnants. Er war ermächtigt, den Kurs des Konvois auf Grund seiner Lagebeurteilung innerhalb eines 40 Seemeilen breiten Streifens selbständig zu ändern, indem er dem Convoy Commodore eine entsprechende Empfehlung gab. Für den Fall größerer Abweichungen mußte er entsprechende Meldungen auf dem Funkwege an die führende Stelle in Washington oder in London absetzen. Umgekehrt besaßen der COMINCH und die Admiralität die Möglichkeit, auf Grund ihrer umfassenderen Erkenntnisse über die Dislokation der deutschen U-Bootaufstellungen den Konvois Ausweichrouten auf dem Funkwege zu befehlen, indem die geographischen Koordinaten der Bezugspunkte geändert oder nach Streichung durch neue Punkte ersetzt wurden.

3.3 DIE DEUTSCHE FUNKAUFKLÄRUNG

Der für die Steuerung des Konvoiverkehrs notwendige umfangreiche Nachrichtenverkehr wurde naturgemäß, soweit möglich, über Kabelverbindungen abgewickelt. Da jedoch vielfach an einer Operation beteiligte Einheiten noch von einer früheren Operation in See standen oder bereits für die laufende Operation ausgelaufen waren, mußten viele Nachrichten auch auf dem Funkwege übermittelt werden. Dazu gehörten z. B. Auslaufmeldungen des Hafenkapitäns New York, Befehle über den Zeitpunkt der Aufnahme oder die Beendigung des Luft- und Seegeleites ein- und auslaufender Konvois, die sich durch Wetterbedingungen oder sonstige Umstände verzögert hatten, Anordnungen über Änderungen der Konvoi- oder

Nachzüglerrouten und Geleittreffpunkte usw. Diese Routine-Funksprüche waren dem deutschen Funkbeobachtungs- und Entzifferungsdienst wichtige Ansatzpunkte für seine Arbeit, da sie sich in sehr ähnlichen äußeren Formen darboten und an bestimmten Merkmalen, ähnlich wie die Fühlunghaltersignale der deutschen U-Boote, kenntlich waren. Den Inhalt dieser routinemäßigen Funksprüche konnte man häufig vermuten. Durch den ständigen Vergleich dieser Funksprüche gelang es dem deutschen Entzifferungsdienst immer wieder, Änderungen des Schlüsselverfahrens und des Satzbuches festzustellen und das auf alliierter Seite oft mit einer erstaunlichen Starrheit lange verwendete Satzbuch auf den neuesten Stand zu bringen.

Nachdem die britische Admiralität im August 1940 die Schlüsselverfahren geändert hatte, waren die Beobachtungen des deutschen Bx-Dienstes zunächst für einige Zeit ausgefallen, was sich insbesondere in der Zeit der englischen Funkaufklärungserfolge 1941 nachteilig bemerkbar machte. Im Jahr 1942 waren dem deutschen Bx-Dienst dann jedoch erneut tiefe Einbrüche in die alliierten Schlüsselverfahren gelungen, insbesondere soweit sie sich auf den Einzelfahrer- und Nachzüglerverkehr bezogen. Schließlich war man immer tiefer in die alliierten Verfahren eingedrungen, wenngleich es auch nicht immer glückte, den Verkehr so zeitgerecht zu entziffern, daß noch Operationen auf die entzifferten Funksprüche angesetzt werden konnten. Es gelang jedoch auf diese Weise, mit den vom Bx-Dienst gelieferten Daten im Stab des BdU den Konvoi-Rhythmus zu rekonstruieren und den alliierten Konvoi-Fahrplan sehr präzise mitzukoppeln. Bei Eingang einer Fühlunghaltermeldung von einem U-Boot war es deshalb in den meisten Fällen möglich, den gesichteten Konvoi richtig anzusprechen. Ein großes Plus war es für den deutschen Bx-Dienst, daß man im Frühjahr 1943 die von der britischen Admiralität bzw. dem COMINCH täglich gefunkten U-Bootlagen entziffern konnte, häufig auch Bezugspunkte der Konvoi-Routen oder Ausweichbefehle rechtzeitig entziffert vorlagen. Auch konnte der Funkverkehr der Sicherungsflugzeuge häufig sehr schnell entziffert werden.

Bei der Auswertung des feindlichen Funkverkehrs für den Ansatz der Operationen wurde auf deutscher Seite in der zweiten Hälfte des Jahres 1942 auch der Versuch gemacht, durch auf den U-Booten selbst eingeschiffte B-Dienstgruppen den Ultrakurzwellen-Sprechfunkverkehr der Geleitsicherung zu erfassen. Am 4. Dezember 1942 beobachtete z. B. *U 524*, das mit einem solchen Gerät zur Beobachtung des englischen UK-Verkehrs ausgerüstet war, erstmalig Sprechverkehr auf der vermuteten Geleitzug-Sprechwelle, bei dem etwa 10 Teilnehmer gehört werden konnten. Wie sich herausstellte, handelte es sich um den Sprechverkehr der britischen Escort Group B.6, der Geleitfahrzeuge des Konvois HX.217, der zwei Tage später von einer auf Grund der Meldungen von *U 524* schnell verschobenen U-Bootgruppe erfaßt und bekämpft wurde. Es zeigte sich bei der weiteren Beobachtung des Verkehrs durch *U 524*, daß der Anruf und die Beendigung in offener Sprache unter Verwendung von Decknamen vor sich ging, während der Text in Buchstabengruppen und Zahlen ausgedrückt wurde, die mit den Mitteln des U-Bootes nicht schnell genug zu entschlüsseln waren. Hinweise für den taktischen Ansatz der U-Boote ließen sich deshalb aus dem Inhalt des Sprechverkehrs nicht gewinnen. Da der Verkehr mit dem vorhandenen Gerät auch nur bis etwa 30 Seemeilen Entfernung zu hören, jedoch nicht einzupeilen war, schien diese Methode nur begrenzte Möglichkeiten zu bieten.

Während so der deutsche Funkbeobachtungsdienst gerade in der Periode des Höhepunktes des U-Bootkrieges besonders gute Ergebnisse lieferte, mag es erstaunlich wirken, daß sich in der Zwischenzeit seit 1940 am Führungsverfahren der U-Boote mittels der Funktelegraphie im Prinzip kaum etwas geändert hatte. Eine direkte Verbindung zwischen den U-Booten eines Rudels kam kaum vor. Die während der Erprobungszeit in der Ostsee an Bord befindlichen UK-Sprechgeräte mit einer Reichweite von etwa 10 Seemeilen wurden für nutzlos gehalten und vor Antritt der ersten Feindfahrt normalerweise von Bord gegeben. In See hatten die U-Boote im aufgetauchten Zustand ihre Kurzwellen-Empfangsgeräte besetzt, um die Funksprüche anderer U-Boote mithören und die des BdU empfangen zu können. Wenn eine Gruppe von U-Booten gegen einen Konvoi operierte, wurde die Zusammenarbeit der Boote dadurch gewährleistet, daß die Boote auf der befohlenen Frequenz oder Kurzwellenschaltung empfangsbereit waren und auf dieser Welle auch ihre eigenen Funksprüche absetzten. Die Funksprüche der U-Boote wurden regelmäßig von der Leitstelle an Land zu bestimmten Programmzeiten wiederholt, so daß alle U-Boote sie empfangen konnten, gleichgültig ob sie das erste Signal des Fühlunghalters bereits gehört hatten oder nicht. Wenn die anderen auf den Konvoi angesetzten U-Boote den Konvoi nicht fanden, konnten sie bei der Leitstelle Peilzeichen anfordern. Der BdU teilte dann ein fühlunghaltendes U-Boot zum Senden von Peilzeichen auf der Lang- oder Längstwelle ein, das in regelmäßigen Abständen diese Peilzeichen, die über eine Reichweite von etwa 100 Seemeilen zu empfangen waren, sendete.

Um sich über die Situation in See zu orientieren, konnte der BdU einen bestimmten Kommandanten in einem Funk-Schlüsselgespräch befragen. Es wurde zu einem vorher auf dem Funkwege festgesetzten Termin nach einem besonderen Schlüssel über Kurzwelle abgewickelt, kam jedoch verhältnismäßig selten zur Anwendung, da es die U-Boote in besonderem Maße der Gefahr des Eingepeiltwerdens aussetzte.

3.4 DIE ROLLE DES ALLIIERTEN FUNKPEIL-SYSTEMS

Auch auf alliierter Seite bemühte man sich, aus der Beobachtung des deutschen Funkverkehrs den größten Nutzen zu ziehen. Wegen der auf britischer Seite bis heute aufrechterhaltenen Geheimhaltung läßt sich noch nicht präzise angeben, welche Ergebnisse die große britische Entzifferungsorganisation in Bletchley Park gegenüber dem deutschen Marinefunkverkehr erzielte, wie ihre Erfolge zeitlich einzuordnen sind, ob sie auf einem »Mitlesen« aufgrund erbeuteten Schlüsselmaterials wie im Sommer 1941 oder auf tatsächlicher »Entzifferung« beruhten und mit welchem Zeitaufwand zwischen Aufnahme eines Funkspruches und seiner Nutzbarkeit für die operative Führung in den verschiedenen Phasen zu rechnen war.

Die Rolle, welche der Zeitfaktor bei der Funkentzifferung spielt, mag daraus hervorgehen, daß auf deutscher Seite in den ersten 20 Tagen des März 1943 von den zu dieser Zeit im Nordatlantik in See befindlichen 35 Konvois 30 von der deutschen Funkaufklärung mit entzifferten Kursanweisungen, Kursänderungsbefehlen oder Positionsmeldungen erfaßt wurden. Von den dabei entzifferten 175 Funksprüchen konnten jedoch nur 10 so rechtzeitig entziffert an den BdU übermittelt werden, daß daraufhin noch Operationen möglich waren. Die gleichen Probleme sind zweifellos auch auf britischer Seite aufgetreten.

Mit den bisher bekannt gewordenen, sehr vagen und sehr summarischen britischen Angaben einerseits und aus der Analyse des tatsächlichen Operationsverlaufs lassen sich mit aller Vorsicht heute etwa folgende Annahmen ableiten: Die Arbeit des personell und materiell großzügig ausgestatteten britischen Entzifferungsdienstes in Bletchley Park hatte zunächst vor allem gegen die vom deutschen Heer und der Luftwaffe verwendeten, auf der »Enigma«-Schlüsselmaschine beruhenden Verfahren Erfolg. Im Jahre 1940 gelangen bereits tiefe Einbrüche, im Jahre 1942 konnte ein wesentlicher Teil des erfaßten Verkehrs mit offenbar relativ geringem zeitlichen Verzug entziffert und der operativen Führung zugänglich gemacht werden, was z. B. bei den Kämpfen in Nordafrika im Sommer und Herbst 1942 eine erhebliche Rolle spielte. Gegenüber der auf der »Enigma« beruhenden, jedoch komplizierteren Schlüsselmaschine M der Marine waren die Schwierigkeiten offenbar größer. Nach dem Auslaufen der erbeuteten Schlüsselunterlagen im Spätsommer 1941 scheint für eine Periode von gut einem Jahr ein schnelles Mitlesen des deutschen Marine-Funkverkehrs — zumindest soweit es den Schlüsselkreis der Atlantik-U-Boote betrifft — nicht möglich gewesen zu sein. Sonst wäre es z. B. kaum vorstellbar, daß die Gruppe »Hecht« im Mai/Juni 1942 mit nur 6 U-Booten fünf aufeinander folgende, westgehende Konvois erfassen konnte und daß bis Anfang November 1942 zahlreiche alliierte Konvois von den gegen sie angesetzten U-Booten planmäßig erfaßt wurden. Eine auffallende Unterbrechung in der Erfassung der Konvois ergab sich jedoch im Januar 1943, sodaß bereits damals der BdU zeitweise den Verdacht hegte, die deutschen Schlüsselmittel könnten kompromittiert sein, ein Verdacht, den die Experten dann allerdings wieder zerstreuten. Heute scheint sich nun diese Befürchtung als berechtigt herauszustellen, denn aus einem von P. Gretton* mitgeteilten Brief von Rear Admiral Edelsten, Chef der »Anti-Uboat Division« der Admiralität an den Ersten Seelord vom 9. März 1943 heißt es:
»Das Vorhersehbare ist eingetreten. Der Director of Naval Intelligence teilt am 8. März mit, daß der »Tracking Room« hinsichtlich der U-Bootbewegungen »erblindet« ist, für eine beträchtliche Periode, die möglicherweise Monate dauern kann«.
Dieses Zitat kann nur andeuten, daß offenbar am 8. März 1943 eine

* Peter Gretton: Crisis Convoy. London, Davies 1974. S. 20.

Unterbrechung in der Möglichkeit des Entzifferns und Mitlesens des deutschen U-Boot-Funkverkehrs eintrat. Die Ursache dieses »black out« war bisher noch nicht einwandfrei zu klären. Möglich wäre ein Auslaufen von im Herbst 1942 oder Anfang 1943 erbeuteten Schlüsselunterlagen oder ein vom B. d. U. wegen der Zweifel an der Sicherheit der Schlüsselmittel gegebener Stichwortbefehl. Nach einer Mitteilung des damaligen Chefs der Trade Division der Admiralität, Vice Admiral B. B. Schofield, an den Verf. war jedoch eine Änderung der deutschen Schlüsselverfahren die Ursache des »black out«, was für die Einführung der vierten Walze bei der Schlüsselmaschine M-4 spräche (vgl. Anlage 15.10, S. 349).

So wertvoll das Mitlesen oder das schnelle Entziffern des deutschen Funkverkehrs für die alliierte Seite auch in bestimmten Perioden gewesen sein mögen, kaum weniger bedeutsam und vor allem von dauerhafterem Einfluß auf die alliierten Führungsmaßnahmen im U-Bootkrieg war der andere Zweig der Funkaufklärung, die Funkpeilung. Das aus der Einpeilung der U-Bootfunksprüche gewonnene Funklagebild war für die verantwortlichen alliierten Führungsstellen die wesentliche Quelle für die Aufstellung des täglichen U-Boot-Lagebildes, das seinerseits die Grundlage für die Steuerung der Ausweichbewegungen der Konvois bildete. Diese Ausweichbewegungen der Konvois mußten im Jahr 1942 noch in einem verhältnismäßig schmalen Streifen beiderseits der Großkreisroute angesetzt werden, weil die Zahl der zur Verfügung stehenden Geleitfahrzeuge und die noch nicht allgemein eingeführte Beölung der Geleitfahrzeuge in See dazu zwang, zur Einsparung von Kräften größere Verzögerungen zu vermeiden. Erst Anfang 1943, als man die Schwierigkeiten in der Beölung überwunden hatte und in jedem Konvoi ein entsprechend ausgerüsteter Tanker zur Ölabgabe mitfuhr, und als die Zahlen der Geleitfahrzeuge langsam anstiegen, wurde es möglich, die Konvoi-Routen über die ganze Breite des Nordatlantiks zu streuen. Dieser Vorteil wurde jedoch Anfang 1943 teilweise dadurch wettgemacht, daß auch auf deutscher Seite die U-Bootzahlen nun erstmalig die vom BdU bereits 1939 geforderte Zahl von etwa 100 in See befindlichen U-Booten erreichten. So führte die Ausweichbewegung vor einer erkannten U-Bootgruppe nur zu oft dazu, daß der Konvoi einer anderen Gruppe in den Rachen lief, zumal der BdU durch die Leistungen des deutschen Bx-Dienstes immer wieder in die Lage versetzt wurde, seine Aufstellungen kurz vor dem Eintreffen des Konvois an die richtige Stelle zu verschieben.

Immerhin gelang es den beiden Commanders Hall und Winn in der Admiralität und ihrem amerikanischen Gegenspieler, Capt. Knowles, von den insgesamt 174 Nordatlantik-Konvois, die zwischen Mitte Juli 1942 bis Ende Mai 1943 planmäßig verkehrten, 105 oder etwa 60 % um die deutschen U-Bootaufstellungen herumzuführen, ohne daß sie erfaßt wurden. Von 69 oder rund 40 %, die teilweise von den wartenden U-Booten planmäßig erfaßt, teilweise aber auch zufällig gesichtet wurden, entkamen 23 ohne Verluste, 40 erlitten geringe Verluste, zum Teil nur Nachzügler. Nur 16 der Konvois verloren mehr als 4 Schiffe aus dem Konvoi-Verband.

War für die Steuerung im Großen die Funkpeilung des U-Bootfunkverkehrs von Land aus entscheidend, so beruhte die zu einem erheblichen Teil erfolgreiche Ausmanövrierung der deutschen U-Bootaufstellungen durch die Konvois selbst auf den Ergebnissen des weiterentwickelten automatischen Sichtfunkpeilgerätes (HF/DF), das auf einer zunehmenden Zahl von Geleitfahrzeugen seit 1942 eingebaut wurde. Nach dem Verlust der Sloop *Culver* war man daran gegangen, im Nordatlantik die den Konvois teilweise beigegebenen Rettungsschiffe mit dem HF/DF-Gerät FH.3 auszurüsten.

Schon am 21. Februar 1942 gewann *U 155* Fühlung an den Konvoi ONS.67. Sein erstes Fühlunghaltersignal wurde bereits von dem mit dem FH.3 ausgerüsteten Rettungsschiff *Toward*, das in der Mitte am Schluß des Konvois marschierte, eingepeilt. Der Führer der amerikanischen Escort Group setzte den Zerstörer *Lea* auf dem Peilstrahl an. Doch dessen Radar war ausgefallen, und der Kommandant brach den Vorstoß zu früh ab, so daß *U 155* rechtzeitig vor dem optisch gesichteten Zerstörer tauchen konnte.

Da die Operationen zu dieser Zeit im Schwerpunkt vor den USA abliefen, kam es erst im Juni 1942 zu einer weiteren praktischen Erfahrung. So meldete am 16. Juni *U 94* (Oblt. z. S. Ites) den Konvoi ONS.102, doch wurden seine und die von den anderen 5 Booten der Gruppe »Hecht« abgegebenen Fühlunghaltermeldungen vom FH.3 des kanadischen Zerstörers *Restigouche* eingepeilt. Der Escort Commander, der amerikanische Commander Heineman, konnte mit seinen beiden Coast Guard Cutters *Campbell* und

Ingham sowie dem Zerstörer *Leary* und vier kanadischen Korvetten alle U-Boote abdrängen, wobei *U 94* und *U 590* durch Wasserbombenangriffe Schäden erlitten. Zu dieser Zeit war auch das von den erwähnten französischen Forschern entwickelte amerikanische HF/DF-Gerät fertig, so daß es im Mai 1942 erstmalig auf dem neuen Zerstörer *Corry* eingebaut werden konnte. Nach den günstigen Erfahrungen sowie aufgrund des Berichtes und des Drängens von Commander Heineman wurden zuerst die beiden Coast Guard Cutter *Spencer* und *Campbell* im Oktober 1942 mit diesem unter der Bezeichnung DAJ laufenden Gerät ausgerüstet.

Die Weiterentwicklung dieser Geräte führte im Jahre 1943/44 zum Einbau einer britischen Version FH.4 und einer von Dr. Goldstein erfundenen amerikanischen DAQ, mit denen sichere automatische Peilungen auch sehr kurzer Signale von weniger als einer Sekunde Dauer gewonnen werden konnten.

Diese HF/DF-Geräte hatten für die Geleitzugsicherung aufgrund der Ausbreitungseigenschaften der Kurzwellen eine ganz besondere Bedeutung. Von einem Kurzwellensender wird die Energie zu einem großen Teil nach oben abgestrahlt und entweicht in den Weltraum. Erst von einem bestimmten Auftreffwinkel auf die Ionosphäre werden die Wellen reflektiert und treffen in einer Entfernung von 100 und mehr km bis fast unendlich wieder auf. Zwischen dem Sender und der ersten wiederauftreffenden Welle entsteht eine tote Zone, die jedoch vom Sender bis in eine Entfernung von etwa 30 Seemeilen durch die sogenannte Bodenwelle ausgefüllt wird. Es entsteht also zwischen der äußersten Reichweite der Bodenwelle und der geringsten Reichweite der reflektierten Welle eine verhältnismäßig breite tote Zone. Bei entsprechender Ausstattung der Geräte und guter Ausbildung des Bedienungspersonals ist es möglich, die Bodenwellen von den Raumwellen zu unterscheiden. Wurde nun von einem Geleitfahrzeug eine Peilung im Bereich der Bodenwellen aufgefangen, so war damit angedeutet, daß sich ein U-Boot innerhalb von 30 Seemeilen um den Konvoi befinden mußte, und die Peilung ergab die Richtung, in der sich das U-Boot vom peilenden Geleitfahrzeug befinden mußte.

Eine genaue Analyse der Geleitoperationen des Herbstes 1942 bis Frühjahr 1943 zeigt, daß in einer größeren Anzahl von Fällen Geleitzugoperationen scheiterten, obgleich ein U-Boot den Konvoi er-

faßt und gemeldet hatte, weil es der Geleitsicherung gelang, das
funkende U-Boot einzupeilen und kurz nach seiner ersten Meldung
unter Wasser zu drücken, während der Konvoi eine Ausweichbewegung machte, welche die Fühlung abreißen ließ. Da die U-Boote
sich nach Beginn einer Geleitzugschlacht, d. h. nach den ersten Versenkungen bei den Fühlunghaltermeldungen und sonstigen Funk-
nachrichten keinerlei Beschränkungen mehr auferlegten, gelang es
den Geleitfahrzeugen auch während des Verlaufs der Operation
in zahlreichen Fällen, funkende U-Boote einzupeilen, unter Wasser
zu drücken und abzudrängen.

Die Geleitzugoperationen Mitte März 1943 sind ein besonders gutes
Beispiel, an dem sich der Einfluß der verschiedenen Faktoren des
»Krieges im Äther« auf den U-Bootkrieg ablesen läßt.

4. Die Streitkräfte Anfang März 1943

4.1 DIE SITUATION DER ALLIIERTEN GELEITSTREITKRÄFTE

Der März 1943 brachte für die alliierten Konvoi-Fahrpläne einige Änderungen. Zunächst wurde mit dem Konvoi RA.53, der in der ersten Märzhälfte von Murmansk zurückkehrte, die nördliche Konvoiroute nach Rußland für den Sommer 1943 eingestellt. Man hielt diese Route in den hellen Sommermonaten aufgrund der Erfahrungen des Sommers 1942 für zu gefährdet durch deutsche Überwasserstreitkräfte, U-Boote und Luftangriffe. Die für diese Operationen eingesetzten Teile der Home Fleet wurden damit für die im Frühsommer geplanten Operationen im Mittelmeer frei. Darüber hinaus erschien es notwendig, die bisher zur Sicherung der Konvois gegen Überwasserschiffe eingesetzten Flottenzerstörer zur Bildung der Support Groups für den Nordatlantik heranzuziehen. Die U-Bootsicherungsgruppen der Nordmeer-Konvois, die 20th Escort Group mit acht älteren Zerstörern und Geleitzerstörern sowie die aus je vier Korvetten bestehenden 22nd, 23rd und 24th Escort Groups waren nach dem Abschluß der Konvoioperationen mit ihrer starken Beanspruchung zunächst für Werftüberholungen vorgesehen.

Der ansteigende Verkehr machte für den März 1943 und die folgenden Monate eine Verkürzung der Konvoirhythmen im Nordatlantik notwendig. Von nun an sollten jeweils wöchentlich ein HX.- und ein SC.-Konvoi von New York auslaufen. Für die Sicherung dieser Konvois waren zwölf Ocean Escort Groups erforderlich, die aus drei Zerstörern, einer Fregatte und sechs Korvetten bestehen sollten, wobei man damit rechnete, daß jeweils ein bis zwei Schiffe zu Überholungen in der Werft lagen. Von diesen Gruppen waren sieben britisch (B.1—7), vier kanadisch (C.1—4) und eine amerikanisch (A.3).

Die Anforderungen auf den von England nach Süden gehenden

Routen brachten jedoch Anfang März einige Engpässe mit sich. Hier waren nicht nur die an die Stelle der früheren HG.- und OG.-Konvois getretenen, von Gibraltar nach England laufenden schnellen MKF.- und langsamen MKS.-, sondern auch ihre Gegenkonvois KMF. und KMS., ferner die seit November unterbrochenen und nun wieder aufgenommenen Sierra Leone- (SL.- und OS.)-Konvois sowie die neuen Tankerkonvois von England in die Karibik (UC.- und CU.-Konvois) zu sichern. Hierfür reichten die aus Sloops und Korvetten bestehenden Escort Groups 37, 38, 39, 40, 42 und 44 nicht aus, so daß einige Verschiebungen vorgenommen werden mußten. Zu gleicher Zeit verkehrten auf der Route USA—Marokko/ Gibraltar die schnellen UGF.- und die langsamen UGS.-Konvois mit ihren Gegenkonvois GUF. und GUS., die jeweils von den amerikanischen, überwiegend aus Zerstörern bestehenden Task Forces 32, 33, 34, 35, 36, 37 und 38 gesichert wurden.

Die folgende Übersicht gibt die Zusammensetzung und die Einsatzbereitschaft der am 1. März auf den Konvoi-Routen USA—England, England—Gibraltar und USA—Gibraltar verwendeten alliierten Ocean Escort Groups wieder ([F] = Führerboot):

Escort Group B.1 (Task Unit 24.1.15) (Cdr. E. C. Bayldon, RN)
Zerstörer: HMS. *Hurricane* (F), HMS. *Watchman*, HMS. *Rockingham*
Fregatte: HMS. *Kale*
Korvetten: HMS. *Dahlia*, HMS. *Meadowsweet*, HMS. *Wallflower*, HMS. *Monkshood*
(Werftliegezeit: Korvette HMS *Borage* in Belfast)
Die Gruppe hatte bis zum 22. 2. den Konvoi SC.119 geleitet und lag in Londonderry in Bereitschaft, um am 6. 3. den Konvoi ONS.171 aufzunehmen.

Escort Group B.2 (Task Unit 24.1.16) (Cdr. D. Macintyre, RN)
Zerstörer: HMS. *Vanessa*, HMS. *Whitehall*
Sloop: HMS. *Whimbrel* (F) (von 2nd E.G. vorübergehend zugeteilt)
Korvetten: HMS. *Gentian*, HMS. *Campanula*, HMS. *Heather*, HMS. *Sweetbriar*
(Werftliegezeit: Zerstörer HMS. *Hesperus* in Liverpool, Korvette HMS. *Clematis* in Liverpool)
Die Gruppe hatte bis zum 9. 2. den Konvoi SC.118 geleitet und lag in Liverpool in Bereitschaft, um am 4. 3. den Konvoi ON.170 aufzunehmen.

Escort Group B.3 (Task Unit 24.1.17) (Cdr. A. A. Tait, RN)
Zerstörer: HMS. *Harvester* (F), HMS. *Escapade*, ORP. *Garland*, ORP. *Burza*
Korvetten: HMS. *Narcissus*, FFS. *Roselys*, FFS. *Aconit*, FFS. *Renoncule*
(Werftliegezeit: Korvetten HMS. *Orchis* in Liverpool, FFS *Lobélia* im Clyde)
Die Gruppe lief nach Ablösung von Konvoi ONS.167 am 2. 3. in St. John's ein und sollte am 8. 3. den Konvoi HX.228 übernehmen.

Escort Group B.4 (Task Unit 24.1.18) (Cdr. E. C. L. Day, RN)
Zerstörer: HMS *Highlander* (F), HMS. *Vimy*, HMS. *Beverley*

Korvetten: HMS. *Pennywort*, HMS. *Anemone*, HMS. *Abelia*; zugeteilt HMCS.
Sherbrooke
(Werftliegezeit: Zerstörer HMS. *Winchelsea* in Hartlepool, Korvetten HMS.
Asphodel in ..., HMS. *Clover* in Belfast)
Die Gruppe befand sich mit dem ONS.169 auf dem Marsch zum WOMP, wo sie
am 10. 3. abgelöst werden sollte. Nach einem Aufenthalt in St. John's sollte sie
am 14. 3. den Konvoi HX.229 übernehmen. Der Zerstörer *Vimy* war nach
Reykjavik detachiert.

Escort Group B.5 (Task Unit 24.1.19) (Cdr. R. C. Boyle, RN)
Zerstörer: HMS. *Havelock* (F), HMS. *Volunteer*
Fregatte: HMS. *Swale*
Korvetten: HMS. *Saxifrage*, HMS. *Godetia*, HMS. *Pimpernel*, HMS. *Buttercup*,
HMS. *Lavender*
(Werftliegezeit: Zerstörer HMS. *Warwick* in Dundee)
Die Gruppe befand sich mit dem Konvoi ON.168 auf dem Marsch zum WOMP,
wo sie am 6. 3. abgelöst werden sollte. Nach einem Aufenthalt in St. John's
sollte sie am 13. 3. den Konvoi SC.122 übernehmen.

Escort Group B.6 (Task Unit 24.1.4) (Cdr. R. Heathcote, RN)
Zerstörer: HMS. *Fame* (F), HMS. *Viscount*
Korvetten: HNoMS. *Acanthus*, HNoMS. *Eglantine*, HMS. *Vervain*, HMS. *King-
cup*
(Werftliegezeit: Zerstörer HMS. *Ramsey* in Grimsby, Fregatte HMS. *Deveron*
in Middlesborough, Korvetten HNoMS. *Rose* in Cardiff, HNoMS. *Potentilla* in
Liverpool.
Die Gruppe befand sich mit dem Konvoi HX.227 auf dem Marsch zum
EASTOMP, auf dem sie am 5. 3. abgelöst werden sollte, um nach einer Liegezeit
in Liverpool am 18. 3. den Konvoi ONS.1 zu übernehmen.

Escort Group B.7 (Task Unit 24.1.5) (Cdr. P. W. Gretton, RN)
Zerstörer: HMS. *Vidette*
Fregatte: HMS. *Tay* (F)
Sloop: HMS. *Woodpecker* (bis 3. 3. von 2nd Escort Grp. zugeteilt)
Korvetten: HMS. *Alisma*, HMS. *Pink*, HMS. *Loosestrife*, HMS. *Snowflake*
(Werftliegezeit: Zerstörer HMS. *Duncan* in Tobermory, HMS. *Ripley* in Liver-
pool, Korvette HMS. *Sunflower* in Belfast)
Die Gruppe befand sich mit dem Konvoi SC.120 auf dem Marsch zum
EASTOMP, wo sie am 2. 3. abgelöst wurde, um nach einem Aufenthalt in
Londonderry am 16. 3. den Konvoi ON.173 zu übernehmen.

Escort Group C.1 (Task Unit 24.1.11) (Lt. Cdr. A. H. Dobson, RCNR)
Zerstörer: HMCS. *St. Croix* (F)
Korvetten: HMCS. *Shediac*, HMCS. *Battleford*, HMCS. *Kenogami*, HMCS.
Napanee
(Werftliegezeit: Zerstörer HMCS. *St. Laurent* nach Eintreffen mit EG.B.6 bei
Konvoi HX.227 ab 4. 3. in U.K.; HMS *Burwell* in Londonderry, Fregatte
HMS. *Itchen* in Tobermory, Korvetten HMCS. *Agassiz* und HMCS. *Pictou* in
Liverpool).
Die Gruppe war mit dem Konvoi KMS.10 auf dem Wege nach Gibraltar, um
dort anschließend am 8. 3. den Konvoi MKS.9 zu übernehmen. Als »Support

69

Group« war ihr eine kanadische EG. der Mediterranean Escort Force (MEF) mit den Korvetten HMCS. *Baddeck*, HMCS. *Fort York*, HMCS. *Regina* und den Minensuchern HMCS. *Prescott*, HMCS. *Qualicum* und HMCS. *Wedgeport* zugeteilt.

Escort Group C.2 (Task Unit 24.1.12) (Lt. Cdr. E. H. Chavasse, RN)
Zerstörer: HMS. *Broadway* (F), HMS. *Sherwood*
Fregatte: HMS. *Lagan*
Korvetten: HMCS. *Drumheller*, HMCS. *Morden*, HMCS. *Chambly*, HMS. *Primrose;* zugeteilt HMS. *Snowdrop*, freifranzösischer Aviso *Savorgnan da Brazza*
(Werftliegezeit: HMS. *Polyanthus* in U.K.)
Die Gruppe hatte bis zum 14. 2. den Konvoi HX.225 geleitet und lag in Londonderry in Bereitschaft, um den Konvoi KMS.11 am 13. 3. zu übernehmen.

Escort Group C.3 (Task Unit 24.1.13) (Cdr. R. C. Medley, RN)
Zerstörer: HMS. *Burnham* (F)
Fregatte: HMS. *Jed* (ab 4.3 von 1st Escort Group vorübergehend zugeteilt)
Korvetten: HMCS. *Bittersweet*, HMCS. *Eyebright*, HMCS. *Mayflower*, HMCS. *La Malouine*
(Werftliegezeit: Zerstörer HMCS. *Assiniboine* (U.K.), HMCS. *Skeena* (Halifax), Korvetten HMCS. *Sackville* in Liverpool, HMCS. *Galt* in Halifax)
Die Gruppe hatte den Konvoi HX.226 bis zum 24. 2. geleitet und lag in Londonderry in Bereitschaft zur Aufnahme des Konvois ON.172 am 11. 3. Hierfür wurden von der MEF als »Support Group« zugeteilt die Korvetten HMCS. *Alberni*, HMCS. *Port Arthur*, HMCS. *Summerside* und HMCS. *Woodstock*.

Escort Group C.4 (Task Unit 24.1.14) (Cdr. G. N. Brewer, RN)
Zerstörer: HMS. *Churchill* (F), HMCS. *Restigouche*
Korvetten: HMCS. *Amherst*, HMCS. *Brandon*, HMCS. *Collingwood*, HMS. *Celandine*
(Werftliegezeit: Korvetten HMCS. *Trent*, HMCS. *Baddeck*, HMCS. *Orillia*)
Die Gruppe hatte den Konvoi HX. 224 am 7. 2. entlassen und sollte nach einem Aufenthalt in Londonderry am 2. 3. den Konvoi KMF.10B übernehmen.

Escort Group A.3 (Task Unit 24.1.3) (Capt. P. Heinemann, USN)
Zerstörer: USS. *Greer*
Cutter: USCGC. *Spencer* (F)
Korvetten: HMS. *Dianthus*, HMCS. *Rosthern*, HMCS. *Trillium*, HMCS. *Dauphin*
(Werftliegezeit: US-Coast Guard Cutter *Campbell*, Korvetten HMCS. *Chilliwack*, HMCS. *Arvida*, HMCS. *Wetaskiwin*)
Die Gruppe hatte am 26. 2. den Konvoi ON.166 abgegeben und sollte nach kurzem Aufenthalt in St. John's am 2. 3. den Konvoi SC.121 übernehmen.

1st Escort Group (1st Support Group) (Cdr. J. G. Gould, RN)
Sloop: HMS. *Pelican* (F)
Cutter: HMS. *Sennen*
Fregatten: HMS. *Rother*, HMS. *Spey*, HMS. *Wear*
(Werftliegezeit: Fregatte HMS. *Jed* nach Beendigung am 4. 3. vorübergehend zur E.G.C.3 zugeteilt)

Die Gruppe war mit dem Konvoi OS.43 auf dem Marsch nach Freetown, wo sie am 12. 3. den Konvoi SL.126 übernehmen sollte.

2nd Escort Group (2nd Support Group) (Lt. Cdr. Proudfoot, RN)
(Noch in Aufstellung)
Sloops: HMS. *Wren* (F), ab 3. 3. HMS. *Woodpecker* (war vorübergehend E.G.B.7 zugeteilt). HMS. *Whimbrel* (vorübergehend E.G.B.2 zugeteilt) (Werftliegezeit: HMS. *Cygnet*. In »work up«: HMS. *Kite*, HMS. *Wildgoose*) Vorübergehend zugeteilt: Zerstörer HMS. *Douglas* (von E.G.20), »Hunt«-Zerstörer: HMS. *Eggesford*, HMS. Badsworth, HMS. *Whaddon*, HMS. *Goathland*, ORP. *Krakowiak*
Mit *Wren* und *Woodpecker* sowie den zugeteilten Zerstörern ab 15. 3. Geleit der Konvois KMF.11 + WS.28

3rd Escort Group (3rd Support Group) (Capt. J. W. McCoy, RN)
Mitte März 1943 aus Zerstörern der »Home Fleet« gebildet: HMS. *Offa*, HMS. *Obedient*, HMS. *Oribi*, HMS. *Orwell*, HMS. *Onslaught*.

4th Escort Group (4th Support Group)
Ende März aus Zerstörern der »Home Fleet« gebildet: HMS. *Inglefield*, HMS. *Icarus*, HMS. *Eclipse*, HMS. *Fury*.

5th Escort Group: Aufstellung für April 1943 geplant.

6th Escort Group (6th Support Group) (Capt. G. E. Short, USN)
Geleitträger: USS. *Bogue*
Zerstörer: USS. *Belknap*, USS. *George E. Badger*
Lag in Argentia, erster Einsatz ab 5. 3. zur Unterstützung des Konvois HX.228, ab 20. 3. des SC.123.

20th Escort Group (7 Zerstörer für Murmansk-Konvois)
21st Escort Group (6 Zerstörer für Island-Konvois)
22nd Escort Group (4 Korvetten für Murmansk-Konvois)
23rd Escort Group (4 Korvetten für Murmansk-Konvois)
24th Escort Group (4 Korvetten für Murmansk-Konvois)

37th Escort Group (Cdr. Rodney Thomson, RN)
Sloop: HMS. *Black Swan* (F)
Korvetten: HMS. *Campion*, HMS. *Carnation*, FFS. *La Malouine*, HMS. *Myosotis*, HMS. *Mallow*
(Werftliegezeit: Sloop HMS. *Fowey* in Milford Haven, Korvette HMS. *Stonecrop* in Manchester)
Black Swan und *La Malouine* waren mit dem Konvoi MKS.8 auf dem Wege zum Nordkanal, wo sie am 5. 3. eintrafen. Die anderen 4 Korvetten waren am 24. 2. in Liverpool eingetroffen. *Campion* und *Mallow* wurden zur Unterstützung des Konvois SC.121 entsandt.

38th Escort Group (Lt. Cdr. A. H. Davies, RNVR)
Korvetten: HMS. *Anchusa*, HMS. *Columbine*, HMS. *Coreopsis* (F), HMS. *Jonquil*, HMS. *Aubrietia*, HMS. *Violet*
(Werftliegezeit: Sloops *Enchantress*, HMS. *Sandwich*, HMS. *Leith*)

71

Die 4 erstgenannten Korvetten waren mit dem Konvoi KX.2 vom Nordkanal auf dem Wege nach Gibraltar. *Aubrietia* lag in Gibraltar, *Violet* war am 25. 2. in Londonderry eingetroffen. Die Gruppe sollte den XK.2 übernehmen.

39th Escort Group (Cdr. H. V. King, RN)
Sloops: HMS. *Rochester* (F), HMS. *Fleetwood*, HMS. *Scarborough*
Korvetten: HMS. *Balsam*, HMS. *Coltsfoot*, HMS. *Spirea*, HMS. *Mignonette*
(Werftliegezeit: Korvetten: HMS. *Azalea*, HMS. *Geranium*)
Die Gruppe war in Londonderry Ende Februar eingetroffen und ging am 5. 3. mit dem Konvoi OS.44 nach Freetown in See.

40th Escort Group (Cdr. J. S. Dalison, RN)
Sloops: HMS. *Aberdeen* (F), HMS. *Hastings*
Coast Guard Cutter: HMS. *Landguard*, HMS. *Lulworth*
Fregatten: HMS. *Moyola*, HMS. *Waveney*
(Werftliegezeit: Sloops HMS. *Londonderry* in Plymouth, HMS. *Bideford* in Avonmouth, Fregatte HMS. *Nith* in Leith. Zugeteilte Zerstörer HMS. *Panther*, HMS. *Penn* in Clyde, HMS. *Pathfinder* in Plymouth)
Die Gruppe lag in Londonderry und marschierte Anf. März nach St. John's, um am 16. 3. die Sicherung des Konvois HX.229A zu übernehmen.

42nd Escort Group (Cdr. L. F. Durnford-Slater, RN)
Sloops: HMS. *Weston* (F), HMS. *Folkestone*
Coast Guard Cutter: HMS. *Gorleston*, HMS. *Totland*
Fregatten: HMS. *Exe*, HMS. *Ness*
(Werftliegezeit: Sloops HMS. *Lowestoft* in Falmouth, HMS. *Wellington* in Sherness, Cutter HMS. *Bradford* in Liverpool)
Die Gruppe war mit dem Konvoi UC.1 in die Karibik marschiert. Als Support Group operierten dabei die US-Zerstörer USS. *Madison*, USS. *Charles F. Hughes*, USS. *Hilary P. Jones*, USS. *Lansdale*. Auf dem Rückmarsch mit dem Konvoi CU.1 ab 20. 3. führte Cdr. R. W. Keymer, RN, auf der *Gorleston* die Gruppe. *Weston* mit *Folkestone* und *Totland* marschierten allein direkt nach den Azoren (am 18. 3.) und stießen am 29. 3. als Support zum CU.1.

44th Escort Group (Cdr. C. S. R. Farquahar, RN)
Zerstörer: HMS. *Clare*
Sloops: HMS. *Egret* (F), HMS. *Erne*
Coast Guard Cutter: HMS. *Fishguard*
Fregatte: HMS. *Test*
(Werftliegezeit: Cutter: HMS. *Banff* in Immingham, Fregatten HMS. *Teviot* in Tobermory, HMS. *Trent* in Bristol, HMS. *Bayntun* in Bermuda)
Die Gruppe war mit dem Konvoi KMF.10A auf dem Wege nach Gibraltar, wo sie am 3. 3. eintraf, um dort am 8. 3. den MKF.10A zu übernehmen.

Die folgenden US-Task Forces erhielten am 15. März 1943 statt der Dreißiger Nummern Sechziger Nummern: TF 36 wurde TF 66.

Task Force 32 (Capt. Burgess Watson, RN) (ab 15. 3.: 62)
Bestand aus 10 brit. LST (dar. *LST 320* [F]), 6 USS-LST, 24 US-LCI
Task Group 32.1.: Zerstörer USS. *Herbert*, USS. *Bernadou*, USS. *Cole*, USS. *Dallas*

Minensucher: USS. *Chickadee;* Tanker: USS. *Mattole;* Schlepper: USS. *Moreno*
TF.32 geleitete vom 27. 3. bis 11. 4. den Konvoi GUS.5B von Gibraltar nach
USA.

Task Force 33 (Capt. C. Wellborn, USN) (63)
Zerstörer: USS. *Wainwright* (F), USS. *Mayrant,* USS. *Rowan,* USS. *Rhind,*
USS. *Trippe,* USS. *Champlin,* USS. *Hobby;* USS. *Du Pont;* Tanker: USS.
Chiwawa
Geleitete vom 4. bis 21. 3. den Konvoi UGS.6 von New York nach Gibraltar.

Task Force 34 (Capt. S. Umsted, USN) (64)
Schlachtschiff/Kreuzer: USS. *New York* (F), USS. *Brooklyn*
Zerstörer: USS. *Buck,* USS. *Woolsey,* USS. *Ludlow,* USS. *Edison,* USS. *Wilkes,*
USS. *Roe,* USS. *Swanson,* USS. *Bristol,* USS. *Nicholson.* Tanker: USS. *Matta-poni*
Geleitete vom 5. bis 18. 3. den Konvoi UGF.6 von New York nach Gibraltar.

Task Force 35 (Capt. T. L. Wattles, USN) (65)
Zerstörer: USS. *Parker* (F), USS. *Boyle,* USS. *Laub;* USS. *MacLeish,* USS.
McCormick, USS. *Overton.* Tanker: USS. *Merrimack*
Geleitete vom 13. 3. bis 1. 4. den Konvoi GUS.5 von Oran nach New York.

Task Force 36 (Rear Admiral L. A. Davidson, USN) (66)
Schlachtschiff/Kreuzer: USS. *Arkansas,* USS. *Philadelphia* (F)
Zerstörer: USS. *Davison,* USS. *Mervine,* USS. *Quick,* USS. *Beatty,* USS.
Emmons, USS. *Knight,* USS. *Earle,* USS. *Macomb.* Tanker: USS. *Winooski*
Geleitete vom 27. 2. bis 11. 3. den Konvoi GUF.5 von Gibraltar nach New York.

Task Force 37 (Cdr. J. B. Rooney, USN) (67)
Zerstörer: USS. *Gherardi,* USS. *Jeffers,* USS. *Murphy,* USS. *Bainbridge,* USS.
Broome, USS. *Simpson.* Tanker: USS. *Chemung*
Geleitete vom 18. 2. bis 4. 3. den Konvoi UGS.5A von New York nach Gibraltar.

Task Force 38 (Cdr. G. L. Menocal, USN) (68)
Zerstörer: USS. *Plunkett* (F), USS. *Benson,* USS. *Gleaves,* USS. *Mayo*
Minensucher: USS. *Raven,* USS. *Osprey.* Tanker: USS. *Housatonic,* USS. *Ka-weah*
Geleitete vom 19. 2. bis 14. 3. den Konvoi GUS.4 von Gibraltar nach New
York.

Task Force 39
Bestand aus 5 AFA, 5 AKA, 1 AS
Zerstörer: USS. *Carmick* (Cdr. W. S. Whiteside), USS. *MacKenzie,* USS.
McLanahan

Western Support Force (Task Group 24. 12)
Aus den folgenden Fahrzeugen wurden nach Bedarf und Verfügbarkeit die
Support Groups/Task Units 24. 12. 1—4 gebildet, deren Zusammensetzung von
Fall zu Fall wechselte.
Zerstörer: HMS *Witherington,* HMS. *Chelsea,* HMS. *Leamington,* HMS. *Mans-field,* HMS. *Montgomery,* HMS. *Salisbury.*

73

NORTH ATLANTIC CONVOYS AND HER ESCORT GROUPS IN MARCH 1943

NORDATLANTIK KONVOIS UND IHRE ESCORT GRUPPEN IM MÄRZ 1943

ROUTE	CONVOY KONVOI	FEBR. 26 27 28	M A R C H / M Ä R Z (1–28)
U.K. ↑ U.S.A.	ON.166	A.3 w w	H W S — New York
	ONS.167	B.3	w W 10 — H W.3 — New York
	ON.168	B.5	w W 2 — H W 8 — Cape Cod
	ONS.169	É B.4	w W.5 — H W.3 — Cape Cod
	ON.170	Liverpool É B.2	w. W 6 — H W 10 — New York
	ONS.171	Liverpool É B.1	w W.7 — H W.5 — New Y.
	ON.172	Liverpool É C.3	w w.1 — H w.6
	ON.173	Liverpool É B.7	w w 4 — H
	GNS.1	Liverpool É B.6	
U.K. ↑ U.S.A.	HX.227	B.6 É Liverpool	
	SC.121	H W.5 w A.3 É Liverpool	
	HX.228	N.Y. W.7 H W.6 w B.3 É Liverpool	
	SC.122	New York W 1 H W.5 w B.5 É Liverpool	
	HX.229	New York W.9 w B.4 É Liverpool	
	HX.229A	New York W.10 H W.1 w 40. É Liv.	
	SC.123	New York W.8 H W.4 w B.2 É Liv	
	KX.230	New York W.5 H W.8 w B.1	
U.K. ↑ GIBR.	KMS.10	Liv É C.1 — Gibraltar	
	KMF.108	Liverpool É C.4 — Gibraltar	
	OS.44	Liverpool É 39. — Gib — Freetown	
	KMS.11	Liverpool É C.2 — Gibraltar	
	KMF.11	Liverpool É 2. — Gibraltar	
GIBR. ↑ U.K.	XK.2	Gibr. 38. — Liverpool	
	MKF.10A	Gibraltar 44. É Liverpool	
	MKS.9	Gibraltar C.1 É Liverpool	
	MKF.108	Gibraltar C.4 É Liverpool	
	XK.3	Gibraltar É Liv.	
GIBR.–USA	GUS.4	TF.38 — New York	
	GUF.5	G TF.36 — New York	
	TO.2	Gibraltar	
	GUS.5	Oran G TF.65	
	GUS.5A	Oran G TF.67	
	GUS.58	Oran G	
USA → GIBR.	UGS.5A	TF.37 — Gibraltar	
	UGS.6	New York TF.33 G Oran	
	UGF.6	New York TF.34 G Oran	
	UGS.6A	New York TG.60.1	

EINSATZ DER OCEAN ESCORT GROUPS   April 1942 - Juli 1943

ESCORT GROUP		APRIL	MAI	JUNI	JULI	AUGUST	SEPTEMBER	OKTOBER	NOVEMBER	DE
B.1	24.1.15	HX 187	ONS 96	HX 193	ONS 108 / SC 92	ON HX 119/201	ONS 124 / HX 206	SC 105 / ONS 134	HX 215	
B.2	24.1.16	SC 81	ON 97	SC 86	ON 107 / SC 198	ONS 118 / HX 203	ONS 128 / HX 205	ONS 138 / HX 208	HX 213	ONS 148
B.3	24.1.17	HX 188	ONS 98	HX 194	ON 109 / HX 199	SC 93 / ON HX 121/202	ONS 126 / HX 207	ON 136	SC 106	ONS 150
B.4	24.1.18	SC 82	ON 99 / ONS 99	SC 87	ON 111	ONS 120 / HX 200	ONS 130	HX 209	ONS 140	HX 217
B.6	24.1.4		ON 101	ONS 100	ONS 106	ONS 122	ONS 132	SC 104	ONS 144	
B.7	24.1.5	HX 186	ONS 94 / HX 189	HX 192	SC 91	SC 94 / 117	SC 99	SC 103	ON 142	HX 216
C.1	24.1.11		SC 84	ONS 100 / 103	ONS 112	ON 129	ON 133	HX 211	ON 143	SC 110
C.2	24.1.12		ON 93 / HX 191	ONS 104	SC 90 / 113	SC 97 / HX 201/119	SC 102	ON 139	SC 108	SC 149
C.3	24.1.13					ON 115 / ON HX 202/121	SC 98 / ON 131	SC 102	ON 141	SC 109
C.4	24.1.14		ONS 95 / HX 190	ON 105	HX 197	SC 116	ON 127	ON 137	ON 107	ON 147
A.3	24.1.3	HX 185	ONS 92 / HX 190	ONS 102	ONS 114	SC 95	SC 100	SC 135	ON 145	SC 111

TASK UNIT		DEZEMBER	JANUAR	FEBRUAR	MÄRZ	APRIL	MAI	JUNI	JULI	AU
B.1	24.1.15	ON 151	SC 114	ON 162	ONS 171	ON 178	HX 236	ONS 9		
B.2	24.1.16	148 / HX 219	ON 159	SC 11B	ON 170	ONS 4	SC 129	HX 241		
B.3	24.1.17	ONS 150 / ON 57	HX 220	SC 117	HX 228 / HX 229	HX 232	ON 181 / ON 183			
B.4	24.1.18	HX 217	ON 155	ON 161	ONS 169	ON 176	ONS 7	SC 131		
B.5	24.1.19	ON 153		SC 116	ON 168	ONS 125 / ON 1	ONS 6	SC 130		
B.6	24.1.4	216	ONS 154	ON 165	HX 227	HX 231	ON 184		HX 240	
B.7	24.1.5	SC 113	SC 115	ON 164	SC 120	ONS 2	SC 127		ON 8	
C.1	24.1.11	149 / ONS 152	HX 222	ONS 160	ON 173	ON 179	ON 180 / HX 235	SC 124	HX 182	SC 133
C.2	24.1.12	SC 112	ONS 158	HX 225	SC 122	SC 124	HX 237 / HX 238		ON 182	
C.3	24.1.13			HX 226	HX 229A	ON 177	ON 175	HX 233		SC 128
C.4	24.1.14	SC 111	ONS 156	HX 223	SC 121	ON 166	ONS 3			
C.5	—									
A.3	24.1.3									
EG.40	—									

(Werftliegezeit: Zerstörer HMS. *Buxton* in Boston, HMS. *Caldwell* in Boston, HMS. *Georgetown* in Charleston, HMS. *Roxborough* in Charleston, H.No.M.S. *Lincoln* in Charleston)

Western Escort Force (Task Group 24. 18)
Aus den folgenden Fahrzeugen wurden nach Bedarf und Verfügbarkeit die WLN- und WLS-Escort Groups W.1—W.12 gebildet, deren Zusammensetzung ständig wechselte.
Zerstörer: HMCS. *Annapolis*, HMCS. *Hamilton*, HMCS. *Niagara*, HMCS. *St. Clair*; zugeteilt USS. *Kendrick*, USS. *Cowie*
Korvetten: HMCS. *Barrie*, HMCS. *Brantford*, HMCS. *Buctouche*, HMCS. *Chicoutimi*, HMCS. *Cobalt*, HMCS. *Dundas*, HMCS. *Dunvegan*, HMCS. *Fennel*, HMCS. *Kamsack*, HMCS. *Matapedia*, HMCS. *Moncton*, HMCS. *Nanaimo*, HMCS. *New Westminster*, HMCS. *Quesnel*, HMCS. *Rimouski*, HMCS. *Saskatoon*, HMCS. *The Pas*, HMCS. *Trail*, HMCS. *Timmins*
Minensucher (steam type): HMCS. *Blaimore*, HMCS. *Cowichan*, HMCS. *Drummondville*, HMCS. *Gananoque*, HMCS. *Grandmere*, HMCS. *Kenora*, HMCS. *Medicine Hat*, HMCS. *Nipigon*, HMCS. *Red Deer* — (diesel type) HMCS. *Digby*, HMCS. *Granby*, HMCS. *Lachine*, HMCS. *Truro*, vorübergehend zugeteilt HMCS. *Trois Rivières*
(Werftliegezeit: Zerstörer HMCS. *Columbia*, HMCS. *St. Francis*). Korvetten: HMCS. *Arrowhead*, HMCS. *Edmundston*, HMCS. *Hepatica*, HMCS. *Midland*, HMCS. *Shawinigan;* Minensucher (steam) HMCS. *Burlington*, HMCS. *Chedabucto*, HMCS. *Minas* — (diesel) HMCS. *Melville*, HMCS. *Noranda*.

4.2 DIE SITUATION DER DEUTSCHEN U-BOOTWAFFE

Im Frühjahr 1943 erreichte die deutsche U-Bootwaffe etwa die Stärke, welche der BdU schon 1939 in seiner Denkschrift gefordert hatte. Am 1. März 1943 waren insgesamt 400 U-Boote in Dienst gestellt. Weitere 47 befanden sich in der Ausrüstung und 245 auf den Hellingen; 7 fertige U-Boote waren zum Umbau außer Dienst gestellt. Von den 400 fertigen U-Booten waren 52 (13 %) Schulboote, 119 (29,8 %) Boote in der Ausbildung, 7 (1,7 %) Versuchsboote und 222 (55,5 %) Front-U-Boote.

Von diesen Front-U-Booten waren 18 im Nordmeer, 19 im Mittelmeer und 3 im Schwarzen Meer. 182 standen für die Atlantik-Operationen zur Verfügung. Von den Atlantik-Frontbooten waren am 1. März 1943 114 (62,6 %) in See und 68 (37,4 %) in den französischen Häfen. Von den in See befindlichen Booten befanden sich jeweils 22 auf dem An- bzw. dem Abmarsch (24,2 % der Frontboote). Die restlichen 70 (38,4 %) standen in den Operationsgebieten; davon 45 im Nordatlantik, 13 im Mittelatlantik, 5 im Westatlantik und 7 im Südatlantik.

Nach den Operationen gegen eine Reihe westgehender Konvois in der zweiten Februar-Hälfte hatte sich zum 1. März folgende Situation entwickelt:

Nacheinander hatten vom 17. bis 20. Februar 12 U-Boote als Gruppe »Haudegen« den Konvoi ONS.165, der von der Escort Group B.6 gesichert wurde, verfolgt. Die Boote waren anschließend zur Versorgung aus U 460 marschiert und vom Versorgungsplatz aus in die im mittleren Atlantik am 20. Februar beginnende Operation der Gruppen »Knappen« und »Ritter« gegen den Konvoi ON.166, der von der Escort Group A.3 gesichert wurde, hineingezogen worden. Die Operation, bei der 15 Schiffe mit 97 382 BRT versenkt wurden, dauerte bis zum 25. Februar und ging im Gebiet südostwärts Neufundland zu Ende. An ihr waren 21 Boote beteiligt, die zum überwiegenden Teil den Rückmarsch antraten und zum Teil zur Versorgung aus U 460 gingen. Schon am 21. Februar war ostwärts des ON.166 von einem ausmarschierenden Boot der nächste Konvoi ONS.167 (Escort Group B.3) erfaßt worden, der gleichfalls auf der Südroute lief. Die in erreichbarer Nähe stehenden ausmarschierenden 13 Boote wurden als Gruppe »Sturmbock« zusammengefaßt und verfolgten den Konvoi bis zum 23. Februar.

Wegen dieser Operationen vorwiegend auf der südlichen Route rechnete die alliierte Führung hier mit starken U-Bootkonzentrationen und führte die nächsten Konvois deshalb auf der Nordroute dicht unter der Küste Grönlands entlang. Dort wurde am 27. Februar durch das nördlichste Boot der hier aufgestellten Gruppe »Neptun« der ostgehende Konvoi HX.227 gemeldet. Funkstörungen verhinderten einen rechtzeitigen Ansatz der 7 anderen Boote dieser Gruppe, und U 759 wurde von der Korvette *Eglantine* der Sicherung des 62 Schiffe starken Konvois, der Escort Group B.6, abgedrängt. U 376, U 377, U 608, U 448, U 359 und U 135 nahmen die Verfolgung auf, doch konnte nur U 405 ein zurückgebliebenes Liberty-Schiff versenken. Auch die beiden am 28. Februar hinzustoßenden Boote U 709 und U 634 kamen an den Konvoi nicht heran. Am 1. März verfolgte U 759 zwischen Grönland und Island einen Einzelfahrer, den U 634 am Abend versenken konnte.

Bei der Suche nach dem HX. 227 und den gemeldeten Einzelschiffen sichtete U 376 am Mittag des 1. März den Tanker *Empire Light*, der am 28. Februar mit 5 anderen Schiffen im Sturm seinen

Konvoi ON.168 (Kommodore: Admiral Sir C. G. Ramsey, KCB, RN) verloren hatte. Von den ursprünglich 52 Schiffen waren am 1. März mittags noch 41 im Konvoi-Verband, vier der Nachzügler schlossen am Nachmittag wieder auf. Die Meldung von *U 376* wurde von den mit HF/DF ausgerüsteten Schiffen am Konvoi, dem Führerzerstörer *Havelock,* dem Zerstörer *Volunteer* und dem Rettungsschiff *Dewsbury,* eingepeilt. Die *Volunteer* stieß sofort 20 sm auf dem Peilstrahl vor, fand dabei zwar die *Empire Light* und eine Gruppe von 3 weiteren Nachzüglern, das U-Boot konnte jedoch rechtzeitig abdrehen. Um 13.21 Uhr gab *U 608* von der anderen Seite des Konvois ein Fühlunghalter-Signal ab. Die *Havelock* lief sofort den Peilstrahl entlang, doch war ihr Asdic-Gerät durch Seeschlag ausgefallen, so daß sie das vor dem Zerstörer getauchte U-Boot nicht auffassen konnte. Sie drehte bei, um das Gerät zu reparieren. *U 608* und bald auch *U 376* kamen nun am Nachmittag erneut beide an den Konvoi heran. Um 17.00 Uhr hatte die *Havelock* ihre Reparatur ausgeführt und schloß mit hoher Fahrt auf. Kurz nach 19.00 Uhr wurde erneut mit HF/DF eine sehr nahe Peilung aufgenommen. Cdr. Boyle ließ die *Havelock* in den Peilstrahl eindrehen und rief die *Volunteer* heran. Nach 5 Minuten wurde ein U-Boot gesichtet und 20 Minuten gejagt, bis es in 6 sm Entfernung tauchte. Als die *Volunteer* herankam, lief die *Havelock* in einem zweiten Peilstrahl weiter und fand bald darauf das zweite U-Boot. Beide wurden nun für mehrere Stunden unter Wasser gedrückt, so daß die Fühlung abriß. Auch die in der Nähe stehenden und auf den Konvoi operierenden *U 405, U 359, U 659* und *U 448* fanden keine Spur des Konvois, ebensowenig wie die übrigen Boote der Gruppe »Neptun« bis zum 3. März den HX.227 wiederfanden.

Neben diesen Gruppen im Nordatlantik hatte der BdU in der zweiten Februar-Hälfte mit den aus 8 bzw. 10 Booten bestehenden Gruppen »Robbe« und »Rochen« nördlich und südlich der Azoren US-Gibraltar-Konvois zu erfassen versucht. Doch wurden die hier nach der Mitkopplung des Konvoi-Fahrplanes erwarteten Konvois UGS.5 und UGF.5 sowie die Gegenkonvois GUS.4 und GUF.4 nicht gefunden. Zufällig war das ostwärts der Aufstellungen einzeln marschierende *U 522* am 22. 2. auf den Tanker-Konvoi UC.1 gestoßen (33 Schiffe, Escort Group 42 mit den Sloops *Weston* und *Folkestone,* den Cuttern *Gorleston* und *Totland,* den Fregatten

Exe und *Ness* sowie einer amerikanischen Support Group mit den Zerstörern *Madison, Charles F. Hughes, Hilary P. Jones* und *Lansdowne*). Die angesetzte Gruppe »Rochen« und die beiden südlichen »Robbe«-Boote verfolgten den Konvoi bis zum 27. 2., versenkten 3 Tanker mit 26 682 BRT und torpedierten zwei weitere. Ein Teil der Boote mußte den Rückmarsch antreten, ein Teil versorgte aus dem U-Tanker *U 461* und bildete dann die Gruppe »Tümmler« im Gebiet der Kanaren gegen südgehende Konvois, während die restlichen 5 »Robbe«-Boote westlich der Gibraltar-Straße aufgestellt wurden, um hier neben den GUS.- und GUF.-Konvois auch MKS.- und MKF.-Konvois fassen zu können.

Trotz der bisherigen Mißerfolge mit den Amerika-Gibraltar-Konvois wollte der BdU Anfang März einen neuen Versuch starten, da die bedrängte Lage des deutsch-italienischen Tunis-Brückenkopfes die Bekämpfung des alliierten Afrika-Nachschubes notwendig machte. Weil die Bootszahlen bei den weiten, für Ausweichbewegungen nutzbaren Seeräumen im mittleren Atlantik nicht ausreichten, beabsichtigte der BdU, 7 ursprünglich für den Kapstadt-Raum vorgesehene große Typ IX-C-Boote vor der amerikanischen Ostküste aufzustellen. Hier sollten einige Boote als vorgeschobene Späher vor den Abgangshäfen die Konvois erfassen und die weiter abgesetzt, außerhalb der Land-Luft-Sicherung wartende »Auffanggruppe« heranführen.

5. Die Führung der Konvois im März 1943

5.1 DIE VORBEREITUNGEN ZUM AUSLAUFEN DER KONVOIS SC.122, HX.229 UND HX.229A

Ende Februar begannen im Trade Plot Room der Admiralität und der »Convoy and Routing Section« des COMINCH die Vorüberlegungen für die Routenführung der Konvois Mitte März. Am 26. Februar, als die Admiralität die erste Anregung für die Route des SC.122 an den COMINCH übermittelte, war gerade auf der südlichen Route die Operation gegen den Konvoi ON.166 zu Ende gegangen. An dem auf der gleichen Route folgenden ONS.167 hatten U-Boote einige Tage vorher die Fühlung verloren. Beide Operationen schienen den Hauptteil der in See befindlichen deutschen U-Boote auf den Südteil der Nordatlantik-Route gezogen zu haben, so daß man für die neuen Konvois zunächst die Nordroute vorschlug. Am 1. und 2. März folgten die ähnlichen Anregungen für die Konvois HX.229 und HX.229A. Erstmalig mußte man wegen des großen Anfalles schneller Handelsdampfer auf der Westseite des Atlantik einen HX.-Konvoi in Sektionen teilen. Nach der Bestätigung durch den COMINCH wurden die entsprechenden Anweisungen vom Port Director New York, bzw. an dem jeweils folgenden Tage vom Commander Eastern Sea Frontier an die beteiligten Stellen und Schiffe weitergegeben.

Die Kursanweisungen sahen für die drei Konvois vor, auf der Höhe von New York nach Osten zu laufen bis auf die Höhe von Cape Sable, um dann nach Nordosten zu drehen und Halifax verhältnismäßig nah in etwa 100 bis 150 Seemeilen Entfernung zu passieren. Der SC.122 sollte den HOMP am Abend des 9., der HX.229 am 11. März mittags, der HX.229A am 12. März am frühen Nachmittag erreichen. Die Konvois drehten dann auf einen wieder etwas östlicheren Kurs bis auf die Höhe von Cape Race, das in einem Abstand von 40 bis 200 Seemeilen passiert werden sollte, ehe man etwas weiter südostwärts auf den nach Nordnordost führenden Kurs für die nördliche Route abdrehte. Am 12. März abends sollte der SC.122 den WOMP erreichen, der HX.229 am 14. vormittags, der HX.229A am 14. März abends. Die Route führte dann bis auf die Breite von Cape Farewell, die Südspitze Grönlands, wo der Kurs Ost bis auf die Länge von Island eingeschlagen wurde, ehe die Konvois dann von Nordwesten kommend auf den Nordkanal zudrehten. Die Nachzüglerrouten gingen von jeweils einem Punkt nordostwärts St. John's etwas südlich parallel zu den Konvoirouten (vgl. Karten S. 82, 88).

Am 1. und 2. März zeigte jedoch der Funkverkehr der nach dem Konvoi HX.227 und dann bis zum 3. März den Konvoi ON.168 suchenden U-Boote, der auch von Land aus eingepeilt wurde, daß auch auf dieser nördlichen Route mit U-Booten zu rechnen war. Besonders zahlreiche Peilungen gingen am 2. März ein. Der BdU wollte Klarheit darüber gewinnen, welche U-Boote der Gruppe »Neptun« an dem ostgehenden HX.227 und welche an dem westgehenden ON.168 standen und forderte die Boote zur Standortmeldung auf. Die südlich Cape Farewell nach dem ON.168 suchenden Boote wurden nach Süden in Richtung auf Neufundland zu einem neuen Vorpostenstreifen »Wildfang« für den 3. März mit 8—9 Booten als Verlängerung des in diesem Gebiet eingetroffenen Aufklärungsstreifens »Burggraf« mit 9—11 Booten gezogen. Die beiden Vorpostenstreifen sollten hier auf den nach einer am 3. März vom Bx-Dienst entzifferten Kursanweisung am 5. März eintreffenden Konvoi SC.121 warten. Die ostwärts stehenden 7 Boote wurden in Warteräume hinter dieser Aufstellung beordert. Die neu aus der Heimat kommenden 16 Boote sollten nach dem am 3. März gegebenen Befehl im mittleren Nordatlantik am 7. März als Gruppe »Neuland« einen neuen Vorpostenstreifen bilden. Auch von diesen ausmarschierenden Booten konnten die alliierten Landpeilstellen zahlreiche Positionen feststellen, da die Boote am 3. März vom BdU zu einer Lagemeldung über die Situation in der Island-Passage beim Ausmarsch aufgefordert worden waren.

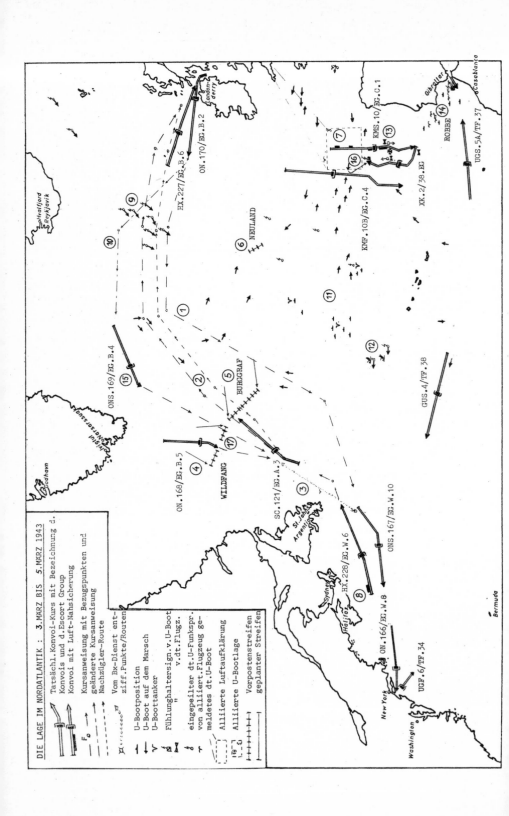

DIE LAGE IM NORDATLANTIK : **3.**MARZ BIS 5.MARZ 1943

Tatsächl.Konvoi-Kurs mit Bezeichnung d.
Konvois und d.Escort Group
Konvoi mit Luft-Nahsicherung

Kursanweisung mit Bezugspunkten und
geänderte Kursanweisung
Nachzügler-Route

Vom Bx-Dienst ent-
ziff.Punkte/Routen

U-Bootposition
U-Boot auf dem Marsch
U-Boottanker

Fühlunghaltersign.v.U-Boot
v.dt.Flugz.
eingepeilter dt.U-Funkspr.
von alliert.Flugzeug ge-
meldetes dt.U-Boot

Alliierte Luftaufklärung
Alliierte U-Bootlage

Vorpostenstreifen
geplanter Streifen

Die Lage im Nordatlantik: 3. März 1943/12.00 (GMT) bis 5. März 1943/12.00(GMT).

1	3. 3./mittags	Gültige Kursanweisung für den ON.170.
2	3. 3./mittags	Gültige Kursanweisung für den SC.121 mit Nachzügler-Route.
3	3. 3./mittags	Dt. Bx-Dienst entziffert Teil der Kursanweisung für den SC.121.
4	3. 3./mittags	BdU setzt nach Ende der ergebnislosen Operation gegen den ON.168 die einsatzfähigen U-Boote als Gruppe »Wildfang« und
5		von Osten kommende U-Boote als Gruppe »Burggraf« in einem winkelförmigen Vorpostenstreifen gegen den am 5. 3. im Streifen erwarteten SC.121 an.
6	3. 3./nachm.	BdU befiehlt für den 7. 3. die Bildung eines neuen Vp-Streifens »Neuland« im mittleren Nordatlantik.
7	3. 3./nachm.	19th Group Coastal Command, RAF, fliegt »protective sweeps« für KMS.10.
8	3. 3./nachm.	HX.228 passiert HOMP, gerät 5. 3. in Sturm.
9	3. 3./abends	BdU fordert 10 U-Boote in der Island-Passage zur Lagemeldung auf. Die all. Land-Peilstellen peilen die Funksignale ein.
10	3./4. 3./nachts	CINCWA befiehlt für den ON.170 Ausweichkurs nach Norden.
11	3.—5. 3.	U-Tanker U 119, U 462, U 463 versorgen Kampf-U-Boote für weitere Operationen oder Rückmarsch.
12	4. 3./vorm.	U 172 und U 515 melden die Versenkung der Einzelfahrer City of Pretoria und California Star.
13	4. 3./10.30 11.30	Deutsche (Dt) Luftaufklärung erfaßt die Konvois KMS.10 und XK.2. Angriffe einzelner Flugzeuge mit Nahtreffern und Blindgänger-Treffern. In der Nähe stehenden aus- oder rückmarschierenden U-Booten wird Operieren auf die Konvois freigestellt. U 87 wird von Sicherung KMS.10 erfaßt und versenkt. CINCWA läßt KMF.10 B nach Westen ausweichen.
14	4. 3./	Wegen zahlreicher vom Bx-Dienst erfaßter Sichtungs- und Angriffsmeldungen alliierter Flugzeuge wird den U-Booten der Gruppe »Robbe« das Absetzen aus dem Raum vor Gibraltar nach Westen und Südwesten freigestellt. Am 5. 3. meldet U 445 vor Gibraltar den auslaufenden GC.3 und wird von der Sicherung unter Wasser gedrückt.
15	4. 3./14.00	ONS.169 gerät in schweren Sturm. Nachzügler bleiben zurück.
16	5. 3./09.30	U 130 gewinnt Fühlung am XK.2.
17	5. 3./mittags	Der durch Sturm verzögerte ON.168 passiert Gruppe »Wildfang« unbemerkt durch eine Lücke, die durch den der dt. Führung unbekannt gebliebenen Verlust von U 529 entstanden ist.

83

Am 4. März verlagerte sich die Aufmerksamkeit auf beiden Seiten für drei Tage auf die England-Gibraltar-Route, wo sich auf der Höhe von Vigo zwei Konvois begegneten. Es waren der von Norden kommende KMS.10 und der am 28. 2. von Gibraltar ausgelaufene XK.2. Der KMS.10 bestand aus 50 Dampfern und wurde von der kanadischen Escort Group C.1 (Lt. Cdr. A. H. Dobson, RCNR) gesichert. Zu ihr gehörten der Zerstörer *St. Croix* als Führerboot und die Korvetten *Shediac, Battleford, Kenogami* und *Napanee*. Als »Support Group« war inzwischen eine weitere kanadische Gruppe mit den Korvetten *Baddeck, Regina, Prescott* sowie den »Bangor«-Minensuchern *Fort York, Qualicum* und *Wedgeport* eingetroffen. Der XK.2 setzte sich aus 20 Handelsschiffen zusammen und wurde von der 38th Escort Group (Lt. Cdr. A. H. Davies, RNVR) gesichert, deren kampfkräftigste Fahrzeuge allerdings alle in der Werft lagen. Sie bestand nur aus den Korvetten *Coreopsis* (S.O.E.), *Anchusa, Columbine* und *Jonquil*, dem U-Jagdtrawler *Loch Oskaig* sowie dem als Unterstützung zugeteilten Zerstörer *Vanoc*.

Die Sicherung des XK.2 hatte bereits zweimal Kontakt mit deutschen Kräften gehabt, ohne daß es aber zu Meldungen über den Konvoi gekommen war. Am 1. März um 22.30 Uhr hatte die *Columbine* südwestlich Cape St. Vincent etwa 5000 m achteraus vom Konvoi ein U-Boot mit Radar geortet und es unter Wasser gedrückt, vermutlich war es *U 445*. Am 3. März hatte um 14.30 Uhr das Konvoi-Sicherung fliegende »Catalina«-Flugboot E/202 einen deutschen FW-200 »Condor«-Aufklärer gesichtet und abgedrängt, ehe er den Konvoi melden konnte. Doch war der deutschen Führung inzwischen aus Anzeichen der Funkbeobachtung klar geworden, daß im Raum westlich Spanien und der Biskaya Konvois in See waren.

So wurden am Morgen des 4. März die verfügbaren Flugzeuge des Fliegerführers Atlantik zur bewaffneten Aufklärung angesetzt. Von ihnen kamen um 11.35 Uhr zwei FW-200 der I./K.G.40 an den KMS.10 heran. Sie meldeten ihn im Quadrat CG 1294 mit Südkurs, 50 Dampfern und 10 Geleitfahrzeugen. Der Angriffsversuch führte zu einigen Nahtreffern bei dem auf Position 24 laufenden Dampfer, die aber keine ernsten Schäden hervorriefen. Das Sicherung fliegende »Catalina«-Flugboot E/202 griff die »Condors« an und drängte sie im Verein mit dem Flakfeuer der Geleitfahrzeuge und Dampfer ab. Fast gleichzeitig fand eine weitere FW-200 den XK.2 etwas weiter westlich und griff ihn zusammen mit einer Do-217 der II./K.G.40 um 11.44 Uhr an. Der in Pos. 35 laufende Dampfer *Chateauroux* (4765 BRT) wurde von einem Blindgänger getroffen und erlitt durch zwei Nahtreffer leichte Schäden, die Bomben der Do-217 fielen 10 Minuten später zwischen die 6. und 7. Kolonne, ohne Schaden anzurichten. Die FW-200 meldete um 11.50 Uhr den Konvoi im Quadrat CG 1453 mit Nordkurs, 20 Dampfern und 6 Geleitfahrzeugen.

Da in diesem von der alliierten Luftsicherung stark überdeckten Raum eine planmäßige U-Bootoperation kaum sinnvoll erschien, erhielten nur die in der Nähe stehenden U-Boote den Befehl, günstige Angriffsgelegenheiten auszunutzen. Der deutsche Bx-Dienst erfaßte die Funksprüche, mit denen der KMS.10 und der XK.2 die Luftangriffe meldeten und entzifferte ihre Decknamen »Leveret« und »Horse« sowie die Texte in den beiden folgenden Tagen.

Aufgrund der deutschen Luftaufklärungsmeldungen kam das auf dem Rückmarsch aus dem Nordatlantik befindliche *U 87* am Mittag des 4. März in die Nähe des KMS.10, mußte aber tauchen, ehe es ein Fühlunghaltersignal abgeben konnte. Um 13.47 Uhr wurde es von der *Shediac* 6 sm achteraus mit Asdic geortet und in 5 Anläufen mit 32 Wasserbomben belegt. Die hinzukommende *St. Croix* fuhr zwei weitere Anläufe mit 12 Wasserbomben. Aufsteigende Luftblubber und Öl zeigten zumindest eine Beschädigung an, doch konnte Lt. Cdr. Dobson wegen der Luftgefahr nicht länger zurückbleiben, so daß der Erfolg der Versenkung des U-Bootes nicht erkannt wurde.

Kaum waren die beiden Schiffe wieder am Konvoi eingetroffen, als drei Do-217 der II./K.G.40 um 17.50 Uhr anzugreifen versuchten. Die »Catalina« D/210, die jetzt Sicherung flog, versuchte die anfliegenden Flugzeuge abzudrängen, doch war das Flakfeuer der Handelsschiffe und Geleitfahrzeuge so stark, daß sie mit den Angreifern abdrehen mußte, deren Bomben wirkungslos in die See fielen. Auch die Meldung über diesen Angriff gegen den Konvoi »Leveret« wurde vom deutschen Bx-Dienst aufgefangen und entziffert.

Am Morgen des 5. März um 09.30 Uhr gewann das auf die Luftmeldungen operierende, ausmarschierende *U 130* (Oblt. z. S. Keller) Fühlung am XK.2 und meldete ihn um 10.30 Uhr im Quadrat BE 9764 mit 16—20 Schiffen, schwacher Sicherung, Kurs 20° und Fahrt 5—7 kn. Mit zweistündigem Abstand wiederholte das U-Boot seine Fühlunghaltersignale aus BE 9498 und BE 9495. Die Signale konnten nicht eingepeilt werden, da sich zu dieser Zeit nur noch 4 Korvetten am Konvoi aufhielten, die nicht mit HF/DF ausgerüstet waren. So konnte sich *U 130* beim Fehlen einer Luftsicherung ungehindert an der Grenze der Sichtweite vorsetzen und am Nachmittag zum Tages-Unterwasserangriff tauchen. Um 16.45 Uhr schoß Oblt. Keller in der Mitte vor dem Konvoi stehend einen Bug-Viererfächer gegen die Steuerbord-Kolonnen und drehte dann zum Heck-Zweierfächer gegen die Backbord-Kolonnen ab. Drei der Torpedos trafen die in Pos. 61 und 71 laufenden Frachter *Trefusis* (5299 BRT) und *Empire Tower* (4378 BRT), die sofort sanken. Der Heckfächer wurde zwar von den Dampfern in Pos. 41 und 31 an den Blasenbahnen erkannt, doch konnten 31, der Dampfer *Ger-Y-Bryn* (5108 BRT), und die *Fidra* (1574 BRT) nicht mehr ausweichen. Letztere sank ebenfalls sofort, die *Ger-Y-Bryn* blieb zunächst brennend liegen. Oblt. Keller hatte im Sehrohr noch das Sinken der beiden ersten Schiffe erkannt, ehe er auf Tiefe gehen mußte, weil die No. 21 ihn erkannt hatte. Nachdem der Konvoi mit einem »emergency turn« von 45° nach Backbord abgelaufen war, fuhren die Korvetten eine »Operation Artichoke«. Dabei faßte die *Coreopsis* um 17.21 Uhr das U-Boot in 1500 m mit ihrem Asdic auf und fuhr zwei Wasserbombenanläufe mit je 10 Wabos. Dann mußte sie aber abbrechen und aufschließen. *U 130* konnte eine Stunde später seine Erfolgsmeldung abgeben. Es erhielt den Befehl, seinen Ausmarsch fortzusetzen. *Anchusa, Loch Oskaig* und ein Dampfer konnten die Überlebenden bergen.

Etwa gleichzeitig ging beim BdU die Meldung von *U 445* ein, daß es dicht westlich Gibraltar im Quadrat CG 9577 von der Luft- und Seesicherung eines auslaufenden Konvois erfaßt und 12 Stunden verfolgt worden sei. Vermutlich war es der Konvoi CG.3 von Gibraltar nach Casablanca.

Weiter nordwestlich war inzwischen um 14.00 Uhr eine FW-200 in die Nähe des KMS.10 gekommen, jedoch erneut von der »Catalina« D/202 am Herankommen gehindert worden. Aber um 18.30 Uhr ging eine Sichtungsmeldung einer FW.200 der I./K.G.40

aus dem Quadrat CG 4611 ein. Von den 5 Booten der Gruppe »Robbe«, die westlich Gibraltar operierten, kam zuerst *U 107* am Morgen des 6. 3. um 09.30 Uhr in CG 8134 heran, wurde aber schnell von einem auf einem Peilstrahl angesetzten Flugzeug erfaßt und unter Wasser gedrückt. Um 14.00 Uhr traf *U 410* (Oblt. z. S. Fenski) in CG 8511 auf den Konvoi, von dem es »25 Schiffe und mehrere Zerstörer« erkannte. Trotz der zu dieser Zeit anwesenden 7 Geleitfahrzeuge konnte das U-Boot in günstiger Position tauchen und seinen Tages-Unterwasserangriff von Backbord querab fahren. Ein Torpedo traf die in Pos. 13 laufende *Fort Paskoyac* (7134 BRT), die Wirkung wurde jedoch durch das ausgebrachte Torpedo-schutznetz so gemildert, daß der Dampfer eingebracht werden konnte. Ein Torpedo passierte die am Schluß der 2. Kolonne laufende *Spero* dicht achteraus, ein weiterer traf die in Position 55 marschierende *Fort Battle River* (7133 BRT), die sank. Während die *St. Croix* einem zweifelhaften Asdic-Kontakt Backbord voraus nachjagte, rettete die *Shediac* mit einem Dampfer die Überlebenden des gesunkenen Frachters. *U 410* gab um 15.20 Uhr seine Erfolgs-meldung ab und versuchte an den torpedierten Frachter heranzu-kommen. Dabei wurde es aber von der *Shediac* auf 900 m mit Asdic geortet und in zwei Anläufen mit 10 Wasserbomben belegt. Später wurde das U-Boot noch von einem Flugzeug gebombt und erlitt leichte Schäden.

5.3 DIE GELEITZUGSCHLACHTEN SC.121 UND HX.228

Während sich so im U-Bootlagebild der Alliierten nun auch eine stärkere Konzentration von U-Booten auf der Gibraltar-Route ab-zeichnete, sollte am 6. auch auf der nördlichen Konvoiroute eine starke Massierung deutscher U-Boote deutlich werden. Zwischen Neufundland und Grönland warteten die beiden U-Bootgruppen »Burggraf« und »Wildfang« mit nun insgesamt 24 Booten in einem winkelförmigen Vorpostenstreifen auf den SC.121. Hinter dem Vorpostenstreifen standen sieben weitere Boote in Warteräume ver-teilt. Bei dem herrschenden schweren Sturm waren die U-Boote je-doch offenbar nicht alle auf ihren vorgesehenen Positionen, so daß der Konvoi, der teilweise weit auseinandergerissen war und hinter dem zahlreiche Nachzügler folgten, am 5. 3. den Vorpostenstreifen

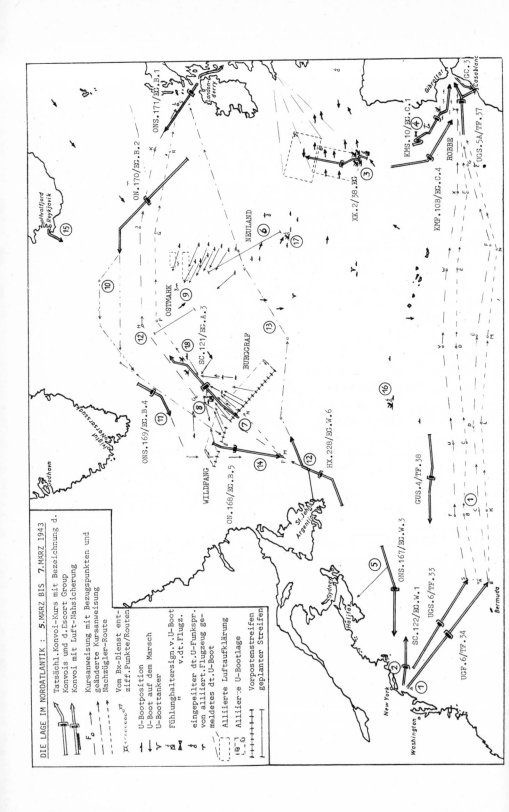

DIE LAGE IM NORDATLANTIK : **5.**MÄRZ BIS **7.**MÄRZ 1943

Tatsächl.Konvoi-Kurs mit Bezeichnung d.
Konvois und d.Escort Group
Konvoi mit Luft-Nahsicherung

Kursanweisung mit Bezugspunkten und
geänderte Kursanweisung
Nachzügler-Route

Vom Bx-Dienst ent-
ziff.Punkte/Routen

U-Bootposition
U-Boot auf dem Marsch
U-Boottanker

Fühlunghaltersign.v.U-Boot
v.dt.Flugz.

eingepeilter dt.U-Funkspr.
von alliiert.Flugzeug ge-
meldetes dt.U-Boot

Alliierte Luftaufklärung

Alliiert.e U-Bootlage

Vorpostenstreifen
geplanter Streifen

Die Lage im Nordatlantik: 5. März 1943/12.00 (GMT) bis 7. März 1943/12.00 (GMT)

1	5. 3./mittags	Port Director New York funkt die Kursanweisungen für den UGF.6 und den UGS.6 mit den Nachzügler-Routen.
2	5. 3./13.30	SC.122 läuft von New York aus. Er gerät in der Nacht vom 6.—7. 3. in einen schweren Sturm. 11 Nachzügler, davon 2 zurück, 6 nach Halifax, 2 wieder zum Konvoi, 1 vermißt.
3	5. 3./16.45	U 130 greift XK.2 an, in einem Anlauf 4 Schiffe versenkt. Am 6. und 7. 3. fliegt die 19th Group, Coastal Command, RAF, »protective sweeps«.
4	5. 3./17.30	Dt. Luftaufklärung meldet KMS.10 erneut, aber zeitweilig auf Weisung CINCWA gesteuerter Gegenkurs stiftet Verwirrung. Am 6. 3./08.30 meldet U 107 den Konvoi, wird aber abgedrängt, um 14.20 Uhr greift U 410 an, 2 Schiffe getroffen, eines davon gesunken.
5	5. 3./19.00	ONS.167 passiert HOMP.
6	5. 3./abends	Für den 7. 3. befohlener Vp-Streifen »Neuland« gegen auf der Südroute laufende Konvois.
7	5. 3./22.00	SC.121 hat Gruppe »Burggraf« im Sturm unbemerkt passiert. BdU läßt »Burggraf« und »Wildfang« in der Nacht nach Nordosten marschieren, um nicht hinter den Konvoi zu geraten.
8	6. 3./09.56	U 405, eines der hinter »Burggraf« und »Wildfang« in Wartestellungen aufgestellten U-Boote, meldet SC.121. BdU setzt die 17 günstig stehenden Boote dieser Gruppen als Gruppe »Westmark« an und
9		läßt mit den 10 nördlichen »Neuland«-Booten für den 7. 3. neuen Vp-Streifen »Ostmark« auf dem vermuteten Konvoi-Kurs bilden.
10	6. 3./nachm.	Aufgrund der am SC.121 eingepeilten U-Bootsignale befiehlt der CINCWA dem ON.170 neue Ausweichbewegung noch weiter nach Norden, zugleich befiehlt der COMINCH für den im Sturm verzögerten ONS.169 weiteres Ausweichen nach Westen und dem HX.228 statt des in der bisherigen Kursanweisung befohlenen Nordkurses scharfes Ausweichen auf die Südroute.
11		
12		
13		
14	6. 3./	Der durch Sturm verzögerte ON.168 trifft nicht zum vorgesehenen Termin auf dem WOMP ein.
15	6. 3./	Von Reykjavik laufen 2 Escorts als Verstärkung der Sicherung zum SC.121.
16	6. 3./22.07	U 172 meldet die Versenkung des Einzelfahrers *Thorstrand*.
17	7. 3./vorm.	U 221 meldet die Versenkung des Einzelfahrers *Jamaica*.
18	7. 3./vorm.	Die auf den SC.121 angesetzten U-Boote erzielen in schwerem Sturm erste Erfolge gegen Nachzügler.

unbemerkt passierte. Erst am folgenden Tag um 9.56 Uhr erfaßte eines der hinter dem Streifen in Warteräumen stehenden U-Boote, *U 405* (Korvettenkapitän Hopmann), den SC.121, der ursprünglich aus 59 Schiffen bestand und durch die Escort Group A.3 unter Captain Heineman, USN, mit dem USCG-Cutter *Spencer,* dem US-Zerstörer *Greer,* den kanadischen Korvetten *Rosthern* und *Trillium* sowie der britischen Korvette *Dianthus* gesichert wurde. Der BdU setzte als Gruppe »Westmark« gegen diesen Konvoi *U 405, U 409, U 591, U 230, U 228, U 566, U 616, U 448, U 526, U 634, U 527, U 659, U 523, U 709, U 359, U 332* und *U 432* ein. Gleichzeitig gab er den zu ihrem für den 8. 3. vorgesehenen neuen Vorpostenstreifen »Neuland« anmarschierenden Booten *U 229, U 665, U 641, U 447, U 190, U 439, U 530, U 618* und *U 642,* die in erreichbarer Nähe standen, den Befehl, auf dem vermuteten Konvoikurs einen weiteren Vorpostenstreifen »Ostmark« zu bilden.

Die Fühlunghaltersignale von *U 405* wurden von dem HF/DF-Gerät der *Spencer* eingepeilt, so daß *U 405* abgedrängt werden konnte. In der Nacht zum 7. 3. gewannen jedoch *U 566* und *U 230* Fühlung. In der noch immer stürmischen Nacht und bei schlechter Sicht konnte *U 230* (Kapitänleutnant Siegmann) den Frachter *Egyptian* versenken, ohne daß die Geleitzugsicherung und die meisten Schiffe den Untergang bemerkten. Nur der Frachter *Empire Impala* blieb zurück, um die Überlebenden aufzunehmen. Am Morgen wurde er jedoch von *U 591* (Kapitänleutnant Zetzsche) angetroffen und versenkt. Trotz Windstärke 10, zahlreicher Schnee- und Hagelschauer konnten am 7. 3. *U 228, U 230, U 591, U 409, U 526* und *U 634* Fühlung halten. Aber eine Waffenverwendung war bei diesem Wetter ausgeschlossen. Am Morgen des 8. März flaute der Sturm bei stark wechselnder Sicht etwas ab. Ein Angriff von *U 527* (Kapitänleutnant Uhlig) schlug fehl, während *U 526* (Kapitänleutnant Möglich) den vom Konvoi abgesprengten Dampfer *Guido* versenkte. Am Abend des 8. 3. konnten die dem Konvoi folgenden Boote *U 527, U 591, U 190* (Kapitänleutnant Wintermeyer) und *U 642* (Kapitänleutnant Brünning) je einen der dem Konvoi folgenden Nachzügler, die Frachter *Fort Lamy, Vojvoda Putnik, Empire Lakeland* und *Leadgate,* versenken.

In dieser Lage versuchte die alliierte Führung die Sicherung des bedrohten Konvois zu verstärken. Außer dem Coast Guard Cutter

Ingham und dem US-Zerstörer *Babbitt*, welche den Island-Teil des Konvois aufnehmen sollten, wurde der Cutter *Bibb*, welcher zusammen mit dem britischen Zerstörer *Rockingham* zur Aufnahme des Island-Teils des Konvois ONS.171 ausgelaufen war, zum SC. 121 umdirigiert. Am 9. 3. trafen die drei Schiffe als Verstärkung beim Konvoi ein. Sie sollten so lange bleiben, bis die U-Bootgefahr abflaute. Am gleichen Tage konnten auch erstmalig die »Liberators« der RAF Squadron 120 von Island Sicherung für den Konvoi fliegen. Eine der Maschinen drängte den Fühlunghalter *U 566* ab. Doch kamen bei den zahlreichen angesetzten Booten bis zum Dunkelwerden *U 229, U 409, U 427, U 641, U 332, U 230, U 405* und *U 665* heran. Zwei von ihnen wurden mit Fliegerbomben, vier mit Wasserbomben-Angriffen der Geleitfahrzeuge *Spencer, Babbitt, Rosthern* und *Dauphin* abgedrängt. Die *Dauphin* war eine kanadische Korvette der Gruppe, die inzwischen aufgeschlossen hatte. Nur *U 229* (Oberleutnant zur See Schetelig) versuchte einen Tages-Unterwasserangriff, der jedoch fehlschlug. Am Abend des 9. 3. versenkte *U 530* (Kapitänleutnant Lange) als Nachzügler den schwedischen Frachter *Milos*. In der Nacht gelang es erstmalig fast gleichzeitig zwei U-Booten, *U 409* (Oberleutnant zur See Maßmann) und *U 405*, anzugreifen. Sie versenkten die beiden Schiffe *Malantic* und *Bonneville*, wobei der Konvoi-Commodore Birnie umkam, sowie den Tanker *Rosewood*. Eine gute Stunde später gelang auch *U 229* ein erfolgreicher Überwasserangriff, bei dem der Dampfer *Nailsea Court* versenkt und die *Coulmore* beschädigt wurden.
Am 10. 3. nahm der Sturm wieder bis auf Windstärke 10 zu, so daß versuchte Angriffe von *U 229* und *U 616* (Oberleutnant zur See Koitschka) fehlschlugen. *U 523* und *U 642* kamen noch einmal mit Nachzüglern in Berührung, doch waren bei dem Wetter Angriffe nicht möglich. Der letzte Fühlunghalter, *U 634*, wurde am Nachmittag abgedrängt. Bei den Operationen waren die Geleitfahrzeuge durch den wetterbedingten Ausfall von Radar- und Funkgeräten infolge der Sturmschäden behindert. Am 10. 3. trafen als willkommene Verstärkung beim Konvoi die britischen Korvetten *Campion* und *Mallow* ein. Wegen der Annäherung an den Nordkanal wurde die Operation vom BdU am 11. 3. früh abgebrochen.
Inzwischen war der Konvoi HX.228 am 7. 3. wegen der Operation im Norden auf die Südroute abgedreht worden. Der deutsche Bx-Dienst entzifferte am 9. 3. eine für den 8. 3. vorgesehene Posi-

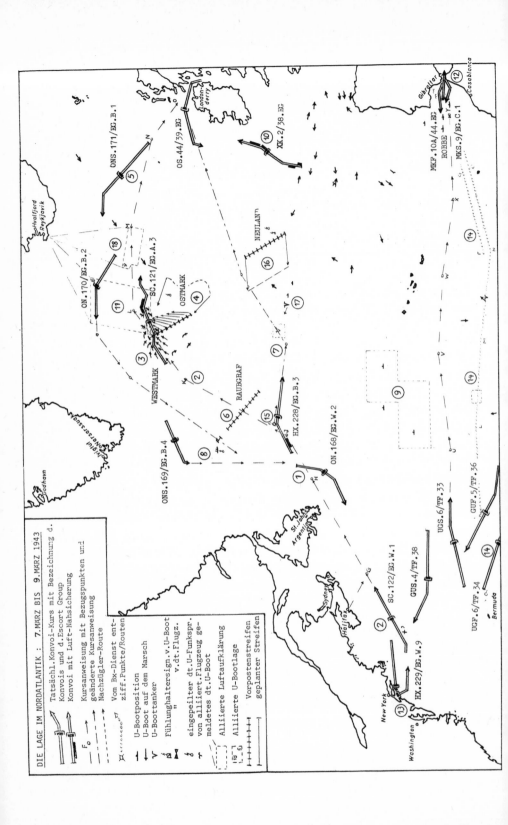

DIE LAGE IM NORDATLANTIK : 7.MÄRZ BIS 9.MÄRZ 1943

Die Lage im Nordatlantik: 7. März 1943/12.00 (GMT) bis 9. März 1943/12.00 (GMT)

Nr.	Datum	Ereignis
1	7.3./	Der durch Sturm verspätete ON.168 passiert WOMP.
2	7.3./	Der durch einen schweren Sturm auseinandergerissene SC.122 formiert sich wieder. Pos. G bis O Kursanweisung SC.122.
3	7.3.—8.3.	Gruppe »Westmark« verfolgt im Sturm SC.121, einzelne Erfolge, meist gegen Nachzügler.
4	7.3.	Ansatz der Gruppe »Ostmark« auf den SC.121.
5	7.3./	CINCWA leitet den ONS.171 wegen der am SC.121 und südlich davon erwarteten U-Boote nach Norden um.
6	7.3./	Die restlichen Boote der alten Gruppen »Wildfang« und »Burggraf« bilden einen neuen Vp-Streifen »Raubgraf« gegen den nach Kopplung am 7. 3. erwarteten Konvoi HX.228, der jedoch bereits auf die Südroute umgeleitet ist.
7		
8	7.3./	Am Westende des Vp-Streifens »Raubgraf« torpediert U 631 den vom ON.168 zurückgebliebenen Tanker *Empire Light*, ohne es im schweren Wetter zu bemerken! Der ONS.169 holt weiter nach Westen aus.
9	7.3./	Befohlene Warteräume für Typ IX-Boote, die zur Operation vor der US-Ostküste vorgesehen sind.
10	7.—8.3./	Der XK.2 erhält Luftsicherung von der 19th Group, Coastal Command, RAF.
11	8.3./tags	RAF-Squadron 120 und USN-Squadron 84 von Island fliegen »protective sweeps« für ON.170 und SC.121. In schwerem Wetter können sie U-Boote vom SC. 121 nicht abdrängen, weitere Angriffe mit Versenkungen.
12	8.3./16.30	Dt. Agenten bei Gibraltar melden das Auslaufen der Konvois MKS.9 und MKF.10A.
13	8.3./18.51	Kurz vor dem Auslaufen befiehlt COMINCH Korrektur der Kursanweisung für den HX.229.
14	9.3./	Dt. Bx-Dienst entziffert die am 5. 3. über Funk vom PD New York gemeldete Nachzügler-Route und Teil der Konvoi-Route des UGF.6. Die in den Warteräumen stehenden Typ IX-Boote erhalten Ansteuerungs-Quadrat auf der Nachzügler-Route. (Der Konvoi-Kurs ist inzwischen geändert.)
15	9.3./	Dt. Bx-Dienst entziffert Bezugs-Punkt der geänderten Kursanweisung des HX.228.
16	9.3./	Der BdU verschiebt die Gruppe »Neuland« nach Westen, dem HX.228 entgegen.
17	9.3./	U-Tanker U 463 besetzt Versorgungspunkt für Beölung der von Geleitzugoperationen kommenden U-Boote.
18	9.3./	»Protective sweeps« der von Island kommenden Flugzeuge und Luftsicherung am SC.121 erschweren die U-Bootoperationen erheblich. Mehrere U-Boote müssen mit Bombenschäden abbrechen.

tion des Konvois, so daß der BdU die aus den restlichen Booten der Gruppe »Neuland« mit *U 659, U 448, U 608, U 757, U 406, U 86, U 373, U 441, U 440, U 221, U 444, U 336* und *U 590* gebildeten Vorpostenstreifen noch nach Norden vor den vermuteten Konvoikurs ziehen konnte. Am 10. 3. mittags sichtete das südlichste Boot dieser Gruppe, *U 336* (Kapitänleutnant Hunger), den erwarteten HX.228, der aus 60 Schiffen bestand und von der Escort Group B.3 mit den Zerstörern *Harvester, Escapade, Garland* (polnisch) und *Burza* (polnisch) sowie den Korvetten *Narcissus, Orchis, Aconit, Roselys* und *Renoncule* (die drei letzten französisch) gesichert wurde. Erstmalig hatte man diesem Konvoi eine Support Group TU.24.4.1 (oder nach britischer Bezeichnung die 6th Escort Group) mit dem amerikanischen Geleitträger *Bogue* und den beiden Zerstörern *Belknap* und *Osmond-Ingram* unter Captain G. E. Short beigegeben. In der Zeit vom 5. bis zum 14. März operierte diese Gruppe beim Konvoi. Wenn Flugoperationen stattfanden, marschierte der Geleitträger, gesichert von drei Zerstörern, unabhängig vom Konvoi in der Nähe. Waren die Flugoperationen beendet, schor der Träger in eine zwischen den beiden mittleren Kolonnen gelassene Lücke des Konvois an die sicherste Stelle, während die beiden amerikanischen Zerstörer die Sicherung verstärkten. Der BdU setzte gegen den Konvoi die Gruppe »Neuland« und dazu die auf dem Ausmarsch befindlichen *U 333, U 432, U 405, U 566* und *U 359* an. *U 336* wurde nach seinen Fühlunghaltersignalen bald eingepeilt und abgedrängt, doch kam als zweiter Fühlunghalter das nächste Boot, *U 444* (Oberleutnant zur See Langfeld), so rechtzeitig heran, daß in der Nacht zum 11. 3. mehrere Boote heranschließen konnten. *U 221* (Oberleutnant zur See Trojer) versenkte am Abend die beiden Frachter *Tucurinca* und *Andrew F. Luckenbach* und traf die *Lawton B. Evans* mit einem Blindgängertorpedo. Danach griffen *U 336, U 86* und *U 406* sowie wahrscheinlich auch *U 444* den Konvoi zum Teil mit Flächen absuchenden Torpedos (FAT) in mehreren Fächern an. Bei diesen Angriffen wurden der amerikanische Frachter *William C. Gorgas* und der britische Dampfer *Jamaica Producer* torpediert, blieben jedoch zunächst beschädigt liegen. Später in der Nacht versenkte *U 757* in einem Angriff einen Munitionsfrachter, die *Brant County*, die in einer großen Explosion in die Luft flog, bei der auch das U-Boot erhebliche Schäden erlitt. Trotzdem konnte es eine gute Stunde spä-

ter den zurückgebliebenen, havarierten Frachter *William C. Gorgas*
mit einem Fangschuß versenken. Angriffsversuche von *U 228* gegen
den Konvoi und von *U 359* gegen einen Nachzügler am Vormittag
des 11. März schlugen fehl.

Noch während der Nacht war *U 444* bei einem Angriffsversuch
durch die *Harvester* gesichtet worden, hatte getaucht, mußte aber
dann nach Wasserbombenwürfen des Zerstörers auftauchen und
wurde von diesem mit hoher Fahrt gerammt. Dabei klemmte sich
der Zerstörer mit einer Schraubenwelle an dem U-Boot für etwa
zehn Minuten fest. Während der Zerstörer dann zunächst manövrierunfähig liegenblieb, versuchte *U 444*, mit geringer Fahrt und
tauchunklar sich abzusetzen. Dabei wurde sie aber nach einer Stunde
von der herangerufenen französischen Korvette *Aconit* unter Lt.
de vaisseau Levasseur gestellt und durch Rammstoß versenkt. Nach
Reparatur seiner Maschine folgte die *Harvester* dem Konvoi langsam, während die *Aconit* schnell wieder aufschloß, um die Sicherung zu verstärken. Morgens brach jedoch auch die zweite Welle
der *Harvester*, sodaß der Zerstörer gestoppt liegenblieb. Gegen
Mittag kam *U 432* (Kptlt. Eckhardt) heran und versenkte das Schiff
mit einem Torpedofangschuß. Der S.O.E., Cdr. Tait, fand dabei
den Tod. Die inzwischen zur Hilfeleistung wieder zurückgerufene
Aconit konnte das unter Wasser ablaufende U-Boot mit etwas
Glück orten und zwang es mit Wasserbomben zum Auftauchen.
Mit Artillerie und einem weiteren Rammstoß wurde auch dieses
Boot versenkt. Die abgerissene Fühlung am Konvoi konnte am Mittag des 11. März durch *U 228* und *U 406* wieder hergestellt werden,
doch wurden die Boote von der starken Sicherung, ebenso wie später
U 359, *U 590* und *U 405*, abgedrängt. Weitere Angriffsversuche
in der Nacht von *U 440* und *U 590* schlugen fehl. Gegen Morgen
wurde auch *U 590* als letzter Fühlunghalter abgedrängt. Der Einsatz der *Bogue*, der bis zum 14. 3. fortgesetzt wurde, kam nicht
zur vollen Wirkung, da der Träger sich wegen der großen U-Bootgefahr meist im Konvoi hielt und so keine Bewegungsfreiheit für
die Start- und Landeoperationen hatte.

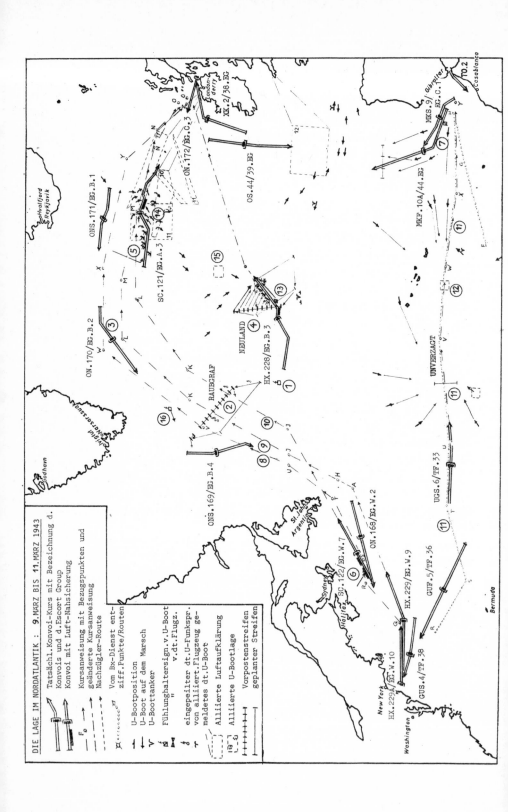

DIE LAGE IM NORDATLANTIK : 9.MÄRZ BIS 11.MÄRZ 1943

Tatsächl.Konvoi-Kurs mit Bezeichnung d.
Konvois und d.Escort Group
Konvoi mit Luft-Nahsicherung

Kursanweisung mit Bezugspunkten und
geänderte Kursanweisung
Nachzügler-Route

Vom Bx-Dienst ent-
ziff.Punkte/Routen

U-Bootposition
U-Boot auf dem Marsch
U-Boottanker

Fühlunghaltersign.v.U-Boot
v.dt.Flugz.
eingepeilter dt.U-Funkspr.
von alliiert.Flugzeug ge-
meldetes dt.U-Boot

Alliierte Luftaufklärung

Alliierte U-Bootlage

Vorpostenstreifen
geplanter Streifen

Die Lage im Nordatlantik: 9. März 1943/12.00 (GMT) bis 11. März 1943/12.00 (GMT)

1	9. 3./	Der vom dt. Bx-Dienst entzifferte Bezugspunkt der Ausweichroute des HX.228 zeigt, daß eine Operation mit der Gr. »Raubgraf« nicht mehr möglich ist. Der BdU läßt den
2	9. 3./	Streifen deshalb nach Norden dem für den 10. 3. erwarteten ON.170 entgegenmarschieren, der jedoch durch Stürme verzögert ist.
3	9. 3./	
4	9. 3./	Zugleich verschiebt der BdU die Gr. »Neuland« nach Norden auf den direkten Weg vom entzifferten Bezugspunkt zum Nordkanal.
5	9. 3./–10. 3.	Die Gr. »Westmark« und »Ostmark« setzen die Operation gegen den SC.121 trotz Verstärkung der Seesicherung fort. Nach Abflug der Luftsicherung greifen in der Nacht 3 U-Boote z. T. mehrfach an, 4 Schiffe werden aus dem Konvoi, ein weiteres als Nachzügler versenkt.
6	9. 3./18.00	SC.122 passiert HOMP, 2 Schiffe detachiert, Zubringer-Konvoi HSC.122 mit 14 Schiffen aufgenommen, Ablösung der Local Escort Group.
7	9. 3./19.00	U 107 meldet den MKF.10A, kann aber wegen dessen hoher Geschwindigkeit die Fühlung nicht halten und wird abgedrängt. Die restlichen Boote der Gr. »Robbe« werden aus dem stark luftüberwachten Raum vor Gibraltar abgezogen und in einem weiten Streifen vor den vermuteten Kursen von MKS.9 und MKF.10A aufgestellt.
8		Ursprüngliche Kursanweisung des HX.229A.
9		Ursprüngliche Kursanweisung des HX.229.
10		Ursprüngliche Kursanweisung des SC.122.
11	10. 3./	Bx-Dienst entziffert die Kursanweisung des UGS.6 vom 4. 3. mit der Nachzügler-Route. Die auf ein Quadrat der früher entzifferten Nachzügler-Route des UGF.6 angesetzten Boote werden in einem Vp-Streifen »Unverzagt« auf der Route des langsameren und deshalb erfolgversprechenderen UGS.6 gezogen, dessen Passieren für den 12. 3. erwartet wird. Zugleich werden
12		die weiter ostwärts stehenden einsatzfähigen Typ IX-Boote auf ein Ansteuerungs-Quadrat auf der entzifferten Route des UGS.6 südlich der Azoren angesetzt.
13	10. 3./12.35	Das am Südende des nach Norden verschobenen Vp-Streifens »Neuland« stehende U 336 meldet den HX.228. Der BdU setzt die Gruppe »Neuland« an, die im Laufe des Nachmittages heranschließt. In der Nacht greifen 6 Boote an und versenken 4 Schiffe, zwei weitere Boote greifen am Morgen Nachzügler an. U 444 wird von der Escort Group B.3 versenkt, U 432 versenkt deren havariertes Führerboot *Harvester*, wird aber anschließend von der franz. Korvette *Aconit* versenkt.
14	10.—11. 3.	Verstärkte See- und Luftsicherung sowie »protective sweeps« der 15th Group, Coastal Command, RAF, drängen U-Boote zunehmend vom Konvoi SC.121 ab. BdU befiehlt den Abbruch der Operation für den 11. 3. mit Hellwerden, Absetzen der Boote nach Westen.
15	11. 3./	Für die vom Konvoi SC.121 kommenden kampffähigen Boote und Ausmarschierer befiehlt der BdU ein Ansteuerungs-Quadrat für eine neue Aufstellung.
16	11. 3./früh	Der Bx-Dienst entziffert einen (falschen) Bezugspunkt des im Sturm beigedrehten ONS.169 vom 9. 3. Aufgrund der Kursangabe läßt der BdU die Gruppe »Raubgraf« nach Westen gehen. Der ONS.169 hat die Aufstellung jedoch bereits im Westen passiert. Im Vp-Streifen melden U-Boote einzeln fahrende Nachzügler des ON.168 und ONS.169.

Während auf der Nord- und Südroute die Operationen der deutschen U-Boote gegen die Konvois SC.121 und HX.228 liefen,
traten die drei folgenden Konvois ihren Ausmarsch an.

5.41 Der SC.122

Als in New York am Abend des 4. März die Kapitäne des Konvois
SC.122 sich zur Konvoikonferenz versammelten, kündigte der Port
Director New York in einem ersten Telegramm mit der Uhrzeit-
gruppe 041800 Z (= 4. 3. 18.00 Uhr EWT = 4. 3. 23.00 Uhr
GMT) das für den nächsten Tag bevorstehende Auslaufen des Konvois an. Am nächsten Morgen um 07.30 Z Uhr (= 12.30 Uhr GMT)
lief der Konvoi aus New York aus. Am Abend des 5. März um
21.30 Uhr ging von der Funkstelle des Port Director New York
der erste Teil des »Sailing Telegram« an die Admiralität ab. Zur
Information wurde das Telegramm gleichzeitig an das NSHQ in
Ottawa, an den FONF in St. John's, an den CTF 24 in Argentia,
an den COMESF in New York, an den CTG. 24.6 in Reykjavik,
an den NOIC Sydney sowie an den COAC in Halifax und die
Convoy and Routing Section des COMINCH übermittelt. Das Telegramm besagte, daß der Konvoi in 14 Kolonnen mit 2, 4, 4, 3, 4,
5, 5, 3, 3, 4, 4, 4, 3, 2 Schiffen in den Kolonnen laufen würde.
Der Konvoi-Commodore war Captain S. N. White, RNR, auf dem
Dampfer *Glenapp*, der Vizecommodore F. R. Neil, der Kapitän des
Frachters *Boston City*. In Ziffer 14 wurden die Einzelheiten über die
von den einzelnen Schiffen mitgeführten Schlüsselmittel gegeben.
Der zweite Teil des »Sailing Telegram«, der mit einer Stunde Abstand folgte, enthielt die vollständige Liste der zum Konvoi gehörenden Schiffe mit ihrer Nationalität, dem Namen, der Geschwindigkeit, der Ladung und dem Bestimmungsort, ferner Angaben über
die Wachschiffe für die Funkpeil- und Funkgeräteschaltungen und
die Tanker. (Der genaue Wortlaut der beiden Telegramme ist in
der Anlage 15,5 wiedergegeben.) Der Konvoi trat seine Reise in der
folgenden Marschordnung an:

Marschordnung des Konvois SC. 122
beim Abmarsch von New York am 5. 3. 1943

			12 brit M/S *Asbjörn* Halifax	11 pan M/T *Permian* Halifax
	24 pan S/S *Alcedo* Reykjavik	23 brit S/S *Livingston* St. John's	22 norw S/S *Polarland* St. John's	21 brit S/Wh *Sevilla* St. John's
	34 norw S/S *Gudvor* Reykjavik	33 amer S/S *Eastern Guide* Reykjavik	32 amer S/S *Cartago* Reykjavik	31 norw S/S *Askepot* Reykjavik
		43 brit S/S *Carso* Loch Ewe	42 isl S/S *Godafoss* Reykjavik	41 pan S/S *Granville* Reykjavik
	54 schwed S/S *Atland* Loch Ewe	53 brit S/S *Empire Summer* Loch Ewe	52 brit S/S *King Gruffydd* Loch Ewe	51 brit S/S *Kingsbury* Loch Ewe
65 griech S/S *Georgios P.* Clyde	64 brit S/T *Beaconoil* Clyde	63 brit M/S *Innesmoor* Loch Ewe	62 brit S/T *Empire Galahad* United Kingdom	61 holl S/S *Alderamin* Loch Ewe
75 brit S/S *Aymeric* Loch Ewe	74 brit S/S *Baron Elgin* Loch Ewe	73 brit S/S *Bridgepool* Loch Ewe	72 brit M/T *Christian Holm* United Kingdom	71 brit S/S *Baron Stranrear* Loch Ewe
		83 brit S/S *Clarissa Radcliffe* Loch Ewe	82 brit M/T *Benedick* Clyde	81 brit M/S *Glenapp* Mersey
		93 brit S/S *Orminister* Loch Ewe	92 brit S/S *Historian* Mersey	91 brit S/S *Vinriver* Clyde
	104 amer LST *LST 365* United Kingdom	103 brit S/S *Filleigh* Mersey	102 brit S/T *Gloxinia* Mersey	101 brit M/S *Losada* Mersey
	114 amer LST *LST 305* United Kingdom	113 brit S/S *Boston City* Belfast	112 brit S/T *Shirvan* Belfast	111 brit S/S *Empire Dunstan* Mersey
	124 brit S/S *Fort Cedar Lake* Belfast	123 brit S/S *English Monarch* Belfast	122 amer M/T *Vistula* Belfast	121 brit S/S *Dolius* Belfast
		133 pan S/S *Bonita* United Kingdom	132 griech S/S *Carras* Belfast	131 brit S/S *Baron Semple* Belfast

		takt, Nummer, Nationalität,
Marschordnung des Konvois SC. 122		Typ, Name,
beim Abmarsch von New York am 5. 3. 1943		Zielhafen

		142 holl M/S	141 amer S/S
		Kedoe	McKeesport
		Belfast	United Kingdom
Convoy Commodore:	81 *Glenapp*	*Western Local South Escort Group*	
Vice Commodore:	113 *Boston City*	Task Unit (TU) 24.18.1	
Escort Oiler:	82 *Benedick*	Korvette HMCS *The Pas*	
Standby Oiler:	72 *Christian Holm*	Korvette HMCS *Rimouski*	
		Korvette HMCS *New Westminster*	
		M/Sucher HMCS *Blairmore*	

Als Sicherung war dem Konvoi die Task Unit 24.18.1 mit den kanadischen Korvetten *The Pas, Rimouski, New Westminster* und dem *Bangor*-class-Minensucher *Blairmore* beigegeben. Am 6. März marschierte der Konvoi mit Ostkurs in Richtung auf den ersten Bezugspunkt auf 66° 30' W zu. Der Wind briste im Laufe des Tages zunehmend auf und entwickelte sich gegen Abend und während der Nacht zu einem schweren Südsturm, der die Schiffe besonders traf, da sie quer zur See fahren mußten. Als erstes Schiff blieb um 18.30 Z Uhr (= 23.30 Uhr GMT) der auf Position 65 laufende griechische Dampfer *Georgios P.* zurück und kehrte am folgenden Tage zum Ausgangshafen zurück. Bei Hellwerden am 7. März war der Konvoi in seiner Marschordnung auseinandergerissen, und elf Schiffe fehlten. Von ihnen kehrten die *Polarland* (Position 22) und *McKeesport* (141) am 8. 3. nach New York zurück. Die *Alcedo* (24), *Eastern Guide* (33) und *Gudvor* (34) liefen am gleichen Tage nacheinander in Halifax ein. Am folgenden Tage trafen dort auch die *Livingston* (23), die *Empire Summer* (53) und die *English Monarch* (123) mit zum Teil erheblichen Wetterschäden ein. Die *Clarissa Radcliffe* (83) ist dem Konvoi offenbar gefolgt, ohne ihn wieder zu finden (vgl. S. 152), während die *Vinriver* (91) und *Kedoe* (142) den Konvoi am 13. 3. einholen konnten.

Der Konvoi formierte sich im Laufe des 7. 3. wieder zu seiner vorgesehenen Marschordnung und steuerte mit einem Kurs von 61° und einer Geschwindigkeit von 6,7 kn den für den 9. März vorgesehenen Treffpunkt mit dem Halifax-Konvoi HSC.122 an. Die Zusammensetzung dieses Konvois war den beteiligten Stellen vom

COAC am 6. 3. 20.20 Z Uhr (= 7. 3. 00.20 Uhr) mit einem Funkspruch mitgeteilt worden. Der Konvoi mit 14 Schiffen lief am 8. 3. 12.00 Z Uhr (= 16.00 Uhr GMT) von Halifax aus, begleitet von dem der kanadischen Marine ausgeliehenen »Flush deck«-Zerstörer *Leamington*, der kanadischen Korvette *Dunvegan* und dem kanadischen *Bangor*-Minensucher *Cowichan*. Um 14.13 Z Uhr und 14.15 Z Uhr (= 18.13 Uhr, 18.15 Uhr GMT) gab der COAC das »Sailing Telegram« für den HSC.122 ab.

Um 20.00 Uhr am 7. März meldete der Commodore des SC.122 seine Abendposition mit »40° 36′ N 66° 23′ W, Kurs 61°, Fahrt 7 sm, elf Nachzügler«.

Um 15.00 Uhr am 8. März folgte eine weitere Positionsmeldung aus 41° 29′ N 64° 37′ W mit 6,7 kn Vormarschgeschwindigkeit. Diese Angaben erlaubten dem Konvoi HSC. 122, den Treffpunkt für den 9. März richtig zu bestimmen.

Am 9. März um 12.00 Z Uhr (= 16.00 Uhr GMT) wurden vom SC.122 die beiden nach Halifax bestimmten Schiffe *Permian* (11) und *Asbjörn* (12) mit den Geleitfahrzeugen *The Pas* und *Blairmore* detachiert. Sie trafen am nächsten Tage an ihrem Bestimmungsort ein. Um 15.00 Z Uhr (= 19.00 Uhr GMT) erreichte der Konvoi HSC.122 mit der erwähnten Western Local North (WLN) Escort Group TU 24.18.7 den Hauptkonvoi. Die 14 Dampfer wurden auf die verschiedenen frei gewordenen Positionen verteilt, und nach der Neuformierung des Konvois nahm der SC.122 die folgende Marschordnung ein:

Marschordnung des Konvois SC.122
nach der Aufnahme des Zubringer-Konvois HSC.122 vom 9. 3./1900 (GMT) bis zum 12. 3.

			12 isl S/S *Sellfoss* Reykjavik	11 isl S/S *Fjallfoss* Reykjavik
				21 brit S/Wh *Sevilla* St. John's
			32 amer S/S *Cartago* Reykjavik	31 norw S/S *Askepot* Reykjavik
45 jugosl S/S *Franka* Loch Ewe	44 brit S/S *Carso* Loch Ewe	43 isl S/S *Godafoss* Reykjavik	42 brit S/S *Ogmore Castle* Loch Ewe	41 pan S/S *Granville* Reykjavik

101

55 holl S/S *Parkhaven* Loch Ewe	54 schwed S/S *Atland* Loch Ewe	53 brit S/S *Baron Semple* Belfast?	52 brit S/S *King Gruffydd* Loch Ewe	51 brit S/S *Kingsbury* Loch Ewe
65 brit S/S *Drakepool* Loch Ewe	64 brit S/T *Beaconoil* Clyde	63 brit M/S *Innesmoor* Loch Ewe	62 brit S/T *Empire Galahad* United Kingdom	61 holl S/S *Alderamin* Loch Ewe
75 brit S/S *Aymeric* Loch Ewe	74 brit S/S *Baron Elgin* Loch Ewe	73 brit S/S *Bridgepool* Loch Ewe	72 brit S/T *Christian Holm* United Kingdom	71 brit S/S *Baron Stranrear* Loch Ewe
85 brit S/S *P.L.M. 13* Loch Ewe	84 brit S/S *Zouave* Loch Ewe	83 straggler	82 brit M/T *Benedick* Clyde	81 brit M/S *Glenapp* Mersey
95 brit Resc *Zamalek* Greenock	94 brit S/S *Orminister* Loch Ewe	93 brit S/S *Historian* Mersey	92 brit S/S *Port Auckland* Mersey	91 straggler
105 amer LST *LST 365* United Kingdom	104 brit S/S *Badjestan* Glasgow	103 brit S/S *Filleigh* Mersey	102 brit S/T *Gloxinia* Mersey	101 brit M/S *Losada* Mersey
115 amer LST *LST 305* United Kingdom	114 schwed S/S *Porjus* Mersey	113 brit S/S *Boston City* Belfast	112 brit S/T *Shirvan* Belfast	111 brit S/S *Empire Dunstan* Mersey
	124 brit S/S *Fort Cedar Lake* Belfast	123 pan S/S *Bonita* United Kingdom	122 amer S/T *Vistula* Belfast	121 brit S/S *Dolius* Belfast
		133 brit S/S *Helencrest* Mersey	132 griech S/S *Carras* Belfast	131 brit S/S *Empire Morn* Belfast
			142 straggler	

Convoy Commodore: 81 *Glenapp*
Vice Commodore: 113 *Boston City*
Escort Oiler: 82 *Benedick*
Standby Oiler: 72 *Christian Holm*

Western Local North Escort Group
Task Unit 24.18.7
Zerstörer HMS *Leamington*
Korvette HMCS *Dunvegan*
M/Sucher HMCS *Cowichan*
Korvette HMCS *Rimouski*
Korvette HMCS *New Westminster*

Die Positionsmeldung um 19.00 Uhr abends legte den Konvoi auf 43° 08′ N 60° 33′ W mit Kurs 60° und 7 sm Vormarschgeschwindigkeit.fest. Auf 60° 16′ W sollte der Kurs auf 62° geändert werden. Auch die Position des Teilgeleits war mit angegeben.

Inzwischen war auch der Konvoi HX.229 von New York ausgelaufen. Am 4. März 17.04 Z Uhr (= 22.04 Uhr GMT) hatte der
COMESF eine generelle Kursanweisung für den Konvoi übermittelt. Am 7. März um 20.46 Z Uhr (= 8. 3. / 01.46 Uhr GMT)
gab der Port Director New York sein Vorbereitungssignal für den
Konvoi, und nach der Abhaltung der Konvoikonferenz folgte um
19.14 Z Uhr am 8. 3. (= 14.14 Uhr GMT) der erste Teil des Sailing
Telegram, um 22.40 Z Uhr (= 03.40 Uhr GMT) der zweite Teil
in einer ähnlichen äußeren Form wie beim SC.122. Um 23.00 Z
Uhr (= 04.00 Uhr GMT) am 8. 3. lief der HX.229 mit 40 Schiffen von New York aus. Er marschierte in elf Kolonnen mit 3,
3, 4, 3, 4, 4, 4, 4, 4, 4, 3 Schiffen. Konvoi-Commodore war Commodore M. J. D. Mayall, RNR, auf dem norwegischen Frachter *Abraham Lincoln;* Vicecommodore R. J. Parry, Kapitän des Frachters
Clan Matheson. Die Marschordnung des Konvois war folgende:

Marschordnung des Konvois HX.229
beim Abmarsch von New York am 8. 3. 1943

	13 brit S/S	12 amer S/S	11 brit S/S
	Empire Knight	*Robert Howe*	*Cape Breton*
	Clyde	Mersey	Clyde
	23 amer S/S	22 amer S/S	21 amer S/S
	Stephen C. Foster	*William Eustis*	*Walter Q.*
	Mersey	Clyde	*Gresham*
			Clyde
34 amer S/S	33 brit M/S	32 brit M/S	31 brit S/S
Mathew	*Canadian Star*	*Kaipara*	*Fort Anne*
Luckenbach	United Kingdom	Mersey	Loch Ewe
United Kingdom			
	43 brit M/S	42 brit M/T	41 brit S/S
	Antar	*Regent Panther*	*Nebraska*
	Mersey	United Kingdom	Mersey
54 brit S/S	53 amer S/T	52 brit M/T	51 pan M/T
Empire Cavalier	*Pan Rhode Island*	*San Veronica*	*Belgian Gulf*
Mersey	Mersey	Mersey	Mersey
64 amer S/S	63 amer S/S	62 amer S/T	61 norw M/S
Kofresi	*Jean*	*Gulf Disc*	*Abraham Lincoln*
Mersey	Mersey	Clyde	Belfast

Marschordnung des Konvois HX.229
beim Abmarsch von New York am 8. 3. 1943

74 amer S/S	73 pan S/S	72 brit S/Wh	71 brit S/S
Margaret Lykes	*El Mundo*	*Southern Princess*	*City of Agra*
Mersey	Mersey	Clyde	Mersey
84 brit S/S	83 brit M/T	82 brit S/S	81 amer S/S
Tekoa	*Nicania*	*Coracero*	*Irenée du Pont*
Mersey	Mersey	Mersey	Mersey
94 amer S/S	93 holl M/T	92 brit S/S	91 brit S/S
James Oglethorpe	*Magdala*	*Nariva*	*Clan Matheson*
Mersey	Belfast	Mersey	Loch Ewe
104 holl S/S	103 holl S/S	102 brit M/T	101 norw S/S
Terkoelei	*Zaanland*	*Luculus*	*Elin K.*
Belfast	Belfast	Belfast	Belfast
	113 amer S/S	112 amer S/S	111 amer S/S
	Hugh Williamson	*Daniel Webster*	*Harry Luckenbach*
	Belfast	Belfast	United Kingdom

Convoy Commodore:	61 *Abraham Lincoln*	*Western Local Escort South+North*
Vice Commodore:	91 *Clan Matheson*	Task Unit 24.18.9
Escort Oiler:	62 *Gulf Disc*	Zerstörer HMS *Chelsea*
Standby Oiler:	72 *Southern Princess*	Korvette HMCS *Fredericton*
		Korvette HMCS *Oakville*
		Zerstörer USS *Kendrick*

Geplante Marschordnung:
11 *Empire Knight;* 12 *Cape Breton;* 13 *Robert Howe;* 42 *Iris* (zum HX. 229A;
43 *Empire Barrie* (nicht eingetroffen); 44 *Antar;*

Die Western Local South (WLS) Escort Group bildete die
TU.14.18.9 mit dem an die kanadische Marine ausgeliehenen Zerstörer *Chelsea,* dem neuen amerikanischen Zerstörer *Kendrick* und
den kanadischen Korvetten *Fredericton* und *Oakville.*
Noch ehe der Konvoi HX.229 von New York auslief, hatte die
Convoy and Routing Section des COMINCH am 8. März
um 18.51 Uhr eine Änderung der gegebenen Kursanweisung befohlen. Von dem Punkt E auf 40° 15′ N 66° 00′ W sollte der Konvoi
Kurs 70° nehmen und unter Auslassung der Punkte F und G einen
Punkt A in 44° 15′ N 51° 30′ W südwestlich von Cape Race
ansteuern. Von hier sollte er auf den neuen Kurs 28° gehen. Mit
diesem Kurs wollte man einerseits dem entgegenkommenden Konvoi ON.168 ausweichen, andererseits Raum und damit Zeit gewinnen. Auch sollte der Abstand zu dem folgenden Konvoi HX.229A

DIE ZERSTÖRER DER V/W-KLASSE

HMS. VOLUNTEER im Originalzustand zwischen den Kriegen mit 4–12-cm-Geschützen und zwei Drillings-Torpedorohrsätzen.
Foto: Archiv BfZ

Bei HMS. WITHERINGTON, war der vordere Schornstein größer und dicker, in der Bewaffnung und Ausrüstung unterschied sie sich kaum. Sie wurde entsprechend umgerüstet, 1942/43 bei der Western Support Force verwendet und geleitete u. a. den HX.229 auf dem ersten Teil seiner Reise.
Foto: Sammlung A. Watts

HMS. VOLUNTEER nach der ersten Umrüstung. Der achtere Rohrsatz ist wie bei fast allen Zerstörern im Geleitdienst ausgebaut und durch eine 7,6-cm-Flak ersetzt. Die vierte 12 cm ist entfernt, um Platz für die vier Wabowerfer und die Waboablaufgestelle am Heck zu gewinnen. Im Masttop das Luftwarn-Radar Typ 291. Die VOLUNTEER gehörte zur EG. B. 5 und war beim HX.229 der EG. B 4 als Führerboot zugeteilt.
Foto: Imperial War Museum

Die 1943 bei den Ocean Escort Groups eingesetzten V/W-Zerstörer waren wie HMS. VANESSA zu »Long Range Escorts« umgebaut: Ausbau des vorderen Kesselraumes mit Schornstein, Höchstgeschwindigkeit reduziert, Brennstoffbestand und Fahrbereich vergrößert. Anstelle der ersten 12 cm auf der Back ein »Hedgehog«-Werferkasten, auf der Brücke die »Laterne« des 9 cm Radar Typ 271M. Im Masttop Radar Typ 291. Auf den Brückennocken und Flakständen am Schornstein 2-cm-Oerlikon-Flak. Die VANESSA gehörte 1943 zur EG. B. 2 und geleitete u. a. den ON. 170.
Foto: Imperial War Museum

HMS. WATCHMAN, die 1943 noch zur EG. B. 1 gehörte, war bereits mit dem HF/DF-Gerät FH. 3 ausgerüstet, dessen Antennenmast hier an der Vorkante der Hütte zu erkennen ist. Dieses Foto von 1944 zeigt den Zerstörer nach seiner Ausrüstung zur S-Bootabwehr: Ganz vorn am Bug eine 4 cm Bofors. Am Mast eine Antenne zur Freund-Feind-Identifizierung (FFI) bei Radarortungen.
Foto: Archiv BfZ

DIE U. S. ZERSTÖRER DER BENHAM- UND SIMS-KLASSEN

Sie waren für den Flottendienst konzipiert und deshalb stark armiert: USS. LANG der BENHAM-Klasse verfügte 1939 über vier seitlich aufgestellte Vierlings-Torpedorohrsätze. Nur die beiden vorderen, dem Seeschlag besonders ausgesetzten 12,7-cm-Geschütze waren mit einem Turmschild versehen.
Foto: Archiv BfZ

Bei der ebenfalls 1939 in Dienst gestellten USS. HUGHES der SIMS-Klasse hatte man auf einen Vierlingsrohrsatz verzichtet, den vorderen aber erhöht in die Mittschiffslinie gesetzt. Dafür war auf der Hütte (durch das Beiboot teilweise verdeckt) eine fünfte 12,7-cm-Kanone aufgestellt.
Foto: Archiv BfZ

USS. RHIND (oben) und USS. MAYRANT (unten) der BENHAM-Klasse zeigen die 1942 durchgeführten Umrüstungen für den Geleitdienst: Ausbau der beiden achteren Vierlingsrohrsätze und des hohen achteren Standes, dafür achtere 12,7 cm in Turmschilden, Stände für sechs einzelne 2-cm-Oerlikon Flak, achtern auf jeder Seite zwei Wabowerfer und zwei Waboablaufgestelle am Heck. Im Masttop der MAYRANT ist die Matratze des SC-1 Radar zu erkennen. Beide Zerstörer gehörten im März 1943 zur T.F. 33 und geleiteten den Konvoi UGS. 6.
Fotos: Archiv BfZ

USS. ROE zeigt den entsprechenden Rüstzustand der SIMS-Klasse im Frühjahr 1943. Das fünfte 12,7-cm-Geschütz und der achtere Stand sind durch zwei seitliche Stände mit 4-cm-Bofors-Zwillingen ersetzt. Von den beiden achteren Rohrsätzen ist einer entfernt, der andere auch in die Mittschiffslinie versetzt, um Platz für jeseits 3 Wabowerfer zu erhalten. Nur die ROE besaß schon vor dem 7. 12. 41 den Mark 37-Leitstand für die 12,7 cm mit dem 1942 hinzugefügten Feuerleitradar FD. Im Masttop das SC-1, darunter das SG-1. Die ROE sicherte mit der T.F. 34 den Konvoi UGF. 6.
Foto: Archiv BfZ

USS. MONSSEN im Mai 1941 noch im ursprünglichen Zustand mit fünf 12,7-cm-Kanonen und zwei Fünflings-Torpedorohrsätzen und noch ohne Radarantennen.
Foto: Archiv BfZ

Im Sommer 1941 begann die Umrüstung für den Geleitdienst im Nordatlantik. Wie bei der USS. CHARLES F. HUGHES wurden der achtere Rohrsatz, das dritte 12,7-cm-Geschütz und der achtere Stand entfernt, das vierte Geschütz hatte einen Turmschild erhalten, wie bei der RHIND waren 6 Flakstände und vier Wabowerfer sowie Heck-Waboabrollgestelle eingebaut. An Radar-Geräten besaß die CH. F. HUGHES nur das Feuerleitradar FD auf dem Mark 37 Leitstand und das 9-cm-Seeziel-Radar SG-1 auf halber Höhe am Mast. Statt des SC-1 im Masttop hatte dieser Zerstörer eine Adcock-Antenne für das DAJ-HF/DF-Peilgerät, mit dem zuerst im Juni 1942 das Schwesterschiff CORRY ausgerüstet worden war.
Foto: Archiv BfZ

USS. KEARNY zeigt hier die im Frühjahr 1943 auf den modernen amerikanischen Zerstörern üblichen Radar-Antennen: Im Masttop das SC-1-Luftwarn-Gerät, darunter die kleine kreissegmentartige, rotierende Antenne des 9-cm-SG-1-Gerätes für Seeziele und auf dem Mark 37 Feuerleitstand für die 12,7-cm-Kanonen das FD-Feuerleitradar. An der Rah IFF-Antennen.
Foto: Archiv BfZ

USS. MURPHY, die im März 1943 zur T.F. 37 gehörte und den UGS. 5A sicherte, zeigt die Ausrüstung Anfang 1944: Anstelle des zweiten Rohrsatzes nun der Scheinwerferstand und dahinter der mit Streben nach vorn abgestützte Antennenmast für das neue DAQ-HF/DF-Peilgerät. Im Top ist das SC-1-Radar durch die breite Matratze des SC-2 ersetzt.
Foto: Archiv BfZ

ANDERE ALLIIERTE GELEITFAHRZEUGE

Die Sloop HMS. FLEETWOOD war eine der letzten Einheiten der GRIMSBY-Klasse, bei der man bereits die Hauptarmierung auf zwei 10,2 cm Doppelflak umgestellt hatte. Sie gehörte 1943 zur 39thE.G., die im März den Konvoi OS.44 sicherte.
Foto: Sammlung Watts

Die kanadische Marine verwendete bei den Western Local Escort Groups auch die Hochseeminensucher der BANGOR-Klasse. HMCS. KENORA gehörte zu der mit Kolbenmaschinen ausgerüsteten Version. Bei den im Geleitdienst eingesetzten Booten wurde die Minensucheinrichtung auf dem Achterdeck teilweise durch Wasserbombenablaufgestelle und zwei Wabowerfer ersetzt. Die KENORA besaß im Masttop die Antenne des kanadischen SW 1 C-Radargerätes.
Foto: Archiv BfZ

HMCS. GRANBY war ein weiterer BANGOR-Minensucher des Diesel-Typs. Sie war ähnlich ausgerüstet wie die KENORA, besaß allerdings im Masttop bereits das Luftwarn-Radar Typ 291. Auf der Brücke der Rahmen des MF/DF-Peilers.
Foto: Sammlung A. Watts

Anfang 1942 wurden die großen Cutter der U. S. Coast Guard für den Geleitdienst im Nordatlantik bereitgestellt. Hier das Führerboot CAMPBELL der EG. A. 3 am ON. 166 im Februar 1943, nachdem sie U 606 gerammt hatte. Sie war als einzige Einheit mit dem amerikanischen SC-1 Radar im Masttop und dem britischen Typ 271 M auf der Brücke ausgerüstet und besaß seit Oktober 1942 auf der Schanz einen Antennenmast für das DAJ-Kurzwellen-Peilgerät.
Foto: Archiv BfZ

Ab Ende 1942 stießen die ersten Fregatten der »River«-Klasse zu den Escort Groups. HMS. TEST zeigt die ursprüngliche Ausrüstung mit 2–10,2-cm-Kanonen, leichter Flak, einer wesentlich erhöhten Wabozuladung mit 6 Wabowerfern und Ablaufgestellen am Heck sowie vorn dem »Hedgehog«-Werfer. Auf der Brücke das Typ 271 M Radar. Die später allgemein eingebaute HF/DF-Antenne im Masttop fehlte anfangs noch.
Foto: Archiv BfZ

etwas vergrößert werden. Für ihn hatte inzwischen die Konvoikonferenz stattgefunden, und dieser Geleitzug lief am 9. März um 08.30 Z Uhr (= 13.30 Uhr GMT) von New York mit 38 Schiffen aus. Die folgenden Uhrzeiten sind, soweit nicht anders vermerkt, auf GMT umgerechnet.

Die WLS-Escort Group bildeten der US-»Flushdeck«-Zerstörer *Cowie*, die kanadische Korvette *Snowberry* sowie die kanadischen »Bangor«-Minensucher *Noranda* und *Digby*.

Da der HX.229 keine für Halifax oder St. John's bestimmten Schiffe bei sich hatte, konnte er ohne Aufenthalt mit 9,5 bis 10 kn seinen Marsch fortsetzen. Am Nachmittag des 10. März bekam der in Position 91 fahrende Dampfer *Clan Matheson* Schwierigkeiten und konnte die Vormarschgeschwindigkeit nicht mehr halten. Der Kapitän mußte den Commodore bitten, das Schiff wegen zu geringer Geschwindigkeit zu entlassen, und er drehte um 20.00 Uhr GMT nach Halifax ab, um sich später einem langsamen Konvoi anzuschließen. Dadurch wurde es nötig, einen neuen Vice-Commodore zu bestellen. Der auf die Pos. 91 aufrückende Dampfer *Nariva* übernahm diese Rolle.

5.5 DIE PROBLEME DER ESCORT GROUPS

Die für die Konvois SC.121 und HX.229 vorgesehenen Ocean Escort Groups B.5 und B.4, die mit den Konvois ON.168 und ONS.169 auf der nördlichen Route marschierten, hätten normal etwa am 4. und 7. März auf dem WOMP abgelöst werden sollen. Die am Abend des 23. Februar von CINCWA für die beiden Konvois angeordneten weiten Ausweichbewegungen nach Norden bis dicht unter Cape Farewell hatten jedoch die Reisen um zwei bzw. drei Tage verlängert. Schwere Südweststürme am 27./28. Februar hatten beide Konvois aufgehalten, einige Schiffe waren zurückgeblieben, und bei verschiedenen Geleitfahrzeugen waren Seeschäden insbesondere an den Asdic-Geräten aufgetreten. Bei vorübergehend etwas abflauendem Wetter konnten die meisten Nachzügler in den folgenden Tagen wieder aufschließen. Durch geschickten HF/DF-Einsatz drängte die Escort Group B.5 am 1. März zwei U-Boote rechtzeitig ab, ehe deren Fühlunghaltersignale andere Boote der Gruppe »Neuland« heranführen konnten. (Vgl. S. 78). Die Wetter-

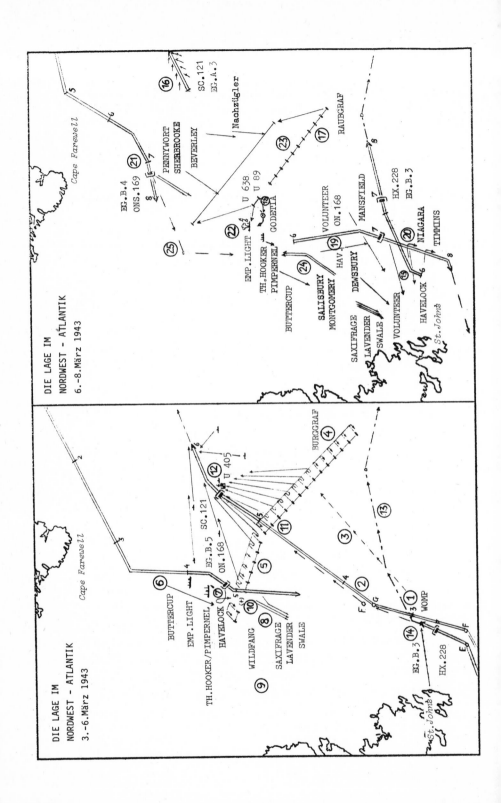

DIE LAGE IM
NORDWEST – ATLANTIK
3.–6.März 1943

DIE LAGE IM
NORDWEST – ATLANTIK
6.–8.März 1943

1	3. 3.	Der SC.121 passiert WOMP, Ablösung der Sicherung durch Ocean Escort Group A.3.
2	3. 3.	Gültige Kursanweisung des SC.121 über F-G.
3	3. 3.	Bx-Dienst entziffert ältere Kursanweisung für den SC.121.
4	3. 3.	Gruppe »Burggraf« erhält Befehl, am 5. 3. den SC.121 zu erwarten.
5	3. 3.	Gruppe »Wildfang« und dahinter aufgestellte U-Boote erwarten ebenfalls den SC.121.
6	4. 3.	Der ON.168 ist erneut durch auffrischenden Sturm Südwest 6—7 behindert. Korvette *Buttercup*, Tanker *Empire Light* und Frachter *Thomas Hooker* mit Seeschäden zurückgeblieben.
7	4. 3.	Führerboot Escort Group B.5, *Havelock*, sucht nach *Buttercup*, Korvette *Pimpernel* zur Hilfeleistung zur *Thomas Hooker* detachiert.
8	4. 3.	Die wegen Brennstoffmangel entlassenen Korvetten *Saxifrage* und *Lavender* laufen, begleitet von der Fregatte *Swale*, nach St. John's.
9	5. 3.	Der Sturm nimmt auf Südwest 9 zu.
10	5. 3.	Der ON.168 passiert Vp-Streifen »Wildfang« in der durch den unbekannt gebliebenen Verlust von *U 529* entstandenen Lücke.
11	5. 3.	Der SC.121 passiert im Sturm den Vp-Streifen »Burggraf« unbemerkt.
12	6. 3.	*U 405* meldet den SC.121. Der BdU setzt die noch günstig stehenden »Burggraf«- und »Wildfang«-Boote zum Angriff an.
13	6. 3.	Der COMINCH leitet den HX.228 wegen der im Funkbild erkannten Operation gegen den SC.121 auf die Südroute um.
14	6. 3.	Auf dem WOMP übernimmt die Ocean Escort Group B. 3 den HX.228.

Die Lage im Nordwest-Atlantik: 6.—8. März 1943

15	6. 3.	Der HX.228 geht auf den befohlenen Ausweichkurs.
16	6. 3.	Die Gruppen »Wildfang« und »Raubgraf« setzen als Gruppe »Westmark« die Verfolgung des SC.121 fort.
17	6. 3.	Die restlichen Boote der beiden Gruppen bilden die neue Gruppe »Raubgraf« gegen den für den 7. 3. erwarteten HX.228.
18	6. 3.	Vom ON.168 wird die Korvette *Godetia* zur Hilfeleistung zur auseinandergebrochenen *Thomas Hooker* detachiert. Auf dem Wege dorthin hat sie Begegnung mit *U 89*, in schwerem Wetter aber bald verloren.
19	6. 3.	Zerstörer *Volunteer* noch als einzige Sicherung am ON168, Führerboot *Havelock* versucht aufzuschließen. Rettungsschiff *Dewsbury* mit schweren Seeschäden entlassen. 10 Nachzügler achteraus vom Konvoi. Western Local Escort Group findet den Konvoi nicht. Vom SC.121 kommender Zerstörer *Mansfield* passiert.
20	7. 3.	Nach Wetterbesserung wieder 35 Schiffe beim Konvoi. Ablösung der *Havelock* und *Volunteer* durch den Zerstörer *Niagara* und die Korvette *Timmins* der Local Escort Group.
21	6/7. 3.	Der ONS.169, ebenfalls durch schweren Sturm verzögert, hat 5 Nachzügler. Zerstörer *Beverley* am 6. 3., Korvetten *Pennywort* und *Sherbrooke* wegen Brennstoffmangel detachiert. Sturm Südwest 11.
22	7. 3.	*U 638* greift havarierte *Empire Light* an, bemerkt aber erzielten Torpedotreffer in schwerem Seegang nicht.
23	8. 3.	Gruppe »Raubgraf« etwas nach Norden verschoben.
24	8. 3.	Um Ablösung der für den HX.229 benötigten Escort Group B.4 zu beschleunigen und durch Detachierungen geschwächte Sicherung des ONS.169 zu verstärken, wird dem Konvoi eine »Support Group« mit den Zerstörern *Salisbury* und *Montgomery* entgegengeschickt.
25	8. 3.	Der ONS.169 wird möglichst weit nach Westen geführt, um die gesichteten bzw. eingepeilten *U 89* und *U 638* zu umgehen.

lage machte jedoch beim ON.168 eine Beölung der Escorts aus den beiden Tankern *Laurelwood* und *Melime* bei deren noch unzulänglicher Ausrüstung unmöglich. Am 4. März nahm der Wind wieder auf Südwest Stärke 6—7 zu. Einige der mit zum Teil schlecht gestautem Ballast gegen die See schwer arbeitenden Schiffe kamen in Schwierigkeiten, vier von ihnen blieben zurück, darunter zum zweiten Mal der Tanker *Empire Light*. Am Abend blieb die Korvette *Buttercup* mit schweren Seeschäden zurück, gegen Mittag am 5. März mußte der S.O.E., Cdr. Boyle, mit der *Havelock* abdrehen, um nach ihr zu suchen. Lt. Cdr. Luther auf der *Volunteer* übernahm zunächst seine Rolle. Inzwischen hatten auch die Korvetten *Saxifrage* und *Lavender,* deren Brennstoffbestand die kritische Grenze erreicht hatte, nach St. John's entlassen werden müssen. Wenig später wurde ihnen die Fregatte *Swale,* deren Asdic ausgefallen war, als Geleit hinterhergeschickt.

Trotzdem hatte der nur noch von 3 Escorts geleitete ON.168 Glück. Er passierte den ihm langsam entgegenkommenden Vorpostenstreifen der Gruppe »Wildfang« gerade an der Stelle, wo das bereits am 15. Februar versenkte *U 529,* dessen Verlust bisher unbemerkt geblieben war, hätte stehen sollen. Etwa zur gleichen Zeit meldete *U 405* circa 200 sm weiter ostwärts den Konvoi SC.121, auf den der BdU sofort die 18 nächststehenden U-Boote der Gruppen »Wildfang« und »Raubgraf« ansetzte. Die restlichen 13 Boote befahl er für den Morgen des 7. März in einen neuen Vorpostenstreifen in der Mitte des bisherigen.

In der Nacht vom 5. zum 6. März nahm der Sturm weiter auf Stärke 9 zu. Bei dem amerikanischen Frachter *Thomas Hooker* zeigten sich Risse in der Bordwand, und er mußte beidrehen, gesichert von der Korvette *Pimpernel,* die notfalls die Besatzung bergen sollte. Als am Morgen des 6. März eine Meldung einging, daß der Frachter auseinanderzubrechen drohe, wurde auch die letzte Korvette *Godetia* von Cdr. Boyle zu dem Havaristen beordert. Auf dem Wege dorthin hatte sie eine kurze Begegnung mit *U 664* (Oblt. z. S. Graef), das seine neue Position zu erreichen suchte. Die *Volunteer* sah sich nun allein mit den restlichen 28 Schiffen des Konvois, die in weit aufgelöster Formation Kurs zu halten suchten. Achteraus folgten 10 Nachzügler. Das Rettungsschiff *Dewsbury* mußte ebenfalls mit schweren Seeschäden den Konvoi verlassen. Vergeblich wartete die WLN-Group TU.24.18.2 mit dem Teilgeleitzug WON.168 auf dem WOMP. Er wurde um 16.15 Uhr mit dem Minensucher *Medicine Hat* allein nach Halifax in Marsch gesetzt, während die restliche Gruppe mit dem Zerstörer *Niagara* und den Korvetten *Buctouche*, *Timmins* und *Trail* weitersuchte. Die Versuche der *Volunteer*, die Gruppe und das Führerboot *Havelock* mit Peilzeichen heranzuführen, brachten keinen Erfolg. Am Morgen des 7. März hatten einige Nachzügler bei abflauendem Wind den Konvoi wiedergefunden, so daß der Commodore, Admiral Sir C. G. Ramsey, 35 Schiffe zählen konnte. Am Vormittag sichtete man den vom SC.121 kommenden Zerstörer *Mansfield*, dessen Brennstoff aber auch nur noch gerade bis St. John's reichte. Um 12.30 Uhr fand schließlich Cdr. Boyle mit der *Havelock* seinen Konvoi wieder, so daß die mit ihrem Öl ebenfalls weit heruntergefahrere *Volunteer* nach St. John's gehen konnte. Um 21.00 Uhr traf schließlich die *Niagara* ein und konnte die *Havelock* ablösen. 3 Stunden später stieß die Korvette *Timmins* zur Sicherung, doch kamen die beiden anderen Schiffe der WLN-Escort Group, die *Trail* und *Buctouche* erst am Morgen des 9. März hinzu, so daß der Konvoi wieder eine vollständige Sicherungsgruppe bei sich hatte. Die Schiffe der Escort Group B.5 trafen nacheinander im Laufe des 8. und am Morgen des 9. März in St. John's ein, zuletzt die *Pimpernel* mit den Schiffbrüchigen der *Thomas Hooker* und die *Godetia*, die noch bis zum Abend des 7. März bei dem auseinanderbrechenden Havaristen ausgeharrt hatte. Der Gruppe blieben nur zwei bis drei Tage, um sich von der Sturmfahrt zu erholen, Schäden auszubessern und sich zur neuen Ausfahrt mit dem SC.122 klarzumachen.

Noch schwieriger war die Situation für die mit dem Konvoi ONS.169 folgende Escort Group B.4. Der mit 37 Schiffen unter Führung von Commodore J. Powell, R.N.R., ausgelaufene Konvoi war bereits am 27./28. Februar in einen schweren Südweststurm geraten und hatte mit geringer Fahrt beidrehen müssen. Als der Wind am 28. Februar plötzlich nach Nordwesten umsprang, arbeiteten die Schiffe so stark, daß das Führerboot der Escort Group, der Zerstörer *Highlander* (Cdr. E. C. L. Day, RN) sich den Asdic-Dom eindrückte. Nach einer kurzen Pause, in der die Korvetten *Anemone*, *Abelia* und *Sherbrooke* aus den Tankern *British Lady* und *Acme* ihre Brennstoffbestände auffüllen konnten, setzte am 3. März wieder schweres Wetter ein, ehe auch die Korvette *Pennywort* und die Zerstörer *Beverley* und *Highlander* beölen konnten.

In der Nacht zum 4. März erreichte der Wind wieder Sturmstärke. Bis zum Mittag des 9. März zog ein Sturmtief nach dem anderen über den Konvoi hinweg. Immer wieder mußten die Schiffe in den hochgehenden Seen beidrehen. Am 6. März verloren 5 Schiffe den Kontakt, am 9. März ein weiteres. Die Durchschnittsgeschwindigkeit des Konvois betrug nur noch 3,4 Knoten anstatt etwa 7 kn. Als erstes Geleitfahrzeug mußte am 6. März der Zerstörer *Beverley* wegen Brennstoffmangel nach St. John's entlassen werden. Ihm folgten am 7. März bei Windstärke 11 die Korvetten *Pennywort* und *Sherbrooke*.

Am Abend des gleichen Tages meldete der vom ON.168 als Havarist zurückgebliebene Tanker *Empire Light*, daß er torpediert worden sei und Hilfe benötige. Es ist sehr wahrscheinlich, daß es sich hier um den von *U 638* am gleichen Tage gemeldeten Angriff gegen einen Frachter von 5000 BRT gehandelt hat. (Vgl. S. 151/152). Auf die Notmeldung entsandte der F.O.N.F. von St. John's den amerikanischen Schlepper *Tenacity* zur Hilfeleistung, der jedoch erst am 9. März eintreffen konnte. Da die zunächst bei dem in der Nähe havarierten Frachter *Thomas Hooker* zurückgebliebenen Korvetten *Pimpernel* und *Godetia* inzwischen auch nach Süden abgelaufen waren, erhielt die vom ON.169 detachierte Korvette *Pennywort* den Befehl, als Unterstützung zur havarierten *Empire Light* zu gehen. Sie traf aber auch erst am 9. März um 19.00 Uhr bei dem treibenden Tanker ein und meldete ihre Position 470 sm nordnordostwärts St. John's. Wegen ihres geringen Brennstoffbestandes konnte die *Pennywort* sich nicht lange aufhalten, so daß von der Escort Group des folgenden Konvois ON.170 die Korvette *Clematis* detachiert wurde, um mit der *Tenacity* den Tanker einzubringen.

Obgleich die Positionsmeldung des Konvois ONS.169 vom 9. März 10.00 Uhr zeigte, daß der Konvoi noch weiter zurück stand als erwartet und mit nur 2 kn Fahrt über Grund praktisch beigedreht lag, mußte man ihn nun — nach der auf dem Kurs liegenden Angriffsmeldung der *Godetia,* der Torpedierungsmeldung der *Empire Light* und dem eingepeilten Signal von *U 638* — noch weiter nach Westen um die gefährlichen U-Bootpositionen herumführen. Das mußte die ohnehin sehr knappe Zeit, die der Escort Group B.4 bis zum Auslauftermin für den nächsten Konvoi blieb, noch verkürzen. Wenn sie planmäßig am 13. März von St. John's in See gehen sollte, um am folgenden Tag den HX.229 auf dem WOMP zu übernehmen, mußten die Fahrzeuge wenigstens am 11. März einlaufen, um wenigstens zwei Tage für die dringend benötigte Erholung und die unaufschiebbaren Reparaturen zu haben. Da die zur Ablösung vorgesehene Western Local Escort Group TU.24.18.5 aber erst am 10. März von St. John's auslaufen konnte, hatte der F.O.N.F. dem Konvoi die aus den beiden gerade verfügbaren Zerstörern gebildete Support Group TU.24.12.2. mit der *Salisbury* und *Montgomery* entgegengeschickt. Sie sollten auf der vom ON.168 benutzten Route laufen, um etwa dem Konvoi folgende U-Boote abdrängen zu können. Sie trafen am Morgen des 9. März beim Konvoi ein, so daß Cdr. Day mit seinem Führerboot *Highlander*, dessen Asdic-Dom vor dem Auslaufen repariert werden mußte, seine Aufgabe als S.O.E. dem Kommandanten der Korvette *Anemone*, Lt. King, übertragen und nach St. John's vorauslaufen konnte. Mit den beiden Zerstörern und der Korvette *Abelia* waren nun noch 4 Escorts am Konvoi.

In der Nacht zum 10. März peilte das im Konvoi marschierende Rettungsschiff *Gothland* mit seinem HF/DF-Gerät eine Reihe deutscher U-Bootfunksprüche in 60—123°, die aber offenbar nicht im Bereich der Bodenwelle lagen, also aus größerer Entfernung kommen mußten. Am Morgen des 10. März wurde das Wetter besser, und gegen Mittag traf sogar ein amerikanisches »Catalina«-Flugboot als Luftsicherung beim Konvoi ein. Doch geriet der Konvoi jetzt zunehmend in die nordnordostwärts Neufundland treibenden Eisfelder mit eingestreuten gefährlichen Eisbergen, so daß der Commodore den Konvoi etwas nach Osten ausweichen lassen mußte. Zum Glück für den Konvoi hatte er jedoch zu dieser Zeit bereits den weiter ostwärts mit langsamer Fahrt nach Norden laufenden Aufklärungsstreifen der U-Bootgruppe »Raubgraf« passiert. Als die *Salisbury,* deren Asdic wegen Eisschäden ausgefallen war, um ihre Entlassung nach St. John's bat, versagte sich der S.O.E., Lt. King, diesem Wunsch, denn er hatte bei Hellwerden bemerkt, daß dieses Schiff auch einen HF/DF-Mast besaß und wollte auf dieses wertvolle Hilfsmittel zur Erfassung der U-Boote nicht verzichten. Tatsächlich erfaßten die *Gothland* und *Salisbury* in der Nacht zum 11. März in 47—70° erneut U-Bootsignale, die vermutlich von *U 621* am Südostende des Streifens »Raubgraf« stammten (Vgl. S. 151).

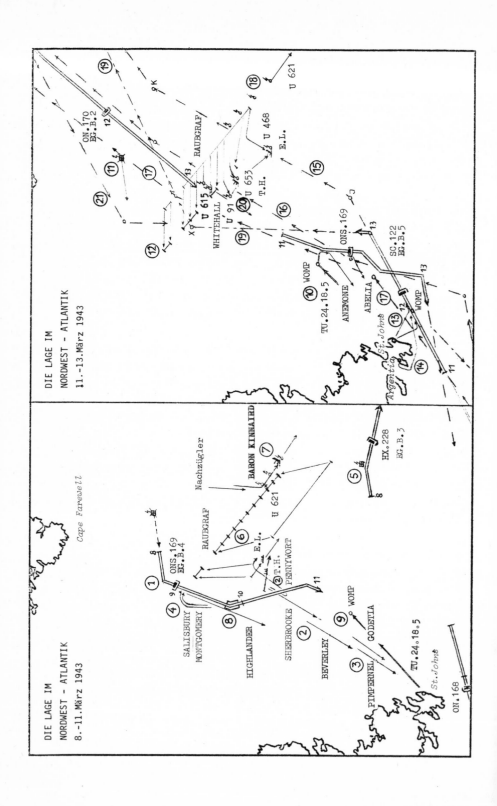

DIE LAGE IM
NORDWEST - ATLANTIK
8.-11.März 1943

Cape Farewell

ONS.169
EG.B.4

SALISBURY
MONTGOMERY

HIGHLANDER

SHERBROOKE

BEVERLEY

PIMPERNEL

GODETIA

WOMP

TU.24.18.5

St.Johns

ON.168

RAUBGRAF

Nachzügler

BARON KINNAIRD

U 621

E.L.

T.H.

PENNYWORT

DIE LAGE IM
NORDWEST - ATLANTIK
11.-13.März 1943

ON.170
EG.B.2

RAUBGRAF

U 468

E.L.

U 621

U 653

T.H.

U 615

WHITEHALL

U 91

ONS.169

WOMP

TU.24.18.5

ANEMONE

ABELIA

WOMP

Argentia

St.Johns

SC.122
EG.B.5

HX.228
EG.B.3

Die Lage im Nordwest-Atlantik: 8.—11. März 1943

1 8/9. 3. Der ONS.169 hat im Sturm mit reduzierter Escort Group B.5 beigedreht.

2 8/9. 3. Von den vom ONS.169 detachierten Escorts wird die Korvette *Pennywort* zur havarierten *Thomas Hooker* entsandt, deren Besatzung von der Korvette *Pimpernel* übernommen ist.

3 9. 3. Die letzten Escorts der Gruppe B.5 vom ON.168 laufen in St. John's ein.

4 9. 3. Die »Support Group« TU 24. 12. 2 mit der *Salisbury* und *Montgomery* trifft beim ONS.169 ein, Führerboot der E. G. B. 4, Zerstörer *Highlander* mit beschädigtem Asdic, übergibt Führung an Korvette *Anemone* und läuft nach St. John's voraus.

5 9. 3. Bx-Dienst entziffert neuen Bezugspunkt der Ausweichroute des HX.228, der am 8. 3. passiert worden ist.

6 9. 3. Da Operation mit Gruppe »Raubgraf« gegen HX.228 nicht mehr möglich, wird die Gruppe weiter nach Norden gezogen, um gegen den am 10. 3. erwarteten ON.170 angesetzt zu werden.

7 10. 3. *U 621* meldet einen Einzelfahrer, den Nachzügler des ON.168 *Baron Kinnaird*. Es verfolgt ihn am 11. 3. und versenkt ihn nach mehreren Fehlschüssen am 12. 3. Mehrere Funksprüche.

8 10. 3. Rettungsschiff *Gothland* am ONS.169 peilt die Funksprüche von *U 621*, erkennt sie jedoch als »Sky wave«. Der Konvoi muß wegen Eisfeldern auf Südostkurs gehen. Er erhält Luftsicherung.

9 11. 3. Die Western Local Escort Group, TU 24. 18. 5 findet auf dem nach Norden verschobenen WOMP den ONS.169 nicht.

Die Lage im Nordwest-Atlantik: 11.—13. März 1943

10 11. 3. Die auf dem WOMP wartende TU 24. 18. 5 trifft am späten Abend den ONS.169. Ablösung der Korvette *Anemone*, letzte Korvette der Gruppe B.4, *Abelia*, bleibt bis zum Morgen des 12. 3., um Rettungsschiff *Gothland* zu geleiten.

11 11. 3. Bx-Dienst entziffert einen (falschen) Passierpunkt des ON.169 vom 9. 3.

12 11. 3. Der BdU verschiebt die Gruppe »Raubgraf« nach Westen, um den ONS.169 zu fassen, der jedoch bereits weit südlich steht.

13 12. 3. SC.122 nimmt auf WOMP Zubringer-Konvoi auf, Escort Group B. 5 übernimmt Geleit.

14 12. 3. US-Zerstörer *Upshur* wird dem SC.122 als zusätzliche Sicherung zugeteilt.

15 12. 3. Gültige Kursanweisung für den SC.122.

16 12. 3. Gültige Kursanweisung für den HX.229.

17 12. 3. Gültige Kursanweisung für den HX.229A.

18 12. 3. Nach der Versenkung der *Baron Kinnaird* läuft *U 621* zum Versorgungsplatz.

19 12. 3. Wegen der eingepeilten Funksprüche von *U 621* auf dem Kurs vom SC.122 befiehlt der COMINCH um 14.16 für den SC.122 einen Ausweichkurs westlich.

20 12/13. *U 615* und *U 91* melden die Sichtung der zur Hilfeleistung für die *Thomas Hooker* angesetzte Korvette *Clematis* und den Schlepper *Tenacity* sowie den vom ON.170 detachierten Zerstörer *Whitehall*. *U 653* versenkt das treibende Wrack der *Thomas Hooker*, *U 468* versenkt den havarierten Tanker *Empire Light*.

21 12. 3. Wegen des Funkverkehrs der Gruppe »Raubgraf« befiehlt der COMINCH einen Ausweichkurs für den ON.170 weiter westlich. Außerdem entschließt er sich, die Konvois SC.122 und HX.229 südlich um die erkannte U-Bootaufstellung herumzuführen.

Die Western Local North Escort Group TU.24.18.5 mit dem Minensucher *Granby* (S.O.E. Lt. Cdr. Davis, RNCR) und den Korvetten *Matapedia* und *Chicoutimi* wartete am Morgen des 11. März vergeblich auf dem Treffpunkt, da der ONS.169 seinen Kurs geändert hatte. Auch jetzt waren die beiden HF/DF-Geräte sehr nützlich, um durch Peilzeichen die Gruppe heranzuführen. Um 20.00 Uhr traf die TU.28.18.5 beim Konvoi ein und löste die *Anemone* ab, die um 23.00 Uhr Kurs auf St. John's nahm. Die *Abelia* mußte noch bis zum Hellwerden am Konvoi bleiben, da sie das Rettungsschiff und ein durch Eis havariertes Schiff nach St. John's begleiten sollte. Das Führerboot der TU.28.18.5, der Zerstörer *Hamilton*, konnte nach dringenden Reparaturen erst am 12. März von St. John's auslaufen und stieß am 13. März zum ONS.169.

Einzeln trafen die Schiffe der Escort Group B.4 nacheinander in St. John's ein. Zuerst die *Beverley* am Morgen des 11. März, gefolgt mittags von der *Sherbrooke* und am Abend um 22.10 Uhr von der *Highlander*. Im Laufe des 12. März kamen die *Pennywort*, die *Anemone* und zuletzt die *Abelia* an. Die *Highlander*, deren Asdic-Dom sich gelöst hatte und bei der ein größeres Leck unter dem Zündermagazin abzudichten war, mußte vor einem neuen Einsatz unbedingt docken, ebenso die mit Seeschäden eingelaufene *Sherbrooke*. Da man den knappen zur Verfügung stehenden Dockraum optimal ausnutzen mußte, sollten beide Schiffe zusammen eindocken. Dadurch ergaben sich Verzögerungen, so daß die beiden Schiffe erst am 13. März um 13.00 Uhr GMT eingedockt werden konnten. Die Ausdockung zog sich dann bis zum 15. März um 22.00 Uhr GMT hin.

Schon am 8. März war es für den CTF.24 deutlich geworden, daß die Local Escort Group den HX.229 nicht zum vorgesehenen Zeitpunkt an die Ocean Escort Group abgeben konnte. Da der Führerzerstörer der WLN-Escort Group, die *Chelsea,* zu den »shortleg«-Zerstörern gehörte, erhielt am Abend des gleichen Tages dessen Schwesterschiff *Annapolis* den Befehl, am 10. März um 23.00 Uhr von Halifax auszulaufen und die *Chelsea* am 11. März um 17.00 Uhr abzulösen. Um ein wenig Zeit einzubringen, bekam der HX.229 am 12. März um 14.16 Uhr den Befehl zu einer neuen Kursänderung. Danach sollte er auf einem Kurs von 70° bis zur Länge von 50° West weitermarschieren und erst dann mit einem neuen Kurs von 19° den vorgesehenen Bezugspunkt J ansteuern.

Da der HX.229 trotz der damit erreichten kleinen Verzögerung spätestens am 14. März den WOMP passieren mußte, die ablösende Ocean Escort Group B.4 jedoch zu diesem Zeitpunkt kein mit HF/DF ausgerüstetes Geleitfahrzeug besaß, und der Konvoi auch kein entsprechend ausgerüstetes Rettungsschiff führte, entschloß sich der F.O.N.F., Commodore H. E. Reid, RCN, den Zerstörer *Volunteer* der Escort Group B.5 für die Überfahrt des nächsten Konvoi-Paares dem HX.229 als vorläufiges Führerboot der Escort Group B.4 zuzuteilen.

Am Abend des 11. März näherte sich der SC.122 Cape Race, das in nur 30 sm Entfernung passiert wurde. Von St. John's war inzwischen um 13.30 Uhr ein für diesen Konvoi bestimmter Dampfer *Reaveley* mit der Korvette *Saxifrage* als Sicherung ausgelaufen. Eine halbe Stunde später folgte ihm die Escort Group B.5 mit der *Havelock*, *Swale*, *Buttercup*, *Lavender*, *Pimpernel* und *Godetia* sowie dem zugeteilten U-Jagdtrawler *Campobello*. Am Vormittag des 12. März erreichte der SC.122 den WOMP. Um 07.30 Uhr wurde das britische Walfang-Mutterschiff *Sevilla* mit zwei Korvetten der WLN-Escort Group nach St. John's entlassen. Zwei Stunden später traf die Escort Group B.5 beim Konvoi ein und löste die WLN-Escort Group TU.24.18.7 ab. Eine weitere halbe Stunde später mußte der Erzdampfer *P.L.M.13* wegen Kesselschaden um seine Entlassung nach St. John's bitten. Um 10.00 Uhr schließlich traf die *Reaveley* mit der *Saxifrage* beim Konvoi ein, der nun in seiner endgültigen Marschordnung weiterlief. Als zusätzliche Sicherung stieß um 11.28 Uhr noch der amerikanische Zerstörer *Upshur* hinzu, der den Konvoi bis zum ICOMP begleiten und dann die für Island bestimmten Schiffe nach Reykjavik begleiten sollte.

Der HX.229 marschierte am 12. März ohne besondere Vorkommnisse auf seinem Kurs 70° weiter. Die zunächst beim Konvoi gebliebene *Chelsea* drehte am Abend nach St. John's ab.

Auf der Höhe von St. John's begegneten sich an diesem Tage der Konvoi ON.168 und der dicht nördlich davon vorbeigeführte HX.229A. Die für Halifax bestimmten Schiffe des HX.229A, die beiden Tanker *Esso Baltimore* und *Esso Belgium* sowie die Frachter *Fort Amherst* und *Iris* und die Schiffe vom ON.168 wurden im Geleit der kanadischen Korvetten *Snowberry* und *Barrie* sowie der Minensucher *Gananoque* und *Digby* entlassen. Zugleich traf der Halifax-Teil des HX.229A mit den vierzehn Schiffen *Bothnia*,

119

Manchester Trader, Taybank, Fresno Star, Tudor Star, Lady Rodney, City of Oran, Akaroa, Norwegian, Alcedo, Tahsinia, Lossiebank, Arabian Prince und *Rosemont* mit der WLN/Escort Group, dem Zerstörer *St. Clair,* den Korvetten *The Pas* und *Kamsack,* sowie dem Minensucher *Blairmore* beim Konvoi ein. Am 12. nachts geriet der Konvoi im Gebiet der Sable Isle in Nebel, in dem die beiden Dampfer *Shickshinny* und *Pierre Soule* den Kontakt mit dem Konvoi verloren, so daß sie nach Halifax umkehrten. Von dem Konvoi war die *Lady Rodney* für St. John's bestimmt, der übrige Konvoi nahm nach dem 15. 3. die folgende Marschordnung ein:

Marschordnung des Konvois HX.229A
nach der Ablösung des WLN-Escort am 15. 3. 1943

14 pan S/S	13 holl M/T	12 holl S/S	11 brit M/S
Alcedo	*Regina*	*Ganymedes*	*Belgian Airman*
Reykjavik	Loch Ewe	Loch Ewe	Reykjavik
24 brit S/S	23 brit S/S	22 brit M/S	21 brit S/S
Manchester Trader	*Bothnia*	*Taybank*	*Fort Drew*
Manchester	Loch Ewe	Mersey	Loch Ewe
34 brit S/S	33 amer S/S	32 brit S/S	31 brit S/S
Fresno Star	*Michigan*	*Tudor Star*	*Akaroa*
Belfast	?	Manchester	Belfast
44 brit S/S	43 pan S/S	42 brit M/T	41 amer S/T
Tortuguero	*North King*	*Daphnella*	*Pan Florida*
Belfast	?	Belfast	Loch Ewe
54 amer S/S	53 brit S/S	52 pan M/T	51 brit S/S
Lone Star	*Empire Airman*	*Orville Harden*	*Esperance Bay*
Belfast	Mersey	Clyde	Mersey
64 brit S/S	63 brit M/T	62 amer S/T	61 amer S/T
Port Melbourne	*Clausina*	*Esso Baytown*	*Pan Maine*
Clyde	Belfast	Belfast	Mersey
74 brit S/S	73 pan M/S	72 brit S/S	71 amer S/T
Arabian Prince	*Rosemont*	*Empire Nugget*	*Socony Vacuum*
Mersey	Mersey	Belfast	Manchester
84 brit M/S	83 amer S/S	82 brit S/S	81 brit S/Wh
Lossie Bank	*Henry S. Grove*	*City of Oran*	*Svend Foyn*
Mersey	Mersey	Clyde	?
94 brit S/S	93 brit S/S	92 brit M/S	91 amer S/S
Norwegian	*Tactician*	*Tahsinia*	*John Fiske*
Clyde	Clyde	Mersey	Manchester

Marschordnung des Konvois HX.229 A
nach der Ablösung des WLN-Escort am 15. 3. 1943

Convoy Commodore: 51 *Esperance Bay*   *Ocean Escort Group*
Vice Commodore: 81 *Svend Foyn*   40th Escort Group
Escort Oiler: 52 *Orville Harden*   Sloop   HMS. *Aberdeen*
Standby Oiler: ?   Cutter   HMS. *Lulworth*
  Cutter   HMS. *Landguard* (später
  eingetroffen)
  Fregatte HMS. *Moyola*
  Fregatte HMS. *Waveney*
  Sloop   HMS. *Hastings*

New York bis Halifax:
11 brit S/S *Fort Amherst;* 12 amer S/T *Esso Baltimore;* 22 brit S/S *Iris;* 23 pan
M/T *Esso Belgium;* .. amer S/S *Shickshinny;* .. amer S/S *Pierre Soulé.*
New York bis St. John's:
32 amer S/S *Fairfax.*
Halifax bis St. John's:
22 brit S/S *Lady Rodney.*

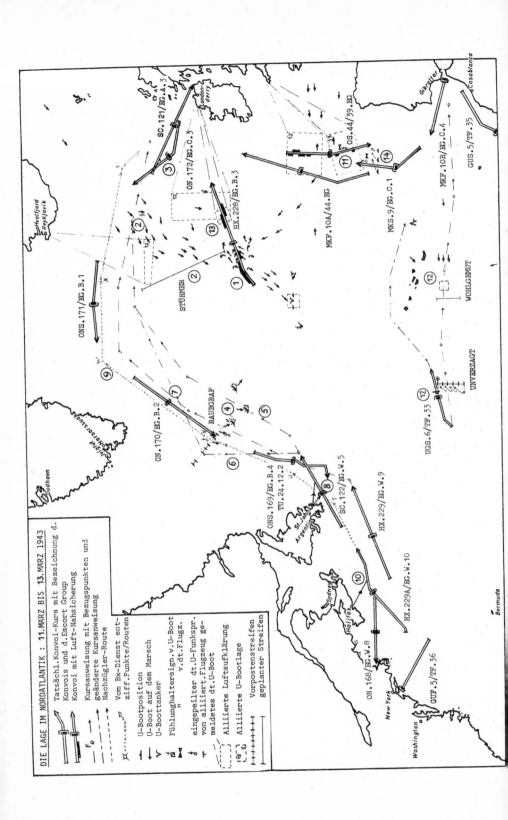

DIE LAGE IM NORDATLANTIK : 11.MÄRZ BIS 13.MÄRZ 1943

Die Lage im Nordatlantik: 11. März 1943/12.00 (GMT) bis 13. März 1943/12.00 (GMT)

1	11.3./nachm.	Die beim HX.228 an der Grenze der Eindringtiefe eingesetzte Luftsicherung der 15th Group, Coastal Command, RAF, hindert die Gruppe »Neuland« an Vorsetzmanövern, nur noch 3 U-Boote kommen zu ergebnislosen Angriffen gegen Nachzügler. Beschädigte und brennstoffschwache U-Boote gehen zu den U-Tankern U 463 und U 119.
2	11.3./nachm.	Nach Abbruch der Operation gegen den SC.121 erhalten aufgrund ihrer Lage- und Erfolgsmeldungen die noch brennstoffstarken U-Boote zusammen mit Ausmarschierern den Befehl, am 15.3. einen neuen Vp-Streifen »Stürmer« zur Erfassung des dann erwarteten HX.229 zu bilden.
3	11.3./	Wegen der vom SC. 121 nach Westen und Südwesten ablaufenden U-Boote, deren Signale eingepeilt werden, befiehlt der CINCWA dem ON.172 einen Ausweichkurs nördlich der vermuteten U-Boote.
4	11.—12.3.	5 Boote der Gruppe »Raubgraf« melden die Versenkung von 3 Einzelfahrern und die Sichtung weiterer Geleitfahrzeuge (Nachzügler von ON.168 und ONS.169).
5	12.3./14.16	Da die eingepeilten Funksprüche auf der befohlenen Kurslinie des SC.121 liegen, erhält dieser vom COMINCH einen Ausweichbefehl, um die U-Boote im Westen zu umgehen.
6		Der ON.170 kann der U-Bootaufstellung wegen Brennstoffmangel der Geleitfahrzeuge nicht ausweichen.
7		—
8	12.3./	Der SC.122 passiert planmäßig den WOMP, die Escort Group B.5 übernimmt die Sicherung. Der ONS.169 erreicht WOMP verspätet, so daß die für den HX.229 vorgesehene EGB.4 in arge zeitliche Bedrängnis bei ihrer Wiederausrüstung gerät.
9	12.3./	Dt. Bx-Dienst entziffert die Kursanweisung für den HX.229 A vom 4.3., bezieht sie jedoch auf den HX.229 (ein -A Konvoi trat bei der HX-Serie seit langer Zeit erstmalig auf). Der BdU beabsichtigt, mit der Gruppe »Raubgraf« gegen diesen, für den 16.3. erwarteten Konvoi zu operieren.
10	12.3./	Dt. HX.229A passiert HOMP.
11	12.3./	Dt. Luftaufklärung erfaßt den OS.44, der am 12. und 13.3. von der 19th Group, Coastal Command, RAF, Nahsicherung und »protective sweeps« erhält. Der BdU setzt die 3 restlichen Boote der Gruppe »Robbe« gegen den OS.44 an.
12	12.3./	Der erwartete UGS.6 wird von dem nördlichen Boot der Gruppe »Unverzagt« erfaßt. Die wegen der südlich der Azoren erkannten Ausweichbewegung nördlich der Azoren war zu knapp angesetzt. Der BdU setzt die Gruppe »Unverzagt« an. Die Gruppe »Wohlgemut« bildet weiter ostwärts einen Vp-Streifen auf dem entfernten (jedoch nicht mehr gültigen) Kurs. U 130 wird von der Escort Group erfaßt und versenkt.
r		
13	12.—13.3.	Luftsicherung und »protective sweeps« der 15th Group, Coastal Command, RAF, und der Trägerflugzeuge des US-Geleitträgers *Bogue*, der mit der 6th Support Group den Konvoi begleitet, machen den U-Booten ein weiteres Vorsetzen am HX.228 unmöglich. Der BdU bricht die Operation mit Hellwerden am 13.3. ab.
14	13.3./09.30	Die dt. Luftaufklärung erfaßt den MKS.9. Günstig stehenden ein- oder auslaufenden U-Booten wird die Operation darauf freigestellt.

123

6. Die Operationen auf den Gibraltar-Routen

Außer den drei Nordatlantik-Konvois waren von New York am 4. und 5. März noch zwei große Konvois mit den Bestimmungshäfen Casablanca, Gibraltar und Oran ausgelaufen. In ähnlicher Weise wie bei den erstgenannten Konvois waren auch die Vorbereitungen für diese abgewickelt worden. Am 3. 3. um 22.40 Z (03.40 GMT) kündigte ein Funkspruch des Port Director New York das Auslaufen des UGS.6 für den folgenden Tag 18.00 Z Uhr (23.00 GMT) an und gab den angesprochenen Stellen die Kursanweisung und die Nachzüglerroute bekannt. Um 19.48 Z und 00.30 Z folgten die beiden Teile des »Sailing Telegram« mit den Angaben über die Marschordnung der 45 Schiffe des Konvois und ihren Namen, ihrer Ladung und ihren Bestimmungshäfen. Um 00.50 Z und 15.38 Z am 5. 3. und 01.56 Z am 6. 3. folgten die entsprechenden Funksprüche für den schnellen UGF.6, der aus 22 Schiffen bestand.

Der schnellere Konvoi mit seinen Truppentransportern war nicht nur durch den üblichen Zerstörer »Screen« gesichert, ihm waren, wie derartigen Truppen-Konvois meist, auch schwere Schiffe beigegeben. Die Task Force 34 bestand aus dem alten Schlachtschiff *New York*, dem Kreuzer *Brooklyn* und den Zerstörern *Buck, Woolsey, Ludlow, Edison, Wilkes, Swanson, Roe, Bristol* und *Nicholson*. Der langsame UGS.6 mit seinen Kriegsmaterial-beladenen Frachtern wurde von der Task Force 33 mit den Zerstörern *Wainwright, Mayrant, Rowan, Rhind, Trippe, Champlin* und *Hobby* gesichert. Am 7. 3. kam es zu einem der Unfälle, denen gelegentlich auch ohne Feindeinwirkung Schiffe zum Opfer fielen. Trotz guter Sicht konnte der bereits auf über 18 000 m mit dem neuen SG-Radar von der *Hobby* geortete norwegische Einzelfahrer-Frachter *Tamesis,* der den Konvoi-Kurs kreuzte, nicht daran gehindert werden, das Spitzenschiff der Backbord-Kolonne, die *Alcoa Guard,* so zu rammen, daß die *Tamesis* selbst sank und die *Alcoa Guard* schwer beschädigt liegenblieb. Ein Dampfer mußte zur Bergung der Über-

124

lebenden zurückbleiben, und ein herbeigerufener Schlepper brachte den Havaristen am 14. 3. nach Bermuda ein. Mit zwei Schiffen weniger setzte der UGS.6 seinen Marsch fort.

Zu einem Zeitpunkt, als beide Konvois noch weit im Westen standen, hatte der deutsche Bx-Dienst am 8. 3. die beiden ersten Funksprüche über das bevorstehende Auslaufen der Konvois, des UGS.6 am 4. 3. und des UGF.6 am 5./6. 3. entziffert. Am 9. 3. lag die entzifferte Kursanweisung für den UGF.6 vor, der in 8 Kolonnen mit 3, 3, 3, 3, 3, 3, 3, 2 Schiffen, gesichert von der Task Force 34 mit 12 amerikanischen Kriegsschiffen, mit 13,5 kn Fahrt marschieren sollte. Von den Bezugspunkten waren erkannt: (Z) abgesuchter Kanal vor New York, (F) 32° 20′ N/24° 40′ W, (G) 34° 30′ N/15° 30′ W, (H) 35 ° 28′ N/09° 50′ W und (J) 34° 01′ N/07° 59′ W, von der Nachzügler-Route die Punkte (K) 32° 59′ N/53° 52′ W, (L) 33° 18′ N/44° 20′ W, (M) 32° 46′ N/34° 30′ W, (N) 31° 40′ N/ 24° 45′ W, (O) 33° 54′ N/15° 25′ W, (P) 34° 35′ N/09° 50′ W, (Q) 34° 01′ N/07° 50′ W. Die Namen von 12 der Schiffe konnten z. T. mit der Zahl der auf den Truppentransportern eingeschifften Soldaten entziffert werden.

Am 10. 3. wurden die entsprechenden Angaben auch über den UGS.6 dem BdU entziffert vorgelegt. Danach marschierte dieser Konvoi in 12 Kolonnen mit 2, 3, 3, 5, 5, 4, 5, 5, 4, 2, 2 Schiffen. Er sollte am 4. 3. 19.00 Uhr auf dem Punkt (Z) stehen, am 6. 3. 10.00 Uhr in (R) 37° 15′ N/67° 05′ W und dann über folgende Punkte gehen: (S) 34° 30′ N/61° 50′ W, (T) 35° 45′ N/54° 30′ W, (U) unbekannt, (V) 35° 45′ N/35° 40′ W, (W) 36° 15′ N/27° 01′ W. Als Nachzügler-Route wurden die folgenden Positionen erkannt: (A) 33° 40′ N/61° 59 W, (B) 34° 56′ N/54° 30′ W, (C) 34° 45′ N/ 46° 20′ W, (D) 35° 50′ N/35° 45′ W, (E) 35° 30′ N/27° 02′ W, (F) 34° 20′ N/18° 30′ W, (G) 35° 10′ N/09° 55′ W und (H) 34° 04′ N/ 08° 01′ W.

Auf Grund dieser genauen Bx-Meldungen entschloß sich der BdU doch noch einmal, eine geführte Gruppenoperation im freien Seeraum zu versuchen. Noch am 9. 3. wurden 6 Boote, die in Warteräumen auf das Signal zum Abmarsch an die US-Küste warteten, als Gruppe »Unverzagt« auf einen für den 12. 3. erkoppelten Passierpunkt des UGF.6 angesetzt. Nach Eingang der Kursanweisung für den UGS.6 am nächsten Tag entschied sich der BdU, statt gegen den schnellen Konvoi lieber gegen diesen langsameren zu operieren, an dem die U-Boote eher Fühlung halten konnten. So erhielten die »Unverzagt«-Boote *U 130*, *U 515*, *U 172*, *U 513*, *U 106* und *U 167* Befehl, zum 12. 3. 08.00 Uhr einen Aufklärungsstreifen vom Quadrat CD 8381 nach DF 2221 mit Kurs 270°, Vormarschgeschwindigkeit 5 sm, einzunehmen. Die Boote wurden darauf hingewiesen, ihre Position nicht früher als befohlen einzunehmen, und strenge Funkstille bis zur Feindberührung zu halten, um den Streifen nicht zu kompromittieren. Für die folgenden U-Boote *U 159*, *U 67*, *U 109*, *U 521*, *U 524* und *U 103* wurde ein Ansteuerungspunkt in CE 86 befohlen, um am 13. 3. einen zweiten Aufklärungsstreifen »Wohlgemut« auf dem Konvoikurs südwestlich der Azoren zu bilden.

Inzwischen hatten jedoch die alliierten Land-Funkpeilstellen verschiedene Signale deutscher U-Boote im Bereich der Azoren eingepeilt. Am 4. 3. hatten *U 515* und *U 172* nordwestlich der Inselgruppe zwei Einzelfahrer, die Kühlschiffe *California Star* und *City of Pretoria*, versenkt. Am Abend vorher schienen Peilungen ein U-Boot in der Nähe des südwestlich der Azoren westgehenden Konvois GUS 4 (Sicherung Task Force 38) anzuzeigen. Wahrscheinlich war es eine Meldung von *U 513*. Am 6. 3. hatte *U 172* die Versenkung eines weiteren norwegischen Frachters, der *Thorstrand*, gemeldet. Am 8. 3. meldete das auf dem Marsch nach Westen befindliche *U 130* einen Luftangriff und die vermutete Horchpeilung eines nordgehenden Konvois. Am 10. 3. funkte das mit dem indischen Freiheitskämpfer Subhas Chandra Bose auf dem Wege zu einem Treffpunkt mit dem japanischen U-Boot *I-29* im Indischen Ozean befindliche *U 180* auf Anfrage die voraussichtliche Marschdauer aus dem Gebiet südwestlich der Azoren. Diese eingepeilten U-Bootstandorte veranlaßten die COMINCH, eine Ausweichbewegung für den UGF.6 nach Süden zu befehlen, während man den UGS.6 auf dem ursprünglichen Kurs zwischen den im Nordwesten und Südwesten der Azoren eingepeilten U-Booten hindurchzuführen hoffte.

6.1 DIE GELEITZUGSCHLACHT GEGEN DEN UGS.6

Am 12. 3. früh befahl der BdU der Gruppe »Unverzagt«, falls bis dahin keine Führung gewonnen sei, um 21.00 Uhr mit dem Auf-

126

klärungsstreifen kehrt zu machen und mit dem Kurs 90°, 8 sm Fahrt während der Nacht zu marschieren, um ein Passieren des erwarteten UGS.6 während der Dunkelheit zu verhindern. Die Gruppe »Wohlgemut« erhielt den Befehl, auf dem bekannten Weg südlich der Azoren am 14. 3./08.00 Uhr von CE 8272 nach CE 8878 einen Aufklärungsstreifen einzunehmen. Aber kurz bevor die Gruppe »Unverzagt« wendete, sichtete U 130 (Oblt. z. S. Keller) am Nordende des Aufklärungsstreifens etwa zur erwarteten Zeit einen Zerstörer des UGS.6 und gab um 17.41 Uhr sein erstes Fühlunghalter-Signal in CD 8256 ab. Um 19.00 Uhr meldete Oblt. z. S. Keller auch den Konvoi selbst in CD 8272 mit Kurs 75° und 7—8 sm Fahrt.

Der BdU setzte sofort die Gruppe »Unverzagt« und auch die weiter ostwärts wartende Gruppe »Wohlgemut« mit hoher Marschfahrt auf den Konvoi an und befahl U 130 erst anzugreifen, wenn ein anderes U-Boot Fühlung gewonnen hatte. Um 22.00 Uhr meldete U 130 erneut den Konvoi in CD 8258 mit Kurs 80° und Fahrt 8 sm. Etwa um die gleiche Zeit forderte das zunächst stehende U 515 vom Fühlunghalter Peilzeichen an. Darauf begann U 130 Peilzeichen zu senden und setzte zum Angriff an.

Die Situation an diesem Konvoi unterschied sich in zweierlei Hinsicht von der im Norden. Keiner der amerikanischen Zerstörer war bereits mit einem HF/DF-Peiler ausgerüstet. So konnten sie die Fühlunghaltersignale der deutschen U-Boote nicht erfassen und blieben auf die Ergebnisse der Land-Peilstellen angewiesen. Von diesen wurden die Signale der U-Boote mit Kreuzpeilungen sehr bald als Fühlungshalter-Signale am UGS.6 identifiziert. So gab der COMINCH dem Konvoi den Befehl zu einer Ausweichbewegung nach Norden, der allerdings erst am folgenden Mittag eintraf. Wenn der S.O.E., Captain Wellborn auf der *Wainwright,* auch die Peilung der funkenden U-Boote zum Konvoi nicht erfassen konnte, so waren seine Zerstörer doch mit den modernsten Radar-Geräten der Typen SC, SG und FD sowie dem QC-Projektor ausgerüstet, deren Reichweite die der britischen Geräte vom Typ 271M erheblich übertraf. Schiffe konnten damit bei ruhiger See auf rund 20 000 m, U-Boote auf bis zu 10 000 m erfaßt werden.

So wurde U 130 bei seinem Anlauf um 23.50 Uhr von der *Champlin* auf 3700 m geortet. Lt. Cdr. Melsom ließ den Zerstörer mit hoher Fahrt auf die Ortung zudrehen. 8 Minuten später sichtete man das

U-Boot in 1800 m Entfernung an seiner phosphoreszierenden Heck-see und eröffnete das Feuer mit den beiden vorderen 12,7-cm-Kanonen. Oblt. Keller, der zuerst versucht hatte, über Wasser zu entkommen, entschloß sich zu spät zum Tauchen. Die *Champlin* war noch kaum 150 m entfernt, als das Heck von *U 130* unter Wasser verschwand. In den Tauchschwall warf der Zerstörer zwei Wasserbomben. Das angeschlagene U-Boot wurde mit vier weiteren Wasserbombenanläufen bis 03.58 Uhr vernichtet. Allerdings konnte der den Erfolg anzeigende große Ölfleck erst bei Hellwerden um 08.45 Uhr erkannt werden.

U 172, das die LG's der *Champlin* gesehen und die Wabodetonationen gehört hatte, meldete um 04.00 Uhr, daß es von einem Zerstörer in CD 8316 unter Wasser gedrückt und mit Wabos belegt worden sei. Die Fühlung war vorerst abgerissen.

Der BdU beabsichtigte zur Erfassung des Konvois für den 14. 3. einen Vorpostenstreifen mit allen Booten zu bilden. Doch ehe der Befehl herausging, meldete *U 513* (Kptlt. Guggenberger) um 11.30 Uhr am 13. 3. in CD 9111 erneut Fühlung. Das Boot konnte bis 18.26 Uhr in CD 6795 dranbleiben und *U 167* und *U 172* wieder heranführen. Alle drei wurden aber durch offensive Vorstöße der Zerstörer vor Einbruch der Dämmerung wieder abgedrängt. *U 172* (Kptlt. Emmermann) stieß bei der Verfolgung am Abend um 22.32 Uhr auf einen einzeln fahrenden Frachter, die amerikanische *Keystone* (5565 BRT), die als Nachzügler 50 sm hinter dem Konvoi herlief und nicht wie befohlen auf die südlicher liegende Nachzügler-Route gegangen war. Er wurde versenkt. Nach dem erneuten Abreißen der Fühlung ließ der BdU für den 14. 3. 08.00 Uhr einen Vorpostenstreifen von CD 6385 über CE 4743 nach CE 7414 einnehmen. Damit hoffte er dicht westlich der Azoren eine Ausweichbewegung sowohl nördlich als auch südlich der Inselgruppe erfassen zu können. Auch ließ er die im Gebiet der Kanarischen Inseln operierende Gruppe »Tümmler« mit *U 521, U 504, U 43, U 66, U 202* und *U 558* auf den für sehr wichtig gehaltenen UGS.6 ansetzen.

Am Morgen des 14. 3. um 08.10 Uhr meldete *U 513* im CE 4476 zuerst mehrere Rauchwolken und konnte dann über CE 4464 und CE 4274 bis in CE 4273 um 18.49 Uhr Fühlung am Konvoi halten. Zuerst kamen *U 167* und *U 106* in die Nähe des Geleits. Die U-Boote bekamen Anweisung, mit loser Fühlung am Konvoi vorbei nach vorn zu streben, um kurz nach Anbruch der Dunkelheit möglichst gleichzeitig angreifen zu können. Außer den genannten drei Booten kamen *U 515, U 524* und *U 172* in die Nähe. Durch verschiedene Kursänderungen suchte der auf dem Frachter *Chiwawa* an der Spitze der 7. Kolonne eingeschiffte Commodore die U-Boote abzuschütteln. Aber erst als Capt. Wellborn kurz vor Dunkelwerden die Zerstörer schnelle »sweeps« von beiderseits voraus bis achteraus machen ließ, wobei *U 513* nach Süden und *U 167* nach Westen abgedrängt wurden, riß die Fühlung wieder ab. Sofort befahl der BdU den Booten, energisch ranzuschließen. Um 01.40 Uhr fand *U 515* (Kptlt. Henke) den Konvoi. Aber bei seinen Angriffsversuchen wurde es wieder von Radargeräten der Zerstörer erfaßt und mußte nach seiner letzten Meldung um 03.15 Uhr tauchen. Durch Wasserbombenwürfe wurde es beschädigt, doch konnte Kptlt. Henke am Morgen die Operation trotz der Schäden fortsetzen. Aus den Meldungen der U-Boote ging hervor, daß sie sämtlich bei ihren Angriffsversuchen vorzeitig erkannt und von der aggressiven Sicherung abgedrängt worden waren. Um keines der eventuell noch günstig stehenden Boote abzuziehen, wurde für den 15. 3. kein neuer Vorpostenstreifen befohlen, die Boote jedoch darauf hingewiesen, daß der Konvoi offenbar beabsichtige, nördlich der Azoren herumzuholen und nach Gibraltar zu gehen.

Am 15. 3. nach Hellwerden um 08.29 Uhr sichtete *U 524* (Kptlt. v. Steinaecker) Rauchwolken des Konvois in CE 5132 und konnte über CE 5223 um 13.48 Uhr CE 5236 in 15.07 Uhr bis CE 5326 um 20.00 Uhr Fühlung halten. Es meldete den Konvoi als aus über 40 Passagierfrachtern und Tankern bestehend und durch Nah- und Fernsicherung stark geschützt. Auf seine Meldungen kamen *U 172*, *U 521*, *U 167*, *U 159*, *U 67* und *U 109* in die Nähe des Konvois, aber wieder wurden sie meist schon vor dem Heranstaffeln zum Angriff von den Radargeräten der Sicherung erfaßt und durch die »Fernsicherung« abgedrängt. *U 159* (Kptlt. Witte) versuchte einen Tages-Unterwasserangriff, kam aber wegen einer plötzlichen starken Kursänderung des Konvois nicht zum Schuß. Der COMINCH hatte am Nachmittag dem S.O.E. mitgeteilt, daß wenigstens 4 U-Boote am Konvoi Fühlung hielten. Capt. Wellborn ließ vor Einsetzen der Dämmerung die Zerstörer *Hobby* und *Mayrant* schnelle Vorstöße 10 sm seitlich des Konvois machen.

U 524 hatte vor Dämmerungsbeginn eine günstige vorliche Stellung erreicht und ließ sich getaucht in den Konvoi sacken. Dabei wurde es zwar um 20.30 Uhr von der *Wainwright* mit Sonar geortet, doch konnte sich Capt. Wellborn, der vor dem Konvoi herlief, nicht lange mit dem schnell abgerissenen Kontakt aufhalten und ging wieder auf seine Position. So kam Kptlt. v. Steinaecker noch auf eine Entfernung von nur 600 m zum Schuß und traf den Frachter *Wyoming* (8062 BRT) mit zwei Torpedos, sodaß sie sofort sank. Die *Champlin* wurde zur Bergung der Schiffbrüchigen abgeteilt, während die *Hobby* sie sicherte. Um 01.04 Uhr bekam *Hobby* einen Radar-Kontakt auf 8300 m, doch entkam das U-Boot dieses Mal über Wasser dem Leuchtgranaten schießenden Zerstörer, der sich damit anscheinend selbst blendete.

Am 16. 3. fand *U 106* (Kptlt. Rasch) den Konvoi um 11.33 Uhr in CF 6269 wieder. Kurz darauf gingen auch Fühlunghalter-Signale von *U 103* und *U 558* ein. Bis zum nächsten Morgen um 07.38 Uhr in CF 4694 blieb der Kontakt erhalten. Im Laufe des Tages und der folgenden Nacht kamen außerdem *U 202*, *U 521*, *U 167*, *U 66*, *U 504* und *U 524* heran. Wieder wurden die meisten Boote bei ihren Angriffsversuchen vorzeitig mit Radar geortet und mußten sich absetzen. Doch klappte an diesem Abend der Versuch, kurz nach der Dämmerung mit mehreren Booten gleichzeitig anzugreifen, besser. Um 19.40 Uhr liefen im Qu. CF 4515 in schneller Folge *U 524* und *U 172* unter Wasser an und machten ihre Fächer mit nur 8 Minuten Abstand los. Die Torpedos von *U 524* verfehlten ihre Ziele knapp, *U 172* jedoch, das zwei Passagierfrachter und zwei Frachter von zusammen 30 000 BRT anvisiert hatte, meinte sechs eigene Torpedodetonationen und vier weitere des anderen Bootes, und Sinkgeräusche der getroffenen vier eigenen und drei anderer Schiffe gehorcht zu haben. Tatsächlich erhielt jedoch nur der amerikanische Frachter *Benjamin Harrison* (7171 BRT) Treffer und sank. Bei den übrigen Detonationen handelte es sich vermutlich um Wasserbomben, die der Zerstörer *Rhind* zu dieser Zeit gegen das mit Sonar geortete *U 524* warf, nachdem er dessen Torpedos knapp ausmanövriert hatte. Der Angriff wurde auch von *U 103* beobachtet, das Torpedodetonationen und Leuchtgranaten meldete. Gegen Morgen um 06.37 Uhr feuerte *U 558* (Kptlt. Krech) in CF 4694 einen Zweierfächer gegen den Konvoi und glaubte Detonationen gehört zu haben, doch wurde dieser Angriff offenbar nicht bemerkt.

Am 17. 3. versuchten die U-Boote sich erneut, an den Rauchwolken lose Fühlung haltend, die um 12.00 Uhr in CF 5496 gemeldet worden waren, vorzusetzen. Einige Kommandanten gingen dazu über, zum Fühlunghalten das an Bord befindliche Funkmeß-Beobachtungsgerät zu verwenden, mit dem man die Ortungs-Impulse der Sicherung auffassen konnte. Nacheinander meldeten sich *U 558*, *U 167*, *U 524*, *U 202*, *U 521*, *U 504*, *U 106* und *U 103* am Konvoi. Erneut sollten die Boote versuchen, zu gemeinsamen Dämmerungsangriffen zu kommen. Aber an diesem Nachmittag erreichten die ersten »Catalina«-Flugboote von Marokko aus um 16.00 Uhr in CF 59 den Konvoi. Vor der einsetzenden Luftsicherung sackten die meisten Boote achteraus. Nur *U 167* (KKpt. Sturm) kam um 19.34 Uhr noch zu seinem Dämmerungs-Unterwasserangriff. Von dem aus großer Entfernung von Backbord achtern gefeuerten Viererfächer traf ein Torpedo den amerikanischen Frachter *Molly Pitcher* (7200 BRT) am Bug. *U 167* entkam der Suche der *Rowan* unentdeckt. Der havarierte Frachter wurde am nächsten Morgen um 05.00 Uhr von *U 521* (Kptlt. Bargsten) mit einem Fangschuß versenkt. Ein neuer Angriff auf den Konvoi von *U 558* um 05.38 Uhr in CF 6719 blieb wieder unbemerkt.

Am Morgen des 18. 3. setzte bald wieder Luftsicherung ein. Trotzdem konnte *U 524*, das um 07.00 Uhr erneut Fühlung gewonnen hatte, dem Konvoi in etwa 25 sm Abstand folgen und laufend Signale senden. Dabei hielt es an den gut erkennbaren Flugbooten der Luftsicherung Fühlung, deren häufigen Anflügen es sich bei der guten Sicht durch rechtzeitiges Tauchen entziehen konnte. Ein Herankommen war unter diesen Umständen nicht mehr möglich. Nachdem um 22.00 Uhr *U 524* die letzte Horchpeilung in CF 9345 gemeldet hatte, entschloß sich der BdU, die Operation am Morgen des 19. 3. abzubrechen, da man, bei den nach sechstägiger ununterbrochener Verfolgung des Konvois abgekämpften Booten, durch die Luftsicherung ein erhöhtes Risiko ohne entsprechende Erfolgschancen eingehen mußte. Um 10.30 Uhr am 19. 3. ging das letzte Signal aus CG 7286 vom Konvoi ein.

Die mit leistungsfähigen Radargeräten ausgerüsteten 7 Zerstörer der Task Force 33 hatten bei den die Ortung begünstigenden Wetterverhältnissen (geringer Seegang) alle Überwasser-Nachtangriffe der U-Boote verhindern können. Durch ihre Nachmittagsvorstöße in Verbindung mit starken Kursänderungen des Konvois hatte Capt. Wellborn auch den Versuch, zu gleichzeitigen Dämmerungs-Unterwasserangriffen zu kommen, weitgehend vereitelt. Die Leistungsfähigkeit der Sonar-Geräte reichte aber nicht aus, das getauchte Hereinsackenlassen von U-Booten in den Konvoi ganz zu verhindern oder U-Boote nach Unterwasserangriffen zu stellen. Der Verlust von *U 130* war weitgehend auf das falsche taktische Verhalten des U-Bootkommandanten zurückzuführen, der bei rechtzeitigem Tauchen sicher gute Chancen zu entkommen gehabt hätte.

6.2 DIE OPERATIONEN AUF DER ENGLAND-GIBRALTAR-ROUTE

Während dieser planmäßigen Operationen auf der USA—Gibraltar-Route kam es auf der England—Gibraltar-Route zu einigen Einzelbegegnungen von U-Booten mit Konvois, bei denen teilweise die Funkaufklärung und auch die Luftaufklärung eine Rolle spielten.

Am 8. 3. um 16.30 Uhr beobachteten die deutschen Agenten gegenüber Gibraltar das Auslaufen eines Konvois mit 23 Dampfern, 11 Transportern und 9 Geleitfahrzeugen. Schon bald darauf konnte der Bx-Dienst die Auslaufmeldung entziffern und den Konvoi als den MKS.9 identifizieren. Dieser Konvoi bestand insgesamt aus 56 Schiffen und wurde von der Escort Group C.1 (LtCdr. Dobson RCNR) gesichert. Diese Gruppe bestand aus dem kanadischen Zerstörer *St. Croix* und den kanadischen Korvetten *Shediac, Battleford, Kenogami* und *Napanee*. Zusätzlich war ihm eine Support Group mit den kanadischen Korvetten *Baddeck, Regina, Prescott* und den Minensuchern *Qualicum, Wedgeport* und *Fort York* beigegeben. Nach den bisherigen Erfahrungen rechnete man auf deutscher Seite damit, daß dieser Konvoi mit einer Geschwindigkeit 7,5 kn über die Quadrate CG 8550 und CG 8150 laufen würde.

Der deutsche Bx-Dienst stellte am folgenden Tage fest, daß dem MKS.9 mit einer Stunde Abstand ein zweiter Konvoi MKF.10A gefolgt war. Er bestand aus 6 Schiffen und wurde von der Escort Group 44 (Cdr. Farquhar, RN) gesichert. Sie bestand aus den Sloops *Egret, Erne, Fishguard* und der neuen Fregatte *Test*. Als Support Group waren die drei »Hunt«-Zerstörer *Wheatland, Calpe* und *Holcombe* eingesetzt.

Im Gebiet westlich Gibraltar standen seit 10 Tagen die restlichen Boote der Gruppe »Robbe«. Von diesen vier Booten waren die meisten so brennstoffschwach, daß mit ihnen keine größeren Operationen unternommen werden konnten. Deshalb erhielten sie den Befehl, sich aus dem stark luftüberwachten Gebiet vor Gibraltar abzusetzen und weiter nördlich von CF 35 bis CG 15 eine lockere Vorpostenlinie mit *U 445, U 103, U 410* und *U 107* zu bilden, um eventuell den durchlaufenden Gibraltar-Verkehr zu erfassen. Um 17.00 Uhr am 9. 3. meldete *U 107* im CG 8185 einen mit Westkurs und 12 kn Fahrt laufenden Konvoi, offenbar den MKF.10A. Das Boot verlor jedoch trotz einer Suche auf nord- und nordwestlichen Kursen die Fühlung, so daß es um 00 Uhr die weitere Verfolgung abbrechen mußte. Entzifferte Sichtungsmeldungen von Gibraltar-Flugzeugen zeigten, daß auch die anderen Boote an die Konvois nicht herankommen konnten.

Am 12. 3. mußten die beiden nordgehenden Konvois westlich der Biskaya im Bereich der deutschen Luftaufklärung stehen. Außerdem meldete der deutsche Bx-Dienst an diesem Tage, daß der Konvoi OS.44 um 10.26 Uhr in CG 1521 mit Kurs 145° und 8 sm Fahrt stehen würde. Dieser Konvoi war mit 48 Schiffen am 5. 3. ausgelaufen. Er wurde von der Escort Group 39 (Cdr. H. V. King RN) gesichert. Die Escort Group bestand aus den Sloops *Rochester, Scarborough, Fleetwood* und den Korvetten *Balsam, Coltsfoot, Spirea* und *Mignonette*. Auf Grund dieser Lage wurde der Fliegerführer »Atlantik« gebeten, Luftaufklärung anzusetzen. Um 08.30 Uhr meldete das erste Flugzeug in BE 9728 einen nordlaufenden Konvoi mit 32 Schiffen und 9 Geleitfahrzeugen. Der gleiche Konvoi wurde um 14.31 vom Bx-Dienst in 41.30 N/15.05 W mit Kurs 22° und 8 sm Fahrt erfaßt, als er deutsche Flugzeuge meldete. Es handelte sich um den Konvoi MKS.9. Außerdem erfaßte der deutsche Bx-Dienst an diesem Tage auch eine ähnliche Meldung von dem Konvoi OS.44 unter dem Decknamen »Mangle«, der um 11.15 Uhr aus 45.06 N/14.03 W mit Kurs 169° und 8 sm Fahrt, und um 13.50 Uhr in 44.45 N O 13.38 W deutsche Flugzeuge meldete. Von den deutschen Flugzeugen wurde der Konvoi im BE 9284 mit Kurs 160°, 47 Dampfern und 6 Geleitfahrzeugen gemeldet und um 14.35 Uhr erfolglos angegriffen. Dieser Konvoi schien das lohnendste Ziel zu sein. So wurden die restlichen »Robbe«-Boote *U 445, U 410* und *U 107* am Nachmittag darauf angesetzt.

In der Nacht zum 13. März gewann als erstes *U 107* (Kptlt. Gelhaus) Fühlung, gab aber zunächst kein Signal ab. Der in 11 Kolonnen marschierende Konvoi war voraus ungedeckt. Je zwei Meilen

Backbord und Steuerbord voraus standen die Korvetten *Mignonette* und *Coltsfoot*, zwischen ihnen war eine Lücke von 7,5 sm. Bei dem herrschenden Seegang 4 konnte sich Kptlt. Gelhaus aufgetaucht an der Steuerbordseite zwischen dem Konvoi und der 2,5 sm Steuerbord querab laufenden Sloop *Fleetwood* vorbei in eine gute Schußposition sacken lassen, ohne von den durch die Wellenechos geblendeten Radargeräten aufgefaßt oder trotz der Sichtweite von 5 sm optisch erkannt zu werden. *U 107* machte zunächst aus den Bugrohren um 04.38 einen Viererfächer los, drehte dann ab und feuerte einen Heck-Zweierfächer. Alle 6 Torpedos trafen. Zuerst wurden nacheinander die in den Positionen 84, 74 und 64 laufenden Frachter *Clan Alpine* (5442 BRT), *Oporto* (2352 BRT) und *Marcella* (4592 BRT) getroffen, dann die in Pos. 92 stehende *Sembilangan* (4990 BRT). Im Tauchen konnte Kptlt. Gelhaus noch den Untergang von 3 der Schiffe beobachten, das vierte folgte bald nach. Der S.O.E. auf der hinter dem Konvoi stehenden Sloop *Rochester* befahl sofort Operation »Half Raspberry«, die bereits genannten Escorts und die *Spirea* Steuerbord achteraus, die *Scarborough* Backbord achteraus und die *Balsam* Backbord querab schlossen an den Konvoi heran und begannen um 04.52 Uhr Leuchtgranaten zu schießen. Noch im Anlaufen bekam die *Rochester* einen Asdic-Kontakt und griff ihn mit 10 Wasserbomben an, doch handelte es sich vermutlich um das sinkende Wrack der *Oporto*. 10 Minuten später bekam auch die *Spirea* einen Asdic-Kontakt, doch war er für einen Angriff zu unklar. *U 107* ließ die vermeintliche Verfolgung über sich ergehen. Nach einer knappen Stunde ebbten die Geräusche ab, die meisten Escorts waren wieder zum Konvoi aufgeschlossen, die *Scarborough* und *Spirea* hatten bei den Trümmerfeldern gestoppt, um Überlebende zu bergen. Am Morgen konnte das U-Boot auftauchen und seine Erfolgsmeldung abgeben.

Am Morgen des 13. März war inzwischen erneut die deutsche Luftaufklärung gegen die beiden Konvois gestartet. Der Bx-Dienst konnte schon um 09.10 Uhr den MKS.9 in 43.52 N/14.57 W und um 10.20 den OS.44 in 41.58/13.28 W lokalisieren, als sie ihre Meldungen über die Sichtung deutscher Aufklärer abgaben. Auf diese Meldungen operierend kam am Abend um 23.00 Uhr im Quadrat CG 1943 auch *U 410* in die Nähe des Konvois, wurde aber von der Nacht-Luftsicherung des Konvois vor einem Angriffsversuch geortet und gebombt. Durch die Detonationen fiel das Angriffs-

Sehrohr aus, und das Boot konnte nicht mehr Höchstfahrt laufen, so daß es die Operationen abbrechen mußte. *U 445* kam an den Konvoi nicht heran.

U 107 setzte die Verfolgung des Konvois fort, bekam am 14. 3. gegen 11 Uhr nochmals in CG 4639 Fühlung. Es wurde jedoch kurz nach seiner Meldung von einem Flugzeug erfaßt und unter Wasser gedrückt. Alle Versuche schnell wieder aufzutauchen und Raum nach vorn zu gewinnen, wurden durch die Luftsicherung vereitelt. Das Boot meldete, daß es am Vortage im Gebiet des Angriffes Rettungsboote und Trümmer von wahrscheinlich drei versenkten Dampfern gefunden habe. Nachdem *U 107* abgedrängt war und keine Fühlung mehr bestand, erhielten die drei U-Boote den Befehl, in ihre bisherigen Angriffsräume zurückzukehren und dort bis zum Aufbrauch ihres Brennstoffs zu operieren.

Am 14. 3. erfaßte der deutsche Bx-Dienst nochmals die Meldung des MKS.9 über einen Luftfühlunghalter aus BE 6498. Es waren jedoch nun keine U-Boote mehr in erreichbarer Nähe, die auf die Konvois hätten angesetzt werden können. So blieben auch die folgenden Konvois, die in der Zeit vom 12.—15. 3. ausliefen, unbehelligt. Es handelte sich dabei um den MKF.10B mit vier Schiffen, der um 19 Uhr am 12. 3. von Gibraltar auslief. Er wurde durch die Escort Group C.4 (Cdr. G. N. Brewer, RN) mit dem britischen Zerstörer *Churchill*, den kanadischen Zerstörer *Restigouche,* den kanadischen Korvetten *Amherst, Brandon* und *Collingwood* sowie der britischen Korvette *Celandine* gesichert.

Wenn auch auf dieser Route keine größeren geführten Operationen angesetzt werden konnten, so war es doch auch jetzt wieder einem einzelnen U-Boot gelungen, mit allen Rohren zum Schuß zu kommen und dabei einen ungewöhnlichen Prozentsatz von Treffern zu erzielen.

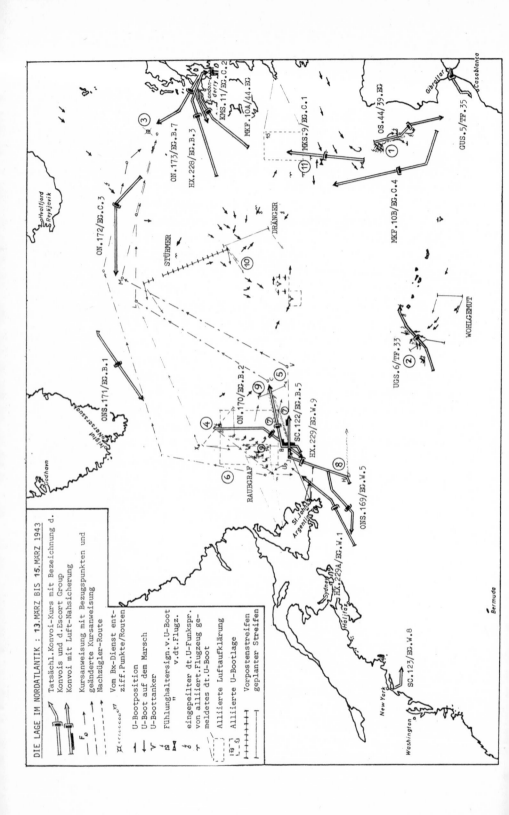

Die Lage im Nordatlantik: 13. März 1943/12.00 (GMT) bis 15. März 1943/12.00(GMT)

1	13. 3./04.39	U 107 greift den OS.44 an und versenkt mit einem Anlauf 4 Schiffe. Für weitere Operation mit 3 Booten der Gr. »Robbe« liefert Bx-Dienst Entzifferung des befohlenen Konvoi-Kurses, doch kommen U-Boote nicht mehr zum Angriff.
2	13. 3./11.00	Der dem UGS.6 nach Erfassung der ersten Fühlunghalter-Signale befohlene neue Ausweichkurs näher an den Azoren hat ebensowenig Erfolg wie die Versenkung des ersten Fühlunghalters U 130. Die noch 11 Boote der Gr. »Unverzagt« und »Wohlgemut« werden in einen winkelförmigen Vp-Streifen vor die möglichen Nord- oder Südkurse um die Azoren gezogen und erfassen den UGS.6 wieder. Bei klarer Sicht drängt die Escort Group (Radar im Masttop!) die U-Boote ab, nur 1 Nachzügler versenkt. Fühlung am Konvoi bleibt aber erhalten.
3	13. 3./12.14	Dt. Luftwaffen-Horch-Stelle peilt einen Passierpunkt des ON.172. Angabe erscheint für Operation zu unsicher.
4	13. 3./11.38	ON.170 läuft in die Mitte des Vp-Streifens »Raubgraf« ein und wird von U 603 gemeldet. Der BdU setzt die Gruppe auf den gemeldeten Südwestkurs an. Escort Group B.2 drückt den eingepeilten Fühlunghalter (HF/DF) unter Wasser, täuscht den heranschießenden U-Booten mit Erfolg die Beibehaltung des SW-Kurses vor, während der ON.170 tatsächlich bis zum Morgen des 14. 3. auf Südkurs geht. U-Boote stoßen auf SW-Kurs nach und werden am 14. 3. von USAAF-Flugzeugen von Neufundland unter Wasser gedrückt.
5	13. 3./19.00	Aufgrund der zahlreichen Funksignale von U-Booten in der Nähe des ON.170 und damit auf den z. Z. gültigen Kursen des SC.122 und HX.229 befiehlt der COMINCH dem
6	14. 3./	SC.122 von dem neuen Bezugspunkt B mit Kurs 67° zum Punkt C, und von dort mit 31° zum alten Punkt L zu steuern. Der HX.229 erhält Befehl, vom alten Bezugspunkt J mit 89° bis zum neuen Punkt V und von dort mit 28° zum alten Punkt M zu steuern. Damit sollten auch die im Ostteil des Nordatlantik vermuteten Neuaufstellungen von U-Bootgruppen nach den Operationen SC.121 und HX.228 umgangen werden. Da der SC.122 den Punkt B bei Eingang der neuen Anweisung bereits passiert hatte, mußte der Kurs zum Punkt C auf 73° geändert werden.
7	14. 3./	Der HX.229A erhält von COMINCH den Befehl, das U-Bootwarngebiet zwischen 50—54° N und 43—49° W westlich zu umgehen.
8	14. 3./	Der dt. Bx-Dienst entziffert die Kursanweisungen 67° für den SC.122 und 89° für den HX.229 mit den dazu gehörigen Bezugspunkten. Da der angegebene Bezugspunkt für die Zeit 13. 3./19.00 Uhr nach der Kopplung des HX.229 beim BdU nicht richtig sein kann, wird der Kurs 89° im BdU-Stab am richtiger erscheinenden Punkt H angesetzt.
9		Der BdU bricht die erfolglose Operation gegen den ON.170 ab und zieht die »Raubgraf«-Boote in einen engen Vp-Streifen für den 15.3. vor den SC.122. Als die Änderung des Kurses auf 73° vom Bx-Dienst entziffert wird, verschiebt er den Vp-Streifen entsprechend.
10	14. 3./	Die Gr. »Stürmer« und die aus den HX-228-Booten zu bildende neue Gr. »Dränger« erhalten neue, südwestlicher weisende Kurse zur Erfassung beider Konvois.
11	14.—15.3.	Das MKS.9, der am 13. und 14. 3. von der dt. Luftaufklärung erfaßt wird, erhält am 15. 3. »protective sweeps« der 19th Group, Coastal Command.

7. Die Such- und Ausweichbewegungen bis zum 16. März

Während im mittleren Nordatlantik die Geleitzugschlachten gegen den SC.121 mit den Gruppen »Westmark« und »Ostmark« bzw. den HX.228 mit der Gruppe »Neuland« liefen, operierte nordostwärts Neufundland die Gruppe »Raubgraf«. Sie war durch einen Befehl des BdU vom 6. März (vgl. S. 112) aus den Booten der alten Gruppen »Burggraf« und »Wildfang« gebildet worden, die nicht auf den SC.121 operiert hatten. Am 7. 3. sollten *U 638, U 89, U 529* (dessen Verlust am 15. 2. noch nicht erkannt war), *U 758, U 664, U 84, U 615, U 435, U 603, U 91, U 653, U 621, U 600* und *U 468* einen Vorpostenstreifen von AJ 5982 bis AJ 7775 gegen den nach der Mitkopplung des Konvoifahrplanes für diesen Tag auf der Nordroute hinter dem SC.121 erwarteten HX.228 bilden.

Tatsächlich war der HX.228 jedoch vom COMINCH auf eine südliche Route umgeleitet worden, als man den beginnenden Angriff der U-Boote gegen den SC.121 erkannt hatte. Der von Norden kommende ON.168 passierte gleichzeitig den noch bestehenden Vorpostenstreifen »Wildfang« an der Stelle, wo durch den Ausfall von *U 529* und den Ansatz des benachbarten *U 432* auf den SC.121 eine Lücke entstanden war.

Am 7. März sichtete das am Nordwestende des neuen Streifens »Raubgraf« stehende *U 638* im Quadrat AJ 5897 einen mit Westsüdwest-Kurs steuernden einzelnen Frachter von 5—6000 BRT. Das Schiff schien mit der Fahrt stark zu wechseln. Kurz nachdem *U 638* um 18.20 Uhr einen Dreifächer geschossen hatte, schien das Schiff zu stoppen. Kapitänleutnant Bernbeck schoß kurz darauf noch einen weiteren Einzeltorpedo. Auch er traf nicht, jedoch hörte man im Boot drei kräftige und einige schwächere Detonationen, die als

Schreckbomben oder Artilleriebeschuß gedeutet wurden. Der Dampfer schien kurz danach abzudrehen und ging mit der Fahrt wieder an. Das U-Boot meldete den Angriff mit dem Zusatz »halte U-Falle für möglich«. Tatsächlich muß es sich um den wegen seiner Havarie (s. S. 114) möglicherweise ungleichmäßige Fahrt haltenden Tanker *Empire Light* gehandelt haben, der um 18.39 Uhr einen Torpedotreffer meldete. Bei dem noch herrschenden schweren Sturm und Seegang hat das U-Boot offenbar weder die Identität des Schiffes noch den Treffer erkennen können.

Am 9. 3. gelang dem deutschen Bx-Dienst die Entzifferung einer Positionsmeldung des Konvois HX.228 für den 8. 3., 19.00 Uhr in 49° 37' N / 39° 41' W bei einer Vormarschgeschwindigkeit von 9 kn. Wenn auch der Kurs nicht entziffert werden konnte, so lag die Position schon zu weit südostwärts für eine Operation mit der Gruppe »Raubgraf«, falls der Konvoi — wie nun zu vermuten war — auf einer südlicheren Route lief. Deshalb wurde die weiter ostwärts aufgestellte Gruppe »Neuland« entsprechend verschoben und erfaßte den Konvoi dann am 10. 3. (siehe S. 91—95). Die Gruppe »Raubgraf« erhielt den Befehl, ab 19.00 Uhr am 9. 3. mit einem Kurs von 345° und 6 sm Vormarschgeschwindigkeit im Aufklärungsstreifen abzumarschieren, um den nach der Mitkopplung des Konvoifahrplanes und der Entzifferung von Treffpunkten des Islandteils mit dem Hauptkonvoi für den 10. 3. in diesem Gebiet erwarteten ON.170 zu erfassen.

Am 10. 3. ließ der BdU die Gruppe in einem Vorpostenstreifen von AJ 5268 bis AJ 9383 anhalten, da man nicht damit rechnete, daß der Konvoi noch weiter nach Westen ausholen würde, zumal die Wetterlage mit schweren West- und Nordweststürmen eine Verzögerung des Konvois erwarten ließ. Dazu trug auch die Meldung von *U 621* (Oblt. z. S. Kruschka) im südlichen Teil des Streifens aus AJ 9319 über einen Einzelfahrer mit Südkurs bei. Der auf 6000 BRT geschätzte Frachter lag hoch aus dem Wasser und schien mit etwa 4 kn Geschwindigkeit in der bei auffrischendem Wind mit NW 5 laufenden Dünung nur langsam voranzukommen. Um 22.14 Uhr schoß *U 621* einen Einzeltorpedo, der jedoch fehlging. Das Boot tauchte zum Nachladen. Am nächsten Morgen fand das Boot den Frachter nach einigem Suchen wieder. Das Schiff schien jetzt verlassen quer zur See zu treiben. Um 17.51 Uhr feuerte das U-Boot einen Fangschuß, der den Frachter eindeutig untersteuerte.

Ein zweiter Torpedoschuß um 18.12 Uhr ging ebenfalls vorn unter dem Schiff durch. Der dritte Fangschuß fünf Minuten später traf nach einer Laufzeit von 44 Sekunden in der Höhe der hinteren Ladeluke. Es wurde ein großes Loch auf beiden Seiten gerissen, und der Dampfer sackte achtern weg, blieb jedoch vorerst noch schwimmfähig. Um 18.48 schoß Oblt. Kruschka einen weiteren Fangschuß, der das Schiff wiederum untersteuerte, ebenso wie ein sechster Schuß, der das nun mit überspültem Heck vor der See treibende Schiff um fünf Meter achtern verfehlte. *U 621* blieb weiter bei dem Dampfer, der schließlich am Morgen des 12. März gegen 11.00 Uhr im Quadrat AK 7174 absackte. Es ist wahrscheinlich, daß es sich bei diesem Schiff um den Frachter *Baron Kinnaird* (3355 BRT) gehandelt hat, der am 6. März mit vier weiteren Schiffen im schweren Sturm seinen Konvoi ONS.169 verloren hatte und seit dem 7. März als vermißt gilt. Sein Kurs mußte ihn etwa zu der Position, wo ihn *U 621* zuerst sichtete, führen. (Vgl. S. 114.)

Inzwischen war es dem deutschen Bx-Dienst am 11. März gelungen, die Positionsmeldung des ONS.169 vom 9. 3. 10.00 Uhr zu entziffern, die besagte, daß der Konvoi auf 57° Nord, 42° 30′ West mit Kurs 260° und 2 sm Vormarschgeschwindigkeit beigedreht hatte. Die Entzifferung zeigte, daß die Konvois ONS.169 und ON.170 offenbar durch die schweren Stürme stärker verzögert waren, als erwartet und doch noch weiter nach Westen ausholten. So verschob der BdU die Gruppe »Raubgraf« für den 12. März mit 6 kn Fahrt in Richtung 270°. Tatsächlich hatte jedoch der ONS.169 den Vorpostenstreifen »Raubgraf« schon am 10. März westlich umgangen, und verschiedene Funksignale von U-Booten der Gruppe wurden von seinem Rettungsschiff *Gothland*, aber auch von dem vorauslaufenden Führerzerstörer *Highlander* im Nordosten gepeilt.

Außer *U 621* gab an diesem Tage aus dem Vorpostenstreifen auch *U 615* (Kptlt. Kapitzky) drei Signale ab, die von den HF/DF-Schiffen am ONS.169 gepeilt wurden. Zuerst sichtete *U 615* im Quadrat AJ 6715 in der Mitte des Streifens für mehrere Stunden einen stationären Bewacher, vermutlich den nach der *Empire Light* suchenden Schlepper *Tenacity* oder die nach diesem suchende Korvette *Clematis*. Später meldete Kptlt. Kapitzky aus AJ 6741 etwas weiter südwestlich einen mit hoher Fahrt auf Südkurs laufenden Zerstörer, wahrscheinlich die vom ON.170 detachierte *Whitehall*. Das U-Boot suchte für einige Stunden vergeblich

DIE DEUTSCHEN U-BOOT-TYPEN

Im März 1943 waren stets zwischen 110 und 120 deutsche U-Boote im Atlantik in See. Die Mehrzahl gehörte zum besonders für den Geleitzugkampf konzipierten Typ VII-C. Bis zum Frühjahr 1943 besaßen diese Boote neben ihren 4 Bug- und 1 Heckrohren mit zusammen 14 Torpedos überwiegend noch ihre 8,8-cm-Kanone vor dem Turm und 1–2-cm-Flak auf dem »Wintergarten«. Oben ein typisches VII-C-Boot bei der Probefahrt, unten U 221, ein in den Geleitzugschlachten des Frühjahrs 1943 erfolgreiches Boot.

Für Fern-Unternehmungen waren die Boote der Typen IX-B und IX-C gebaut. Sie erzielten 1941/42 bei Einzeloperationen große Erfolge. So fielen dem hier bei der Rückkehr von einer Feindfahrt gezeigten U 130 z. B. in 6 Fahrten 24 Schiffe mit 162 393 BRT zum Opfer. Immer wieder kamen Typ IX-Boote auch bei Einzelangriffen gegen Konvois zu besonderen Erfolgen wie im März 1943 u. a. U 130 am XK.2 und U 107 am OS. 44, aus denen sie jeweils in einem Anlauf 4 Schiffe herausschossen. U 130 wurde am UGS. 6 von dem US-Zerstörer CHAMPLIN versenkt.

Für die U-Bootoperationen der Jahre 1942/43 waren die Versorger ein wesentlicher Faktor. Da die U-Tanker vom Typ XIV für die anfallenden Versorgungsaufgaben nicht ausreichten, wurden auch die großen Minen-U-Boote vom Typ X-B in dieser Rolle verwendet wie z. B. im März 1943 U 119. Hier ein Typ X-B Boot bei der Probefahrt.

Blick in die Brücke eines Typ-IX-C-Bootes. Links der »Wintergarten« mit einer 2-cm-Flak C/30. In der Mitte der Sehrohrblock mit den verschlossenen Öffnungen für das Luftziel- und Angriffssehrohr. Beiderseits die Diesel-Zu- und Abluftschächte, an Backbord mit dem geöffneten Schacht für die Stabantenne. Vorn auf halber Höhe der Wellenbrecher und oben die Winddüse und die Öffnung für den MF/DF-Peilrahmen. An Backbord vor dem Sehrohrblock der Unterbau für die Torpedozieloptik für den Überwasserangriff. Die durch Isolatoren gegen den Brückenaufbau abgeschirmten Stahldrahtseile dienten zugleich als Netzabweiser und Funkantennen. Fotos: Archiv BfZ

In den westfranzösischen U-
Bootbasen Brest, Lorient, St.
Nazaire, La Rochelle und
Bordeaux baute die Organisa-
tion Todt von 1940–1942 große
Bunkeranlagen, in denen die
U-Boote zwischen den Feind-
fahrten – geschützt gegen Luft-
angriffe – repariert und ge-
wartet werden konnten. Hier
verläßt ein Typ VII-C Boot den
Bunker in Brest.

Im Küstenvorfeld der Biskaya
waren die U-Boote vor allem
durch die von der R.A.F. ge-
legten Luftminen gefährdet.
Den vom Befehlshaber der
Sicherungsstreitkräfte West,
Konteradmiral (ab 1. 2. 43 Vizeadmiral) Friedrich Ruge, geführten Sperrbrechern, Minensuchern (links) und Vorposten-
booten (rechts) gelang es jedoch, Verluste und Ausfälle
durch Minentreffer auf den Ein-
und Auslaufwegen praktisch
zu verhindern.

Nach dem Passieren der
200-m-Linie galt es, den hier
lauernden alliierten U-Booten
zu entgehen, vor allem aber,
die anfliegenden »Bienen« der
19th Group des Coastal Command, R.A.F., rechtzeitig zu
erkennen. Jede nur kurze
Unachtsamkeit eines Aus-
gucks konnte für das Boot das
Verderben bedeuten. Rund um
die Uhr mußten die alle 4 Stunden abgelösten Männer der
Brückenwache pausenlos
Wasser, Horizont und Himmel
absuchen, auf dem langen
Marsch ins Operationsgebiet,
im Vorpostenstreifen und auf
dem Rückmarsch, bei jedem
Wetter.

Im Februar/März 1943 zog ein
Sturmtief nach dem anderen
von Neufundland an Grönland
und Island vorbei über die
Konvoi-Routen hinweg, wo die
Vorpostenstreifen der U-Boote
die Geleitzüge suchten. Zwar
konnten die U-Bootfahrer im
Gegensatz zu den Seeleuten
auf den Handelsschiffen und
Escorts, die jeden Sturm ab-
reiten mußten, sich gelegentlich durch Tauchen eine Ruhe-
pause verschaffen, aber finden
konnte man die Konvois nur
über Wasser, deshalb hieß es
auch trotz Sturm und Orkan
immer wieder auftauchen und
im Vorpostenstreifen »auf- und
abstehen«.
Fotos: Archiv BfZ

h sein Zeiss-Glas sucht der Ausguck Horizont nach Mastspitzen oder hwolken ab. Rechts die ausgefah-MF/DF-Peilantenne.
Archiv BfZ

Mit dem Sextanten »schießt« der Wachoffizier die Sonne, um ein Besteck zu nehmen. Jede Gelegenheit dazu mußte genutzt werden, oft war es tage- und wochenlang so dicht bewölkt, daß keine Sonne und kein Stern zu sehen waren.
Foto: Archiv BfZ

War ein Ziel gefunden und mußte es am Tage angegriffen werden, hing alles vom Geschick und Können des Kommandanten am Sehrohr ab.
Foto: Archiv BfZ

FEINDFAHRT

Im Innern der U-Boote herrschte eine drangvoll fürchterliche Enge. Jede Ecke und jeder Winkel mußten ausgenutzt werden. Dieselmotoren für die Überwasserfahrten, die ihren Treibstoff aus Tauchbunkern außerhalb des Druckkörpers erhielten, Elektromotoren, die aus großen Batteriezellen unter den Flurplatten gespeist wurden, Flut-, Lenz- und Trimmeinrichtungen für die Tauchmanöver, Seiten- und Tiefenruder und vieles andere mehr mit zahllosen Leitungen, Rohren, Gestängen, Manometern, Handrädern und Bedienungshebeln, sie waren das Reich des Leitenden Ingenieurs, der hier seine Männer im E-Maschinenraum beobachtet.

Waren der Brennstoffbestand weitgehend heruntergefahren, die Torpedos aber noch nicht verschossen, hieß es zum Versorger gehen, der in einem befohlenen, vom Kampfgebiet abgesetzten Quadrat wartete. Hier sind vier Typ VII-Boote bei U 462, einem Typ XIV-U-Tanker eingetroffen. Das Boot im Vordergrund beginnt mit den Vorbereitungen zur Ölübernahme.
Fotos: Archiv BfZ

DIE RÜCKKEHR

U 435 nach der Rückkehr von seiner März-Feindfahrt in der Schleuse. 5 Wimpel mit den geschätzten Tonnagen der torpedierten Schiffe melden den Erfolg der Fahrt. In der Mitte hinter dem zweiten Wimpel der Kommandant mit der weißen Mütze, Kapitänleutnant Siegfried Strelow, der bereits im Oktober 1942 für seine Erfolge gegen Murmansk-Konvois das Ritterkreuz erhalten hatte.
Foto: Archiv BfZ

So oft es sich einrichten ließ, erwartete der B. d. U., Admiral Dönitz, seine heimkehrenden U-Bootfahrer selbst an der Pier, wie hier ein einlaufendes VII-C Boot in St. Nazaire. Später berichteten die Kommandanten dem »Großen Löwen« und seinem Stab im Stabsquartier anhand der Aufzeichnungen und Unterlagen über ihre Erfahrungen, woran sich ein von beiden Seiten frei und offen geführter Meinungsaustausch anschloß. Der persönliche und direkte Führungsstil des B. d. U. brachte in der U-Boot-Waffe ein gegenseitiges Vertrauen hervor, das alle schweren Zeiten überdauern sollte.
Foto: Archiv BfZ

Nachdem er sein Boot U 653 im Bunker festgemacht hat, berichtet der Kommandant, Kapitänleutnant Gerhard Feiler, zusammen mit seinen Wachoffizieren den Offizieren seiner Flottille über die Fahrt und bespricht die notwendigen Reparatur-Arbeiten an dem Boot.
Foto: Archiv BfZ

Oberleutnant zur See
Erwin Christophersen,
Kommandant U 228

Oberleutnant zur See
Herbert Engel,
Kommandant U 666

Kapitänleutnant
Herbert Brünning,
Kommandant U 642

Kapitänleutnant
Hans Trojer
Kommandant U 221

nach dem vermuteten Geleitzug, meldete dann seinen Mißerfolg und ging in seine Position im Streifen zurück.

Am 12. 3. gelang dem deutschen Bx-Dienst die Entzifferung der am 4. 3. von COMINCH über Funk gegebenen Kursanweisung für den Konvoi HX.229A. Danach sollte der Konvoi am 9. 3., 20.00 Uhr, auf dem Punkt P in 40° 10' N / 73° 01' W stehen. Als weiterer Weg des Geleitzuges war vorgesehen: (Q) 40° 20' N / 66° 31' W, (R) 43° 15' N / 62° 03' W, Halifax-Treffpunkt am 12. 3. 15.00 Uhr, 43° 22' N / 60° 47' W, (S) 43° 30' N / 59° 20' W, (T) 45° 55' N / 52° 27' W, Treffpunkt von St. John's (NF) 14. 3. 19.00 Uhr 47° 29' N / 50° 59' W, (U) 49° 00' N / 49° 00' W, (V) 55° 00' N / 45° 00' W, (W) 61° 00' N / 36° 00' W, (X) 61° 00' N / 27° 00' W, (Y) 60° 10' N / 15° 00' W, (Z) 56° 20' N / 08° 30' W. Als Nachzügler- route waren folgende Punkte vorgesehen: (A) 49° 00' N / 49° 00' W, (B) 54° 32' N / 43° 36' W, (C) 60° 13' N / 35° 11' W, (D) 60° 15' N / 27° 22' W, (E) 58° 19' N / 14° 21' W, (F) 56° 20' N / 08° 30' W.

Diese Entzifferung war sehr präzise. Der einzige Fehler, der einige Verwirrung stiften sollte, war die noch nicht erkannte Tatsache, daß der Konvoi in einen HX.229 und einen HX.229A geteilt war, so daß man die Route als für den HX.229 gültig ansah.

Der BdU entschloß sich auf Grund dieser rechtzeitigen Entzifferung zur Operation auf den HX.229. Die Gruppe »Raubgraf« wurde in dem erreichten Vorpostenstreifen belassen, da der erwartete ONS. 169 inzwischen passiert haben mußte. Tatsächlich hatte er den Streifen bereits in der Nacht vom 9. zum 10. 3. im Westen umgangen, wie auch eine nachträgliche Entzifferung der Position vom 10. 3., 11.00 Uhr, später zeigte.

Um bei einer eventuellen südlichen Ausweichbewegung des HX.229 den Konvoi auch zu erfassen, wurden die neuen Aufstellungen im mittleren Nordatlantik entsprechend erweitert. Schon am 10. 3. waren das auf dem Ausmarsch in der Island-Passage stehende U 305 und die von den französischen Basen anmarschierenden U 631, U 384, U 598, U 134, U 600 und U 260 in das Quadrat AK 69 als Ansteuerungspunkt für die Versammlung zu einem neuen Vor- postenstreifen befohlen worden. Am 11. 3. war nordwestlich des Nordkanals die Operation gegen den SC.121 zu Ende gegangen. Die beiden beteiligten Gruppen »Ostmark« und »Westmark« wurden aufgelöst. Das schon lange in See befindliche, aber nach einer Versorgung noch brennstoffstarke *U 332* erhielt den Befehl, den Geleitzugkurs des SC.121 nach Westen auf Havaristen und Nachzügler abzusuchen. *U 634, U 409, U 591, U 228, U 616* und *U 230* sollten mit sparsamer Marschfahrt den Versorger *U 463* in BD 2455 ansteuern, um für den Rückmarsch die Brennstoffbestände aufzufüllen. Mit den noch brennstoffstarken Booten sollte das schon eingetroffene *U 305* in der Reihenfolge *U 305, U 527, U 666, U 523, U 229, U 526, U 642, U 439, U 338, U 641, U 665, U 618, U 190* und *U 530* die Gruppe »Stürmer« bilden. Sie sollte von AK 0371 bis AL 7278 eine Standlinie einnehmen und ab 15. 3. 19.00 Uhr mit Kurs 240° und 5 kn Vormarschgeschwindigkeit als Aufklärungsstreifen abmarschieren. Um eine vorzeitige Erfassung des Streifens durch die mit Radar ausgerüstete alliierte Luftaufklärung zu vermeiden, sollten die Boote nicht früher als befohlen auf ihrer Position eintreffen und Funkstille halten.

Am 12. 3. wurde die Gruppe »Stürmer« durch die neu eintreffenden *U 631, U 598, U 384* und *U 134* verstärkt und sollte nun am 14. 3. 19.00 Uhr einen Aufklärungsstreifen von AK 3563 nach AL 7215 einnehmen und mit Kurs 260° und 5 sm dem nächsten Konvoi entgegenmarschieren.

Nachdem am Tage des 12. 3. auch die Fühlung am HX.228 abgerissen zu sein schien, erhielten die Boote der Gruppe »Neuland«, die noch auf den Konvoi operierten, den Befehl, die Suche bis zum 13. 3. morgens fortzusetzen und dann abzubrechen. Als bis zum Morgen keine weiteren Meldungen eingingen, bekam die Gruppe den Befehl, südlich der Gruppe »Stürmer« als Gruppe »Dränger« in der Reihenfolge *U 373, U 86, U 336, U 440, U 590, U 441, U 406, U 608, U 333, U 221* und *U 610* am 15. 3. morgens um 07.00 Uhr einen Aufklärungsstreifen von AL 4887 bis BE 1255 einzunehmen und mit Kurs 260° und 5 sm Fahrt abzumarschieren. Diese Gruppe sollte die südliche Route abharken. Mit drei Gruppen von zusammen 43 Booten glaubte man, alle Nordatlantikrouten ausreichend abgedeckt zu haben.

Der Konvoi ON.170 war am 3. März von Liverpool mit 52 Schiffen ausgelaufen. Am 4. 3. war die Ocean Escort Group B.2 zum Konvoi (Commodore Charles Turle, RNR) gestoßen. Ihr Führerboot, der Zerstörer *Hesperus* lag in der Werft, nachdem ihr Führer, Cdr. Donald Macintyre, DSO, RN, das bei seiner ersten Fühlunghaltermeldung am Konvoi HX.219 am 26. Dezember 1942 eingepeilte *U 357* gerammt und versenkt hatte. So war Cdr. Macintyre Anfang Februar, als seine Gruppe den Konvoi SC.118 sicherte, der von U-Booten heftig angegriffen wurde und 9 Dampfer aus dem Konvoi sowie 3 Nachzügler verlor, nicht dabei. Das Risiko, daß sich das bisher so günstige Konto seiner Gruppe verschlechtern könnte, wollte Macintyre nicht laufen und drängte deshalb auf die vorübergehende Bereitstellung eines mit HF/DF ausgerüsteten Ersatzschiffes für die *Hesperus.* Da gerade kein Zerstörer verfügbar war, wurde seiner Gruppe von der noch in Aufstellung befindlichen 2nd Escort Group die neue Sloop *Whimbrel* (Lt. Cdr. J. W. Moore, RN) zugeteilt, auf der Macintyre selbst sich einschiffte. Von den übrigen Escorts der B.2 stießen die Zerstörer *Vanessa* und *Whitehall* (beide noch ohne HF/DF) und die Korvetten *Gentian, Heather* und *Sweetbriar* hinzu. Die Korvette *Clematis,* die auch zur Gruppe gehörte, gewann keinen Anschluß und wurde dann zur Sicherung des havarierten Tankers *Empire Light* und des Schleppers *Tenacity* abgeteilt.

Nachdem am 5./6. März zwei Schiffe wegen technischer Pannen umgekehrt waren, geriet der ON.170 vom 7. März ab in schweres Wetter und hatte die gleichen schweren Stürme abzureiten, die auch den ONS.169 aufgehalten hatten. Am 8. März blieb ein weiteres Schiff, die *Empire Puma,* zurück, am 9. März verlor der Frachter *Steel Traveler* seine Topmasten durch Schlingern und Stampfen, und auf der *Karamea* wurden die als Decklladung gefahrenen Flugzeugkisten zerschlagen. Die Vormarschgeschwindigkeit betrug im Tagesdurchschnitt vom 9. bis 11. März nur 4,3 sm, 4,4 sm und 3,6 sm. Bei dem schweren Seegang war eine Beölung der Geleitfahrzeuge aus den Konvoi-Tankern unmöglich. So sah sich Commodore Turle gezwungen, von dem vom CINCWA zuletzt befohlenen Kurs abzuweichen. Der ON.170, der ursprünglich auf einem dem SC.121 ähnlichen Kurs laufen sollte, war bereits am 5. 3. nach Norden um-

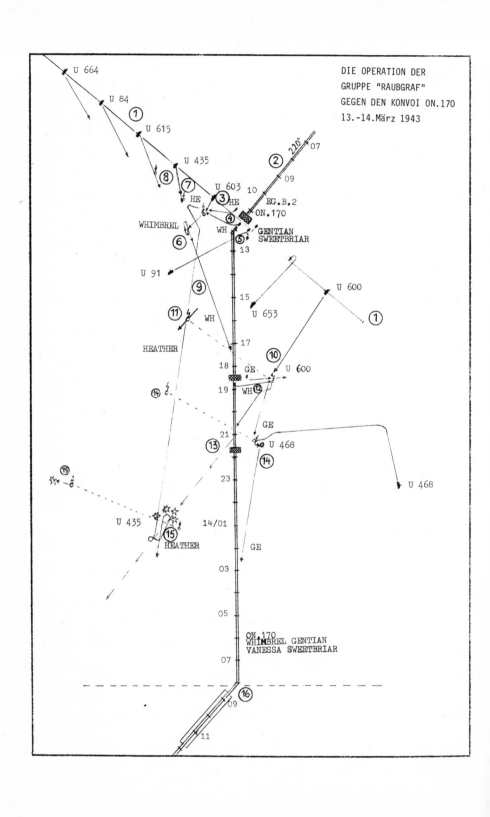

DIE OPERATION DER
GRUPPE "RAUBGRAF"
GEGEN DEN KONVOI ON.170
13.-14.März 1943

Die Operation der Gruppe »Raubgraf« gegen den Konvoi ON.170: 13.—14. März 1943

	Datum/Zeit	
1	13.3./früh	Vp-Streifen der Gruppe »Raubgraf«. U 91, U 653 und U 468 sind nach Verfolgung von Einzelfahrern noch nicht wieder auf Position.
2	13.3./11.00	Der ON.170 hat trotz der vom COMINCH aufgrund der eingepeilten U-Bootfunksprüche angeordneten Ausweichbewegung nach Westen den bisherigen Kurs 220° beibehalten, da die Brennstoffvorräte der Escorts für eine Ausweichbewegung nicht ausreichen und eine Beölung aus dem Escort Tanker wegen der Stürme nicht möglich war. Erst am Morgen kann der Zerstörer Vanessa bei abflauendem Wind (Südost 5 Seegang 3—2, Sicht 3—5 sm) mit der Beölung beginnen.
3	13.3./11.28	U 603 sichtet den ON.170, der den Vp-Streifen in der von U 91 noch nicht wieder geschlossenen Lücke passiert und gibt ein Fühlunghalter-Signal ab. BdU setzt Gr. »Raubgraf« mit Höchstfahrt an.
4	13.3./11.30	Das Signal wird von dem Führerboot der E.G.B.2, der Sloop Whimbrel mit HF/DF gepeilt, der S.O.E. setzt außer der Whimbrel die Korvette Heather auf den Peilstrahl 284° an. Um 11.41 erkennt Whimbrel das U-Boot optisch in 295°. Um 11.47 sichtet das U-Boot den anlaufenden »Zerstörer« und taucht. Whimbrel und Heather führen »box search« mit Asdic durch und drücken U-Boot bis 13.15 unter Wasser.
5	13.3./12.08	SOE ersucht den Commodore um »emergency turn« um 40° nach Backbord auf 180°.
6	13.3./13.15	Whimbrel läuft mit Täuschungskurs nach Südwesten ab und geht nach 30 Minuten auf Kurs zum Konvoi.
7	13.3./13.20	U 435 sichtet zwei Escorts an der Tauchstelle von U 603 und meldet sie. Das Signal wird von Whimbrel eingepeilt, die die Heather darauf ansetzt. Heather drückt U 435 auch unter Wasser.
8	13.3./13.50	U 615 fordert Peilzeichen vom Fühlunghalter an. Wird eingepeilt von Whimbrel, die kurz kehrt macht. U 615 taucht vor anlaufendem »Zerstörer«.
9	13.3./14.30	Whimbrel folgt dem Konvoi, Heather erhält Befehl, U-Boote weiter unter Wasser zu halten und dann auf Südwestkurs abzulaufen, um U-Boote, die zu folgen versuchen, über Konvoi-Kurs zu täuschen, soll bei Dunkelheit wieder am Konvoi sein.
10	13.3./18.43	U 600 sichtet und meldet Konvoi in schlechter Sicht irrtümlich mit Kurs 220°. U 600 hat um ca. 40 sm falsches Besteck, deshalb bestätigt Meldung Annahme des BdU über Südwestkurs des Konvois. Whimbrel peilt Signal von U 600 ein und läuft mit Korvette Gentian auf Peilstrahl an. U 600 taucht vor anlaufendem »Zerstörern«. Escorts setzen Suche bis 19.15 Uhr fort.
11		
12		
13	13.3./21.00	Commodore regt an, Kurs nicht wie vorgesehen um 21.00 auf alten Generalkurs zu ändern, sondern 180° die Nacht über beizubehalten. SOE stimmt zu und gibt Heather Befehl, bei Erreichen des geplanten Kurses »Feuerzauber« mit Leuchtgranaten zu machen, um die U-Boote auf den Südwestkurs zu ziehen.
14	13.3./21.30	U 468 sichtet die auflaufende Korvette Gentian bei schlechter Sicht. Gentian ortet kurz darauf U 468 mit Radar und läuft an. U 468 taucht vor anlaufendem »Zerstörer« und wird nach Asdic-Ortung mit Wasserbomben belegt. Gentian setzt Suche bis 22.44 fort.
15	14.3./00.00	Heather schießt Leuchtgranaten. Sie werden von U 435 in 286° beobachtet, die Meldung liegt ebenso wie die von U 468 wegen einer Besteckversetzung um etwa 40 sm zu weit westlich, was erneut den Südwestkurs zu bestätigen scheint. U-Boote suchen in der falschen Richtung.
16	14.3./08.00	Konvoi dreht auf Kurs 220 zurück. Luftsicherung trifft ein und drängt folgende U-Boote ab.

geleitet worden, um den dem SC.121 folgenden U-Booten auszuweichen. Am 7. 3. war eine neue Kursänderung befohlen worden, um die zwischen Neufundland und Grönland vermuteten U-Boote im Norden und Westen zu umgehen. Nun zwang die Brennstofflage der Escorts Commodore Turle am 11. März, dem Escort Commander einen direkteren Kurs nach Neufundland vorzuschlagen. Der Konvoi ging von 240° auf 220° und steuerte damit mitten auf den noch etwas nach Westen verschobenen Vorpostenstreifen der Gruppe »Raubgraf« zu.

Die Marschordnung des Konvois ON.170 war am 11. März folgende:

```
111          112 brit  M/S 113 holl  S/S 114 brit  M/S 115 brit  M/S
             Empire Faith  Ulysses       Eastgate      Bradford City
             Halifax       Halifax       Halifax       Halifax

101          102 brit  S/S 103 norw M/S 104 griech S/S105 brit   S/S 106 brit   M/!
             Corner Brook  John Bakke    Ameriki       Pachesham     Daghestan
             Halifax       Halifax       Halifax       Halifax       Halifax

91           92 brit   S/S 93  amer  S/S 94  norw M/S 95  norw M/S
             Settler       Alcoa Cutter  Glarona       Noreg
             Curaçao       New York      New York      New York

81           82  norw M/S 83 brit   M/T 84 belg   S/S 85  norw M/S 86  brit   S/!
             Ivaran        British       Ville d'Anvers Villanger    Pandorian
             New York      Character N.Y. New York     New York      New York

71           72 brit   S/T 73 brit   S/S 74 brit   M/T 75 brit   M/S
             Empire Corbett Empire Pakeha British Valour Empire Fletcher
             New York      New York      New York       New York

61 brit   S/S 62 brit  M/T 63 amer   S/T 64 brit   M/T 65 brit   M/S 66 brit    S/!
Port Adelaide Abbeydale    O. M. Bernuth Robert F. Hand Devis         Sovac
New York      New York     Houston       New York      New York       Philadelphia

51           52 norw  N/T 53 brit   M/T 54 brit   S/S 55 brit   S/S 56 amer    S/!
             Norvinn       British Vigour City of Khios Canara       Atenas
             New York      New York      New York       New York      New York

41           42 brit   M/S 43 norw  S/T 44 schwed M/P 45  norw M/S 46 brit    M/!
             Port Huon     Norheim       Axel Johnson  Fernwood      Kaituna
             New York/Pan  New York      New York       New York      New York

31           32 brit   M/S 33 norw  M/T 34 brit   M/T 35 brit   M/S
             Karamea       Katy          Henry Dundas  Fernmoor
             Panama        New York      New York       New York

21           22 amer   S/S 23 brit   S/S 24 hond   S/S 25 amer   S/S
             Carillo       Port Darwin   Maya          William Wirt
             New York      New York      New York       New York
```

Die Marschordnung des Konvois ON.170 war am 11. März folgende:

11   12   norw   M/S   13   amer   S/S   14   norw   S/S
             Samuel Bakke   *Steel Traveler*   *Skiensfjord*
             New York   New York   New York

Convoy Commodore:	61 *Port Adelaide*	Ocean Escort Group B. 2
Vice Commodore:	55 *Canara*	Sloop HMS *Whimbrel* (2nd EG)
Rear Commodore:	101 *Corner Brook*	Zerstörer HMS *Vanessa*
Escort Oiler:	52 *Norvinn*	(Zerstörer HMS *Whitehall*) (detach.)
Standby Oiler:	74 *British Valour*	Korvette HMS *Gentian*
		Korvette HMS *Heather*
		Korvette HMS *Sweetbriar*
		(Korvette HMS *Clematis*) (detach.)

Da das schwere Wetter auch am 11. März noch anhielt, mußte der mit seinem Brennstoff am weitesten heruntergefahrene Zerstörer *Whitehall* zur selbständigen Weiterfahrt nach St. John's entlassen werden. Auch am 12. März flaute der Wind noch nicht so weit ab, daß die Tanker mit der Beölung beginnen konnten. Es blieb nichts anderes übrig, als trotz der am 10. und 11. März auf dem Wege voraus eingepeilten U-Boote den Kurs 220° beizubehalten. Daran änderte sich auch nichts, als am 12. März weitere Funksignale voraus festgestellt wurden.

Zuerst meldete *U 621* die Versenkung seines seit dem 10. März verfolgten Einzelfrachters (vgl. S. 140), vermutlich der vom ONS.169 abgesplitterten *Baron Kinnaird*. Eine weitere Serie von Signalen stammte von dem am Südostende des Vorpostenstreifens »Raubgraf« stehenden *U 468* (Oblt. z. S. Schamong). Es meldete zunächst, daß es einen großen Tanker vom Typ *Cadillac* mit südlichen Kursen jage. Um 21.12 Uhr griff das Boot in der Dämmerung an. Der Einzeltorpedo traf unter der Brücke mit einer normalen Sprengsäule. Der Tanker verminderte die Fahrt. Ein zweiter Schuß um 21.25 Uhr traf den Maschinenraum. Mehrere kurze, seitlich aus dem Schiff herausschlagende Stichflammen waren zu beobachten. Der Tanker bekam leichte Schlagseite. Um 21.38 und 21.39 Uhr schoß *U 468* nacheinander zwei Fangschüsse, die bei der starken laufenden Dünung aus Nordwest, Stärke 4—5, Oberflächendurchbrecher wurden, vom Kurs abkamen und das Schiff verfehlten. Um 22.30 Uhr wurde, nachdem der Tanker völlig gestoppt hatte, ein weiterer Fangschuß geschossen, der mittschiffs traf. Der Tanker brach in der Mitte durch und versank nach 10 Minuten. Es kann sich hier eigent-

151

lich nur um die bereits am 7. 3. durch *U 638* torpedierte und havarierte *Empire Light* (6537 BRT) gehandelt haben, die durch den über mehrere Tage herrschenden West- und Nordweststurm erheblich nach Südosten abgetrieben worden war.

Außerdem begegnete am gleichen Nachmittag *U 91* (Kptlt. Walkerling) etwas weiter nordwestlich im Quadrat AJ 8335 einem »verdächtigen 1500 BRT Dampfer« und schoß auf ihn — trotz ungenauer Unterlagen — einen Dreifächer, der fehlging. Das Boot erhielt dann Wasserbomben und äußerte erneut die Vermutung, daß es sich um eine U-Bootfalle handeln könne. Tatsächlich läßt sich dieses Begegnung in alliierten Unterlagen nicht belegen. Es könnte sich jedoch wieder um die *Tenacity* mit der Korvette *Clematis* gehandelt haben, die noch nach der *Empire Light* suchten.

Am Morgen des 13. März meldete dann *U 653* (Kptlt. Feiler), das südostwärts von *U 91* im Vorpostenstreifen »Raubgraf« stand, daß es am Vortage in AJ 9154 einen mit Südwestkurs laufenden Frachter von 4000 BRT versenkt habe. Auch diese Versenkungsmeldung ist nicht mit letzter Sicherheit zu klären. Am wahrscheinlichsten dürfte die Annahme sein, daß es die am 6. 3. havarierte *Thomas Hooker* (7176 BRT) war, die seit der Übernahme der Besatzung durch die *Pimpernel* und dem Ablaufen der *Godetia* am 9. März nicht mehr gesehen worden war. Sie wäre in diesem Falle wie die *Empire Light* nach Südosten vertrieben worden. Die bisherige Annahme, daß es sich bei den von *U 621, U 468* und *U 653* versenkten Schiffen neben der *Baron Kinnaird* und der *Empire Light* um die seit dem 7. 3. vom Konvoi SC.122 vermißte *Clarissa Radcliffe* gehandelt haben könnte, läßt sich nicht aufrechterhalten. Mit ihrer Geschwindigkeit von 7,5 kn hätte sie auf der für den SC.122 befohlenen Nachzügler-Route nicht vom Punkt ihrer letzten Sichtung bis in die gemeldeten Versenkungspositionen gelangen können. Auch wäre bei ihr nicht mit dem von den Booten gemeldeten Süd- bzw. Südwestkurs zu rechnen gewesen. Das Ausbleiben jeglicher Sichtung oder Funkmeldung seit dem 7. März legt vielmehr den Verdacht nahe, daß die *Clarissa Radcliffe* schon bei dem Sturm in der Nacht vom 6. zum 7. März vor New York leckschlug und mit ihrer Eisenladung so schnell sank, daß keine Notmeldung mehr abgegeben werden konnte.

Die am 11., 12. und 13. März morgens von *U 621, U 615, U 468, U 91* und *U 653* aus dem Gebiet der Gruppe »Raubgraf« abgegebenen Funksprüche wurden auch von den alliierten Landpeilstellen wieder eingepeilt und zeigten deutlich die Gefahren, in denen nicht nur der ON.170 schwebte, sondern sie stellten auch Bedrohungen für die den Konvois SC.122, HX.229 und HX.229A befohlenen Kurse dar. Um 10.00 Uhr am 13. März empfahl deshalb die Admiralität dem COMINCH für die beiden erstgenannten Konvois eine Ausweichbewegung nach Osten. Die Empfehlung wurde vom COMINCH aufgegriffen, doch wurden noch drastischere Kursänderungen nach Osten befohlen. Um 16.02 Uhr am 13. März erhielt der SC.122 den Befehl, um 19.00 Uhr in 48° 52′ Nord/46° 40′ West statt auf 67° auf 73° zu gehen. Der HX.229 sollte von der Position (J) statt auf 28° auf 89° gehen. Einige Zeit später wurde als Ergänzung befohlen, daß der SC.122 von einer Position C in 50° 20′ Nord/39° 10′ West auf 31° gehen sollte, während der HX.229 von der Position (V) in 49° 20′ Nord/38° 00′ West die alte Position (M) ansteuern sollte. Mit diesen Anweisungen wollte man einerseits die U-Boote nordwärts Neufundland (die Gruppe »Raubgraf«), andererseits die von den Konvois SC.121 und HX.228 kommenden, westlich Irland neu aufmarschierenden U-Boote umgehen, die dort von der Luftaufklärung gesichtet oder bei der Abgabe von Positions- und Erfolgsmeldungen eingepeilt worden waren.

Inzwischen hatte der ON.170 seinen Marsch bei langsam besser werdenden Wind- und Seegangsverhältnissen mit dem Kurs 220° fortgesetzt. Der Wind war auf Südost 5 umgesprungen, der Seegang hatte auf 3—2 abgeflaut, die Sicht betrug bei häufigen Schneeschauern 3—5 sm. Cdr. Macintyre wollte die Wetterbesserung sofort zur Auffüllung der Brennstoffbestände benutzen und hatte so der *Vanessa* Befehl gegeben, zuerst zum Tanker *British Valour* zu gehen. Doch ergaben sich wegen der unvollkommenen Ausrüstung des Tankers und der noch mangelnden Erfahrung des Zerstörerkommandanten mit solchen Manövern Schwierigkeiten, so daß trotz ganztägiger Bemühungen nur 85 tons Öl übernommen werden konnten. Die Ausrüstung der *Norvinn* hatte sich schon bei einer Übung zu Beginn der Reise als völlig unzulänglich erwiesen.

So lief Cdr. Macintyre am Vormittag des 13. März mit seiner Sloop *Whimbrel* in Position A vor dem Konvoi, die Korvette *Heather* (Lt. Cdr. N. Turner, RNR) deckte in Position F die Steuerbordseite, während die von der *Vanessa* verlassene Position C Steuerbord voraus frei blieb. Die Korvetten *Sweetbriar* (Lt. Cdr. J. W. Cooper, RNR) und *Gentian* (Lt. Cdr. H. N. Russell, RNR) liefen in den Positionen M und O Backbord voraus und querab.

Die U-Boote der Gruppe »Raubgraf« hatten ihre Positionen nach den verschiedenen Aktionen am 11. und 12. März noch nicht alle wieder eingenommen, so passierte der Konvoi die vorgesehene Standlinie am Nordwestende der von *U 91* und *U 653* noch nicht wieder geschlossenen Lücke. Doch sichtete das im Norden benachbarte *U 603* (Oblt. z. S. Bertelsmann) gegen 11.00 Uhr den Konvoi, lief kurze Zeit mit, um Kurs und Fahrt zu koppeln und gab um 11.28 Uhr sein erstes Fühlunghalter-Signal ab: »AJ 6747 Geleitzug mit Südwestkurs.« Der BdU koppelte nach Eingang der Meldung richtig, daß es sich um den um zwei bis drei Tage verspäteten ON.170 handeln mußte. Er setzte sofort die Gruppe »Raubgraf« mit Höchstfahrt auf den Konvoi an.

Obgleich am Konvoi nur die *Whimbrel* mit einem HF/DF-Gerät ausgerüstet war, gelang es dem besonders erfahrenen Peilexperten, Lt. (Special Branch) H. Walker, RNVR, schon das erste Signal deutlich in 284° von der *Whimbrel* einzupeilen. Cdr. Macintyre ließ die *Whimbrel* sofort in die Peilung eindrehen und rief die in der Nähe stehende *Heather* heran. Um 11.41 Uhr wurde vom Mastkorb der *Whimbrel* in 295° in 12 sm Entfernung der Turm des U-Bootes erkannt. Um 11.47 Uhr tauchte das U-Boot vor den beiden anlaufenden Geleitfahrzeugen. Daraufhin ersuchte Macintyre den Commodore, den Kurs des Konvois um 40° nach Backbord auf 180° zu ändern. Um 12.08 Uhr hatte der Konvoi seinen »emergency turn« ausgeführt, ohne daß der Fühlunghalter das noch bemerken konnte. Bis 13.15 Uhr suchten die beiden Escorts in einem »box sweep« mit ihren Asdic-Geräten das U-Boot, ohne es jedoch orten zu können. Länger glaubte Macintyre sich nicht von dem nun nur noch durch zwei langsame Korvetten gesicherten Konvoi entfernen zu dürfen und lief zunächst für 30 Minuten mit einem Täuschungskurs ab, ehe er in Richtung auf den Konvoi drehte. Um 13.29 Uhr meldete er mit einem ersten Funkspruch den vorgesetzten Führungsstellen an Land die Beobachtung des U-Bootsignals und um 14.04 Uhr die Abdrängung des U-Bootes und die Kursänderung. Zugleich gab er der *Heather* über Sprechfunk genaue Verhaltensmaßregeln. Sie sollte das U-Boot weiter unter Wasser halten und insbesondere ein neues Vorsetzen verhindern. Die Korvette sollte so lange im Gebiet bleiben, daß sie vor Dunkelwerden den Konvoi gerade wieder erreichen konnte und beim Ablaufen mindestens eine Stunde einen Täuschkurs laufen. Bei schlechter Sicht oder Dauer-Schneefall sollte sie dem Konvoi sofort folgen.

Inzwischen hatte von Nordwesten her *U 435* (Kptlt. Strelow) die beiden nach *U 603* suchenden Geleitfahrzeuge gesichtet und um 13.20 Uhr ein ebenfalls von der *Whimbrel* eingepeiltes Signal abgegeben. Um 13.56 Uhr bekam die *Heather* dieses U-Boot in 300° in Sicht und lief darauf zu. Zur gleichen Zeit peilte die *Whimbrel* in 351° nochmals ein Signal dieses Bootes und machte gleichfalls kehrt. Als die *Heather* um 14.12 Uhr auch dieses U-Boot tauchend meldete, nahm die *Whimbrel* wieder Kurs auf den Konvoi, den sie um 17.30 Uhr erreichte. Auf dem Wege hatte Lt. Walker auch *U 615* achteraus eingepeilt, als dieses Boot über Funk Peilzeichen vom Fühlunghalter anforderte.

Auf alliierter Seite hatten die Signale der *Whimbrel* und die Peilungen der Land-Funkbeobachtungsstellen erkennen lassen, daß U-Boote am ON.170 Fühlung hielten. So befahl der CTF.24 um 15.30 Uhr der Task Unit 24.12.4 mit den Zerstörern *Chelsea* und *Salisbury*, die gerade von ihren Einsätzen beim HX.229 und ONS.169 nach St. John's eingelaufen waren, wieder seeklar zu machen und zum ON.170 zu gehen. Um 16.55 Uhr gab er dem beim SC.122 eingetroffenen US-Zerstörer *Upshur* Befehl, mit höchster Fahrt zur TU 24.1.16 beim ON.170 zu gehen, der um 14.30 Uhr in 54° 17′ Nord/44° 34′ West gestanden hatte. Am Abend um 20.30 Uhr lief auch die WLN-Escort Group TU 24.18.6 mit dem kanadischen Zerstörer *Niagara*, den Korvetten *Brantford* und *Dundas* und den Minensuchern *Grandmere* und *Minas* von St. John's zum ON.170 aus.

Alle diese Schiffe konnten jedoch nicht vor dem 14. oder 15. März eintreffen. Eine schnelle zusätzliche Sicherung hätte deshalb nur durch die auf Neufundland stationierten Flugzeuge kommen können. Einerseits gab es hier in Argentia je eine Squadron der U.S.Navy mit »Catalina«- bzw. »Mariner«-Flugbooten und »Ventura«-Bombern, deren Sollstärke je 12 Maschinen betrug. Diese Flugzeuge wurden vom CTF 24 vor allem zur Sicherung der Strecke zwischen Halifax und Neufundland eingesetzt. Im Bereich ostwärts und nordostwärts Neufundland waren vor allem die auf der Insel stationierten Kräfte der RCAF vorgesehen. Die Gesamtführung der kanadischen Flugzeuge oblag dem Air Officer, Commanding Eastern Air Command in Halifax. Die taktische Führung war dem Air Officer, Commanding No. 1 Group in St. John's auf Neufundland übertragen, der mit dem FONF eng zusammenarbeitete. Er war ebenso auf Zusammenarbeit mit den amerikanischen Navy- und Army/Air-Stellen angewiesen, denn letztere besaß auf dem Flugplatz Gander eine Squadron B-17 »Fortress«-Bomber, die gelegentlich auch zur Sicherung von Konvois herangezogen werden konnten.

Dem AOC No. 1 Group selbst unterstanden zu dieser Zeit etwa 12 »Canso-A«-Flugboote (kanadische Version der »Catalina«), von denen 8 der Squadron 5 (Bomber Reconnaissance) und je 2 den Squadrons 10 (BR) und 162 (BR) in Gander gehörten, sowie 11 Lockheed »Hudson« (entsprachen den »Ventura«-Bombern der USN und USAAF) der Squadron 145 (BR) in Torbay. Von diesen Flugzeugen wurden jeweils die amerikanischen »Ventura«- und kanadischen »Hudson«-Flugzeuge für die näher an Neufundland befindlichen Konvois verwendet, die »Catalina«- oder »Canso«-Flugboote sowie die B-17 bei größeren Entfernungen.

Die Flugoperationen für die Konvois waren Mitte März sehr häufig durch die stürmische Wetterlage mit schlechter Sicht oder Nebel behindert. So mußten gerade am 13. März alle Flüge ausfallen, und auch am 14. März wurden die meisten Flüge wegen des Wetters abgesagt. Nur der ON.170 und der SC.122 erhielten an diesem Tage eingeschränkte Luftsicherung.

Von den an der Ostseite des Konvois auflaufenden U-Booten hatte zuerst *U 600* (Kptlt. Zurmühlen) kurz nach 18.00 Uhr den Konvoi gesichtet. Um 18.43 Uhr meldete es den Geleitzug in AJ 8328 mit Kurs 225° und etwa 16—20 Dampfern. Im Schneetreiben ging aber die Sicht bald auf 1—2 sm zurück, und das Boot verlor die Fühlung, ehe Cdr. Macintyre mit der *Whimbrel,* die das Signal gepeilt hatte, und der *Gentian* herankommen konnten. Die beiden Escorts suchten bis 19.45 Uhr vergeblich und liefen dann hinter dem Konvoi her. Die *Whimbrel* mit ihren 18,5 kn traf um 20.45 Uhr kurz vor Dunkelwerden wieder auf ihrer Position ein. An sich hatte Cdr. Macintyre beabsichtigt, nach Sonnenuntergang Kurs auf den alten Bezugspunkt DD der Kursanweisung zu nehmen. Commodore Turle schlug ihm jedoch in einem Signal um 20.33 Uhr vor, den Kurs von 180° bis zum Hellwerden beizubehalten, um weiter von dem alten

Südwestkurs abzukommen, auf dem die U-Boote den Konvoi vermutlich suchen würden. Cdr. Macintyre leuchtete der Gedanke ein, und der Konvoi behielt seinen Kurs nach Süden bei.

Von Osten her hatte U 468 (Oblt. z. S. Schamong), das nach der Versenkung des Wracks der Empire Light schon südlich seiner befohlenen Position im Streifen gestanden hatte, Fühlung am Konvoi zu gewinnen versucht. Dabei hatte es bei schlechter werdender Sicht von kaum mehr als 1—2 sm zunächst einen »Zerstörer« gesichtet und gemeldet, offenbar ohne eingepeilt zu werden. Doch war die Fühlung schnell in der Schneebö abgerissen. Um 21.30 Uhr stand das Boot etwa 9 sm Backbord querab vom nicht zu erkennenden, aber im Horchgerät zu hörenden Konvoi. Die Korvette Gentian lief zu diesem Zeitpunkt von Backbord achtern mit einem Kurs von 210° und 15 kn Fahrt auf, um ihre Sicherungsposition O wieder einzunehmen und war noch etwa 5500 m vom letzten Schiff der Backbord-Kolonne und 3000 m von ihrer Position entfernt, als sie mit ihrem Radargerät in 130° auf 5300 m ein Ziel erfaßte. Sie lief sofort mit Höchstfahrt auf die Ortung zu. Bei 2750 m begann der Kontakt zu verschwinden, das U-Boot hatte die anlaufende Korvette erkannt und war getaucht. Doch faßte das Asdic-Gerät das U-Boot bei 2600 m bereits auf, und LtCdr. Russell konnte einen Wasserbombenangriff fahren. Um 21.47 Uhr fielen die auf 15 und 45 m eingestellten Wabos. Einer der Backbord-Werfer versagte infolge von schweren Seeschäden, so daß nur 9 Wabos detonierten. Bald darauf wurde achteraus für kurze Zeit das in den Detonationswirbeln herausbrechende U-Boot erkannt, das aber sofort wieder absackte. Die Gentian wendete sofort, um das U-Boot zu rammen, doch war das Boot inzwischen verschwunden, und auch der Asdic-Kontakt konnte erst um 22.07 Uhr wieder gewonnen werden. Der zweite Anlauf mußte abgebrochen werden, da der Kontakt infolge geschickter Ausweichbewegungen des U-Bootes bei etwa 550 m verlorenging. Beim dritten Anlauf geschah das gleiche, doch ließ Lt. Cdr. Russell nun die Wabos werfen, dieses Mal waren es nur acht, die mit Tiefeneinstellungen von 100 und 150 m detonierten. Beim vierten Anlauf sollte der Hedgehog-Werfer eingesetzt werden, doch ging jetzt der Kontakt bereits auf 900 m verloren. Da er bereits über eine Stunde abwesend war und nur noch zwei Escorts am Konvoi waren, entschloß sich Russell um 22.44 Uhr, wieder Kurs auf den Konvoi zu nehmen, den er um 02.30 Uhr erreichte.

Sowohl die von *U 600* als auch die von *U 468* nach dem Wiederauftauchen abgegebenen Funksignale lagen mit ihrer Positionsangabe rund 40 sm nordwestlich der tatsächlichen, so daß beim BdU in Verbindung mit der von *U 600* gemeldeten Kursangabe 225° der Eindruck eines südwestlicheren Kurses des Konvois entstand. Genau diesen Eindruck wollten Commodore Turle und Cdr. Macintyre mit ihrer Taktik auch erwecken. Als deshalb die Korvette *Heather,* die ihren Kurs so abgesetzt hatte, daß sie um 01.00 Uhr den Konvoi hätte treffen müssen, wenn er wie vorgesehen nach Dunkelwerden wieder auf seinen alten Generalkurs gegangen wäre, den Konvoi nicht fand und um die Sendung von Peilzeichen bat, erhielt sie den Befehl, sich während der Nacht dem Konvoi nicht zu nähern, um die ihr offenbar folgenden U-Boote nicht heranzuführen. Lt. Cdr. Turner machte deshalb für einige Zeit kehrt, lief auf seinem letzten Kurs zurück und feuerte Leuchtgranaten. Sie wurden von *U 435* aus dem Quadrat AJ 8583 in Richtung 286° beobachtet, doch blieb ein Vorstoß in diese Richtung ergebnislos. Tatsächlich muß *U 435* zwischen dem Konvoi und der *Heather* gestanden haben und wurde damit von ihrem echten Ziel abgezogen, wie auch die übrigen Boote der Gruppe »Raubgraf«, die auf diese letzte Meldung eines Bootes ihrer Gruppe in südwestlicher Richtung suchten. Da bei der herrschenden Wetterlage — Regen, Schneetreiben und zeitweise Nebel — nicht auszuschließen war, daß U-Boote auf den Konvoi, Teile von ihm oder auf Nachzügler stoßen konnten, wurde die Operation zunächst noch fortgesetzt.

Doch konnten die U-Boote die Fühlung nicht wiedergewinnen, da sie auf der falschen Fährte suchten. Als am 14. März Luftsicherung gemeldet wurde, brach der BdU die Operation ab. Am gleichen Tage traf zunächst der Zerstörer *Chelsea* als Verstärkung der Sicherung beim ON.170 ein. Am Morgen des 15. März löste die TU 24.18.6 die Ocean Escort Group B.2 als Sicherung des Konvois ab.

Die Operationen am ON.170 sind ein Musterbeispiel dafür, daß es bei nicht allzu ungünstigen Bedingungen selbst einer recht schwachen Escort Group unter einem erfahrenen Escort Commander — Cdr. Macintyre's Gruppe hatte bereits vor fast genau zwei Jahren am Konvoi HX.112 zwei der erfolgreichsten U-Bootkommandanten, Kretschmer mit *U 99* und Schepke mit *U 100* versenkt — gelingen konnte, durch geschickte Nutzung der wenigen vorhandenen technischen Geräte einer U-Bootgruppe zu entkommen. Von entschei-

dender Bedeutung war hier wie bei vielen anderen nicht zur »Geleitzugschlacht« gewordenen Operationen die schnelle und taktisch
überlegte Reaktion auf die durch einen besonders tüchtigen HF/DF-
Operator gelieferten Einpeilungen der Fühlunghaltersignale.

7.3 DER 14. MÄRZ 1943

Am Morgen des 14. 3. stellte sich die Lage für die alliierten Führungsstellen so dar: Der Konvoi ON.170 mit der Escort Group B.2
marschierte mit Südkurs etwa 200 sm nordostwärts Neufundland.
Die RCAF flog Luftsicherung. Gegen sie konnten die noch suchenden U-Boote nicht mehr aufschließen. Im Laufe des Tages zeigten
die HF/DF-Peilungen der *Whimbrel*, daß die U-Boote nordwestlich achteraus gesackt waren. *Whimbrel* gab um 12.47 Uhr einen
entsprechenden Funkspruch ab. Daraufhin befahl der COMINCH
dem Zerstörer *Upshur*, der den ON.170 noch nicht erreicht hatte,
um 14.08 Uhr, wieder zum SC.122 zurückzugehen, den die Peilstellen des COMINCH jetzt für gefährdeter hielten, nachdem schon
zwei Peilungen ganz in der Nähe des Konvois zu liegen schienen.
Der SC.122 marschierte mit etwa 7 kn auf seinem seit 19.00 Uhr am
13. 3. eingehaltenen Kurs 79°. Es war zu hoffen, daß die etwa 12 U-
Boote, die nach der Funkbeobachtung im Bereich der Konvois
ONS.169 und ON.170 festgestellt worden waren und welche die im
Laufe des Tages gefunkte U-Bootlage im Bereich zwischen 50° und
54° N und 43° und 49° W anführte, dank der befohlenen Ausweichbewegung im Süden umgangen werden konnten.
Größere Sorge machte der HX.229 wegen seiner unzulänglichen
Sicherung. Die Escort Group B.4 hatte mit nur zwei zur Gruppe
gehörenden Einheiten, der *Beverley* und *Anemone*, am 13. 3. um
21.00 Uhr aus St. John's auslaufen können. Der von der Escort
Group B.5 abgeteilte Zerstörer *Volunteer* war das Führerboot. Die
drei Schiffe konnten jedoch auch nicht rechtzeitig am WOMP sein,
der für 10.00 Uhr vorgesehen war, zumal der Konvoi mit achter-
lichem Wind schneller vorangekommen war als erwartet. Am Vormittag waren auf dem neuen »Liberty«-Schiff *Stephen Foster* Risse
an Schweißnähten aufgetreten. Um 13.30 Uhr mußte es mit der
Korvette *Oakville* wegen stärkerer Wassereinbrüche nach

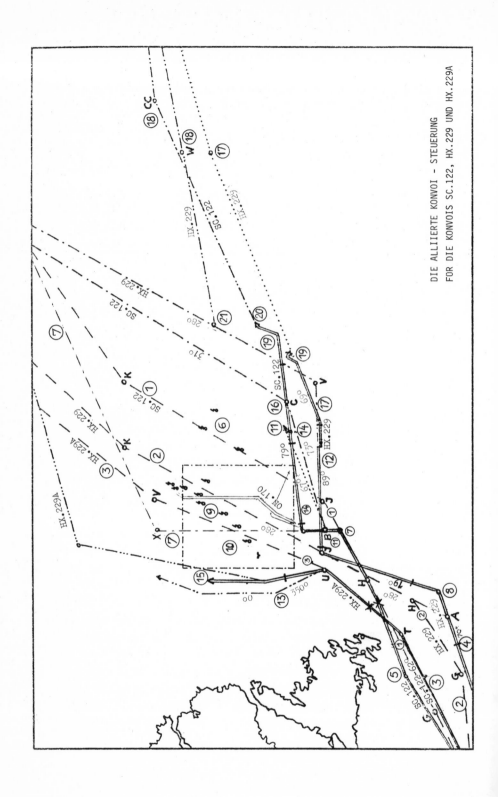

DIE ALLIIERTE KONVOI - STEUERUNG
FÜR DIE KONVOIS SC.122, HX.229 UND HX.229A

Die allierte Konvoi-Steuerung für die Konvois SC.122, HX.122, HX.229 und HX.229A

1	28.2./	Kursanweisung für den SC.122.
2	4.3./	Kursanweisung für den HX.229.
3	4.3./	Kursanweisung für den HX.229A.
4	8.3./18.51	1. Kursänderung für den HX.229: Kürzung der Route durch Auslassung der Punkte (F) und G. Kurs 70° bis Punkt A, von dort mit 28° zum alten Punkt H.
5	11.3./	SC.122 läuft näher an Neufundland.
6	11./12.3.	Einpeilung von Funksprüchen (*U 621*) auf der Route von SC.122.
7	12.3./14.16	Umleitung von SC.122 von erreichter Position auf Kurs 0° bis zu neuem Punkt X, von dort zu altem Punkt L zur Umgehung der eingepeilten U-Bootposition.
8	12.3./14.16	2. Kursänderung für den HX.229: Fortsetzung Kurs 70° bis zu einem Punkt, von dem alter Punkt J mit Kurs 19° erreicht wird.
9	13.3./11.28	Nach verschiedenen Meldungen von U-Booten auf den für den HX.229 und HX229A vorgesehenen Routen am 12./13.3. (*U 615, U 91, U 653, U 468*) wird Fühlunghalter-Signal (*U 603*) am ON.170 eingepeilt, anschließend weitere Signale am Konvoi.
10	13.3./nachm.	Annahme U-Bootaufstellung mit ca. 12 Booten im Gebiet 50—54° Nord/43—49° West.
11	13.3./16.02	2. Umleitung von SC.122: von neuem Punkt B mit Kurs 67° zum Punkt C, von dort mit Kurs 31° zum alten Punkt L zur Umgehung des U-Bootwarngebietes.
12	13.3./16.02	3. Umleitung von HX.229: Von bisherigem Punkt J mit 89° zum neuen Punkt V, von dort mit 28° zum alten Punkt M zur Umgehung des U-Bootwarngebietes.
13	13.3./abends	1. Umleitung von HX.229A: Von altem Punkt U mit Kurs 350° bis auf Breite 51° 05' Nord, dann Kurs 0° zur Umgehung des U-Bootwarngebietes.
14	13.3./abends	SC.122 hat Punkt B bereits passiert, deshalb Änderung des befohlenen Kurses 67° auf 73°. Tatsächlich gesteuerter Kurs zum Punkt C war jedoch 79°.
15	14.3./abends	2. Umleitung HX. 229 A auf einen Kurs dichter an der Grenze des U-Bootwarngebietes wegen der Eisschwierigkeiten auf dem westlicheren Kurs.
16	15.3./11.00	Wegen des schweren Nordweststurmes muß der SC.122 den Kurs 79° über den Punkt C hinaus einhalten.
17	15.3./15.00	Der HX.229 (SOE) schlägt vor, statt von Punkt V auf Nordkurs zu gehen, mit Kurs 69° einen Punkt 53° Nord/25° West und dann direkt den Nordkanal anzusteuern, um Schiffe nicht quer zur schweren See (NW 11) laufen zu lassen und Weg abzukürzen, da Beölung der Escorts unmöglich.
18	15.3./17.38	Admiralität gibt Empfehlung an COMINCH, Kurs SC.122 über Punkt 55° Nord 22° West zu leiten, HX.229 über 54° Nord/25° West und von dort direkt zum Nordkanal.
19	16.3./10.00	Nach Abflauen Sturm und wegen Ausbleiben des Funkbefehls des COMINCH gehen SC.122 und HX.229 auf vorgesehene Kurse 31° bzw. 28°.
20	16.3./13.30	Umleitungsbefehl COMINCH für beide Konvois geht aus. (Aufgenommen erst abends.) SC.122 soll Punkt CC und HX.229 von neuem Punkt auf Kurs 28° ab 17. 3. den neuen Punkt W ansteuern.
21		

St. John's detachiert werden. Um 18.00 Uhr holte die Ocean Escort Group den Konvoi ein, der seit 15.00 Uhr nach Passieren des Bezugspunktes J auf den neuen Kurs 89° gegangen war. Die WLN-Escort Group mit dem kanadischen Zerstörer *Annapolis,* dem amerikanischen Zerstörer *Kendrick* und der kanadischen Korvette *Fredericton* drehte ab, während die Support Group TU 24.12.3 mit den beiden britischen Zerstörern *Witherington* und *Mansfield* vom CTF 24 Befehl erhielt, bis auf weiteres beim Konvoi zu bleiben. Diese beiden Zerstörer liefen als abgesetzte Sicherung Steuerbord bzw. Backbord voraus. Die *Volunteer* nahm die Position A (vgl. die Grafik mit den Sicherungspositionen, S. 181), die *Beverley* die Position G und die *Anemone* die Position Q ein. Die beiden anderen Korvetten der Gruppe, *Pennywort* und *Abelia* gingen, sobald sie seeklar waren, um 05.00 Uhr bzw. 21.00 Uhr von St. John's in See, um den Konvoi einzuholen, während das Führerboot *Highlander* noch im Dock lag.

Der Konvoi HX.229A rundete am 14. 3. Cape Race sehr nahe. Er erhielt vom COMINCH den Befehl, das U-Boot-gefährdete Gebiet auf seinem Kurs westlich zu umgehen.

Beim BdU.op. im Hotel Steinstraße in Berlin gingen im Laufe des Tages von den U-Booten *U 615, U 600, U 603, U 91, U 435* und *U 468,* die im Quadrat AJ 88 und BD 21 mit Südkursen versuchten, die abgerissene Fühlung am ON.170 wiederherzustellen, eine Reihe von Funksprüchen über die am Nachmittag einsetzende »starke Luft« ein. Bei dem herrschenden Wetter und der geringen Sicht sowie der Annäherung an Neufundland schienen die weiteren Aussichten der Operation nicht mehr groß.

Doch sollte in dieser Situation der Bx-Dienst wieder zwei sehr vielversprechende Hilfen geben. Zunächst war es ihm gelungen, das »sailing telegram« des Port Director in New York für den SC.122 vom 5. 3. 21.36 Z Uhr zu entziffern, nach dem der Konvoi in 14 Kolonnen marschierte, die sich wie folgt zusammensetzten: 2, 4, 4, 3, 3, 5, 5, 3, 3, 4, 4, 4, 3, 2, insgesamt also aus 49 Dampfern bestand. Der Commodore war auf dem Dampfer *Glenapp* (9503 BRT) eingeschifft. Aus den Angaben über die an Bord der Schiffe befindlichen Schlüsselmittel waren unter anderem die Tanker *Beaconoil* (6893 BRT), *Vistula* (8537 BRT), *Permian* (8890 BRT), *Shirvan* (6017 BRT), *Gloxinia* (3336 BRT), *Christian Holm* (9119 BRT) und der Dampfer *Cartago* (4732 BRT) erkannt. Aus der Meldung des

162

Commodore vom 7. 3. 20.00 Uhr waren Position, Kurs, Fahrt und die Tatsache, daß 11 Schiffe Nachzügler waren, darunter *Polarland*, *Eastern Guide*, *Gudvor*, *Clarissa Radcliffe*, *McKeesport*, *Kedoe*, ... *Summer* (verstümmelt), *Vinriver*, ...*Alce* .. (verstümmelt) und *English* (oder *Imperial*) *Monarch* entziffert worden. Wichtiger noch war aber die schnell geglückte Entzifferung der Kursanweisung des COMINCH vom 13. 3. 16.02 Uhr, wonach der SC.122 am 13. 3. 19.00 Uhr in 48° 52′ N/46° 40′ W (= Quadrat BC 2752) auf Kurs 67° gehen sollte. Der HX.229 sollte seinen Kurs auf 89° ändern. Doch gab es hier hinsichtlich des Bezugspunktes einen Irrtum. Während der Bx-Dienst den Bezugspunkt J richtig annahm, bestand hinsichtlich der Passierzeit Unklarheit. Man nahm deshalb auch hier den 13. 3. abends an. Beim BdU hielt man auf Grund der Kopplung nach den entzifferten früheren Kursanweisungen für den 13. 3. einen so weit nördlich liegenden Punkt nicht für möglich und setzte deshalb den neuen Kurs beim vorherigen Bezugspunkt A im Quadrat BC 7518 an.

Man entschloß sich, zunächst alle erreichbaren und einsatzfähigen Boote zur Erfassung des SC.122 zu verwenden. Die aussichtslose Operation gegen den ON.170 wurde um 18.00 Uhr abgebrochen. Von den zur Lagemeldung aufgeforderten Booten konnten neun, *U 468*, *U 435*, *U 603*, *U 615*, *U 600*, *U 758*, *U 664*, *U 84* und *U 91* als Gruppe »Raubgraf« für den 15. 3. 15.00 Uhr in einen engen Vorpostenstreifen vom Quadrat AJ 9945 nach BC 3566 vor den Konvoikurs gezogen werden. *U 89* und *U 653* mußten wegen gemeldeter Maschinenschäden den Rückmarsch antreten, und mit *U 529*, das nach einer Wettermeldung vom 12. 2. südlich Island nicht mehr gemeldet hatte, konnte man nicht mehr rechnen. Die weiter ostwärts aufgestellten Aufklärungsstreifen »Stürmer« mit 18 Booten und »Dränger« mit 11 Booten, die mit Kurs 260° und 5 kn nach Westen marschierten, wurden angewiesen, ab 15. 3. 07.00 Uhr etwas mehr nach Südwesten auf 235° zu gehen, damit die beiden erwarteten Konvois mit diesen beiden langen Streifen erfaßt werden konnten. Die bei dem Versorger *U 463* im Quadrat BD 24 eingetroffenen *U 228*, *U 616*, *U 409* und *U 591* sollten schnell für eine weitere Operation, *U 634* und *U 230* für den Rückmarsch versorgt werden. Die acht im Anmarsch befindlichen Boote *U 572*, *U 415*, *U 260*, *U 592*, *U 306*, *U 564*, *U 663* und *U 188* erhielten als Ansteuerung AK 83, um hier, etwa am 20. 3., einen neuen Streifen bilden zu können.

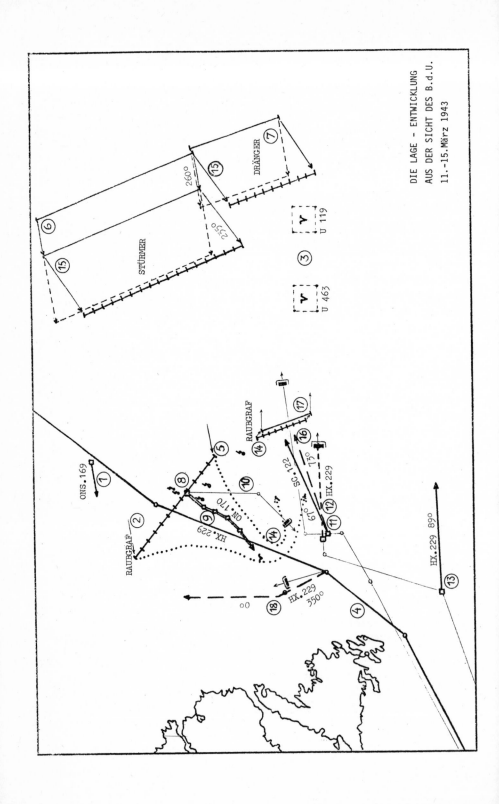

DIE LAGE - ENTWICKLUNG
AUS DER SICHT DES B.d.U.
11.-15.März 1943

Die Lage-Entwicklung aus der Sicht des BdU: 11.—15. März 1943

1	11. 3./	Der Bx-Dienst entziffert einen (falschen) Passierpunkt des ON.169 vom 9.3. (tatsächl. am 7.3. passiert).
2	11. 3./	Der BdU befiehlt der Gruppe »Raubgraf« nach Westen zu gehen, um den ONS.169 zu erfassen.
3	11. 3./	Positionen der U-Tanker U 463 und U 119.
4	12. 3./	Der Bx-Dienst entziffert die Kursanweisung für den HX. 229 A vom 4. 3., hält sie aber für die Kursanweisung des HX.229.
5	12. 3./	Der BdU hält die Gruppe »Raubgraf« an, um den HX.229 zu erfassen.
6	12. 3./	Der BdU befiehlt der Gruppe »Stürmer« vom 14. 3./19.00 mit Kurs 260° und 5 Knoten nach Westen, dem HX.229 entgegen zu marschieren.
7	13. 3./	Der BdU befiehlt der Gruppe »Dränger« vom 15. 3./07.00 mit Kurs 260 und 5 Knoten nach Westen zu marschieren, um eventuelle Ausweichbewegungen nach Süden abzudecken.
8	13. 3./11.28	U 603 meldet den ON.170 im Streifen der Gr. »Raubgraf«. Der BdU setzt die Gruppe mit Höchstfahrt auf den Konvoi an.
9	13.—14. 3.	Die Gruppe »Raubgraf« gibt zahlreiche Meldungen über die Verfolgung des ON.170 ab, kommt jedoch wegen schlechten Wetters und sehr geringer Sicht zu keinen Erfolgen.
10	13. 3./	Tatsächlich ist der Konvoi nach Süden ausgewichen, während die U-Boote durch entsprechend zur Täuschung angesetzte Escorts und infolge eigener Besteckversetzungen auf dem ursprünglichen Generalkurs Südwest suchen.
11	14. 3./	Der Bx-Dienst entziffert die Kursanweisung für den SC.122 vom 13. 3., nach der der Konvoi ab 13. 3./19.00 Kurs 67° vom Punkt B aus steuern soll.
12	14. 3./	Der Bx-Dienst entziffert die Kursanweisung für den HX. 229 vom 13. 3., nach der der Konvoi von einem Punkt (tatsächlich der geänderte WOMP) auf Kurs 89° gehen soll.
13		Nach der Kopplung des BdU kann der Konvoi jedoch noch nicht so weit nördlich stehen, deshalb wird der Bezugspunkt für die Kursänderung auf 89° am entzifferten Punkt der letzten befohlenen Kursänderung nach Norden angesetzt.
14	14. 3./nachm.	Der BdU bricht die erfolglose Operation gegen den ON.170 ab und zieht die Gruppe »Raubgraf« für den 15. 3./15.00 in einen engen Vp-Streifen vor den Kurs des SC.122.
15		Die Gruppen »Stürmer« und »Dränger« erhalten Befehl, ab 15. 3./07.00 mit 235° statt 260° zu marschieren, um beide Konvois zu erfassen.
16	15. 3./	Der Bx-Dienst entziffert die verbesserte Kursanweisung des SC.122 mit dem Kurs 73°.
17	15. 3./	Der BdU zieht den Vp-Streifen »Raubgraf« entsprechend um 15 sm weiter nach Süden und läßt ihn während der Nacht mit nach Osten marschieren, um nicht hinter den erwarteten SC.122 zu geraten. (Tatsächlich steht er schon ostwärts.)
18	16. 3./	Der Bx-Dienst entziffert die geänderte Kursanweisung für den HX.229A vom 13. 3. bringt sie jedoch mit dem HX.229 in Verbindung.

Am 15. 3. lieferte der deutsche Bx-Dienst die Entzifferung der verbesserten Kursanweisung 73° für den SC.122 vom 13. 3. Der Vorpostenstreifen der Gruppe »Raubgraf« wurde deshalb um 15 sm nach Süden verschoben, um ihn wieder vor die Mitte des Konvoikurses zu bringen. Während der Nacht sollten die Boote mit nach Osten marschieren, um nicht hinter den Konvoi zu geraten. Tags sollten sie ihm dann mit langsamer Fahrt entgegenlaufen. Doch tatsächlich erreichten die Boote bei dem zunehmenden Weststurm ihre 15.00-Uhr-Positionen zum Teil später. Der Konvoi war schneller vorangekommen und hatte die Linie des vorgesehenen Streifens schon am Vormittag passiert. Um 12.00 Uhr erreichte er den Punkt C, an dem nach dem Umleitungsbefehl vom 13. 3. nachmittags der Kurs auf 31° geändert werden sollte. Die Wetterlage erlaubte jedoch diese Kursänderung nicht, da die Schiffe nicht quer zur See laufen konnten. So ließ der Commodore den bisherigen Kurs vorläufig beibehalten.

Der CTF 24 entschloß sich wegen der Schwäche der Sicherung des HX.229, die Support Group TU 24.12.3 beim Konvoi zu belassen und befahl um 13.45 Uhr den beiden Zerstörern, nach Beölung aus dem Escort Oiler mit der Escort Group B.4 weiter zum Nordkanal zu marschieren. Beim Konvoi war um 13.00 Uhr die Korvette *Pennywort* eingetroffen und hatte die Position S übernommen. Die befohlene Beölung war jedoch bei dem auf West 9—10 auffrischenden Wind und dem auf Stärke 7—8 zunehmenden Seegang nicht möglich. Um 15.00 Uhr funkte *Volunteer* an COMINCH und CINCWA den Vorschlag, den Weg vom Bezugspunkt V nicht nach Norden zum Punkt M, sondern wegen des schnelleren Vorankommens des Konvois mit einer Durchschnittsfahrt von 10,5 kn und des Wetters über den Punkt 53° N/25° W und von dort auf der Großkreisroute zum Nordkanal zu führen. Um 17.38 Uhr empfahl die Admiralität dem COMINCH auf Grund der neuesten U-Bootlage und um die Luftsicherung von Island und Nordirland optimal auszunutzen zu können, den SC.122 über 55° N/22° W und den HX.229 über 54° N/25° W zum Nordkanal zu leiten. Es dauerte jedoch bis 13.30 Uhr am folgenden Tage, ehe der entsprechende Befehl von COMINCH ausging. Die Wetterlage zwang den mit seinem Brennstoffbestand schon recht weit heruntergefahrenen

Zerstörer *Witherington* um 16.04 Uhr beizudrehen. Um 20.00 Uhr mußte der S.O.E. den Commodore ersuchen, den Konvoikurs auf 69° zu ändern. Er hoffte, mit diesem Kurs ein Verrutschen der Ladungen auf den schwer arbeitenden Schiffen verhindern zu können, ohne auf den noch geltenden Kurs zur Position M gehen zu müssen. Der Frachter *Hugh Williamson* (Position 113) sackte achteraus und kam bald aus Sicht.

Ehe der HX.229 auf dem neuen Kurs zwischen 21.00 Uhr und 22.00 Uhr den Vorpostenstreifen der Gruppe »Raubgraf« etwa 20—25 sm südlich passierte, prallte das südlichste Boot *U 91* kurz vor 19.00 Uhr auf die mit Nordostkurs beigedrehte *Witherington*, verlor sie aber sofort wieder, da die Sicht nur 500—1000 m betrug. Auf seine Meldung um 19.00 Uhr setzte der BdU *U 84*, *U 664* und *U 758* zur Suche an, während die übrigen »Raubgraf«-Boote mit 7 sm Ostkurs steuern sollten, um nicht hinter den Konvoi zu geraten. Die Suche blieb aber erfolglos. Nur *U 91* horchte im Sektor zwischen 350° und 140° ein breites Geräuschband; vermutlich den HX.229, von dem in der Nacht weitere Schiffe zurückblieben, so daß die Marschordnung morgens recht aufgelockert war. Der Zerstörer *Mansfield* hatte nach dem Zurückbleiben der *Witherington* wegen der geringen Sicht gebeten, näher heranschließen zu dürfen und war in der Position M backbord vor dem Konvoi aufgestellt worden, während *Beverley* in Position C, die Korvetten *Anemone* in Position Q und *Pennywort* in Position G und das Führerboot achteraus in Position S marschierten.

Am Abend des 15. März war die Reparatur auf der *Highlander* beendet, und der Zerstörer konnte um 23.00 Uhr ausdocken. Er ging um 02.23 Uhr am 16. 3. in See. Bereits am Morgen des 15. 3. hatte der FONF die kanadische Korvette *Sherbrooke* wieder der Escort Group B.4 zugeteilt und sie nach dem Ausdocken ebenfalls dem Konvoi folgen lassen.

Der dicht an Neufundland vorbeimarschierende HX.229A sollte am Abend des 15. 3. um 19.00 Uhr auf Kurs 350° gehen, um das Gebiet, in dem am 14. 3. etwa 12 U-Boote vermutet worden waren, im Westen zu umgehen. Die Ocean Escort Group, die normalerweise auf der Freetown/Gibraltar/UK-Route operierende Escort Group 40, war am späten Abend des 14. 3. mit den Sloops *Aberdeen* (Cdr. Dalison), *Lulworth*, *Hastings* und den neuen Fregatten *Moyola* und *Waveney* von St. John's aufgelaufen. Die Sloop

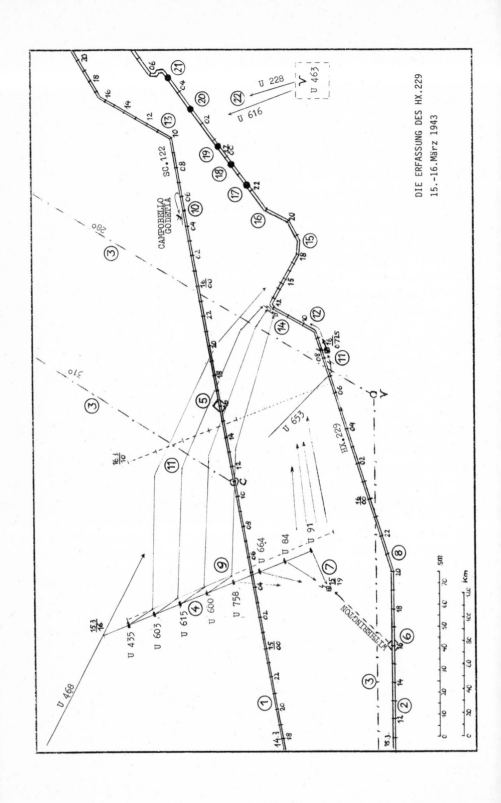

DIE ERFASSUNG DES HX.229
15.-16.März 1943

Die Erfassung des HX.229: 15.—16. März 1943

1		Tatsächlicher Kurs des SC.122 mit Uhrzeiten (GMT).
2		Tatsächlicher Kurs des HX.229 mit Uhrzeiten (GMT).
3	13.3./16.02	Befohlene Kurse der Konvois nach der geänderten Kursanweisung vom 13.3./16.02.
4	15.3./16.00	Befohlener Vp.-Streifen der Gruppe »Raubgraf«.
5	15.3./16.00	Entsprechende Position des SC.122.
6	15.3./16.00	Entsprechende Position des HX.229. Zerstörer *Witherington* muß wegen Seegang und Brennstoffmangel beidrehen.
7	15.3./19.00	*U 91*, das südlichste »Raubgraf«-Boot, sichtet in schwerem Wetter kurz die beigedrehte *Witherington*; trotz Ansatz der drei nächsten Boote wird weder der Konvoi noch der Zerstörer gefunden.
8	15.3./20.00	S.O.E. läßt den HX.229 wegen schwerem Wetter zur Abkürzung der Route auf 69° gehen.
9	15.3./	Nach Eingang der entzifferten neuen Kursanweisung 73° für den SC.122 wird der Vp-Streifen der Gruppe »Raubgraf« 15 sm nach Süden verschoben und erhält Befehl, bis 16.3./10.00 mitzumarschieren, um nicht hinter den Konvoi zu geraten.
10	16.3./06.00	Trawler *Campobello* bleibt mit Leck zurück, Korvette *Godetia* wird zur Hilfeleistung detachiert. Trawler muß später nach der Bergung der Besatzung aufgegeben werden.
11	16.3./07.25	Das auf Rückmarsch befindliche *U 653* sichtet und meldet den HX.229, den für 16.3/10.00 vorgesehenen Vp-Streifen der Gruppe »Raubgraf« bereits passiert hat. Beim BdU wird der gemeldete Konvoi zunächst als SC.122 angesprochen. Ansatz der Gruppe »Raubgraf« (und der 11 südlichen »Stürmer«-Boote) mit hoher Fahrt.
12	16.3./09.30	HX.229 geht nach Abflauen des Sturmes auf den befohlenen Kurs 28°.
13	16.3./10.00	SC.122 geht nach Abflauen des Sturmes auf den befohlenen Kurs 31°.
14	16.3./12.00	U-Boote der Gruppe »Raubgraf« gewinnen Fühlung am HX.229 und geben Signale ab, die von dem Führerboot der Escort Group B.4, der *Volunteer*, mit HF/DF eingepeilt werden. Der Konvoi macht 2 »emergency turns«, während der Zerstörer *Mansfield* die U-Boote unter Wasser drückt. Der Konvoi verlangsamt seine Fahrt, um im Sturm zurückgebliebene Nachzügler aufschließen zu lassen.
15	16.3./18.00	Der HX.229 dreht in zwei Schlägen wieder auf den Generalkurs 28° zurück.
16	16.3./21.00	Nach Eingang des Befehls zur Kursänderung (COMINCH 16.3./13.30) geht der HX.229 auf neuen Kurs 53°.
17	16.3./22.00	Erster Angriff von *U 603*.
18	16.3./23.20	Zweiter Angriff von *U 758*.
19	17.3./00.20	Dritter Angriff von *U 435*.
20	17.3./02.30	Vierter Angriff von *U 435* und *U 91*.
21	17.3./04.50	Fünfter Angriff von *U 600*.
22	17.3./	Vom Versorger kommende U-Boote.

Landguard war verspätet und konnte erst am Nachmittag des 15. 3. folgen. Auf ihrem Marsch zum WOMP bekam die Gruppe durch Eisfelder etwa fünf Stunden Verspätung, so daß Commander Dalison mit der Fahrt heraufgehen mußte. Dabei riß sich die *Aberdeen* beim Überfahren einer dicken Eisscholle den Asdic-Dom ab. Um 15.00 Uhr am 15. 3. traf man den Konvoi und konnte die WLN Escort Group, TU 24.18.1, mit dem Zerstörer *St. Clair*, den Korvetten *The Pas* und *Kamsack* sowie dem Minensucher *Blairmore* ablösen, die am 17. 3. wieder in St. John's eintrafen.

Während des Sturmes in der Nacht zum 16. 3. entstand im Kesselraum des zur Sicherung des SC.122 gehörenden Trawlers *Campobello* ein Leck. Der Wassereinbruch ließ sich nicht beheben, und die Feuer des Kessels mußten gelöscht werden. Um 06.00 Uhr gab das 10 sm achteraus gesackte Schiff eine Notmeldung ab. Die Korvette *Godetia* wurde zur Hilfeleistung abgeteilt. Als die Lage kritisch wurde, übernahm sie die Besatzung. Die *Campobello* sank um 17.00 Uhr. Auch der isländische Dampfer *Selfoss* war zurückgeblieben.

7.5 DER 16. MÄRZ 1943: DIE SICHTUNG DES HX.229

Am Morgen des 16. 3. beruhigte sich das Wetter etwas, doch lief noch eine lange Dünung aus Nordwesten. Der HX.229 war ziemlich auseinandergerissen und passierte zwischen 06.00 Uhr und 07.00 Uhr das Südende des Aufklärungsstreifens, den die Gruppe »Raubgraf« um 10.00 Uhr hätte erreichen sollen. Doch hatten gerade die südlichen vier Boote, die am Vorabend nach dem von *U 91* gesichteten Zerstörer gesucht hatten, noch nicht wieder aufgeschlossen. Das nördlichste Boot, *U 468*, das am 14. 3. am längsten versucht hatte, wieder Fühlung am ON.170 zu gewinnen, stand noch weit von seiner befohlenen Position entfernt, so daß nur vier Boote mit 7 kn auf dem befohlenen Vormarschkurs des Aufklärungsstreifens standen. Auch der HX.229 hätte also die Gruppe »Raubgraf« unbemerkt — trotz aller Bx-Dienstmeldungen — passiert, wenn nicht das wegen Maschinenschadens auf dem Rückmarsch befindliche *U 653* (Kptlt. Feiler) den Konvoikurs gekreuzt hätte. Um 07.25 Uhr setzte es nach kurzer Beobachtung des Konvoikurses und der Vormarschgeschwindigkeit sein erstes Fühlunghalterkurzsignal ab: »Beta, Beta. BD 1491 Geleitzug Kurs 70° *U 653*«.

Der BdU nahm an, daß es sich um den erwarteten SC.122 handelte. Sofort wurden die acht in der Nähe stehenden »Raubgraf«-Boote, *U 91, U 84, U 664, U 758, U 600, U 615, U 603* und *U 435*, ferner die beiden aus *U 463* bereits versorgten *U 228* und *U 616* mit Höchstfahrt auf den Konvoi angesetzt. Von der Gruppe »Stürmer« erhielten die elf südlichen Boote, *U 134, U 384, U 598, U 631, U 530, U 190, U 618, U 641* (dieses Boot hatte seine Position jedoch noch nicht erreicht) und *U 439*, Befehl, so zu operieren, daß sie den Konvoi am Morgen des 17. 3. erreichen konnten. Die restlichen Boote, *U 642, U 526, U 523, U 666, U 527* und *U 305* sollten zunächst mit 160° und 11 kn marschieren, um bei einem Abreißen der Fühlung vor dem Geleit zu stehen und als neuer Vorpostenstreifen aufgestellt werden zu können. Die Gruppe »Dränger« — *U 373, U 85, U 336, U 440, U 590, U 441, U 406, U 608, U 333, U 221* und *U 610* — bekam Befehl, zur Erfassung des zweiten Konvois, des südlicher erwarteten HX.229, weiter auf dem bisherigen Kurs vorzumarschieren. *U 229* wurde als Wetterboot in das Gebiet ostwärts Cape Farewell entsandt, um hier regelmäßig die Wetterlage für den heimkehrenden Blockadebrecher *Regensburg* zu melden. Das erste Fühlunghaltersignal von *U 653* und die in etwa zweistündigem Abstand folgenden weiteren Signale des Bootes wurden von dem einzigen mit HF/DF ausgerüsteteten Zerstörer am HX.229, der *Volunteer*, offenbar nicht erfaßt. Um 10.00 Uhr drehte der Konvoi — die Bitte um eine Änderung des befohlenen Kurses war vom COMINCH noch nicht positiv beantwortet — auf 28° in Richtung auf den am 13. 3. befohlenen Bezugspunkt M. Zugleich wurde die Geschwindigkeit auf 8 kn reduziert, um den Nachzüglern Gelegenheit zum Aufschließen zu geben. Diese Kursänderung sollte sich als verhängnisvoll erweisen. Hätten die U-Boote auf die für den vermeintlichen SC.-Konvoi zu erwartende Geschwindigkeit von 7 kn auf dem alten Kurs operiert, wären sie sicher achteraus vorbeigestoßen. Nun schnitt der Konvoi genau ihren Verfolgungskurs. Ab 11.00 Uhr kamen in schneller Folge *U 600* und *U 615* heran, erkoppelten den Kurs und setzten um 13.42 Uhr und 13.55 Uhr ihre Fühlunghaltersignale ab.

Von der *Volunteer* wurden diese Signale in 318° und 353° eingepeilt. Der D/F-Operator schätzte die Entfernungen auf 20 sm und »sehr nahe« ein. Zugleich gingen auch Funksprüche vom COMINCH von 12.05 Uhr und von der Admiralität von 13.52

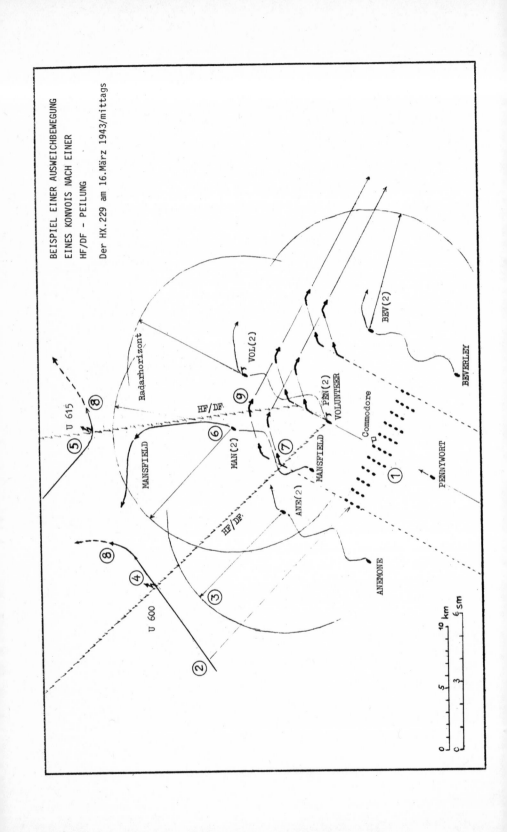

BEISPIEL EINER AUSWEICHBEWEGUNG
EINES KONVOIS NACH EINER
HF/DF – PEILUNG

Der HX.229 am 16.März 1943/mittags

Beispiel der Ausweichbewegung eines Konvois nach HF/DF-Peilung: Der HX.229 am 16. 3./mittags

1		Marschordnung des Konvois HX.229 (Dargestellt ist die planmäßige Ordnung mit 11 Kolonnen zu 3, 3, 3, 3, 4, 4, 4, 4, 3, 4, 2 Schiffen mit einer Front von etwa 6 sm und einer Tiefe von etwa 2 sm. Die Escorts haben etwa 5000 m Abstand von den nächsten Schiffen des Konvois. Tatsächlich war der Konvoi zu dieser Zeit infolge des schweren Sturms vom 15. 3. und der Nacht zum 16. 3. in erheblicher Unordnung, am Morgen waren 10 Schiffe Nachzügler).
2	16. 3./13.00	U 600 läuft an der Grenze der Sichtweite (ca. 9 sm) mit dem Konvoi mit, erkoppelt Kurs und Fahrt des Konvois.
3	16. 3./13.40	Radar-Reichweite der Escorts gegen U-Boote bei dem herrschenden Seegang maximal 5—6 sm, U 600 und U 615 können weiter optisch sehen als die Escorts die U-Boote orten können.
4	16. 3./13.42	U 600 setzt sein Fühlunghalter-Signal ab, es wird von der Volunteer mit HF/DF eingepeilt.
5	16. 3./13.55	U 615 setzt sein Fühlunghalter-Signal ab, es wird von der Volunteer mit HF/DF eingepeilt.
6	16. 3./14.00	Der S.O.E. auf der Volunteer setzt den Backbord vorn laufenden Zerstörer Mansfield auf dem letzten Peilstrahl an, er soll nacheinander diesen und den ersten Peilstrahl in eine Entfernung von 15 sm ablaufen und U-Boote bis 17.00 Uhr unter Wasser drücken.
7	16. 3./14.02	Der Commodore befiehlt auf Bitte des S.O.E. einen ersten »emergency turn« um 45° nach Steuerbord.
8	16. 3./14.15	Die U-Boote sichten den anlaufenden Zerstörer Mansfield, eher er sie selbst orten kann und tauchen. Die Mansfield kann die getauchten U-Boote mit ihrem Asdic-Gerät nicht finden.
9	16. 3./14.17	Zweiter »emergency turn« des Konvois, der nun mit schmaler Silhouette rechtwinklig zum bisherigen Kurs abläuft.

Uhr ein, die besagten, daß die Landfunkpeilstellen »B-bar-Signale« in der Nähe des Konvois gepeilt hätten. Der S.O.E., LtCdr. Luther, befahl der *Mansfield*, die Peilstrahlen bis in eine Entfernung von 15 sm abzulaufen und die U-Boote bis 17.00 Uhr unter Wasser zu drücken. Zugleich bat er den Commodore, eine scharfe Ausweichbewegung um 90° nach Steuerbord zu machen. Um 14.00 Uhr wendete der Konvoi in zwei aufeinanderfolgenden Schlägen auf 118°. Dieser Kurs wurde bis 18.00 Uhr eingehalten, dann ging der HX.229 auf 90° zurück, und bis 20.00 Uhr wurde der alte Kurs von 28° in zwei weiteren Wendungen wieder erreicht.

U 600 und *U 615* mußten zwar vor der *Mansfield* tauchen. Von den übrigen »Raubgraf«-Booten gewannen aber einige zunächst Fühlung an sechs Nachzüglern, von denen *U 91* um 16.25 Uhr einen anzugreifen versuchte. Es mußte den Anlauf aber wegen des Seeganges abbrechen. Durch das Zurückdrehen des Konvois auf den alten Kurs 28° stießen die von achtern auflaufenden Boote zum Teil zunächst vorbei, liefen dann aber an der Steuerbordseite des Konvois auf. Nacheinander kamen im Laufe des Nachmittags und nach Dunkelwerden *U 664*, *U 603*, *U 758*, *U 435*, *U 91*, *U 616*, *U 600* und *U 228* an den wieder aufgeschlossenen Konvoi heran.

Die zahlreichen von der *Volunteer* und den Landpeilstellen eingepeilten Funksignale ließen die Bedrohung des Konvois deutlich werden. LtCdr. Luther konnte sich nicht entschließen, weitere Geleitfahrzeuge zu Vorstößen abzuteilen, denn er hatte nur noch vier Escorts am Konvoi. Die *Mansfield* suchte noch von Backbord achteraus wieder Anschluß zu gewinnen. Bei der Verfolgung der beiden U-Boote gegen die schwere See war ihr Radargerät ausgefallen.

Den alliierten Führungsstellen schien eine weitere Verstärkung des Geleites notwendig. Inzwischen waren die Korvetten der Escort Group B.4, die *Abelia* und die *Sherbrooke*, sowie der eigentliche Führerzerstörer *Highlander* in See gegangen. Um 14.35 Uhr erhielt der in Reykjavik liegende Zerstörer *Vimy*, der zur Escort Group B.4 gehörte, den Befehl, zum HX.229 zu gehen. Er konnte aber erst am 18. 3. um 03.18 Uhr in See stechen. Am 16. um 18.45 Uhr waren jedoch von Reykjavik aus als Task Unit 24.6.4 der US-Coast Guard Cutter *Ingham* und der US-Zerstörer *Babbitt* in See gegangen, um den Island-Teil des SC.122 auf dem ICOMP aufzunehmen und zusammen mit dem beim Konvoi marschierenden US-Zerstörer *Upshur* nach Island zu bringen.

Vor Dunkelwerden versuchte die *Volunteer* um 18.00 Uhr, aus dem Escort Oiler *Gulf Disc* »by canvas hose« zu beölen, doch wegen der Dünung und der steifen Brise arbeiteten die beiden Schiffe so stark, daß der Versuch nach einer Stunde ohne Erfolg abgebrochen werden mußte. Die Meldungen aus dem HF/DF-Raum zeigten, daß U-Boote weiter am Konvoi Fühlung hielten. Um 20.00 Uhr passierte der Konvoi die Change of Operative Control (CHOP) Linie, und die operative Leitung ging vom COMINCH an den CINCWA über. Die *Volunteer* gab entsprechende Meldungen am Abend mehrfach an den CINCWA.

Der SC.122 hatte seinen Marsch am 16. 3. fortgesetzt. Die durch den Sturm etwas gelockerte Ordnung war trotz der noch laufenden Dünung wieder hergestellt worden. Wie der HX.229 hatte auch der SC.122 um 10.00 Uhr zunächst auf den am 13. 3. befohlenen Kurs von 31° geschwenkt, ehe am späten Nachmittag der neue Ausweichbefehl vom COMINCH einging. Der neue Kurs zum Punkt D in 55° N/22° W betrug 68°. Bisher schienen keine U-Boote Fühlung am Konvoi zu haben. Auch für den SC.122 war CHOP auf 20.00 Uhr festgesetzt worden.

Der HX.229A hatte auf seinem Ausweichkurs einige Schwierigkeiten. Immer wieder mußten nahe an der Packeisgrenze Eisfelder passiert werden. Es war mit der Gefahr von Eisbergen zu rechnen. Deshalb lief eines der Geleitfahrzeuge voraus und beleuchtete im Bereich des Konvois liegende Eisberge mit dem Scheinwerfer. In den Eisfeldern erlitt jedoch der Frachter *North King* Eisschäden. Das Schiff machte Wasser im Laderaum 1. Der Commodore schickte es, da sich an Bord rund 400 Mann Truppen für Island befanden, zurück nach St. John's. Am Abend blieb auch der Frachter *Michigan* zurück, da er wegen schlechter Kohle nur auf 6,5 kn kam. Auch er wurde am Morgen des 17. 3. nach St. John's entlassen. Durch die Eisfahrt in der Nacht geriet die Marschordnung des Konvois etwas durcheinander, und es gab am Morgen einige Nachzügler.

Im Laufe des Nachmittags ging beim BdU eine neue Entzifferung des Bx-Dienstes ein, die zunächst Verwirrung stiftete. Danach sollte der HX.229 am 15. 3. 19.00 Uhr vom Quadrat BC 1240 einen Kurs von 350° steuern und in 51° 05' N auf 0° drehen. Man konnte sich diese, von der bisherigen Kursanweisung weit abliegende Ausweichbewegung nicht recht erklären und führte sie auf die bekannte U-Bootlage vom 14. 3. zurück, die kurz vorher

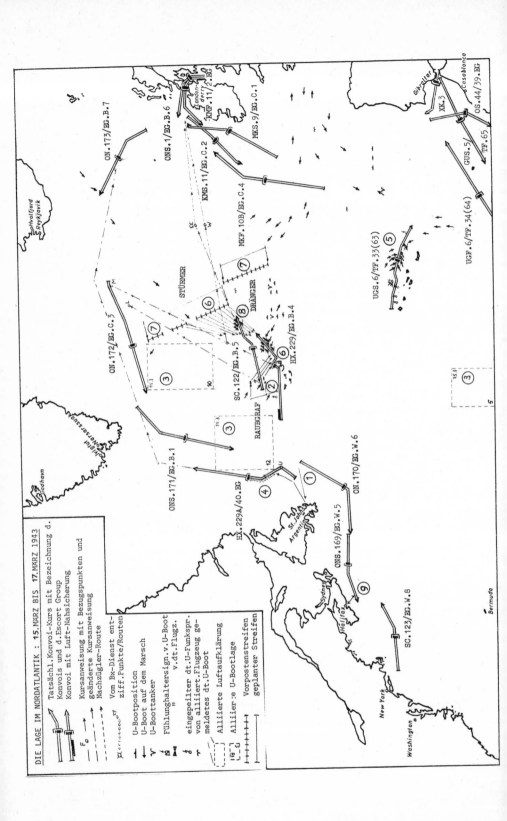

DIE LAGE IM NORDATLANTIK : 15.MARZ BIS 17.MARZ 1943

Tatsächl.Konvoi-Kurs mit Bezeichnung d.
Konvois und d.Escort Group
Konvoi mit Luft-Nahsicherung

Kursanweisung mit Bezugspunkten und
geänderte Kursanweisung
Nachzügler-Route

Vom Bx-Dienst ent-
ziff.Punkte/Routen

U-Bootposition
U-Boot auf dem Marsch
U-Boottanker

Fühlunghaltersign.v.U-Boot
v.dt.Flugz.

eingepeilter dt.U-Funkspr.
von alliiert.Flugzeug ge-
meldetes dt.U-Boot

Alliierte Luftaufklärung

Alliierte U-Bootlage

Vorpostenstreifen
geplanter Streifen

ON.173/EG.B.7
ONS.1/EG.B.6
KMF.11/EG.B3
MKS.9/EG.C.1
KMS.11/EG.C.2
KMS.11/EG.C.4
MKF.10B/EG.C.4
ON.172/EG.C.3
STÜRMER
DRÄNGER
SC.122/EG.B.5
HX.229/EG.B.4
RAUBGRAF
ONS.171/EG.B.1
HX.229A/40.EG
ON.170/EG.W.6
ONS.169/EG.W.5
SC.123/EG.W.8
UGS.6/TF.33(63)
UGF.6/TF.34(64)
XK.3
OS.44/39.EG
GUS.5/TF
TF.65

Svalfjord
Reykjavik
Ivigtut
Julianehaab
Godhavn
Gibraltar
Casablanca
London

St.John's
Argentia
Sydney
Halifax
New York
Washington
Bermuda

Die Lage im Nordatlantik: 15. März 1943/12.00 (GMT) bis 17. März 1943/12.00 (GMT)

1	15.3./früh	ON.170 passiert WOMP, Ablösung der Ocean Escort Group B.2. Die von St. John's auslaufende Escort Group 40 erreicht ihren HX.229A wegen Eisschwierigkeiten verspätet.
2	15.3./15.00	Der SC.122 hat die Gr. »Raubgraf« schon passiert, ehe die durch Sturm und Nebel verzögerten Boote ihren Vp-Streifen erreicht haben.
		Der HX.229 passiert den Streifen in stürmischem Wetter und bei schlechter Sicht dicht südlich. Am Abend wird der wegen Brennstoffmangel beigedrehte Zerstörer *Withering-ton* von *U 91*, dem südlichsten Boot der Gr. »Raubgraf« gesichtet, Ansatz der vier südlichen Boote bleibt ergebnislos.
3	15.3./nachm.	Dt. Bx-Dienst entziffert alliierte U-Bootlagen vom gleichen Tage.
4	15.3./19.00	COMINCH befiehlt HX.229A von altem Bezugspunkt U Ausweichkurs 350° bis auf Breite 51° 50'N, dann 0°. Diese Kursanweisung wird vom dt. Bx-Dienst am 16.3. entziffert, jedoch zunächst auf den HX.229 bezogen.
5	15.—16.3.	Die Gr. »Unverzagt« und »Wohlgemut« setzen Operation gegen UGS.6 fort. Wegen großer Radarreichweite und guter Sicht ist Vorsetzen sehr erschwert. BdU befiehlt Vorsetzen an Rauchwolken, Versuch zu Tages-Unterwasserangriffen. 2 Schiffe in Einzelangriffen versenkt.
6	16.3./07.25	Das auf dem Marsch zum Versorger befindliche *U 653* sichtet den HX.229. Der gemeldete Konvoi wird vom BdU als SC.122 angesprochen (s. Ziff. 4). Der BdU setzt Gr. »Raubgraf«, 2 neu versorgte Boote und die 11 südlichen Boote der Gr. »Stürmer« an. Die restlichen »Stürmer«-Boote sollen auf Südkurs gehen. – Um 11.00 Uhr geht der HX.229 am Punkt V wie befohlen auf 28°. Um 12.05 werden vom Führerboot der EG B.4 erstmalig Fühlungshaltersignale mit HF/DF gepeilt. Konvoi dreht 14.14 auf Südkurs ab zu mehrstündiger Ausweichbewegung. Fühlung bleibt aber erhalten, in der Nacht greifen die U-Boote an und versenken 8 Schiffe.
7	16.3./nachm.	Nach Eingang der vom Bx-Dienst entzifferten Kursanweisung für den HX.229A (s. Ziff. 4) rechnet BdU zunächst nicht mehr mit dem HX.229, deshalb Ansatz der restlichen »Stürmer«- und der »Dränger«-Boote auf den von *U 653* gemeldeten Konvoi, der noch für den SC.122 gehalten wird.
8	17.3./02.00	Das von Nordosten kommende »Stürmer«-Boot *U 338* sichtet den SC.122 und greift an. In einem Anlauf 4 Schiffe versenkt. Aus Positionsmeldung wird für BdU am Morgen klar, daß es sich um zwei Konvois handelt, nun werden SC.122 und HX.229 richtig angesprochen und der HX.229A wird als Sonderkonvoi erkannt.
9	17.3./	ONS.169 passiert HOMP.

ebenfalls entziffert worden war. Da man meinte, nun mit dem HX.229 nicht mehr rechnen zu müssen, wurden jetzt die restlichen »Stürmer«-Boote *U 642, U 526, U 523, U 666, U 527* und *U 305* und auch alle »Dränger«-Boote *U 373, U 86, U 336, U 440, U 590, U 441, U 406, U 608, U 333, U 221* und *U 610* auf den am Morgen erfaßten Konvoi, den man vorläufig noch für den SC. 122 hielt, angesetzt. Erst am 19. 3. sollte sich herausstellen, daß diese entzifferte Kursanweisung dem »Teilgeleit« HX.229A gegolten hatte, während der HX.229 auf dem am 13. 3. befohlenen Kurs marschierte und von den U-Booten als erster erfaßt worden war.

8. Die erste Nacht

8.1 DER HX.229

8.11 Der Angriff von U 603

Bei Dunkelwerden am 16. März hatten die Nachzügler des Konvois HX.229 bis auf die *Hugh Williamson* wieder aufgeschlossen. Der Konvoi marschierte mit Kurs 28° in der folgenden Marschordnung:

Marschordnung des Konvois HX.229
vor Beginn der Angriffe am Abend des 16. 3.

	13 brit S/S Empire Knight Clyde	12 amer S/S Robert Howe Mersey	11 brit S/S Cape Breton Clyde
	23 amer S/S Mathew Luckenbach United Kingdom	22 amer S/S William Eustis Clyde	21 amer S/S Walter Q. Gresham Clyde
	33 brit M/S Canadian Star United Kingdom	32 brit M/S Kaipara Mersey	31 brit S/S Fort Anne Loch Ewe
	43 brit M/S Antar Mersey	42 brit M/T Regent Panther United Kingdom	41 brit S/S Nebraska Mersey
54 brit S/S Empire Cavalier Mersey	53 amer S/T Pan Rhode Island Mersey	52 brit M/T San Veronica Mersey	51 pan M/T Belgian Gulf Mersey
64 amer S/S Kofresi Mersey	63 amer S/S Jean Mersey	62 amer S/T Gulf Disc Clyde	61 norw M/S Abraham Lincoln Belfast
74 amer S/S Margaret Lykes Mersey	73 pan S/S El Mundo Mersey	72 brit S/Wh Southern Princess Clyde	71 brit S/S City of Agra Mersey

179

Marschordnung des Konvois HX.229
vor Beginn der Angriffe am Abend des 16. 3.

84 brit S/S	83 brit M/T	82 brit S/S	81 amer S/S
Tekoa	*Nicania*	*Coracero*	*Irenée du Pont*
Mersey	Mersey	Mersey	Mersey
	93 amer S/S	92 holl M/T	91 brit S/S
	James Oglethorpe	*Magdala*	*Nariva*
	Mersey	Belfast	Mersey
104 holl S/S	103 holl S/S	102 brit M/T	101 norw S/S
Terkoelei	*Zaanland*	*Luculus*	*Elin K.*
Belfast	Belfast	Belfast	Belfast
	113	112 amer S/S	111 amer S/S
	straggler	*Daniel Webster*	*Harry Luckenbach*
		Belfast	United Kingdom

Convoy Commodore:	61 *Abraham Lincoln*	Ocean Escort Group B.4
Vice Commodore:	91 *Nariva*	Zerstörer HMS *Volunteer*
Escort Oiler:	62 *Gulf Disc*	Zerstörer HMS *Beverley*
Standby Oiler:	72 *Southern Princess*	Korvette HMS *Anemone*
		Korvette HMS *Pennywort*
		Task Unit 24.12.3
		Zerstörer HMS *Mansfield* (straggl.)

Der Konvoi-Commodore, Commodore M. J. D. Mayall, RNR, lief
mit der *Abraham Lincoln* in der Position 61 in der Mitte des Konvois. Der S.O.E., LtCdr. Luther, hatte seine fünf am Geleitzug befindlichen Boote in der Formation N.E. 5 ausgestellt, die *Volunteer*
selbst in Position M backbord voraus, die *Beverley* (LtCdr. Rodney
Price, RN) in Position C steuerbord voraus, die *Pennywort* (Lt.
O. G. Stuart, RCNVR) in Position G an Steuerbord querab, die
Anemone (LtCdr. P.G.A. King, RNR) in Position Q an Backbord
querab. Die *Mansfield* (LtCdr. L. C. Hill, RN) sollte nach dem Aufschließen in die Position S hinter den Konvoi gehen.
Um 21.05 Uhr ging auf der *Volunteer* das Signal des COMINCH
von 13.30 Uhr ein, mit dem die vom S.O.E. und der Admiralität
am Vortage angeregte Kursänderung auf einen südlicheren Kurs
bestätigt wurde. Doch wurde der neue Punkt W auf 55° N / 25° W
festgelegt. Der S.O.E. regte beim Commodore eine Kursänderung
auf 53° an. Damit hoffte er zugleich auch, den im Norden und
Westen des Konvois eingepeilten U-Booten ausweichen zu können.
Ein entsprechendes Signal über die Peilungen ging auch an den

DIE MARSCHORDNUNG DES KONVOIS HX.229

16.März 1943/nachmittags

N

O

P

ANEMONE

R

S

M
VOLUNTEER

L

A

T

U

S

B
BEVERLEY

C

D

E

F

G
PENNYWORT

H

J

K

11 21 31 41 51 61 71 81 91 101 111
12 22 32 42 52 62 72 82 92 102 112
13 23 33 43 53 63 73 83 93 103
54 64 74 84 43 104

CINCWA ab. Um 21.25 Uhr ließ der Commodore die Kursänderung des Konvois in zwei Schwenkungen von 20° und 5° mit Farblichtern befehlen. Dabei entstand auf dem rechten Flügel eine gewisse Verwirrung, weil der norwegische Frachter *Elin K.* seine Lichter zu lange brennen ließ, so daß die Kursanweisung dann mit der Blaulichtsignallampe gegeben werden mußte.

Zu dieser Zeit war *U 603* (Kptlt. Bertelsmann) dabei, sich auf der Steuerbordseite zum Überwasser-Nachtangriff vorzusetzen. Durch die Schwenkung des Konvois kam es schneller in eine vorliche Position als erwartet. Das Wetter war für einen Angriff günstig. Es herrschte Vollmond, doch war bei der Bewölkung von 9/10 die Szene nur gelegentlich hell erleuchtet, während meist ein Dämmerlicht herrschte. Die Sicht war ausgezeichnet, und die Schiffe konnten vom U-Boot aus noch in fast 9000 m Entfernung erkannt werden. Es wehte ein Nordwind in Stärke 2; die See war verhältnismäßig ruhig, doch lief noch eine schwache Südwestdünung Stärke 1. Bei einer Entfernung von rund 10 000 m zwischen der steuerbord vorn stehenden *Beverley* und der steuerbord achterlicher als querab stehenden *Pennywort*, die vom U-Boot deutlich erkannt werden konnten, war es für Kptlt. Bertelsmann nicht schwierig, in der Lücke unerkannt auf den Steuerbordflügel des Konvois vorzustoßen. Um 22.00 Uhr feuerte *U 603* zunächst einen Dreierfächer FAT-Torpedos. Diese »Flächen absuchenden Torpedos« oder »Feder-Apparate-Torpedos« besaßen eine Programmsteuerung. Das U-Boot konnte die Torpedos in jedem gewünschten Winkel bis 90° abschießen. Die Torpedos liefen dann mit ihrer Vormarschgeschwindigkeit von 30 kn eine entsprechend einzustellende Vorlaufstrecke, die der Entfernung zum Konvoi entsprach. Sie konnten dann rechtwinklig zur Vorlaufstrecke kurze oder lange Schleifen laufen und auf diese Weise den Kurs der Dampfer im Konvoi zum Teil mehrfach schneiden. Kurz nach dem Fächer schoß *U 603* aus Rohr III noch einen einzelnen (blasenlosen, elektrisch angetriebenen) G7e-Torpedo auf einen 6000-BRT-Dampfer, der rechts außen marschierte. Die Entfernung zum Ziel betrug zu diesem Zeitpunkt etwa 3000 m. Nach einer Laufzeit von etwas mehr als 4 Minuten, was einer Laufstrecke von gut 4000 m entsprach, horchte man im Boot eine Detonation und eine unsichere zweite.

Um 22.05 Uhr erhielt der in der Position 101 marschierende, bereits erwähnte Frachter *Elin K.* einen Torpedotreffer an der Steuerbordseite. Das Schiff konnte noch zwei weiße Raketen abfeuern, das übliche Notsignal bei Torpedotreffern, ehe es innerhalb von vier Minuten sank. Die weißen Raketen wurden von den Geleitfahrzeugen gesehen, und der S.O.E. gab sofort den Befehl für eine »1/2 Raspberry«-Operation. Dabei liefen die Escorts zunächst auf den Konvoi zu, wendeten dann und liefen unter Feuern von Leuchtgranaten nach außen einen Dreieckskurs, bis sie nach etwa einer halben Stunde ihre Positionen wieder einnahmen. Die Handelsschiffe feuerten »Snowflake«-Leuchtraketen. Man wollte damit den Raum in und um den Konvoi taghell erleuchten, um das aufgetaucht angreifende U-Boot sehen und bekämpfen zu können. Bei der herrschenden Helligkeit durch den Vollmond und der Gefahr, daß der »Feuerzauber« U-Boote anziehen könnte, hatte Lt.Cdr. Luther befohlen, bei »Raspberry«-Operationen in dieser Nacht keine Leuchtmittel einzusetzen.

U 603 sichtete die beiden an Steuerbord laufenden Geleitfahrzeuge, *Beverley* und *Pennywort*, die, wie es schien, mit Lage 0 auf das U-Boot zudrehten, so daß Kptlt. Bertelsmann sich zum Tauchen entschloß. Tatsächlich haben beide Geleitfahrzeuge das U-Boot weder gesichtet noch mit ihren Radar- oder Asdic-Geräten festgestellt. Für die Geleitfahrzeuge war zunächst unklar, was geschehen war, denn man hatte kein beschädigtes Schiff achteraus sacken sehen. Erst als die *Pennywort* auf der letzten Strecke ihres Raspberry-Kurses wieder auf ihre Position gehen wollte, sichtete sie achteraus vom Konvoi zwei Rettungsboote. Über Sprechfunk gab die *Pennywort* der *Volunteer* ihre Absicht bekannt, nach Abschluß der Operation »Raspberry« zurückzukehren und die Überlebenden zu bergen. Nach Übernahme der Schiffbrüchigen, darunter des Kapitäns, ging die *Pennywort* um 23.15 Uhr wieder auf Kurs zum Konvoi.

8.12 Der Angriff von U 758

Entgegen der sonst üblichen Praxis ließ Commodore Mayall keinen »Emergency turn« in Richtung der vom U-Boot abgewandten Seite machen, sondern behielt seinen Kurs bei. So konnten die anderen dem Konvoi folgenden U-Boote ihr Vorsetzmanöver ohne Schwierigkeiten fortsetzen. Um kurz nach 23.00 Uhr hatte *U 758* (Kptlt. Manseck) eine Position Steuerbord voraus erreicht und drehte zum

Angriff auf den Konvoi zu. Die *Beverley* hatte inzwischen wieder ihre Position C Steuerbord vor dem Konvoi eingenommen. Die *Pennywort* schloß von achtern auf und stand noch etwa 11 000 m achteraus vom Konvoi. So war die Steuerbordseite des Konvois praktisch ungedeckt, und auch *U 758* konnte bei der herrschenden guten Sicht sich seine Ziele in Ruhe suchen. Der Wind hatte auf NzE gedreht und auf Stärke 3 aufgefrischt. Auch die Dünung wurde jetzt mit Stärke 3 angegeben.

Um 23.23 Uhr schoß Kptlt. Manseck einen FAT-Torpedo gegen einen Frachter von 6000 BRT in der Steuerbordkolonne, eine Minute später einen G7e gegen einen Frachter von 7000 BRT, um 23.25 Uhr einen FAT-Torpedo gegen einen dahinter marschierenden Tanker von 8000 BRT und um 23.32 Uhr einen G7e gegen einen Frachter von 4000 BRT. Kurz nach 23.30 Uhr erhielten etwa gleichzeitig der auf Position 103 marschierende niederländische Frachter *Zaanland* und die auf Position 93 laufende amerikanische *James Oglethorpe* Torpedotreffer auf der Steuerbordseite. *U 758* beobachtete die Treffer und glaubte, die zwei zuerst genannten Schiffe versenkt und die beiden anderen torpediert zu haben.

Tatsächlich wurde die *Zaanland*, die eine Ladung von gefrorenem Weizen, Textilien und Zink an Bord hatte, mittschiffs getroffen, blieb liegen und sackte tiefer. Es wurden ein Notsignal abgegeben und, wie befohlen, weiße Notraketen abgefeuert. Die Überlebenden begannen, das Schiff in Booten und Flößen zu verlassen.

Das »Liberty«-Schiff *James Oglethorpe,* das eine Ladung Stahl, Baumwolle und Lebensmittel und als Deckladung Flugzeuge, Traktoren und Lastwagen für die US-Army an Bord hatte, wurde im Laderaum 1 getroffen, wo ein Brand ausbrach, der jedoch innerhalb von 15 Minuten gelöscht werden konnte. Das Ruder wurde hart Backbord gelegt, die Maschinen liefen weiter, und das Schiff drehte mit etwa 8 kn in einem großen Kreis nach Backbord.

Sofort ordnete LtCdr. Luther wieder eine »$\frac{1}{2}$ Raspberry«-Operation an. Dabei kam die *Beverley* um 23.59 Uhr zu den beiden torpedierten Schiffen und führte zunächst Operation »Observant« durch, um in der Nähe befindliche U-Boote festzustellen und gegebenenfalls zu bekämpfen. Sie meldete, daß es sich um die beiden Schiffe *Zaanland* und *James Oglethorpe* handelte. Dann stoppte sie, um Überlebende aufzunehmen. Die von achtern auflaufende *Pennywort* traf kurz nach Mitternacht bei den Havaristen ein und beteiligte sich zunächst an der Operation »Observant«, ehe sie ebenfalls stoppte, um Überlebende zu bergen. Inzwischen erhielt die *Beverley* vom S.O.E. Befehl, wieder zum Konvoi zu stoßen, und die *Pennywort* setzte das Rettungswerk allein fort. Die *Beverley* hatte neun Überlebende der *Zaanland* an Bord genommen. 43 Mann wurden von der *Pennywort* geborgen, ein Mann blieb vermißt. Um 01.00 Uhr sank die *Zaanland*. Von der *James Oglethorpe* hatten, während das Schiff noch langsame Fahrt machte, 25 Mann mit einem Boot abgelegt. Sie wurden ebenfalls von der *Pennywort* aufgenommen, die nun bereits mehr als 100 Überlebende der drei Schiffe an Bord hatte. Die restliche Besatzung der *James Oglethorpe* mit dem Kapitän und etwa 30 Mann war zunächst an Bord geblieben und versuchte, wieder Dampf aufzumachen und den nur im Vorschiff beschädigten Frachter in Fahrt zu bringen, um St. John's zu erreichen. Lt. Stuart entschloß sich, zunächst bei dem Schiff zu bleiben und meldete der *Volunteer* über Sprechfunk, daß er beabsichtige, die Überlebenden der Schiffe an die *James Oglethorpe* abzugeben.

Die *Anemone* lief noch den zweiten Teil ihres »Raspberry«-Dreiecks ab, als sie um 23.55 Uhr etwas backbord voraus in etwa 3000 m Entfernung ein aufgetauchtes U-Boot sichtete. Es war *U 664*, das offenbar die Backbordseite des Konvois gewinnen wollte. LtCdr. King drehte sofort auf das U-Boot zu, das seinerseits abdrehte und über Wasser zu entkommen versuchte. Als die Korvette auf 2000 m herangekommen war, faßte das Asdic-Gerät Geräusche vom U-Boot auf. Langsam kam die *Anemone* auf. Als sie noch 300 m entfernt war, tauchte das U-Boot. Die *Anemone* warf um 00.09 Uhr in den Tauchschwall fünf flach eingestellte Wasserbomben. Durch die Detonationen fielen das Radargerät und das Funkgerät zeitweise aus. Der Kontakt zum U-Boot wurde in den Verwirbelungen zunächst verloren. Um 00.25 Uhr gewann die *Anemone* erneut Asdic-Kontakt mit dem U-Boot. Während sie zum Anlauf andrehte, tauchte das U-Boot in etwa 1400 m auf. Erneut wurde es für zwölf Minuten über Wasser gejagt, ehe es tauchte. Die *Anemone* bekam sofort Asdic-Kontakt und lief zum Angriff an. In etwa 200 m Entfernung vom Ziel gab es jedoch plötzlich einen Kurzschluß, und die Wasserbombenwerfer auf beiden Seiten feuerten ihre Wasserbomben vorzeitig um 00.48 Uhr. Für vier Minuten fiel das Asdic-Gerät aus. Dann wurde die Suche erneut aufgenommen. Auf 1730 m gab es

wieder Kontakt. Mit einer Einstellung von 45 und 90 m wurden
zehn Wasserbomben geworfen. Etwa 30 Sekunden nach der letzten
Wasserbombendetonation folgte eine weitere dumpfe Detonation.
Achteraus stieg eine 30 m hohe Wassersäule auf. Um 01.18 Uhr
gewann das Asdic-Gerät wiederum in etwa 1700 m einen Kontakt,
der kaum auszuwandern schien. Um 01.26 Uhr feuerte die
Anemone auf 300 m mit ihrem Hedgehog-Werfer eine Salve nach
voraus. Doch versagten 20 der Geschosse, und nur 4 schlugen auf das
Wasser, ohne daß eine weitere Explosion erfolgte. Danach wurde
der Kontakt verloren, und die *Anemone* setzte Kurs auf den
Konvoi ab. Um 01.43 Uhr gewann das Asdic-Gerät dabei auf
1800 m erneut einen Kontakt. Die *Anemone* drehte in die Richtung
der Peilung ein. Wieder wurde um 01.47 Uhr ein Teppich mit 10
Wasserbomben, die auf 45 und 120 m eingestellt waren, geworfen.
Danach ging der Kontakt endgültig verloren, und die *Anemone*
nahm wieder Kurs auf den Konvoi.

8.13 Der Angriff von U 435

Während dieser Aktionen hatte das nächste deutsche U-Boot, *U 435*
unter Kptlt. Strelow, eine günstige Angriffsposition an der Backbordseite des Konvois erreicht. Die *Anemone* jagte noch Backbord
achteraus ihr U-Boot, während die *Volunteer* nach den beiden ersten Schlägen ihrer Operation »Raspberry« wieder auf die Position
M zuhielt. Hinter der *Volunteer* stieß *U 435* vor und feuerte auf
große Entfernung um 00.22 Uhr einen FAT-Zweierfächer gegen
einen Tanker von 7000 BRT. Um 00.30 Uhr traf der Torpedo den
in Position 22 marschierenden Frachter *William Eustis* an der Backbordseite. Weder hatte das Schiff Gelegenheit, eine Notmeldung abzugeben, noch konnte es Notraketen schießen. Es bekam sofort
Schlagseite und sackte achteraus, ohne daß man es im Konvoi zunächst bemerkte. In diesem Moment entschloß sich LtCdr. Luther,
der gerade seine Position M wieder erreicht hatte, um 00.31 Uhr mit
der *Volunteer* einen »sweep« achteraus vom Konvoi zu machen, um
hier auflaufende U-Boote abzudrängen. Das erschien notwendig,
weil die beiden in den achteren Sektoren aufgestellten Korvetten
Anemone und *Pennywort* bei der Verfolgung des U-Bootes und bei
der Bergung der Überlebenden der *James Oglethorpe* zurückgeblie-

ben waren und die *Beverley* ihre Position noch nicht wieder erreicht hatte. Bei diesem »sweep« traf die *Volunteer* auf das Wrack der *William Eustis*, die stark Dampf abblies, während die Besatzung in die Boote ging. Nach einer Operation »Observant« begann die *Volunteer* um 01.20 Uhr die Bergungsoperation, die sich besonders schwierig gestaltete, weil ein großer Teil der Besatzung im Wasser schwamm und bereits weit verstreut war.

LtCdr. Luther stand nun vor einer schwierigen Entscheidung. Er wußte nicht, ob die *Beverley* inzwischen den Konvoi und ihre Position wieder erreicht hatte und ob die *Pennywort* noch bei ihrer Bergungsoperation war. Daß die *Anemone* noch nicht aufgeschlossen hatte, war aus den Wasserbombendetonationen achteraus klar, doch wußte Luther auch nicht, ob die *Mansfield* bereits wieder in der Nähe stand. So konnte er den Vorschlag des zuletzt geborgenen leitenden Ingenieurs und des Kapitäns der *William Eustis,* bis zum Morgen zu warten und den Versuch zu machen, das beschädigte Schiff zu bergen, nicht aufgreifen. Da das Schicksal der Schiffspapiere nicht klar war, mußte er sich entschließen, den Dampfer zu versenken. So lief er dicht neben das Schiff und feuerte eine Salve von vier flach eingestellten Wasserbomben unter den Rumpf des Schiffes. Luft entwich pfeifend aus dem achteren Luk, und man konnte auch Schottenbrechen im Schiffsinneren hören. Als die *Volunteer* das Schiff verließ, schien es mit dem Heck abzusinken, und unter der Brücke war ein Feuer ausgebrochen. Es war 02.50 Uhr, als die *Volunteer* mit 20 kn wieder hinter dem Konvoi herlief.

8.14 Die Angriffe von U 435 und U 91

Für eine gute Stunde war nur noch die *Beverley* als Geleitfahrzeug am Konvoi. Um 02.30 Uhr traf dann die *Mansfield* ein und übernahm zunächst wie befohlen die hinter dem Konvoi liegende Position S. Kurz darauf erhielt sie aber von LtCdr. Rodney Price, dem nun dienstältesten Kommandanten der *Beverley,* den Befehl, die Backbordseite zu decken, während die *Beverley* die Steuerbordseite übernahm.

Doch hatten inzwischen von Backbord und Steuerbord voraus zwei U-Boote ihre Angriffe angesetzt. *U 435,* das nach seinem ersten An-

DIE ANGRIFFE GEGEN DEN HX.229
IN DER NACHT VOM 16. ZUM 17.März 1943

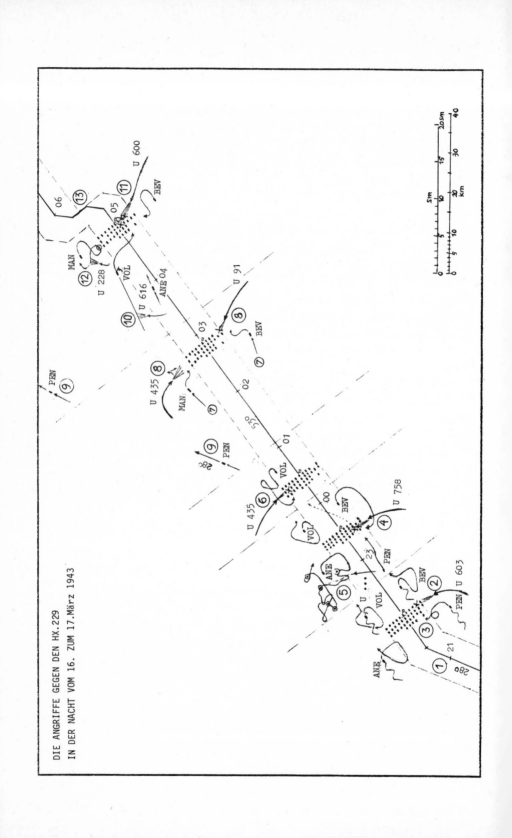

Die Angriffe gegen den HX.229 in der Nacht vom 16. zum 17. März 1943

1	16.3./21.05	Eingang der neuen Kursanweisung vom COMINCH: Commodore läßt den Konvoi auf neuen Kurs 53° gehen. *Wetter:* Vollmond, gute Sicht (vom U-Boot gegen Handelsschiff etwa 9 sm), Wind Nord 2, Dünung Nordnordwest 1—2.
2	16.3./22.00	1. Angriff: *U 600* feuert 4 Torpedos, Treffer auf No. 101 *Elin K.*, sinkt in 4 Minuten. S.O.E. befiehlt »1/2 Raspberry« (ohne Beleuchtung).
3		Korvette *Pennywort* bis 23.15 Bergung Überlebender.
4	16.3./23.20	2. Angriff: *U 758* feuert 4 Torpedos, Treffer auf No. 103 *Zaanland* und No. 93 *James Oglethorpe*, beide zunächst liegengeblieben. S.O.E. befiehlt »1/2 Raspberry«. *Beverley* rettet Überlebende.
5	16.3./23.55	Bei »1/2 Raspberry« sichtet *Anemone* optisch *U 664*, das taucht und nach Asdic-Ortung bis 01.47 in mehreren Anläufen mit Wabos belegt wird.
6	17.3./00.20	*Wetter:* Vollmond, teilweise durch Wolken verdeckt, Sicht etwa 5 sm, Wind auffrischend auf 5 und drehend auf Nordost, Seegang zunehmend 2—3.
7	17.3./02.30	3. Angriff: *U 435* feuert 2 FAT-Torpedos, Treffer auf No. 22 *William Eustis*. Derzeit einziges Geleitfahrzeug *Volunteer* bemerkt Havaristen erst bei Stichfahrt achteraus, Bergung Überlebender, Befehl an andere Escorts, baldmöglichst aufzuschließen. *Volunteer* folgt um 02.50. *Mansfield* und *Beverley* sind wieder am Konvoi.
8	17.3./02.30	4. Angriff: Gleichzeitiger Anlauf von *U 435* von Backbord, 4 Torpedos aus zu großer Entfernung, keine Treffer. *U 91* von Steuerbord, 4 Torpedos, 2 Treffer auf No. 111 *Harry Luckenbach*, die sofort sinkt. U-Bootsuche der Zerstörer erfolglos.
9	17.3./02.30	Korvette *Pennywort* folgt dem Konvoi auf falschem Kurs, da Kursänderung auf 53° nicht erfaßt.
10	17.3./04.18	*U 616* greift einzelnen Zerstörer *Volunteer* erfolglos an.
11	17.3./04.50	5. Angriff: *U 600* feuert 4 Bug- und 1 Heck-Torpedo. 1 Treffer auf No. 91 *Nariva*, 2 Treffer auf No. 81 *Irenée du Pont*, 1 Treffer auf No. 72 *Southern Princess*. No. 72 sinkt, die beiden anderen bleiben liegen. U-Bootsuche der Zerstörer zunächst erfolglos, dann belegt *Mansfield* eine Asdic-Ortung mit Wabos.
12	17.3./05.34	*U 228* verfehlt den Zerstörer *Mansfield* mit einem Dreierfächer.
13	17.3./05.00	Commodore befiehlt auf Bitte der S.O.E. einen zweimaligen »emergency turn« um 45° nach Backbord und anschließendes Zurückgehen auf den Generalkurs.
Abkürzungen:		VOL = Führerboot Zerstörer *Volunteer* BEV = Zerstörer *Beverley* MAN = Zerstörer *Mansfield* ANE = Korvette *Anemone* PEN = Korvette *Pennywort*

griff die *Volunteer* ausmanövriert hatte, ohne bemerkt zu werden, war mit hoher Fahrt nachgestoßen und hatte dabei seine Torpedorohre nachgeladen. Um 02.30 Uhr schoß Kptlt. Strelow zunächst einen FAT-Zweierfächer auf einen Frachter von 7000 BRT, um 02.32 Uhr einen G7e gegen einen Frachter von 6000 BRT und eine Minute später einen weiteren gegen einen Frachter von 4500 BRT. Nach Laufzeiten von 3 Minuten 38 Sekunden bis 3 Minuten 40 Sekunden horchte man auf *U 435* mehrere Detonationen und nahm auf Grund der Beobachtungen an, die beiden letzten Schiffe versenkt und das erste torpediert zu haben. Tatsächlich jedoch hatte zu diesem Zeitpunkt *U 91* (Kptlt. Walkerling) von Steuerbord vorn eine Schußposition etwa 1800 m von dem Steuerbordflügelschiff des Konvois erreicht. Es feuerte zunächst um 02.37 Uhr einen Zweierfächer auf einen Dampfer von 8000 BRT und horchte nach 120 Sekunden zwei dumpfe Detonationen. Um 02.41 Uhr schoß es einen weiteren Zweierfächer gegen einen Frachter mit Doppelmasten vom Typ *Beaverdale* von 10 000 BRT. Nach 83 Sekunden wurden erneut zwei heftige Detonationen beobachtet, und am Achterschiff waren zwei deutliche Sprengsäulen zu erkennen. Das Schiff sackte nach der Beobachtung des U-Bootes in 4 Minuten über den Achtersteven weg. Tatsächlich hat zu dieser Zeit nur ein Schiff, die in Position 111 marschierende amerikanische *Harry Luckenbach*, mehrere Treffer an der Steuerbordseite erhalten und ist schnell gesunken. Die von *U 435* beobachteten Detonationen müssen die der Torpedos von *U 91* gewesen sein. Ein um 02.55 Uhr von *U 435* losgemachter G7e aus dem Heckrohr blieb unbemerkt, obgleich Kptlt. Strelow glaubte, einem 7000-BRT-Tanker getroffen und versenkt zu haben.

Merkwürdig ist allerdings, daß *U 91* bei der guten Sicht und der Entfernung von nur 1280 m vom Ziel bei den letzten Treffern eindeutig zwei Schiffe torpediert meldete und daß auch die erste Funkmeldung der *Beverley* um 02.59 Uhr von zwei torpedierten Schiffen sprach.

Weder die *Mansfield* noch die *Beverley* konnten bei ihrer Suche Kontakt zu den U-Booten gewinnen. Um 03.20 Uhr sichtete die *Beverley* 3 sm achteraus vom Konvoi mehrere Boote mit Überlebenden. Doch ließ die *Beverley* die Boote zurück in der Annahme, daß die von achtern auflaufenden *Volunteer* und *Anemone* sie schon finden und bergen würden. Über Sprechfunk gab LtCdr. Rodney Price der *Mansfield* den Befehl, die Position P Backbord querab einzunehmen, während er selbst auf die Position F Steuerbord querab ging.

Achteraus vom Konvoi hatte die *Anemone* zunächst um 02.25 Uhr zwei Radarechos in 7 sm Entfernung aufgefaßt. Beim Herankommen erkannte sie die Echos als einen torpedierten Havaristen mit der zur Unterstützung dabei liegenden *Pennywort*. Da Hilfe nicht nötig war, setzte die *Anemone* die Fahrt fort. Um 02.50 Uhr passierte sie die leeren Flöße und Rettungsboote der *William Eustis* und wurde von der *Volunteer*, die noch in der Nähe stand, informiert, daß die Überlebenden bereits aufgenommen seien. So folgte die *Anemone* um 03.10 Uhr der *Volunteer* in Richtung auf den Konvoi. Die *Volunteer* passierte um 04.20 Uhr drei Boote mit Schiffbrüchigen der *Harry Luckenbach*, welche die *Beverley* 40 Minuten vorher gemeldet hatte. Da LtCdr. Luther möglichst schnell wieder an den Konvoi herankommen wollte, gab er der *Anemone* den Befehl, die Schiffbrüchigen zu bergen und setzte den Marsch zum Konvoi fort. Dabei wurde der Zerstörer um 04.18 Uhr von *U 616* (Oblt. z. S. Koitschka) bemerkt. Das Boot konnte auf 1500 m in einer günstigen Schußposition einen Viererfächer losmachen. Doch hat es offenbar die Fahrt des Zerstörers unterschätzt, so daß die Torpedos achteraus vorbeiliefen. Der Zerstörer bemerkte den Angriff weder mit seinem Radargerät, noch sichtete er den einen Oberflächenläufer des Fächers.

Lt. Stuart auf der *Pennywort* hatte sich nach Eingang der Meldung der *Beverley* über den Angriff um 02.50 Uhr entschlossen, mit höchster Marschfahrt den Konvoi zu erreichen, als die *James Oglethorpe* schwimmfähig blieb. Etwa 5 sm nördlich sichtete die *Pennywort* die hoch aus dem Wasser liegende und offenbar in einem bergungsfähigen Zustand befindliche *William Eustis*. Wegen des intensiven Funk- und Sprechfunkverkehrs konnte die *Pennywort* ihre Anfrage, ob sie bei den zwei schwimmenden Schiffen und den gesichteten Rettungsbooten bleiben sollte, erst gegen 05.00 Uhr durchbringen und erhielt daraufhin von der *Volunteer* den Befehl, so schnell wie möglich aufzuschließen, denn gerade war ein neuer Angriff erfolgt.

Um 04.56 Uhr, gerade als die *Volunteer* ihre Position hinter dem Konvoi erreicht hatte, feuerte von Steuerbord voraus *U 600* (Kptlt. Zurmühlen) unbemerkt einen Vierer-FAT-Fächer in den Konvoi, drehte dann ab und schoß noch einen Hecktorpedo hinterher. In schneller Folge wurden die in Position 91 laufende *Nariva* von einem Torpedo, die in Position 81 marschierende *Irenée du Pont* von zwei Torpedos und das in Position 72 fahrende Walfangmutterschiff *Southern Princess* von einem Torpedo an der Steuerbordseite getroffen. Alle drei Schiffe blieben liegen. LtCdr. Luther ließ die *Mansfield* und *Beverley* jeweils ihre Seiten des Konvois absuchen (»sweep down«) und stieß selbst hinter dem Konvoi auf die Backbordseite vor. Um 05.17 Uhr fand die *Mansfield* einen Asdic-Kontakt und warf einige Wasserbomben, doch stand zu dieser Zeit vermutlich kein U-Boot in dem Sektor. Als bis um 05.35 Uhr keine weiteren Ergebnisse der Suche eingingen, gab LtCdr. Luther der *Mansfield* den Befehl, um die drei Wracks Operation »Observant« durchzuführen und dann Überlebende zu bergen. Er selbst ging mit der *Volunteer* in die Position P an Backbordseite, während die *Beverley* wieder in Position F an Steuerbordseite marschierte. Die *Anemone* und *Pennywort* erhielten Befehl, achteraus bei der Bergung zu helfen.

Zu diesem Zeitpunkt hatte der Konvoi-Commodore keinerlei Nachrichten oder Anregungen von den Geleitfahrzeugen bekommen und konnte seinerseits auch deren Bewegungen nicht verfolgen. Ihm war nur so viel bekannt, daß einige von ihnen achteraus nach Überlebenden suchten. Er selbst nahm an, daß die U-Boote auf der Vormarschlinie des Konvois ausgelegt seien und daß er etwas tun müsse, um sie abzuschütteln. Er wartete eine kurze Zeit, bis er annehmen konnte, daß die hin- und herpreschenden Zerstörer die U-Boote unter Wasser gedrückt hatten und gab um 05.15 Uhr den Befehl zu einem »emergency turn« um 45° nach Backbord, der nur mit Geräuschsignalen befohlen wurde. Um 05.30 Uhr folgte ein weiterer »emergency turn« nach Backbord. Um 05.45 Uhr mußte er jedoch auf den Generalkurs 53° in zwei Wendungen zurückdrehen, um Kollisionen zu vermeiden, da offensichtlich einige Schiffe die Signale nicht gehört oder verstanden hatten. Während die *Mansfield* an die drei Havaristen heranzugehen versuchte, scheint *U 228*,

Am Tage vor dem Auslaufen des Konvois versammeln sich die Kapitäne der Handelsschiffe zur »Convoy Conference«. Sie erhalten dabei ihre allgemeinen Weisungen für das Verhalten im Konvoi, die gültigen Signal- und Funkanweisungen sowie die Codeunterlagen. Es werden ihnen die jeweiligen Positionen im Konvoi zugeteilt. Der Convoy Commodore (in der Mitte stehend), gibt »seinen« Kapitänen die notwendigen Verhaltensmaßregeln und erläutert seine beabsichtigte Taktik in den denkbaren Fällen.
Foto: Imperial War Museum

DER KONVOI LÄUFT AUS

Die Korvetten der Western Local Escort Group North laufen von Halifax aus, um die Western Local Escort Group/South auf dem HOMP abzulösen. In der Mitte HMCS. KAMSACK, die zur WLN-Escort Group am HX. 229A gehörte.
Foto: Royal Canadian Navy

Auf dem WESTOMP löst die Ocean Escort Group, die von St. John's auf Neufundland ausgelaufen ist, die WLN-Escort Group ab. Rechts das Führerboot der WLN-Group, der »Flushdeck«-Zerstörer HMCS. HAMILTON, dessen Kutter die Papiere des Konvois an den Führer der Ocean Escort Group auf dem Zerstörer HMCS. OTTAWA (links) überbringt.
Foto: Royal Canadian Navy

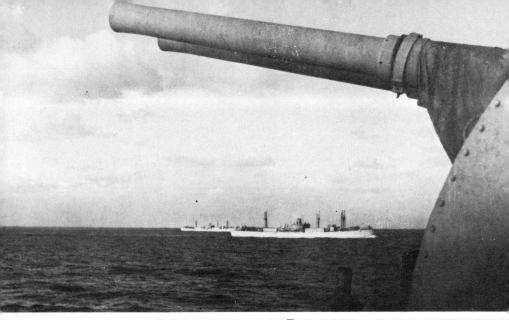

Zwei »Liberty«-Schiffe eines Konvois bei ruhiger See und guter Sicht unter der 10,2-cm-Doppelflak einer britischen Sloop. Sie bildeten das Rückgrat der auf den nach Süden führenden Routen eingesetzten Escort-Groups 37, 38, 39, 40, 42 und 44, die besonders mit den deutschen FW-200-Condor-Fernaufklärern zu rechnen hatten.
Foto: Archiv BfZ

DER KONVOI IN SEE

Von der Brücke eines Geleitfahrzeuges beobachteten Kommandant und Wachoffizier den im Dunst verschwindenden Konvoi.
Foto: Sammlung A. Watts

Im Nebel, wie er besonders im Gebiet der Neufundland-Bank oft auftrat, konnten sich die Schiffe bedrohlich nahe kommen. Hinter dem Heck eines modernen Frachters mit seiner 10,2-cm-Seezielkanone und einer Flak einer der in den SC-Konvois noch häufig auftretenden »Hog Island«-Frachter des Ersten Weltkrieges.
Foto: Archiv BfZ

Bei diesem im Nordatlantik häufigen Wetter war das Leben auf den kleinen und räumlich sehr beengten Korvetten, die durchweg vom Matrosen und Heizer bis zum Kommandanten von Reservisten bemannt waren, sehr anstrengend.
Foto: Royal Canadian Navy

Blick aus einem »Sunderland«-Flugboot der Luftsicherung auf einen HX-Konvoi. Im Vordergrund große Passagierfrachter, rechts dahinter mehrere Tanker, die meist die sicheren Plätze in der Mitte des Konvois erhielten.
Foto: Imperial War Museum

Ein Sicherungs-Flugzeug überfliegt das Führerboot der EG. B.4, den Zerstörer HMS. HIGHLANDER. Auf der Back anstelle des ersten 12-cm-Geschützes der »Hedgehog«-Starter, auf der Brücke das Typ 271M Radar, achtern der HF/DF-Mast.
Foto: Sammlung A. Watts

Das Rettungsschiff RATHLIN, eines der kleinen Schiffe, die 1941/42 umgebaut worden waren. Sie erhielten Unterkünfte und Lazaretträume für Schiffbrüchige, besondere Bergungseinrichtungen und auch zum Teil FH. 3 Kurzwellenpeiler, dessen Antenne hier am achteren Masttop zu erkennen ist.
Foto: Archiv BfZ

HMT. NORTHERN PRIDE, einer der »Anti-Submarine-Trawler«, die ab 1942 meist den Konvois als »Rescue Trawler« zugeteilt wurden, die über kein spezielles Rettungsschiff verfügten. Ähnlich sah die am SC.122 im Sturm leckgeschlagene und gesunkene CAMPOBELLO aus.
Foto: Imperial War Museum

DIE LUFTSICHERUNG DER KONVOIS

Ein Teil der über dem Nordatlantik eingesetzten Squadrons des Coastal Command der Royal Air Force, der Royal Canadian Air Force und der U. S. Navy waren mit Flugbooten ausgerüstet. Die seit 1933 für die U. S. Navy entwickelte Consolidated PBY »Catalina« wurde z. B. von der U. S. Navy-Squadron 84 auf Island und unter der Bezeichnung »Canso« von der RCAF auf Neufundland (Bild) geflogen.
Foto: Archiv BfZ

Im Jahr 1939 hatte die gleiche U. S. Firma Consolidated mit dem Bau eines Bombers B-24 »Liberator« für die U. S. Army Air Force begonnen. Weiteren Aufträgen für die U.S.A.A.F., die französische Luftwaffe und die RAF folgte 1941 ein Auftrag für 20 »Liberator's« für das RAF-Coastal Command. Mit diesen »Liberator I« wurde ab Anfang 1943 die Squadron 120 als erste ausgerüstet, die teils in Ballykelly in Nordirland, teils in Reykjavik auf Island stationiert war. Diese Squadron mit ihren mit dem 1,45-m-ASV-II-Radar (s. Bild) ausgerüsteten »Liberator I« hatte Anfang 1943 die größte Reichweite aller Staffeln und spielte die größte Rolle bei der Schließung des »Air Gap« im Nordatlantik.
Foto: Royal Air Force

Erst ab Februar 1943 wurden die ersten mit dem 9-cm-Radar H2S (Rotterdam-Gerät) ausgerüsteten amerikanischen »Liberators« der U.S.A.A.F.-Anti Submarine Squadrons 1 und 2 über der Biskaya eingesetzt. Unter dem Rumpf ist der Radom zu erkennen. Vom Sommer 1943 an erhielten auch die »Liberators« auf den Konvoi-Routen diese Radargeräte, deren Leistungsfähigkeit damit wesentlich erhöht wurde.
Foto: Archiv BfZ

Unter der Tragfläche eines amerikanischen Sicherungs-Flugzeuges ein Nordatlantik-Konvoi.
Foto: Imperial War Museum

Ein Sicherungs-Flugzeug wirft im Überflug Wasserbomben auf ein U-Boot. Links die Garbe des Bordwaffen-Beschusses.
Foto: Archiv BfZ

Oblt. Christophersen, den Zerstörer mit einem Dreierfächer angegriffen zu haben, der jedoch fehlging. Obgleich die Entfernung bis auf 1240 m herunterging, hat der Zerstörer auch in dieser Situation das U-Boot nicht bemerkt. Bei einer Bewölkung von 9/10 betrug die Sicht zu dieser Zeit 6 sm. Es wehte ein Wind Nordnordost 4, und es stand eine mittlere Dünung in Stärke 3.

Die Lagebeurteilung der Geleitfahrzeuge geht am besten aus einem Absatz des Berichtes von LtCdr. Luther hervor:

»The outlook at this time was not encouraging with the possibility of more attacks to come and so few escorts avaiable to deal with them. I ordered escorts to act offensively by making frequent dashes outwards at high speed dropping occasional single depth charges in the hope that it might deter an intending attacker. No more attacks did, however, take place and dawn broke on a somewhat decimated Convoy and a scattered and rather embittered escort who felt that they had been beaten by facts outside their control and by pure weight of numbers.«

Um 06.35 Uhr ortete die 4000 m Steuerbord querab vom Konvoi marschierende *Beverley* zum ersten Mal mit ihrem Radargerät auf etwa 3000 m Steuerbord achteraus ein U-Boot. Während sie auf das U-Boot zudrehte, wurde die Fahrt auf 15 kn erhöht, dann jedoch wieder auf 12 kn vermindert, um keine Bugwelle zu zeigen, während sie auf das U-Boot in 2400 m Entfernung zulief. Nach etwa 1200 m ging der Radarkontakt verloren, jedoch wurde vom Asdic das inzwischen getauchte U-Boot aufgefaßt, das nach Backbord aus dem Kurs des anlaufenden Zerstörers auszubrechen versuchte. Während der Zerstörer nachdrehte, ging das U-Boot mit einer scharfen Kursänderung nach Steuerbord und geriet so innerhalb des Drehkreises des Zerstörers. In der Nähe des vermutlichen Standortes des U-Bootes feuerte die *Beverley* ihren Wasserbombenteppich. Die Wasserbomben von den je zwei Werfern an Steuerbord und Backbord waren auf 15 und 45 m eingestellt, die je drei schweren Wasserbomben von den Ablaufgestellen achtern auf 15 m. Die Backbordablaufgestelle waren jedoch blockiert durch die starken Bewegungen im Seegang einige Tage zuvor, so daß nur sieben Wasserbomben geworden werden konnten. Die späteren Versuche, wieder Asdic-Kontakt zum U-Boot zu gewinnen, schlugen fehl, und um 07.21 Uhr drehte die *Beverley* ab, um wieder zum Konvoi zurückzukehren.

Achteraus hatte die *Pennywort* um kurz nach 05.00 Uhr befehls-
gemäß die beiden Havaristen verlassen. Die von ihrem Kapitän
und 30 an Bord gebliebenen Besatzungsangehörigen wieder in Fahrt
gebrachte *James Oglethorpe* schloß an die brennende *William
Eustis* heran. Um 07.00 Uhr hatte *U 91* einen brennenden Havaristen in Sicht bekommen und beobachtete kurz darauf einen an
der Steuerbordseite des Schiffes auflaufenden Frachter. Um 07.39
Uhr feuerte *U 91* auf rund 3200 m einen Dreierfächer auf die
sich nahezu überlappenden Schiffe. Die *James Oglethorpe* wurde
nach 3 Minuten 30 Sekunden von zwei Torpedos achtern und mittschiffs getroffen. Das Schiff stoppte und qualmte stark weiß, bekam
bald starke Schlagseite und sank langsam tiefer. Der dritte Torpedo
traf nach 3 Minuten 40 Sekunden die etwa 150 m weiter ab liegende
William Eustis. Eine laute Detonation mit nachfolgender Explosion
und hoher Stichflamme sowie starker Rauchentwicklung wurde beobachtet, doch sackte auch dieses Schiff nur langsam tiefer, bis es
um 10.13 Uhr endgültig sank. Die *James Oglethorpe* ging um 14.00
Uhr unter.

Als nach dem letzten U-Bootangriff die drei Schiffe *Nariva, Irenée
du Pont* und *Southern Princess* schwer getroffen liegen blieben,
entschloß sich der Kapitän der in Position 84 fahrenden *Tekoa*
(Capt. Hocken), mit seinem Schiff zur Bergung Überlebender zu-
rückzubleiben, um damit die schwachen Geleitkräfte des Konvois
von dieser Aufgabe zu entlasten. Die *Tekoa* konnte bis zum Hellwerden 138 Überlebende der *Irenée du Pont* und der *Southern
Princess* bergen. Um 05.15 Uhr bekam die von achtern auflaufende
Korvette *Anemone* in 8 sm voraus einen Radarkontakt. Zuerst erkannte sie ein brennendes Schiff. Beim Näherkommen stellte man
fest, daß es vier Schiffe waren und zahlreiche Boote und Flöße
im Wasser trieben. Die Korvette führte um 05.45 Uhr zunächst
eine Operation »Observant« durch und stoppte dann, um Überlebende zu bergen. Vier Bootsladungen von Schiffbrüchigen von
der *Nariva* wurden an Bord genommen. Zahlreiche weitere Boote
in der Nähe waren jedoch leer. LtCdr. King entschloß sich, bis
zum Tageslicht zu warten, da alle vier Schiffe noch schwammen.
Die *Southern Princess* brannte im Vorschiff bis zur Brücke sehr
stark. Erst bei Tageslicht erkannte die *Anemone,* daß eines

der Schiffe, die *Tekoa*, nicht torpediert war, sondern zur Bergung von Überlebenden zurückgeblieben war. Sie erhielt von der inzwischen auch eingetroffenen *Mansfield* den Befehl, zum Konvoi aufzuschließen.

Währenddessen versuchte die *Anemone*, den Zustand der noch schwimmenden *Nariva* zu untersuchen. Um ihre Bergungsmöglichkeit festzustellen, gingen der Kapitän und der Leitende Ingenieur an Bord. Bei ihrer Rückkehr meldeten sie, daß die Kessel leer und die Wasserleitungen teilweise gebrochen seien. Außerdem sei das vordere Deck teilweise überspült und das Schiff am Bug in Brand. Sie schienen es nicht für möglich zu halten, Dampf aufzumachen. Da auch alle Boote verloren waren, hatte die Besatzung keine große Meinung, wieder an Bord zu gehen. Darüber hinaus konnte auch kein weiteres Geleitfahrzeug beim Konvoi entbehrt werden. Nachdem die *Anemone* die Situation an die *Mansfield* gemeldet hatte, befahl LtCdr. Hill, die Schiffe zu versenken. Um 09.30 Uhr kenterte die *Southern Princess* und blieb zunächst mit dem Schiffsboden nach oben eine halbe Stunde schwimmen, ehe sie ganz versank. Die beiden Geleitfahrzeuge feuerten einige Schuß 10,2 cm in die Wasserlinien der *Nariva* und *Irenée du Pont* und außerdem im Vorbeifahren je eine Wasserbombe unter jedes Schiff. Beide schienen langsam zu sinken, so daß die Geleitfahrzeuge um 11.15 Uhr mit Kurs 53° und 14 kn hinter dem etwa 60 sm voraus befindlichen Konvoi herliefen. Die *Anemone* hatte 94 Überlebende, die gesamte Besatzung der *Nariva*, an Bord, die *Mansfield* weitere.

Am Nachmittag traf das von achtern auflaufende *U 91* auch auf diese beiden Wracks und versenkte sie je mit einem Fangschuß. Um 15.08 Uhr gab das Boot eine entsprechende Funkmeldung an den BdU ab.

8.2 DER ERSTE ANGRIFF VON *U 338* GEGEN DEN SC.122

Der SC.122 war bis zum Dunkelwerden am Abend des 16. 3. der Entdeckung durch die U-Boote entgangen. Die meisten U-Boote der Gruppe »Stürmer«, die am Morgen auf den HX.229 angesetzt worden waren, liefen bereits südlich des Konvoikurses, während die erst am Nachmittag des 16. 3. angesetzten restlichen »Stürmer«- und die »Dränger«-Boote noch weiter ab standen. Der Konvoi mar-

DIE MARSCHORDNUNG DES KONVOIS SC.122

16.März 1943/nachmittags

L
A
B
M
LAVENDER
C
PIMPERNEL
DD
SWALE
N
D
O
E
F
BUTTERCUP
P
UPSHUR
G
Q
R
SAXIFRAGE
H
HAVELOCK
S
T
S
U
K
J
31 41 51 61 71 81 91 101 111 121 131
32 42 52 62 72 82 92 102 112 122 132
43 53 63 73 83 103 113 123 133
34 44 54 64 74 84 94 104 114 124 134
35 45 55 65 75 95 105 115

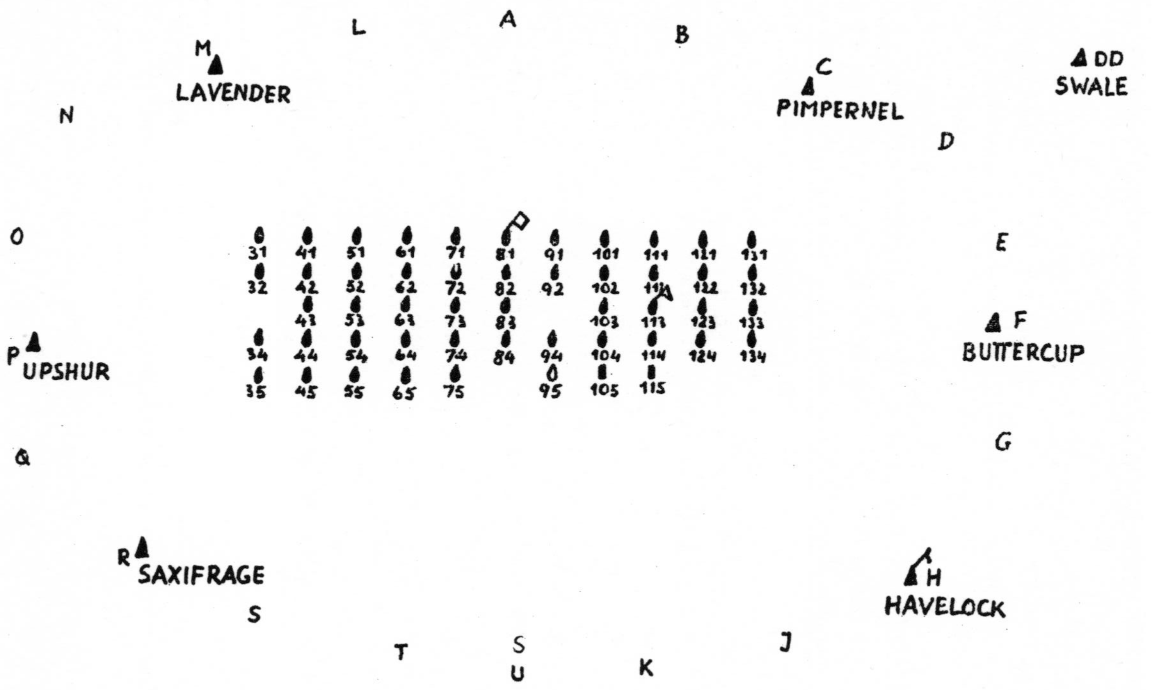

schierte mit einem Kurs von 66° und einer Geschwindigkeit von 7 kn in einer wieder gut aufgeschlossenen Formation von 50 Schiffen in 11 Kolonnen. Der Commodore, Capt. S. N. White, RNR, befand sich auf dem Frachter *Glenapp* in Position 81 in der Mitte des Konvois. Die folgende Übersicht gibt die Marschordnung des Konvois wieder.

Marschordnung des Konvois SC.122
vor Beginn der Angriffe am Abend des 16. 3.

35 brit S/S *Vinriver* Clyde	34 isl S/S *Fjallfoss* Reykjavik	33 straggler	32 amer S/S *Cartago* Reykjavik	31 norw S/S *Askepot* Reykjavik
45 jugo S/S *Franka* Loch Ewe	44 brit S/S *Carso* Loch Ewe	43 isl S/S *Godafoss* Reykjavik	42 brit S/S *Ogmore Castle* Loch Ewe	41 norw S/S *Granville* Reykjavik
55 holl S/S *Parkhaven* Loch Ewe	54 schwed S/S *Atland* Loch Ewe	53 brit S/S *Baron Semple* Belfast?	52 brit S/S *King Gruffydd* Loch Ewe	51 brit S/S *Kingsbury* Loch Ewe
65 brit S/S *Drakepool* Loch Ewe	64 brit S/T *Beacon Oil* Clyde	63 brit M/S *Innesmoor* Loch Ewe	62 brit S/T *Empire Galahad* United Kingdom	61 holl S/S *Alderamin* Loch Ewe
75 brit S/S *Aymeric* Loch Ewe	74 brit S/S *Baron Elgin* Loch Ewe	73 brit S/S *Bridgepool* Loch Ewe	72 brit S/T *Christian Holm* United Kingdom	71 brit S/S *Baron Stranrear* Loch Ewe
	84 brit S/S *Zouave* Loch Ewe	83 brit S/S *Reaveley* Mersey	82 brit M/T *Benedick* Clyde	81 brit M/S *Glenapp* Mersey
95 brit Resc *Zamalek* Greenock	94 brit S/S *Orminister* Loch Ewe	93	92 brit S/S *Port Auckland* Mersey	91 brit S/S *Historian* Mersey
105 amer LST *LST 365* United Kingdom	104 brit S/S *Badjestan* Glasgow	103 brit S/S *Filleigh* Mersey	102 brit S/T *Gloxinia* Mersey	101 brit M/S *Losada* Mersey
115 amer LST *LST 305* United Kingdom	114 schwed S/S *Porjus* Mersey	113 brit S/S *Boston City* Belfast	112 brit S/T *Shirvan* Belfast	111 brit S/S *Empire Dunstan* Mersey
	124 brit S/S *Fort Cedar Lake* Belfast	123 pan S/S *Bonita* United Kingdom	122 amer S/T *Vistula* Belfast	121 brit S/S *Dolius* Belfast
	134 holl M/S *Kedoe* Belfast	133 brit S/S *Helencrest* Mersey	132 griech S/S *Carras* Belfast	131 brit S/S *Empire Morn* Belfast

Marschordnung des Konvois SC.122
vor Beginn der Angriffe am Abend des 16. 3.

Convoy Commodore:	81 *Glenapp*	*Ocean Escort Group B.5*
Vice Commodore:	113 *Boston City*	Task Unit 24.1.19
Escort Oiler:	82 *Benedick*	Zerstörer HMS. *Havelock*
Standby Oiler:	72 *Christian Holm*	Fregatte HMS. *Swale*
		Korvette HMS. *Lavender*
		Korvette HMS. *Pimpernel*
		Korvette HMS. *Buttercup*
		Korvette HMS. *Saxifrage*
		(Korvette HMS. *Godetia* – straggler)
		Task Unit 24.16.
		Zerstörer USS. *Upshur*

Die Geleitfahrzeuge der Escort Group B.5 hatten die Nachtsicherungsformation NE.6 eingenommen. Der Führerzerstörer *Havelock* (Cdr. R. C. Boyle, RN) marschierte in Position H, die vier Korvetten *Pimpernel* (Lt. H. D. Hayes, RNR) in C, *Buttercup* (LtCdr. J. C. Dawson, RNR), in F, *Saxifrage* (Lt. M. L. Knight, RNR), in R und *Lavender* (Lt. L. G. Pilcher, RNR) in M. Der der Gruppe zugeteilte amerikanische Zerstörer *Upshur* (Cdr. G. McCabe, USN) hatte die Position P besetzt. Diese Fahrzeuge hielten einen Abstand von rund 4000 m von den jeweils nächsten Schiffen des Konvois ein und liefen leichte Zickzackkurse. Die Fregatte *Swale* (LtCdr. J. Jackson, RNR) war auf die Position DD etwa 7500 m nach Steuerbord vorgeschoben. Die Korvette *Godetia* (Lt. M. A. F. Larose, RNR) lief nach der Bergung der Besatzung der *Campobello* noch von achtern auf. Im Gegensatz zu dem Konvoi HX.229 besaß der SC.122 ein speziell ausgerüstetes Rettungsschiff *Zamalek,* das am Schluß in der Mitte des Konvois auf Position 95 marschierte. Die *Havelock* und die *Zamalek* waren mit einem HF/DF-Peiler ausgerüstet.

Kurz nach 02.00 Uhr bekam *U 338* (Kptlt. Kinzel), das mit südlichem Kurs dem erkoppelten Treffpunkt mit dem HX.229 zustrebte, Steuerbord voraus in großer Entfernung Schatten in Sicht. Es herrschte eine Bewölkung von 7/10, doch war es durch den hoch stehenden Mond recht hell, und die Sicht betrug 12 sm. Bei einem schwachen Wind aus Nordnordwest mit Stärke 2 bis 3 lief eine leichte Dünung aus Westen mit Stärke 1 bis 2. Bald darauf konnte Kptlt. Kinzel einen mit breiter Front direkt auf das U-Boot zulaufenden Konvoi erkennen. Er ging mit der Fahrt herunter, um sich unbemerkt zwischen zwei deutlich erkennbaren, vor dem Konvoi laufenden Geleitfahrzeugen hindurchsacken zu lassen. Erst unmittelbar vor seinem Angriff setzte er um 02.00 Uhr ein Fühlunghaltersignal ab. Dieses Signal wurde zwar von den HF/DF-Stationen der *Havelock* und *Zamalek* als Fühlunghaltersignal dicht vor dem Konvoi eingepeilt, doch war die entsprechende Warnung an die Geleitfahrzeuge erst in der Vorbereitung, als *U 338* bereits angriff.

Um 02.05 Uhr betrug die Entfernung zu den Schiffen noch etwa 1500 m, und Kptlt. Kinzel gab dem Ersten Wachoffizier, Lt. Zeissler, der — wie bei einem Überwasserangriff üblich — die Torpedowaffe leitete, Feuererlaubnis. Der erste Zweierfächer richtete sich gegen den an der Spitze der dritten Kolonne laufenden, auf 5000 BRT geschätzten Frachter. Es war die britische *Kingsbury* (4898 BRT) in Position 51. Nach einer Laufzeit von 110 Sekunden, was einer Laufstrecke von 1584 m entsprach, traf ein Torpedo. Kurz darauf wurde eine zweite Detonation gehört. Auf dem anvisierten Schiff beobachtete man eine 100 m hohe Sprengsäule; das Schiff bekam schnell starke Schlagseite nach Steuerbord und geriet in Brand. Im U-Boot nahm man an, daß beide Torpedos das gleiche Schiff getroffen hatten. Tatsächlich hatte der zweite Torpedo jedoch den in der Position 52 laufenden und etwas zu dicht aufgeschlossenen britischen Frachter *King Gruffydd* (5072 BRT) getroffen, der durch den in Position 61 laufenden Frachter für das U-Boot verdeckt war. Dieser »Viermastfrachter vom Typ *Empire Endurance*«, geschätzt auf 8500 BRT, war das Ziel für den nächsten Zweierfächer. Bei einer Entfernung von rund 800 m trafen beide Torpedos nach 60 Sekunden ihr Ziel. Der Dampfer brach in einer heftigen Explosion auseinander; Bug und Heck ragten kurze Zeit aus dem Wasser und sackten dann innerhalb von etwa 2 Minuten weg. Es war die niederländische *Alderamin* (7886 BRT). Im Abdrehen schoß *U 338* seinen Hecktorpedo gegen einen Frachter von 4000 BRT; vermutlich die in Position 71 laufende *Baron Stranrear*, die jedoch nicht getroffen wurde. Nur die *Kingsbury* konnte noch eine Funknotmeldung abgeben und feuerte offenbar auch zwei weiße Notraketen. Diese Raketen veranlaßten einen großen Teil der Handelsschiffe des Konvois, ihre »Snowflake«-Leuchtraketen abzufeuern, so daß der Konvoi hell erleuchtet war. Von der *Baron Stranrear* wurde in geringer Entfernung voraus das noch über Wasser be-

203

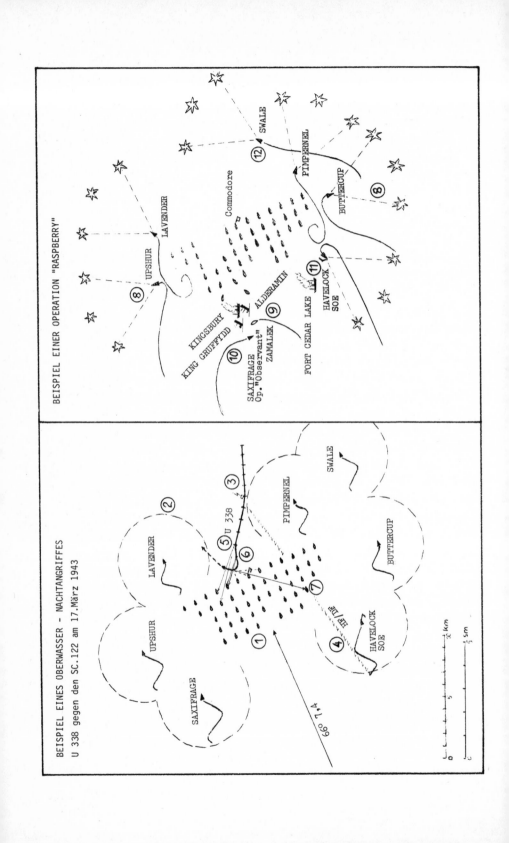

Beispiel eines Überwasser-Nachtangriffes: U 338 gegen den Konvoi SC.122 in der Nacht zum 17. März 1943

1		Marschformation des Konvois SC.122: 13 Kolonnen 1, 2, 5, 5, 5, 5, 4, 4, 5, 5, 4, 3, 2. Front des Konvois knapp 7 sm, Tiefe etwa 2,5 sm. Escorts etwa 4000 m vom nächsten Schiff des Konvois. *Wetter:* Vollmond, sehr gute Sicht (vom U-Boot zu Handelsschiffen etwa 12 sm), Wind West 2—3, auffrischend, Seegang 2 zunehmend.
2		Radar-Reichweite des Gerätes 271 M etwa bis zu 4000 m gegen U-Boote.
3	17. 3./02.01	U 338 läuft von vorn auf den Konvoi zu auf die Lücke zwischen den beiden vorderen Escorts (*Lavender* und *Pimpernel* etwa 12 000 m auseinander). Um 12.01 während der Anlaufs kurz vor dem Schluß Abgabe eines Fühlunghalter-signals.
4	17. 3./02.02	Fühlunghalter-Signal wird vom Führerboot der Escort Group, dem Zerstörer *Havelock*, mit HF/DF eingepeilt. Auswertung und Herausgabe einer Warnung ist in Vorbereitung, als
5	17. 3./02.05	U 338 aus den Bugrohren den ersten Zweier-Fächer losmacht gegen das Schiff auf Position 51 (Kolonne 1 fehlt). U-Boot beobachtet nach 110 sec (= 1584 m) eine, kurz darauf zweite Detonation. Sinken eines Schiffes beobachtet. Tats. 1 Treffer auf No. 51 *Kingsbury*, 1 Treffer auf No. 52 *King Gruffydd*.
6	17. 3./02.06	U 338 schießt zweiten Zweier-Fächer gegen Schiff auf Pos. 61. Nach 60 sec (= 864 m) zwei Treffer auf No. 61 *Alderamin* beobachtet, die sinkt.
7	17. 3./02.07	U 338 dreht ab und schießt Hecktorpedo gegen Schiff in Pos. 71 oder 81. Ziel verfehlt, Torpedo läuft durch Konvoi und trifft No. 124 *Fort Cedar Lake*. Von U 338 nicht bemerkt, da inzwischen wegen Beschuß durch No. 71, 81, 91 getaucht.
8	17. 3./02.07	Nach ersten Treffern werden weiße Not-Raketen abgefeuert. S.O.E. befiehlt »1/2 Raspberry«. Escorts drehen auf Konvoi zu, wenden in der Nähe der äußeren Schiffe und feuern Leuchtgranaten nach außen. Handelsschiffe starten »Snowflake«-Leuchtraketen. Gebiet des Konvois taghell erleuchtet, aber kein U-Boot zu erkennen, da U 338 inzwischen getaucht.
9	17. 3./02.15	*King Gruffydd* und *Alderamin* sinken, *Kingsbury* brennt. Rettungsschiff *Zamalek* geht an die Wracks heran, um Überlebende zu bergen.
10	17. 3./02.32	Korvette *Saxifrage* schließt nach Ende der Operation »1/2 Raspberry« heran und beginnt Operation »Observant« zur Sicherung der Bergungsaktion der *Zamalek*.
11	17. 3./02.40	*Havelock* entdeckt Wrack der *Fort Cedar Lake*.
12	17. 3./02.42	S.O.E. beordert die Fregatte *Swale* auf die Position A vor dem Konvoi.

findliche, jedoch gerade tauchende U-Boot gesichtet, und sowohl die *Baron Stranrear* als auch die *Glenapp* und die *Historian* eröffneten mit ihren Maschinenwaffen das Feuer auf das U-Boot. Die Leuchtraketen und die Leuchtspurgarben wurden von den voraus stehenden Geleitfahrzeugen beobachtet, die sofort in Richtung auf die Erscheinungen zudrehten. Wenige Sekunden später kam von Cdr. Boyle über Sprechfunk der Befehl an die Geleitfahrzeuge: »1/2 Raspberry«. Alle Geleitfahrzeuge liefen ihre üblichen Dreieckskurse ab und erreichten nach etwa einer Stunde wieder ihre vorgesehenen Positionen beim Konvoi. Die *Swale* erhielt die Weisung, etwa 4000 bis 8000 m vor dem Konvoi zu laufen, um ein erneutes Eindringen eines U-Bootes aus dieser Richtung zu verhindern.

Das Rettungsschiff *Zamalek* (Capt. O. C. Morris) hatte sich bei Sichten der weißen Raketen und den Torpedodetonationen achteraus sacken lassen und war auf die Stelle zugelaufen, an der Wracks erkennbar waren. Cdr. Boyle teilte die Korvette *Saxifrage*, die am nächsten stand, ab, um die *Zamalek* zu sichern und zu unterstützen. Als die *Zamalek* und *Saxifrage* herankamen, waren die *King Gruffydd* und die *Alderamin* bereits untergegangen, und die *Kingsbury* brannte stark. Die getroffenen Schiffe hatten keine Zeit mehr gehabt, ihre Rettungsboote ordnungsgemäß zu Wasser zu bringen. Zahlreiche Schiffbrüchige schwammen mit ihren Schwimmwesten im Wasser und waren an den roten Blinklichtern zu erkennen. Die *Zamalek* brachte ihr Rettungsmotorboot zu Wasser und versuchte auch selbst, über ausgebrachte Rettungsnetze Schiffbrüchige aus dem Wasser und von Flößen an Bord zu nehmen.

Die *Saxifrage* sichtete um 03.00 Uhr ein weiteres treibendes Handelsschiff. Es war die *Fort Cedar Lake*, welche um 02.14 Uhr einen Torpedotreffer an der Backbordseite erhalten hatte, jedoch zunächst schwimmfähig geblieben war. Lange Zeit ist darüber gerätselt worden, woher dieser Torpedo gekommen sein könnte, da keine entsprechende Angriffsmeldung eines U-Bootes vorzuliegen schien. Die genaue Nachprüfung des Angriffes von *U 338* hat nun ergeben, daß es offenbar der Hecktorpedo des Bootes war, der das anvisierte Ziel zunächst verfehlte, dann durch den ganzen Konvoi hindurchlief und nach einer Laufzeit von rund 6 Minuten das in Position 124 laufende Schiff *Fort Cedar Lake* traf.

Insgesamt nahm die *Zamalek* in der bis zum Morgen gegen 09.00 Uhr dauernden Rettungsaktion 44 Überlebende der *Kingsbury*, 25 der *King Gruffydd,* 12 der *Alderamin* und zuletzt auch 50 der inzwischen verlassenen *Fort Cedar Lake* an Bord. Die *Saxifrage* rettete gegen 07.45 Uhr von mehreren Flößen noch weitere 37 Mann der *Alderamin.* Das Wrack der *Kingsbury* war um etwa 05.15 Uhr auseinandergebrochen und gesunken. Das endgültige Schicksal der *Fort Cedar Lake* ist nicht bekannt. Wahrscheinlich ist sie kurz nach dem Ablaufen der *Zamalek* und *Saxifrage* um 08.30 Uhr untergegangen. Möglicherweise war es aber auch dieses Schiff, das den von *U 228* um 09.58 Uhr und *U 665* (Oblt. (Oblt. z. S. Haupt) um 10.57 Uhr gemeldeten Angriffen zum Opfer fiel, bei denen jeweils Treffer auf einem Dampfer von 6000 bzw. 5000 BRT erzielt worden sein sollen.

Die beiden Rettungsfahrzeuge entschlossen sich, um eventuell in der Nähe stehende U-Boote nicht direkt zum Konvoi zu führen, mit einem Scheinkurs nach Norden abzulaufen. Erst nach vier Stunden drehten sie dann auf den Konvoi zu.

9. Der 17. März

9.1 DIE LAGEBEURTEILUNGEN AM VORMITTAG DES 17. MÄRZ

Bei Tagesanbruch am 17. 3. hatten Commodore Mayall und LtCdr. Luther einen nach den schweren Verlusten der Nacht und der Ausweichbewegung beim letzten Angriff in erhebliche Unordnung geratenen Konvoi zunächst neu zu ordnen. Es waren noch 28 Handelsschiffe in Sicht. Da die Verluste vor allem auf der Steuerbordseite des Konvois eingetreten waren und in den Kolonnen hier erhebliche Lücken klafften, entschloß sich Commodore Mayall, die Zahl der Kolonnen auf neun zu reduzieren und ordnete die auf der Steuerbordseite marschierenden Schiffe in den Kolonnen 7, 8 und 9 neu, wie die folgende Übersicht zeigt:

Marschordnung des Konvois HX.229
nach der Neuformierung am Vormittag des 17. 3.

	13 brit S/S *Empire Knight* Clyde	12 amer S/S *Robert Howe* Mersey	11 brit S/S *Cape Breton* Clyde
	23 amer S/S *Mathew* *Luckenbach* United Kingdom		21 amer S/S *Walter Q.* *Gresham* Clyde
	33 brit M/S *Canadian Star* United Kingdom	32 brit M/S *Kaipara* Mersey	31 brit S/S *Fort Anne* Loch Ewe
	43 brit M/S *Antar* Mersey	42 brit M/T *Regent Panther* United Kingdom	41 brit S/S *Nebraska* Mersey
54 brit S/S *Empire Cavalier* Mersey	53 amer S/T *Pan Rhode Island* Mersey	52 brit M/T *San Veronica* Mersey	51 pan M/T *Belgian Gulf* Mersey
64 amer S/S *Kofresi* Mersey	63 amer S/S *Jean* Mersey	62 amer S/T *Gulf Disc* Clyde	61 norw M/S *Abraham Lincoln* Belfast

Marschordnung des Konvois HX.229
nach der Neuformierung am Vormittag des 17. 3.

	73 pan S/S	72 holl M/T	71 brit S/S
	El Mundo	*Magdala*	*City of Agra*
	Mersey	Belfast	Mersey
84	83 brit M/T	82 brit M/T	81 brit S/S
straggler	*Nicania*	*Luculus*	*Coracero*
	Mersey	Belfast	Mersey
	93 amer S/S	92 amer S/S	91 holl S/S
	Margaret Lykes	*Daniel Webster*	*Terkoelei*
	Mersey	Belfast	Belfast
	113		
	straggler		

Convoy Commodore: 61 *Abraham Lincoln* Ocean Escort Group B.4
Vice Commodore: 91 *Nebraska* Task Unit 24.1.18
Escort Oiler: 62 *Gulf Disc* Zerstörer HMS *Volunteer*
Zerstörer HMS *Beverley*
Korvette HMS *Anemone* (aufschließend)
Korvette HMS *Pennywort* (aufschließend)
Task Unit 24.12.3
Zerstörer HMS *Mansfield* (aufschließend)

Für den ausgefallenen Ersatz-Vice Commodore, den Kapitän der gesunkenen *Nariva*, wurde nun der Kapitän der in Position 41 marschierenden britischen *Nebraska* bestimmt.
LtCdr. Luther befand sich mit seiner Escort Group in einer recht verzweifelten Situation. Am Konvoi hatte er nur noch sein Führerboot *Volunteer*, das an der Backbordseite in Position P und die *Beverley*, die auf der Steuerbordseite in Position E marschierte. Kurz nach dem letzten Angriff hatte LtCdr. Luther um 05.30 Uhr den zur Bergung von Überlebenden zurückgebliebenen Geleitfahrzeugen befohlen, so schnell wie möglich aufzuschließen. Die *Mansfield* konnte gegen Mittag wieder auf Position sein. Die Korvette *Anemone* war noch mit dem Frachter *Tekoa* beschäftigt, die Überlebenden der drei zuletzt torpedierten Schiffe aufzunehmen. Um 11.15 Uhr ging die *Anemone* mit 14 kn auf Kurs 53°, um den etwa 60 sm voraus geschätzten Konvoi einzuholen.
Wenige Minuten später, um 11.27 Uhr, sichtete die *Anemone* Backbord querab in 6 sm Entfernung ein auf Gegenkurs laufendes U-Boot und drehte sofort darauf zu. Das U-Boot tauchte, während die Korvette auf Höchstfahrt ging, um die Tauchstelle schneller zu erreichen. Mit Annäherung an die Tauchstelle wurde die Fahrt wie-

der vermindert, um mit dem Asdic-Gerät orten zu können. Um 11.50 Uhr bekam das Gerät in 30° auf 1800 m Entfernung eine Ortung. Sofort ging LtCdr. King wieder mit der Fahrt an und warf um 11.54 Uhr einen Wasserbombenteppich mit 45 m und 120 m Tiefeneinstellung. Durch die Detonationen fiel das Asdic-Gerät aus. Die *Anemone* blieb etwa eine halbe Stunde in dem Gebiet, doch konnte das Asdic-Gerät nicht rechtzeitig repariert werden, so daß LtCdr. King sich entschloß, wieder Kurs auf den Konvoi zu nehmen, der erst um 22.15 Uhr erreicht wurde.

Die zweite Korvette *Pennywort* hatte nach dem von der *Volunteer* bei dem Angriff gegen 03.00 Uhr gegebenen Alarm das Wrack der *James Oglethorpe* verlassen und Kurs auf den Konvoi genommen, den man gegen Morgen zu erreichen hoffte. Jedoch lief die *Pennywort*, nachdem sie das in der Nähe liegende Wrack der *William Eustis* passiert hatte, mit Kurs 28°, da sie am Abend, als Commodore Mayall die Kursänderung von 28° auf 53° mit Lichtsignalen befahl, gerade bei einem »sweep« quer zur Marschrichtung des Konvois war und das Signal nicht mitbekommen hatte. Als der Konvoi kurz nach 06.00 Uhr nicht wie erwartet in Sicht kam, fragte die *Pennywort* um 06.15 Uhr mit Funk bei der *Volunteer* an, ob der Konvoi Kurs geändert habe. Sie erhielt jedoch zunächst keine Antwort und blieb auf dem bisherigen Kurs. Das Signal der *Volunteer* von 05.30 Uhr an die *Pennywort* aufzuschließen, war nicht empfangen worden. Erst um 18.00 Uhr bekam die *Pennywort* eine Positions-, Kurs- und Fahrtangabe von der *Volunteer* und konnte nun einen richtigen Kurs steuern, dabei unterstützt von MF/DF-Peilsignalen der *Volunteer*. Sie traf erst um 23.30 Uhr wieder beim Konvoi ein

Beim SC.122 sah die Situation günstiger aus. Wenn auch vier Schiffe in der Nacht verlorengegangen waren, so hatte Commodore White doch einen wesentlich besser geordneten Konvoi in Sicht, und Commander Day verfügte über 7 Geleitfahrzeuge, denn anstelle der mit dem Rettungsschiff *Zamalek* zurückgebliebenen *Saxifrage* hatte die Korvette *Godetia* aufgeschlossen.

Die alliierten Landführungsstellen, insbesondere der CINCWA, Admiral Sir Max Horton in Liverpool, konnten aus den während der Nacht nur bruchstückhaft eingehenden Funksprüchen noch kein sehr klares Bild über die Situation am HX.229 und SC.122 gewinnen. Um 23.50 Uhr hatte die *Volunteer* gemeldet, daß der Konvoi in der Position 50° 27′ N / 35° 09′ W angegriffen worden sei und daß ein oder zwei Schiffe torpediert wurden. Das »oder« war zunächst als »und« gelesen worden, so daß man mit drei torpedierten Schiffen rechnete. Da man nun mit weiteren Nachzüglern vom Konvoi rechnen mußte, gab der CINCWA um 01.25 Uhr eine verbesserte und ergänzte Nachzüglerroute an den Konvoi. Sie sollte über die Punkte CD in 53° 55′ N / 35° 00′ W, CF 55° 50′ N / 25° 01′ W zum Punkt U laufen, ohne den alten Punkt BB zu berühren. Am Morgen ging die weitere, um 05.02 Uhr von der *Volunteer* abgesetzte Meldung an den CINCWA ein, daß drei weitere Angriffe stattgefunden hätten und insgesamt acht Schiffe torpediert seien. Aus dem Funkverkehr war deutlich, daß auch der SC.122 angegriffen worden war. Unter anderem ging die SSS-Meldung von der *Kingsbury* unter der Code-Bezeichnung »TQ 51«, (TQ Funkrufzeichen für den Konvoi SC.122, 51 taktische Nummer des Dampfers im Konvoi) ein. Gegen Mittag gab die *Havelock* vom SC.122 ihre nach dem Schema »A.C.I. Article 39 Paragraph 5« gegliederte Antwort ab. Sie enthielt die folgenden Punkte:

(A) Anzahl und Uhrzeit der Angriffe sowie deren Position

(B) Anzahl der angreifenden U-Boote

(C) Seite, von der der Angriff erfolgte

(D) Angaben über Verluste und gerettete Schiffbrüchige

(E) Angaben über bergungsfähige Schiffe

(F) Angaben über Absichten der Bergungsfahrzeuge

(G) Sonstige Bemerkungen

(H) Wetterlage

Der deutsche Funkbeobachtungsdienst konnte die SSS-Meldung »TQ 51« auffangen, und es gelang dem Entzifferungsdienst, auch einen wesentlichen Teil der Meldung der *Havelock* zu entziffern. Unter anderem ging aus der Entzifferung hervor, daß bei dem U-Bootangriff vier Schiffe gesunken waren, darunter die Nr. 51 *Kings . . . y* (verstümmelt) und 52 *King Gruffydd.*

Die *Volunteer* konnte ihre Meldung erst um 15.45 Uhr absetzen. Ihr Funkpersonal reichte nicht aus, um die für ein Geleitführerboot anfallenden Aufgaben zu bewältigen. Es waren nicht nur mehrere Funkschaltungen empfangsseitig zu besetzen, es mußte der eigene Funk- und Funksprechverkehr mit der Escort Group und dem Konvoi abgewickelt werden. Darüber hinaus waren die HF/DF-Peilstation sowie die für die Abgabe von Peilzeichen für Flugzeuge und

Geleitfahrzeuge verwendeten MF/DF-Frequenzen zu besetzen. Nur durch einen gelegentlichen Rückgriff auf das HF/DF-Personal konnte der wichtige Funkverkehr abgewickelt werden. Für diese Zeiten fiel jedoch dann das am Konvoi ebenfalls sehr wichtige Peilen der U-Bootsignale aus, da kein anderes entsprechend ausgerüstetes Fahrzeug am Konvoi war. Der Funkspruch der *Volunteer* hatte folgenden Wortlaut:

To: AIG.303

From: ETU 24.1.18

       ACI, Art. 39 Para (5)

2 (A) Four attacks 2215Z/16 to 0508Z/17 in position 5038N 3446W.

  (B) Four, details unknown.

  (C) To starboard.

  (D) William Eustis, Southern Princess, Irene Dupont, James Oglethorpe, Elin K, H. Luckenbach, Zaanland, Nariva, Survivors Pennywort 9, Volunteer 66, Mansfield 20, Beverley 30, Tekoa 200, Anemone considerable number, details unknown.

  (E) Nariva being investigated.

  (F) All rejoining.

  (G) Nil.

  (H) 3581, 0485

1545Z/17.

Dieser Funkspruch ging bei den Führungsstellen teilweise auch nur verstümmelt ein. Doch bereits aus den wenigen Nachrichten, die gegen Morgen des 17. 3. beim CINCWA vorlagen, und den eingehenden Meldungen der britischen Funkpeilstellen über Peilungen von U-Bootsignalen in der Nähe der beiden Konvois war es für den CINCWA klar, daß beide Konvois in großer Gefahr waren und schnell etwas zu ihrer Unterstützung getan werden mußte. Die einzige Möglichkeit dazu war die Bitte an den Air Officer, Commanding 15th Group, RAF Coastal Command, Air Vice Marshal Slatter, mit dem der CINCWA ein gemeinsames Lagezentrum und eine Führungszentrale im Derby House in Liverpool besaß, eine möglichst frühzeitige Luftsicherung der Konvois bis an die äußerste Grenze der Reichweite vorzusehen.

Die 15th Group verfügte zu diesem Zeitpunkt über die folgenden Einheiten: Am wichtigsten waren die Very Long Range (VLR)-

DIE HANDELSSCHIFFE DER KONVOIS

Der 1918 gebaute Frachtdampfer CLAN ALPINE (5442 BRT) der Clan Line aus Glasgow im Friedenszustand. Er wurde im Konvoi OS.44 durch U 107 torpediert und versenkt. Sehr ähnlich waren andere Frachter der Reederei, so z. B. die CLAN MATHESON (5613 BRT), deren Kapitän zunächst die Rolle des Vice Commodore im Konvoi HX.229 übernommen hatte, jedoch kurz nach Passieren des WESTOMP wegen Maschinenschaden umkehren mußte.

Beim gleichen Angriff von U 107 sank der 1928 gebaute Frachter MARCELLA (4592 BRT) der Reederei Kaye, Son & Co. London. Frachter ähnlicher Bauart stellten einen großen Teil der Schiffe in den SC- und HX-Konvois, aber auch auf den südgehenden Routen.
Fotos: National Scheepvaartmuseum Antwerpen

Als Flaggschiffe der Convoy Commodores wurden vielfach größere Passagierfrachter verwendet, da sie über die nötigen Unterbringungsmöglichkeiten verfügten. So diente der 1922 gebaute Turbinen-Passagierdampfer ESPERANCE BAY (14 204 BRT) im März 1943 als Flaggschiff des HX.229A.
Foto: Archiv BfZ

Wichtig für die Konvois waren die »Escort Oiler«, die mit Einrichtungen und Geschirr zur Abgabe von Brennstoff an die Geleitfahrzeuge ausgerüstet waren. Hier der 1927 gebaute Motortanker BRITISH VALOUR (6952 BRT), der im ON.170 als »Escort Oiler« mitfuhr.
Foto: Archiv BfZ

Häufig waren in Konvois Frachter dieser Art zu finden: Im SC.122 liefen zwei »Fastschwesterschiffe« der Reederei H. Hogarth & Sons aus Ardrossan, die BARON ELGIN und BARON STRANREAR von 3942 bzw. 3668 BRT mit, die eine typische Bewaffnung zeigen: achtern ein 10,2- oder 12-cm-Geschütz, darüber eine 7,6-cm-Flak, am Ende der achteren Luke und über dem Aufbau hinter dem Schornstein jenseits ein Stand mit einer 2-cm-Oerlikon.
Foto: Archiv BfZ

DIE HANDELSSCHIFFE DER KONVOIS

Das Schicksal der schon 1915 gebauten CLARISSA RADCLIFFE, eines typischen größeren Frachters dieser Zeit (5754 BRT) war lange unklar. Mit dem SC.122 von New York ausgelaufen, galt das Schiff seit dem Sturm am 7. März als verschollen, wahrscheinlich einzeln einem U-Boot zum Opfer gefallen. In dieser Untersuchung wurde klar, daß kein U-Boot für die Versenkung in Frage kam, daß der mit Erz beladene Dampfer vielmehr wohl schon in dem Sturm am 7. März gesunken sein muß. Vielleicht brach das alte Schiff so plötzlich auseinander und sank mit seiner Ladung wie ein Stein, daß keine Notmeldung mehr abgegeben werden konnte.
Foto: National Scheepvaartmuseum Antwerpen

Die NARIVA (8714 BRT) war einer der größeren Frachter der Royal Mail Line aus Southampten. Das 1920 gebaute Schiff trat am 14. März anstelle der CLAN MATHESON als Vice Commodore beim HX. 229 ein. Es fiel in der Nacht zum 16. März zusammen mit zwei anderen Schiffen dem Angriff von U 600 zum Opfer.
Foto: National Scheepvaartmuseum Antwerpen

Der 1923 gebaute Dampfer CORACERO (7252 BRT) war ein weiterer größerer Frachter des HX.229. Das der Reederei Donaldson Brothers, Glasgow, gehörende Schiff fiel am 17. März zusammen mit der niederländischen TERKOELEI den fast gleichzeitigen Tagesangriffen von U 384 und U 631 zum Opfer.
Foto: National Scheepvaartmuseum Antwerpen

Zu diesem modernen britischen Tankertyp gehörten u. a. der Flottentanker ABBEYDALE, der im ON.170 mitlief, die erst 1942 fertiggestellte EMPIRE GALAHAD im SC.122 und die NICANIA beim HX.229. Sie waren 8000–8600 BRT groß.
Foto: Archiv BfZ

Die ALDERAMIN war ein 1920 gebauter Frachter von 7886 BRT, der der niederländischen Reederei N. V. van Nievelt in Rotterdam gehörte. Er war einer der größten Frachter im SC.122. Aus nur 800 Meter Entfernung traf U 338 in der Nacht zum 17. März das Schiff mit zwei Torpedos. Es sank nach einer schweren Explosion in nur zwei Minuten.
Foto: National Scheepvaartmuseum Antwerpen

Die GRANVILLE war ein 1930 gebautes norwegisches Motorfrachtschiff (4103 BRT) der Reederei A. F. Klaveness Oslo. Es wurde am Tage des 17. März ebenfalls durch U 338 versenkt. Dieser Angriff erfolgte unter Wasser, während der vorhergehende Nachtangriff, bei dem vier Schiffe getroffen wurden, aufgetaucht gefahren wurde.
Foto: National Scheepvaartmuseum Antwerpen

Von Halifax war der große Frachter PORT AUCKLAND (8789 BRT) der Port Line, London, zum SC.122 gestoßen. Sie wurde in der Nacht zum 18. März von U 305 zusammen mit der ZOUAVE torpediert, blieb aber zunächst noch liegen. Nachdem die Korvette GODETIA die meisten Überlebenden gerettet hatte, versenkte U 305 das Wrack mit einem Fangschuß. Ein fast gleichzeitig von U 338 geschossener Torpedo ging fehl.
Foto: National Scheepvaartmuseum Antwerpen

Der griechische Frachter CARRAS (5234 BRT) war das letzte Opfer der U-Boote aus dem SC.122. U 666 torpedierte das Schiff in der Nacht zum 19. März, und am Morgen versenkte U 333 es mit einem Fangschuß.
Foto: National Scheepvaartsmuseum Antwerpen

DIE HANDELSSCHIFF-NEUBAUTEN

Nachdem im Februar 1940 die Admiralität die Steuerung des Schiffbaus übernommen hatte, drängte sie auf eine Standardisierung. Wichtigster Typ wurde der »War Emergency«-Typ mit rund 10 000–15 000 ts Ladefähigkeit (rd. 7200 BRT), und 11 Knoten. Zwischen den Serien der einzelnen Werften gab es kleine Unterschiede. Oben ein Schiff der Serie X mit einem Katapult für einen »Hurricane«-Jäger zur Abwehr der FW-200 Flugzeuge. Unten ein Schiff der Serie Y. Zu diesem Typ gehörten im SC.122 die EMPIRE DUNSTAN und EMPIRE MORN, im HX.229 die EMPIRE KNIGHT.

Der kanadische »War Emergency«-Typ waren die 7134 BRT großen FORT-Frachter, zu denen u. a. die im SC.122 versenkte FORT CEDAR LAKE gehörte, im HX.229 die FORT ST. ANNE. Die im Konvoi KMS.10 von U 410 torpedierte FORT PASKOYAG war wie dieses Schiff mit Torpedoschutznetzen ausgerüstet, die vorn durch die am Bug sichtbaren Bäume querab gehalten wurden.

Wichtigster Typ für die Lösung der Schiffsraumprobleme der Alliierten wurden die 2710 »Liberty«-Schiffe, die eine große Zahl amerikanischer Werften ab Anfang 1942 bauten. Mit 7176 BRT, 10 500 tons Ladefähigkeit und 10,5 Knoten entsprachen sie weitgehend den britischen Standardsschiffen. Die typische Bewaffnung dieser Schiffe war 1–10,2 oder 12,7 cm am Heck, 1–7,6-cm-Flak auf dem Stand am Bug, 4–2-cm-Oerlikon an den vier Ecken des Aufbaus, zwei weitere achtern auf dem Deckshaus. Zu diesem Typ gehörten im HX.229 die ROBERT HOWE, STEPHEN C. FOSTER, WILLIAM EUSTIS, WALTER Q. GRESHAM, JAMES OGLETHORPE, HUGH WILLIAMSON und DANIEL WEBSTER.

Etwas höheren Leistungsansprüchen genügten die amerikanischen Standardfrachter der Serien C-1, C-2 und C-3 in ihren verschiedenen Ausführungen. Ein typischer Vertreter der C-2 Standard-Serie war die im HX.229 versenkte IRENEE DU PONT.
Fotos: Archiv BfZ

Flugzeuge vom Typ »Liberator III A«. Von den nach dem Soll vorhandenen 32 Maschinen der Squadrons 120 und 86 waren am 15. März nur 13, also etwa 40 %, einsatzfähig. Die Squadrons hatten jeweils eine Sollstärke von 16 Maschinen. Die Squadron 120 war in Aldergrove bei Londonderry in Nordirland, die Squadron 86 in Thorney-Island bei Portsmouth stationiert und unterstand hier der 16th Group. Von der Squadron 120 wurden jeweils einige Flugzeuge nach Reykjavik auf Island detachiert, und die Squadron 86 hatte als Ersatz dafür einige Maschinen nach Aldergrove verlegt.

Da die Konvoipositionen am 17. nur von Aldergrove bei Ausnutzung der äußersten Reichweite der »Liberators« zu erreichen waren, blieben für einen Einsatz nur die hier verfügbaren klaren Flugzeuge übrig. Man entschloß sich, sie überschlagend am Vormittag und am Nachmittag einzusetzen.

Die übrigen Verbände der 15th Group konnten bei ihrer Eindringtiefe von etwa 600 sm frühestens im Laufe des 18. März die Konvois erreichen. Dazu gehörten die beiden Squadrons 220 in Aldergrove und 206 in Benbecula auf den Hebriden. Sie hatten eine Sollstärke von je 9 »Fortress«. Tatsächlich waren von den beim Coastal Command am 15. März vorhandenen 3 Squadrons mit 27 Maschinen nur 10 unmittelbar einsatzbereit. Ferner besaß die 15th Group 5 Squadrons mit je 6 planmäßig zur Verfügung stehenden »Sunderland«-Flugbooten, von denen die RAF-Squadrons 201 und 228 sowie die RCAF-Squadron 423 in Castle Archdale in Nordirland, die RAF-Squadron 246 in Bowmore am Eingang des Nordkanals und die RCAF-Squadron 422 in Oban stationiert waren. Von insgesamt 48 planmäßig beim Coastal Command vorhandenen »Sunderland«-Flugbooten waren am 15. März 22 einsatzbereit. Ausgehend von dem erwähnten Bereitschaftszustand dürften also am 15. März 6—7 »Fortress«-Bomber und 13—14 »Sunderland«-Flugboote bei der 15th Group für einen Einsatz über mittlere Reichweiten bis etwa 600 sm in Bereitschaft gestanden haben. Auf Island gab es ferner die US-Navy Patrol Sq.84 mit 12 planmäßig vorhandenen »Catalina«-Flugbooten, die in Reykjavik stationiert waren und auch eine Reichweite von etwa 600 sm überbrücken konnten.

Der deutsche BdU hatte der Operation am Abend des 16. März mit großen Erwartungen entgegengesehen, da die Gruppe »Raubgraf«

217

sehr günstig stand und bereits eine größere Anzahl von Fühlunghaltermeldungen eingegangen war. Bis zum Morgen des 17. März
gingen Erfolgsmeldungen von 5 Booten ein, darunter hatten
offenbar mehrere Boote wiederholt angegriffen. *U 603, U 435,
U 91, U 758*, erneut *U 435* und *U 600* hatten insgesamt 12 Schiffe
mit 77 500 BRT versenkt und 6 weitere torpediert gemeldet. Die
Sicherung des Konvois schien nach den eingegangenen Meldungen
nicht sehr stark zu sein. Andererseits war für den 17. das Herankommen zunächst der 11 südlichen »Stürmer«-Boote, dann der
restlichen Boote der Gruppe »Stürmer« und der Gruppe »Dränger«
zu erwarten. Selbst wenn ein Teil der Boote der Gruppe »Raubgraf« die Operation wegen Brennstoffmangel abbrechen mußte und
ein Teil der übrigen Boote nicht herankam, bestand doch gute Aussicht, in der kommenden Nacht mit bis zu 20 Booten auf den
Konvoi zu operieren.

Gegen Morgen wurde aus der Meldung von *U 338* deutlich, daß es
sich offenbar nicht, wie bisher vermutet, um einen Konvoi, sondern
um zwei handelte. Im Laufe des Vormittags wurde erkannt, daß es
sich bei dem zuerst gemeldeten und angegriffenen Konvoi, der mit
einer Geschwindigkeit von etwa 8 sm auf dem Generalkurs 45° lief,
um den HX.-Konvoi handelte, während der etwa 120 sm weiter
vorausstehende und mit 6,5 sm, Generalkurs 70° marschierende der
SC.-Konvoi sein mußte. Der BdU teilte den auf den Konvoi angesetzten U-Booten diese neue Erkenntnis mit und befahl den zu dem
neuen Konvoi günstig stehenden nördlichen »Stürmer«-Booten und
den entfernungsmäßig günstig stehenden »Dränger«-Booten, auf den
vorderen Konvoi zu operieren, an dem von morgens 09.00 Uhr
bis abends 23.00 Uhr ununterbrochen Fühlung bestand. Die übrigen
Boote operierten auf den HX.229, an dem seit 09.00 Uhr regelmäßige Fühlunghaltersignale eingingen. Für die zweite Nacht schienen günstige Aussichten für einen großen Erfolg zu bestehen.

9.2 DIE TAGESANGRIFFE AM 17. MÄRZ

9.21 Die Angriffe von U 384 und U 631 gegen den HX.229

Der HX.229 hatte seine neue Marschformation in 9 Kolonnen
gegen Mittag am 17. 3. eingenommen. Seine Backbordseite wurde

218

durch die *Volunteer,* die Steuerbordseite durch die *Beverley* gesichert. Die *Mansfield* hatte gegen 13.00 Uhr von achtern bis auf etwa 3 sm an ihre vorgesehene Position S hinter dem Konvoi aufgeschlossen, als der nächste Angriff begann.

Das Wetter war bewölkt, jedoch klar. Die Sicht betrug etwa 8 sm. Der Wind hatte auf Nordnordost 5 aufgefrischt, und der Seegang wurde auf 3—4 eingeschätzt. Der Konvoi hatte seinen Kurs von 53° seit der vergangenen Nacht beibehalten. Die beiden Geleitfahrzeuge mußten in der Nähe des Konvois bleiben und konnten keine weiteren Vorstöße machen, um in der Nähe befindliche U-Boote abzudrängen. Die Benutzung des HF/DF-Gerätes der *Volunteer* wurde zudem dadurch eingeschränkt, daß der Zerstörer Peilzeichen für die erwarteten Flugzeuge geben mußte und auch selbst versuchte, deren Signale einzupeilen, um dem erwarteten ersten Flugzeug den richtigen Anflugkurs geben zu können. Dabei passierte es dem mit diesem Gerät noch nicht vertrauten Bedienungspersonal, daß die Peilstrahlen um 180° seitenverkehrt eingetragen und den Flugzeugen übermittelt wurden, ein Fehler, der das Heranschließen der ersten »Liberator« am Vormittag vereitelte, der jedoch später korrigiert werden konnte.

Unter diesen Umständen war es für *U 384* (Oblt.z.S. von Rosenberg-Gruszczynski) und *U 631* (Oblt.z.S. Krüger) relativ leicht, sich an der Steuerbordseite des Konvois vorzusetzen, indem sie den Konvoi an der Grenze der Sichtweite in einem großen Bogen überholten, um dann zu tauchen und auf das Herankommen des Konvois zu warten. Bei der herrschenden Sicht konnten die U-Boote optisch die Schiffe und Masten auf größere Entfernung erkennen, als z. B. die *Beverley* mit ihrem Radargerät ein U-Boot in der bewegten See auffassen konnte. So blieben beide Boote unbemerkt. Der Zufall wollte es, daß sie fast gleichzeitig in eine Schußposition kamen und im Unterwasserangriff um 13.05 Uhr und 13.06 Uhr ihre Torpedofächer schossen. *U 384* visierte dabei einen Frachter von 6000, einen Frachter von 4000 und einen Frachter von 2500 BRT an, vermutlich die Schiffe der an Steuerbord laufenden Kolonne, während *U 631* seine Torpedos auf einen Tanker von 7000 BRT losmachte, vermutlich einen in der zweiten Reihe laufenden Tanker.

In schneller Folge wurden die in der Position 91 fahrende holländische *Terkoelei* und die in Position 81 dahinterstehende britische *Coracero* an der Steuerbordseite getroffen. Die offenbar von mehreren Torpedos aufgerissene *Terkoelei* sank fast sofort, während die *Coracero* achtern stark absackte, jedoch zunächst schwimmfähig blieb. Die *Volunteer* gab sofort Alarm und lief mit hoher Fahrt an der Frontseite des Konvois vorbei nach Steuerbord.

Die *Beverley* lief die Steuerbordseite des Konvois entlang, drehte hinter dem Konvoi auf und stieß dann zwischen den Kolonnen des Konvois hindurch auf die Position A vor dem Schiff des Konvoi-Commodore durch. Die *Mansfield*, die von achtern auflief, drehte ebenfalls auf die Steuerbordseite und traf mit der *Volunteer* zusammen, ohne daß jedoch eines der Fahrzeuge eine Asdic-Ortung von einem U-Boot bekam. Der Konvoi-Commodore befahl um 13.12 Uhr einen »emergency turn« nach Backbord. In zwei 45°-Wendungen drehte der Konvoi von der vermuteten Angriffstelle der U-Boote ab. Um 13.33 Uhr gab LtCdr. Luther der *Mansfield* den Befehl, die Überlebenden zu bergen, während er selbst mit der *Volunteer* um 13.45 Uhr um die *Mansfield* »operation observant« ausführte.

In dem Augenblick, als die Torpedos detonierten, schien LtCdr. Luther die Zeit gekommen, Hilfe anzufordern. Mit Angriffen bei Tag und Nacht und den Geleitfahrzeugen in der Doppelrolle der Sicherung und der Bergung Schiffbrüchiger schien nur geringe Aussicht zu bestehen, mehr als einen Bruchteil des Konvois zu retten. Darüber hinaus war eine Brennstoffergänzung der Geleitfahrzeuge bei dem herrschenden Wetter und den ständigen Angriffen unmöglich. Der Zerstörer *Mansfield* war bereits mit seinem Brennstoff sehr weit heruntergefahren. Deshalb gab die *Volunteer* um 13.10 Uhr den Funkspruch ab: »HX.229 angegriffen 2 Schiffe torpediert. Erbitte frühzeitige Verstärkung des Geleits 51° 45′ N / 32° 26′ W«. Um 14.37 Uhr ließ LtCdr. Luther einen zweiten Funkspruch an den CINCWA sowie an das hinter dem Konvoi auflaufende Führerboot *Highlander* absetzen: »Habe *Beverley* und *Mansfield* bei mir. *Pennywort* und *Anemone* versuchen, von achtern aufzuschließen. Ständige Angriffe gestatten keine Brennstoffergänzung und die Situation wird kritisch. Nach Funkpeilungen und optischer Sichtung haben zahlreiche U-Boote Fühlung.« Ehe die *Volunteer* die *Mansfield* nach Abschluß der »operation observant« verließ, gab LtCdr. Luther der *Beverley*, die als einziges Boot am Konvoi stand, die Weisung, den Commodore um Wiederaufnahme des Generalkurses zu ersuchen.

Kaum hatte der Konvoi wieder auf den alten Kurs 53° zurück-gedreht und die *Beverley* ihre Position A vor dem Konvoi fast er-reicht, als um 13.52 Uhr fast genau voraus vor dem Konvoi in 8 sm Entfernung ein U-Boot gesichtet wurde, das mit einem Kurs von 310° nach seinem Vorsetzmanöver gerade eine fast ideale Position für den Ansatz eines Tages-Unterwasserangriffs erreicht hatte. Die *Beverley* ging sofort auf 22 kn und versuchte, das U-Boot stets etwas Steuerbord voraus zu halten, um es nach dieser Seite vom Konvoi abzudrängen. Zugleich bat LtCdr. Rodney Price den Konvoi-Commodore um einen erneuten »emergency turn« nach Backbord. Während die *Beverley* mit 22 kn auf das U-Boot zulief, sichtete der Ausguck im Mastkorb hinter dem ersten U-Boot ein zweites U-Boot in einer ähnlichen Peilung weiter voraus. Als die *Beverley* auf etwa 5 sm herangekommen war, begann das erste U-Boot, nach Steuerbord abzudrehen, und als sich die Entfernung auf 3 ½ sm verringert hatte, tauchte es um 14.40 Uhr. Um 14.50 Uhr ging die *Beverley* auf Asdic-Suchfahrt herunter und faßte 2 Minuten später auf 1550 m das U-Boot auf; doch ging der Kontakt bei einer Entfernung von rund 1000 m zunächst wieder verloren.

Die *Beverley* begann einen »box search«, indem sie ein quadrati-sches Gebiet, in dem sich das U-Boot befinden mußte, umkreiste. Um 14.59 Uhr wurde eine einzelne Wasserbombe mit einer großen Tiefeneinstellung von 120 m geworfen, um das U-Boot in dem Quadrat zu halten. Auf 1200 m wurde wieder Asdic-Kontakt gewonnen, doch mußte die *Beverley* nun zunächst etwas weiter ablaufen, um zu wenden. Dabei wurde die Geschwindigkeit auf 10 kn vermindert, um einen »Hedgehog«-Angriff fahren zu können. Doch wurde wieder nur ein kurzes Echo empfangen, das für die Gewinnung genauer Zieldaten nicht ausreichte, so daß der Angriff abgebrochen und nur eine Wasserbombe auf 120 m geworfen wur-de. Um 15.15 Uhr wurde erneut auf 900 m ein Kontakt achterlicher als querab aufgefaßt, und wiederum mußte die *Beverley* zunächst ablaufen, ehe sie einen weiteren »Hedgehog«-Angriff um 15.18 Uhr ansetzen konnte. Um 15.21 Uhr wurde die »Hedgehog«-Salve abgefeuert, doch war das U-Boot offenbar innerhalb des Drehkrei-ses, so daß keine Detonation erfolgte. Der Kontakt war damit wieder verloren, und es mußte ein neuer »box search« angesetzt werden, bei dem um 15.38 Uhr wieder eine einzelne Wasserbombe geworfen wurde. Um 15.43 Uhr wurde auf 1400 m ein Asdic-Echo aufgefaßt. Die *Beverley* lief sofort an und warf um 15.48 Uhr einen Teppich von 10 Wasserbomben mit einer Tiefeneinstellung von 45 und 90 m. Nach diesem Angriff arbeitete das Asdic-Gerät nicht mehr einwandfrei. Durch einen technischen Fehler in dem Anzeigeteil kamen einige irrtümliche Anzeigen auf die Brücke, so daß das U-Boot, das sich mit Schleichfahrt abzusetzen versuchte, für eine Stunde unentdeckt blieb. Dann wurde jedoch ein neuer Kontakt um 16.32 Uhr auf 1200 m aufgefaßt, und die *Beverley* lief erneut zu einem Angriff mit 10 Wasserbomben an, die um 16.35 Uhr geworfen wurden. Da sich das U-Boot nur wenig zu bewegen schien, drehte die *Beverley* bei und warf um 16.57 Uhr eine der neuen schweren »Mark X«-Wasserbomben, die jedoch nicht detonierte. Auch ein letzter 5er-Wasserbombenteppich um 17.18 Uhr brachte kein Ergebnis. Es wurde nun Zeit für LtCdr. Rodney Price, zum Konvoi zurückzukehren, um rechtzeitig vor Dunkelwerden die Position für die erwarteten Nachtangriffe wiedereinzunehmen.

Die *Volunteer,* die zunächst bei der *Mansfield* zurückgeblieben war, lief mit hoher Fahrt hinter dem Konvoi her, als die *Beverley* ihre U-Bootjagd aufnahm. Für mehrere Stunden war die *Volunteer* das einzige Geleitfahrzeug am Konvoi. Deshalb gab LtCdr. Luther der *Mansfield* den Befehl, die Bergung so schnell wie möglich abzuschließen und zum Konvoi aufzuschließen. Die *Mansfield* nahm 52 Mann von der *Coracero* und 55 von der *Terkoelei* an Bord. Auf ihrem Rückweg zum Konvoi sichtete auch die *Mansfield* achteraus vom Konvoi ein U-Boot, das tauchte und mit einem 10er-Wasserbombenteppich belegt wurde. Doch hielt sich LtCdr. Hill bei diesem achteraus befindlichen und somit nicht unmittelbar gefährlichen Boot nicht länger auf und lief mit hoher Fahrt hinter dem Konvoi her, den er gegen 18.00 Uhr wieder erreichte. Wenig später traf auch die *Beverley* wieder ein. Die *Volunteer* und *Beverley* nahmen die Positionen O und E Backbord und Steuerbord vorn, die *Mansfield* die Position S achtern ein.

Die Situation am Konvoi wäre nach Dunkelwerden sicher recht kritisch geworden, wie es LtCdr. Luther in seinen Funksprüchen vorausgesagt hatte, wenn nicht um 16.30 Uhr der »Liberator« *J/120,* von den nun richtig ausgewerteten Peilsignalen der *Volunteer* herangeführt, den Konvoi gefunden hätte. Da das Funkpeilpersonal auf der *Volunteer* jedoch zunächst mit der Peilung der Flugzeugsignale und ab 18.00 Uhr mit der Abgabe von Peilsignalen für die Heranführung der *Pennywort* beschäftigt war, konnten die Fühlunghaltersignale der U-Boote nicht eingepeilt und für den Ansatz des Flugzeuges ausgenutzt werden. Der Bomber mußte deshalb nach optischer Sicht fliegen. Um 19.08 Uhr sichtete er etwa 25 sm Steuerbord querab vom Konvoi 2 U-Boote. Das erste tauchte rechtzeitig, das zweite kam gerade noch unter Wasser, bis er heran war und seine 5 Wasserbomben warf. Doch schossen sie offenbar übers Ziel hinaus, so daß das U-Boot entkam. 19.47 Uhr sichtete das Flugzeug 25 sm Steuerbord achteraus nacheinander 3 U-Boote. Wieder war das erste sehr schnell getaucht. Das zweite wurde tauchend mit der letzten verbliebenen Wasserbombe und Bordwaffen angegriffen, ebenso wurde bei dem dritten Boot noch ein Überflug mit Bordwaffen über die Tauchstelle geflogen. Um 19.56 Uhr sichtete das Flugzeug ein sechstes U-Boot, nicht weit von den anderen entfernt, und griff es ebenfalls im Tauchen mit Bordwaffen an, da keine weiteren Wasserbomben an Bord waren. Das Flugzeug versuchte sofort nach Sichtung der beiden ersten U-Boote um 19.10 Uhr Funkverbindung mit dem Konvoi zu bekommen, was jedoch nicht gelang. Die Maschine flog dann nach dem letzten Angriff um 20.05 Uhr den Konvoi an und gab der *Volunteer* mit Scheinwerfer das Signal »6 Hearses bearing 130°, 25 miles — I go«. Die etwas saloppe Formulierung des Signals wurde auf der *Volunteer* nicht richtig verstanden, zudem wurden die Zahlen teilweise falsch mit 180° und 5 Meilen gelesen. Das Flugzeug fragte weiter, ob die *Volunteer* eine U-Bootjagd ansetzen wolle. LtCdr. Luther konnte sich jedoch nicht entschließen, eines seiner wenigen Geleitfahrzeuge zu detachieren und fragte das Flugzeug, ob es helfen könne. Das Flugzeug flog daraufhin nach achtern ab, fand jedoch offenbar die noch unter Wasser befindlichen U-Boote nicht und mußte um 20.45 Uhr zum Rückflug abdrehen. Insgesamt blieb das Flugzeug 18 Stunden in der Luft, 2 Stunden länger, als es normalerweise möglich war. Wenn es auch nicht zu einer unmittelbaren Zusammenarbeit zwischen Geleitfahrzeugen und Flugzeug gekommen war, so hatte die Maschine doch zweifellos entscheidenden Anteil an der für den HX.229 entgegen allen Erwartungen nun folgenden ruhigen Nacht.

Beim SC.122 klappte die Zusammenarbeit zwischen der Escort Group und den Flugzeugen wesentlich besser. Das lag vor allem daran, daß das Führerboot *Havelock* für seine Aufgabe nachrichtentechnisch und personell besser ausgestattet war, so daß sowohl der Funk- und Funksprechverkehr abgewickelt, als auch die verschiedenen Peilgeräte besetzt werden konnten. Bis zum Morgen des 17. 3. hatten HF/DF-Peilungen gezeigt, daß sich wenigstens 6 U-Boote innerhalb von 20 sm um den Konvoi befanden. Gegen 2 Peilungen waren die *Upshur* und *Swale* zu »sweeps« angesetzt worden, die jedoch kein Ergebnis brachten.

Die erste »Liberator« *M/86* war schon um Mitternacht von Aldergrove gestartet. Um 07.55 Uhr begann das Flugzeug Peilsignale zu senden, die von der *Havelock* aufgenommen wurden, so daß dem Flugzeug sein Anflugkurs gegeben werden konnte. Um 08.22 Uhr wurde noch im Anflug auf den Konvoi etwa 20 sm backbord querab ein aufgetauchtes U-Boot gesichtet, das selbst beim Anflug tauchte. Vier Wasserbomben wurden in die Tauchstelle geworfen. Um 08.50 Uhr erreichte das Flugzeug den Konvoi und meldete den Vorfall; Commander Day bat daraufhin den Commodore um einen »emergency turn« nach Steuerbord. Um 09.10 Uhr sah das Flugzeug erneut etwa 10 sm Backbord voraus ein U-Boot, das mit den beiden restlichen Wasserbomben angegriffen wurde, ehe es tauchen konnte. Die Wasserbomben lagen jedoch nicht genau genug. Mit einer neuen Ausweichbewegung umging der Konvoi auch diese Position.

Gegen Mittag war der Konvoi wieder auf seinem alten Kurs 66°, und die Geleitfahrzeuge hatten die Tagessicherungsordnung D.E.7 eingenommen mit den Korvetten *Lavender* (Lt. Pilcher) und *Godetia* (Lt. Larose) sowie dem Zerstörer *Upshur* (Cdr. McCabe) an der Backbordseite in den Positionen L, N und P, der Korvette *Pimpernel* (Lt. Hayes), der Fregatte *Swale* (LtCdr. Jackson) und der Korvette *Buttercup* (LtCdr. Dawson) an der Steuerbordseite in den Positionen B, D und F und dem Führerboot *Havelock* in der Position S hinter dem Konvoi. Auf der *Havelock* waren allerdings sowohl das Asdic- als auch das Radargerät zeitweise ausgefallen.

Die Korvette *Saxifrage* befand sich mit dem Rettungsschiff *Zamalek* seit 10.00 Uhr auf dem Marsch zum Konvoi. Man hatte auf der

Saxifrage die Ausweichbefehle teilweise mitgehört, doch die Seite, nach der die Ausweichbewegung vorgenommen wurde, falsch interpretiert. So liefen beide Schiffe zunächst auf einem falschen Kurs, und erst als man um 17.00 Uhr den Konvoi auf der erwarteten Position nicht fand, fragte man bei der *Havelock* nach Position, Kurs und Fahrt. Erst nach Dunkelwerden trafen die beiden Schiffe wieder beim Konvoi ein.

Das Wetter war am SC.122 noch besser als am HX.229. Bei einer Bewölkung von 8/10 war die Sicht ausgezeichnet und betrug etwa 14 sm. Es wehte ein leichter Nordwestwind in Stärke 2, die nordwestliche Dünung lief mit Stärke 2—3.

Durch das um den Konvoi kreisende Flugzeug waren die meisten der sechs in der Nähe des Konvois stehenden U-Boote achteraus gesackt. Nur *U 338* hatte sich an der Grenze der Sichtweite des Flugzeuges vorgesetzt und nach Beobachtung seines Abfluges um 12.15 Uhr entschlossen herangestaffelt. Als die Geleitfahrzeuge über die Kimm herauskamen, war Kptlt. Kinzel getaucht und hoffte, zwischen zwei Escorts hindurch zu einem Unterwasserangriff auf die Backbordseite des Konvois zu kommen. Mit gezielten, verbundenen Einzelschüssen wollte er seinen Erfolg von der vergangenen Nacht wiederholen. Das erste Ziel war ein als Passagierfrachter vom Typ *Antenor* (10 000 BRT) angesprochenes Schiff. Tatsächlich war es das in Position 32 laufende amerikanische Kühlschiff *Cartago* (4732 BRT), das in der Silhouette eine gewisse Ähnlichkeit mit der *Antenor* hatte. Um 13.52 Uhr machte Kptlt. Kinzel auf etwa 1200 m Entfernung seinen ersten Torpedo los. Das zweite Ziel war ein moderner Normal-Frachter, der auf 5000 BRT geschätzt wurde, vermutlich die 1937 gebaute norwegische *Askepot*, von 1312 BRT. Durch einen Bedienungsfehler im Bugraum wurde nun jedoch nicht nur der beabsichtigte Einzelschuß gelöst, sondern alle drei noch in den Bugrohren befindlichen Torpedos nacheinander als unbeabsichtigter Fächer abgefeuert. Kptlt. Kinzel konnte die Torpedos nicht mehr bis zum Ziel beobachten, denn einer der Torpedos war ein Oberflächenläufer geworden, und der »Backbord-Feger« drehte auf das U-Boot zu.

Die *Godetia* stand im Augenblick des Schusses von *U 338* nicht auf ihrer vorgesehenen Position N, sondern war etwas zurückgefallen bis auf die Höhe der Position P, und die *Upshur* stand noch ein Stück weiter zurück. Um 13.52 Uhr sichtete die *Godetia* etwa

2700 m Steuerbord voraus Spritzer in der kabbeligen See, die sich offenbar in Richtung auf den Konvoi zubewegten. Ehe man sie als einen Torpedo-Oberflächenläufer erkannte, erhielt das erste Schiff der zweiten Kolonne, die *Granville*, einen Torpedotreffer an der Backbordseite. Die *Granville* war ein Panama-Frachter von 4103 BRT, der von der US-Army als Transportschiff gechartert war. Nach dem Bericht des Kapitäns F. Matzen traf der Torpedo um 13.56 Uhr an der Backbordseite auf der Höhe der zweiten Luke. Es wurde ein etwa 25 qm großes Loch in Höhe der Wasserlinie gerissen. Die Detonation blies die Ladeluke 2 heraus, und außerdem wurden die Schotten zwischen Luke 2 und 3 eingedrückt. Im Laderaum 3 lag Bunkerkohle, und da gerade Kohle in die Kesselräume getrimmt wurde, waren die wasserdichten Schotten zwischen dem Kesselraum und dem Laderaum 3 nicht geschlossen, so daß auch die Kessel- und Maschinenräume sofort begannen vollzulaufen und verlassen werden mußten. Deshalb kam das vom Kapitän über den Maschinentelegraphen gegebene Signal »Stop« nicht mehr zur Ausführung. Um 14.01 Uhr gab der Kapitän den Befehl zum Verlassen des Schiffes. Das Backbord-Rettungsboot zerschlug sich beim Fieren den Steven und wurde gegen die Schiffsseite geworfen. Der Kapitän ließ das Schiff daraufhin nach Backbord drehen und fierte das Steuerbord-Rettungsboot. Doch auch dieses Boot lief bald voll, nachdem es vom sich noch drehenden Propeller freigekommen war und kenterte dann. Die Insassen hielten sich an dem Boden fest und versuchten, hinaufzuklettern. Alle Rettungsflöße wurden losgemacht, und ein Teil der Besatzung und der Bedienungsmannschaften der Geschütze setzte auf drei von ihnen vom Schiff ab. Auch das auf dem Vorderdeck festgelaschte LCT wurde befreit. Der Kapitän, der zunächst gehofft hatte, daß das Schiff schwimmfähig bleiben würde, erkannte bald, daß es nicht zu halten war, nachdem auch die in Ladeluke 1 gefahrene Gasolinladung in Brand geriet und dicker Rauch aus den Ladeluken quoll. Das Schiff begann jetzt, im Bereich der Ladeluke 2 auseinanderzubrechen. Der Kapitän mit dem Leitenden Ingenieur und drei weiteren Besatzungsangehörigen kletterte auf das kieloben treibende Rettungsboot, das auf der Höhe von Luke 5 noch festgemacht war. Das Schiff brach bald darauf entzwei und versank schnell.

Inzwischen hatte die *Godetia* Fahrt auf die gesichteten Spritzer aufgenommen und bekam um 14.02 Uhr in einer Entfernung von 1000 m eine Asdic-Ortung. Die Ortungsergebnisse waren jedoch sehr schlecht. Später im Dock stellte sich heraus, daß der Asdic-Dom bei der Eisfahrt vor Neufundland mit dem Konvoi ON.168 offenbar beschädigt worden war und starke Eigengeräusche verursachte. Trotz der ungenauen Zieldaten ließ Lt. Larose um 14.07 Uhr am ungefähren Standort des U-Bootes einen Wasserbombenteppich mit 10 Wasserbomben auf 30 m und 70 m Tiefeneinstellung werfen. Unmittelbar darauf kam der von achtern auflaufende Zerstörer *Upshur* heran und warf in zwei Anläufen auf das geortete *U 338* je vier Wasserbomben ab. Beide Schiffe setzten die Jagd bis 15.05 Uhr fort und nahmen dann wieder Kurs auf den Konvoi. Inzwischen hatte Commodore White um 14.05 Uhr einen »emergency turn« um 45° nach Steuerbord befohlen. Um 14.20 Uhr drehte der Konvoi wieder zurück auf den alten Kurs.

Commander Boyle gab den zunächst am Konvoi verbliebenen Sicherungsfahrzeugen um 14.10 Uhr den Befehl, die Sicherungsformation D.E. 4 einzunehmen. Die *Pimpernel* ging nach Backbord voraus, die *Swale* Steuerbord voraus, die *Havelock* nach Backbord achtern und die *Buttercup* nach Steuerbord achtern. Um 14.22 Uhr erhielt die *Lavender* Befehl, zu dem havarierten Schiff zu gehen und Überlebende zu bergen. Von den drei Flößen und dem gekenterten Boot wurden 23 Mann, 10 weitere von dem ausgesetzten Beiboot der *Lavender* an Bord genommen. Als die *Lavender* bereits abdrehen wollte, wurde plötzlich ein weiterer, anscheinend noch lebender Schiffbrüchiger im Wasser gesichtet. Da es schwierig war, die Korvette nahe an ihn heranzumanövrieren, sprang der Erste Wachoffizier, Lt. W. F. Weller, RNVR, über Bord und holte den inzwischen Bewußtlosen an das Schiff heran. Trotz dreistündiger Bemühungen hatten die Wiederbelebungsversuche an Bord jedoch keinen Erfolg, und man mußte um 18.00 Uhr den Toten der See übergeben. Um 16.05 Uhr hatte die *Lavender* ihr Boot wieder an Bord genommen und ließ die leeren Flöße, die gekenterten Rettungsboote und das ebenfalls gekenterte Landungsboot zurück. Um 19.40 Uhr traf sie wieder beim Konvoi ein.

Die zweite »Liberator« *G/120* war um 07.06 Uhr von Aldergrove gestartet und hatte um 13.20 Uhr mit dem Senden von Peilzeichen begonnen. Kurz nachdem der Konvoi seinen alten Generalkurs nach dem Angriff wieder aufgenommen hatte, sichtete das Flugzeug den

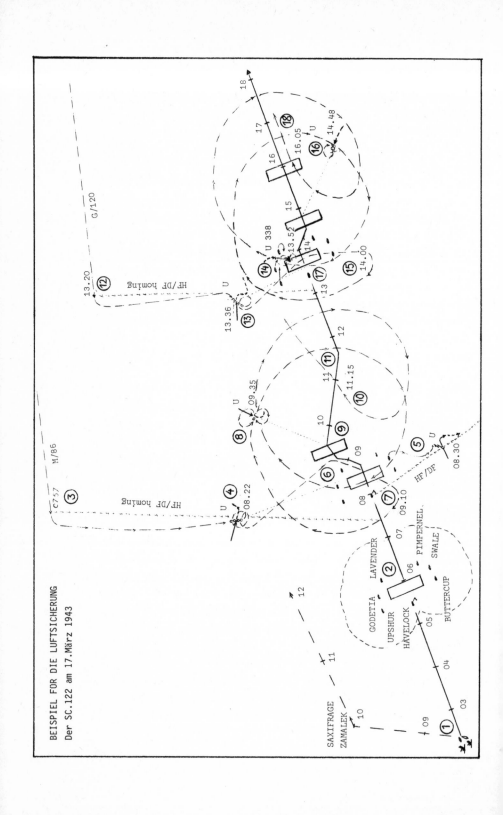

BEISPIEL FÜR DIE LUFTSICHERUNG
Der SC.122 am 17.März 1943

Beispiel für die Luftsicherung eines Konvois: Der SC.122 am 17. März 1943

1	17. 3./02.05	Position des Angriffes von *U 338*. Bei den Wracks der *Kingsbury* und *Fort Cedar Lake* ist das Rettungsschiff *Zamalek* um 08.30 mit der Bergung fertig und läuft mit der sichernden Korvette *Saxifrage* auf Täuschungskurs ab.
2	17. 3./06.00	Tages-Marschordnung und Disposition der Escorts mit ungeführem Radar-Horizont.
3	17. 3./07.57	Das um Mitternacht in Aldergrove gestartete Liberator-Flugzeug M/86 wird mit HF/DF-Peilzeichen an den Konvoi herangeführt.
4	17. 3./08.22	M/86 sichtet auf Anflug zum Konvoi etwa 20 sm Backbord querab zum Konvoi ein aufgetauchtes U-Boot beim Vorsetzmanöver, greift es im Tauchen mit 4 Wasserbomben an.
5	17. 3./08.30	Führerboot *Havelock* peilt mit HF/DF das Fühlungshalter-Signal eines U-Bootes an Steuerbord querab und teilt die Fregatte *Swale* zu einem Vorstoß auf dem Peilstrahl ab. Das U-Boot wird unter Wasser gedrückt! Konvoi macht »emergency turn«.
6	17. 3./08.50	Liberator M/86 meldet sich beim S.O.E., erhält Befehl zu »Cobra«-Patrouille 11 sm um den Konvoi.
7	17. 3./09.10	M/86 beginnt »Cobra«-Patrouille.
8	17. 3./09.35	M/86 sichtet anlaufendes U-Boot, greift es im Tauchen mit 2 Wasserbomben an, setzt nach einigen Kreisen »Cobra«-Patrouille fort.
9	17. 3./09.40	Konvoi macht erneuten »emergency turn« um 45° nach Steuerbord.
10	17. 3./11.15	M/86 beendet »Cobra«-Patrouille und meldet sich beim S.O.E. zum Rückflug ab.
11	17. 3./11.40	Konvoi geht wieder auf Generalkurs.
12	17. 3./13.20	Das um 07.06 Uhr in Aldergrove gestartete Liberator-Flugzeug G/120 wird mit HF/DF-Peilzeichen an den Konvoi herangeführt.
13	17. 3./13.36	G/120 sichtet beim Anflug zum Konvoi in 10 sm Backbord querab vom Konvoi ein aufgetauchtes U-Boot, greift es im Tauchen mit 4 Wasserbomben an und setzt nach mehreren Kreisen Flug zum Konvoi fort.
14	17. 3./13.52	*U 338* hat sich unbemerkt zum Unterwasserangriff vorgesetzt und während der Pause von 11.15 bis 14.00 in der Luftsicherung seine Angriffsposition durch entschlossenes Heranstaffeln erreicht. Kurz nach dem Schuß bemerkt die Korvette *Godetia* zwar einen Oberflächen-Läufer, doch kann ihre Warnung einen Treffer auf No. 41 (2. Kolonne) *Granville* nicht mehr verhindern.
15	17. 3./14.00	G/120 beobachtet Waboverfolgung des angreifenden U-Bootes und beginnt nach Weisung des S.O.E. seine »Cobra«-Patrouille 10 sm um den Konvoi.
16	17. 3./14.48	G/120 sichtet tauchendes U-Boot und greift es aus Steilkurve an, 2 Wasserbomben klemmen jedoch und fallen nicht. Nach Kreisen setzt G/120 »Cobra«-Patrouille fort.
17	17. 3./15.15	G/120 sichtet Wrack *Granville* mit der *Godetia*.
18	17. 3./16.05	G/120 beendet »Cobra«-Patrouille und meldet sich beim S.O.E. zum Rückflug ab.

Beim »Manta«- oder »Viper«-Verfahren werden die Flugzeuge auf HF/DF Peilstrahlen gegen von den Escorts beim Funken eingepeilte U-Boote oder in nach Uhrzeiten (0 oder 12 Uhr vorn) in Sektoren von der Konvoi-Mitte gegen eingepeilte U-Boote angesetzt.
Beim »Frog«-Verfahren fliegen die Flugzeuge stichartige Vorstöße in die wahrscheinlichsten Angriffsrichtungen der U-Boote.

Konvoi und bemerkte um 14.36 Uhr etwa 10 sm Backbord querab ein U-Boot, das tauchte. Wenige Minuten später warf das Flugzeug vier Wasserbomben dicht vor die Tauchstelle. Nach dem Angriff konnte eine Ölspur beobachtet werden. Um 14.45 Uhr traf das Flugzeug über dem Konvoi ein und begann um 15.00 Uhr eine Patrouille in zehn Meilen Entfernung rund um den Konvoi. Um 15.48 Uhr wurde Steuerbord querab in 900 m Entfernung ein Sehrohr gesichtet. Das Flugzeug setzte sofort in einer Steilkurve zum Angriff an, doch klemmten die beiden restlichen Wasserbomben. Der Konvoi wurde über Funk unterrichtet. Um 16.15 Uhr überflog die »Liberator« die bei ihrer Rettungsaktion befindliche *Lavender* und begann um 17.05 Uhr den Rückflug. Um 0.30 Uhr am 18. 3. traf die Maschine wieder in Benbecula in Schottland ein. Auch diese Maschine war 17 Stunden in der Luft.

Um die durch die Angriffe an der Backbordseite des Konvois gerissenen Lücken zu schließen und die Formation zu verengen, löste Commodore White die Kolonne 3 auf und ließ die Schiffe an der Backbordseite des Konvois die Kolonnen 4, 5 und 6 mit je fünf Schiffen hintereinander bilden, so daß der Konvoi jetzt insgesamt 10 Kolonnen besaß.

9.3 DER NACHTANGRIFF VON *U 305* GEGEN DEN SC.122

Im Laufe des Nachmittags des 17. 3. waren die sechs nördlichen »Stürmer«-Boote, die auf die Fühlunghaltermeldung von *U 338* operiert hatten, in die Nähe des SC. 122 gekommen. Einige von ihnen waren allerdings durch die beiden Flugzeuge angegriffen und in ihrem Vorsetzmanöver behindert worden. Drei Fühlunghalter waren mit ihren Kurzsignalen von der *Havelock* eingepeilt worden und durch Vorstöße der *Havelock, Swale* und des amerikanischen Zerstörers *Upshur* unter Wasser gedrückt worden.

Um gegenüber den nach achtern abgedrängten U-Booten möglichst viel Raum nach Osten zu gewinnen, behielt Commodore White den Generalkurs von 67° bei. Commander Boyle ließ bei Dunkelwerden die Nachtsicherungsposition N.E. 6 einnehmen. An der Backbordseite liefen in etwa 3700 m Entfernung von den Schiffen in Zickzackkursen die Korvette *Lavender* in Position M, der Zerstörer *Upshur* in P, die Korvette *Buttercup* in Position R; an Steuerbord die Korvette *Pimpernel* in Position C, die Fregatte *Swale* in Position F und die Korvette *Godetia* in Position H. Das Führerboot *Havelock,* das zwar sein Radargerät wieder klar bekommen hatte, nicht jedoch das Asdic, zackte in weiten Schlägen etwa 5500 m vor dem Konvoi her.

Der Wind hatte gegen 22.00 Uhr auf NW 5 aufgefrischt; bei einem Seegang 3—4 lief eine flache Dünung aus Nordwesten. Es war bedeckt mit Mondlicht in den Wolkenlöchern. Die Sicht betrug etwa 6 sm.

An der Grenze der Sichtweite an Steuerbordseite hatte *U 305* (Kptlt. Bahr), das kurz vor Dunkelwerden den Konvoi gesichtet hatte, sich vorgesetzt. Gegen 21.30 Uhr lief es zu seinem Angriff an. Kptlt. Bahr wollte zwischen den beiden Geleitfahrzeugen Steuerbord vorn vom Geleitzug durchstoßen, um seine Schußposition zu erreichen. Da die beiden Schiffe häufige Zacks fuhren, war es schwer, abzuschätzen, ob das U-Boot jeweils erkannt war oder nicht, wenn eines der Schiffe seinen Lagewinkel plötzlich änderte. Um 22.00 Uhr war *U 305* etwa 3000 m von der *Pimpernel* (Lt. Hayes) entfernt, die etwa Lage 70, Bug rechts hatte. Gefährlicher sah die *Swale* (LtCdr. Jackson) aus, die in etwa 2500 m im spitzen Winkel auf das U-Boot zulief, das jedoch unbemerkt blieb. Kptlt. Bahr hielt seinen Kurs 310° in Richtung auf das Steuerbord-Spitzenschiff des Konvois, die *Empire Morn,* bei. Während sich die Entfernung zur *Pimpernel* langsam vergrößerte, sank die zur *Swale* um 22.04 Uhr auf nur wenig über 1000 m, ehe die Fregatte wieder einige Strich abwendete. Von der Brücke des U-Bootes gab inzwischen der I. Wachoffizier, Lt.z.S. Sander, seine Schußwerte zum Torpedo-Vorhaltrechner im Turm herunter, während Kptlt. Bahr und die Ausgucks jede Regung auf den beiden Geleitfahrzeugen zu erkennen suchten. Doch auf der *Swale* schien man zu schlafen.

Da zeigte um 22.06 Uhr der Radarschirm auf der *Pimpernel* plötzlich eine Ortung in 3700 m. Der diensthabende Wachoffizier erkannte zwischen der Steuerbord achteraus laufenden *Swale* und dem direkt achteraus erkennbaren Konvoi ein U-Boot. Er ließ sofort mit Hartruder auf das U-Boot zudrehen und ging mit der Fahrt hoch. An die *Swale* ging das Scheinwerfersignal »U-Boot in Sicht an Steuerbord«, über Funk wurde das Signal »S for Sugar zwischen Pos. C und E« an die *Havelock* gegeben.

Im gleichen Augenblick um 22.08 Uhr hatte jedoch Kptlt. Bahr das

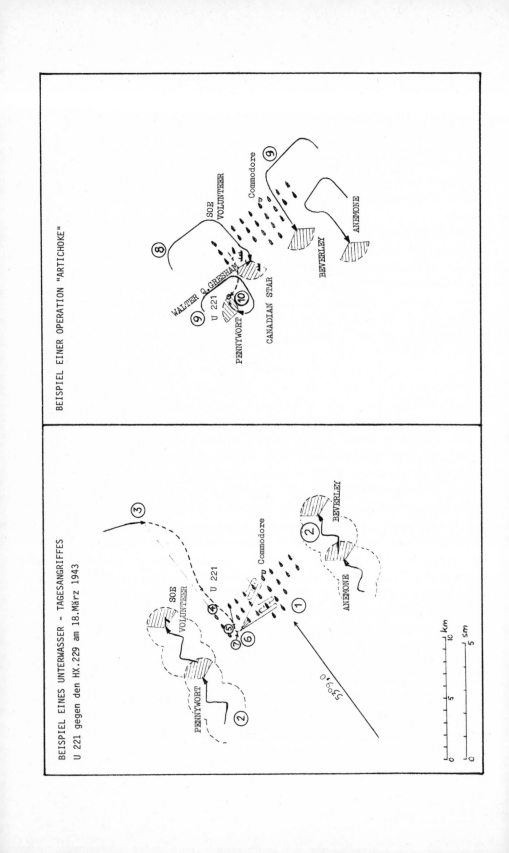

BEISPIEL EINES UNTERWASSER - TAGESANGRIFFES
U 221 gegen den HX.229 am 18.März 1943

BEISPIEL EINER OPERATION "ARTICHOKE"

Beispiel eines Tages-Unterwasserangriffes: U 221 gegen den HX.229 am 18. März 1943

1 Marschformation des Konvois HX.229: In 6 Angriffen hat der Konvoi bereits 10 Schiffe verloren. Die Formation ist auf 9 Kolonnen mit 3, 2, 3, 3, 4, 4, 3, 2, 2 Schiffen reduziert, Breite etwa 4,5 sm, Tiefe etwa 1,5—2 sm. *Wetter:* Sicht etwa 2 sm, in den häufigen Schneeschauern bis auf 0,5 sm abnehmend, Bewölkung 5/10. Nordnordwestwind Stärke 7, Seegang 5—6. Radar-Reichweite gegen U-Boote wegen Wellenechos sehr gering. Schlechte Ortungsbedingungen für Asdic.

2 Von den Asdic-Sudsektoren der Escorts etwa überdecktes Gebiet.

3 18. 3./16.00 *U 221* läuft nach Vorsetzmanöver zum Angriff an und taucht vor dem herandampfenden Konvoi.

4 18. 3./16.40 *U 221* dringt in die etwas vergrößerte Lücke zwischen den Kolonnen 1 und 2 ein.

5 18. 3./16.43 *U 221* schießt Heck-Torpedo gegen den an der Spitze der Kolonne 2 laufenden Frachter. Nach 2 Minuten 51 Sekunden (= 2639 m) Treffer auf No. 21 *Walter Q. Gresham*, die liegenbleibt.

6 18. 3./16.49 *U 221* schießt aus Bugrohren nach Aufdrehen Viererfächer. 2 G7e-Torpedos treffen nach 30 bzw. 32 Sekunden No. 33 *Canadian Star*, die zu sinken beginnt. 2 FAT-Torpedos laufen im Konvoi mit, treffen aber nicht.

7 Dampfer 13 und 23 sichten zwischen den Kolonnen Sehrohr, beschießen es mit Maschinenwaffen und 10,2-cm-Kanone.

8 18. 3./16.50 S.O.E. beabsichtigt Operation »Artichoke«. Dabei schließen äußere Escorts an den Konvoi heran, vordere Escorts laufen gegen die Kursrichtung zwischen den Kolonnen hindurch. Escorts bilden hinter dem Konvoi Süd-Dwars-Linie, um mit den sich überdeckenden Asdic-Sudsektoren das angreifende, getauchte U-Boote zu erfassen.

9 18. 3./16.55 Durch Fehler in der Befehlsgebung wird statt »Artichoke« »1/2 Raspberry« befohlen. Die Escorts erkennen jedoch den Irrtum und laufen zu »Artichoke« an. Dabei beobachtet *Pennywort* den Beschuß von No. 13 und 23 gegen das Sehrohr und sucht das U-Boot in »box search« mit Asdic zu erfassen.

10 18. 3./17.37 Auf dem dritten und letzten Suchstreifen wird das U-Boot auf 1000 m mit Asdic geortet und mit 6 Wabos angegriffen. Wegen der entstandenen Verwirbelungen kann das U-Boot bei dem herrschenden schlechten Ortungswetter danach nicht wieder erfaßt werden. Es entkommt ohne wesentliche Schäden. Nach einer Stunde nimmt *Pennywort* die Bergung der Schiffbrüchigen auf.

Andrehen der *Pimpernel* erkannt und gab seinem W.O. Befehl, schnell zu schießen. Lt. Sander machte zuerst aus Rohr I und III einen Zweierfächer G7e auf das etwa 1500 m entfernte zweite Schiff der Steuerbordkolonne los; eine Minute später sollte der zweite Fächer gegen das Spitzenschiff der Kolonne abgefeuert werden. Infolge eines Bedienungsfehlers blieb der Torpedo im Rohr IV stekken. Nur der Aal aus Rohr II nahm Kurs auf das Ziel. Unmittelbar nach dem Schuß gab Kptlt. Bahr Alarm, und *U 305* tauchte. Auf der inzwischen auf Höchstfahrt gegangenen *Pimpernel* verschwand der Leuchtpunkt auf dem Radarschirm. Um 22.10 Uhr kam sie in Asdic-Reichweite von der vermutlichen Tauchstelle. Doch bekam man kein Echo. Die *Swale* erfaßte das U-Boot weder mit ihrem Radargerät noch mit dem Asdic. Sie konnte in der Richtung nur die anlaufende *Pimpernel* hören, drehte um 22.09 Uhr auf Kurs 110° und ging auf 16 kn, entfernte sich damit jedoch von der nicht erkannten Tauchstelle.

Da die Gegnergeschwindigkeit mit 8 kn etwas überschätzt worden war, verfehlten die Torpedos das anvisierte Ziel und liefen auch durch die nächsten Kolonnen hindurch, bis der erste Torpedo um 22.14 Uhr nach einer Laufstrecke von fast 5000 m die in der Position 92 fahrende *Port Auckland* (8789 BRT) an der Steuerbordseite traf. Der zweite Torpedo setzte seinen Weg fort und traf 1 Minute 20 Sekunden später die *Zouave* (4256 BRT) in Position 84. Der dritte Torpedo soll nach der Horchbeobachtung im U-Boot 3 Minuten 58 Sekunden nach dem Schuß detoniert sein. Wahrscheinlich war es aber die Wasserbombe, welche die *Pimpernel* in die angenommene Tauchstelle warf.

Die *Zouave* wurde im Laderaum 4 nahe am Maschinenraumschott getroffen. Beide Räume liefen sofort voll, und das Schiff sank in wenigen Minuten. Immerhin konnte sie noch eine Notmeldung über Funk abgeben, die vom deutschen Bx-Dienst zwei Tage später entziffert war. Die *Port Auckland* war im Maschinenraum getroffen und blieb manövrierunfähig liegen. Sie feuerte zwei weiße Notraketen, die noch von der etwa 40 sm nordwestlich vom Konvoi mit dem Rettungsschiff *Zamalek* stehenden Korvette *Saxifrage* beobachtet wurden.

Um 22.16 Uhr befahl Commander Boyle den Geleitfahrzeugen »1/2 Raspberry«. Die *Lavender, Upshur* und *Buttercup* liefen an der Backbordseite ihre befohlenen Kurse ab und waren zwischen 22.25

Uhr und 22.48 Uhr wieder auf Position. Auch die *Swale* nahm um 22.45 Uhr ihre Position wieder ein, nachdem sie weder ein U-Boot gesichtet noch eine Ortung bekommen hatte. Die *Pimpernel* suchte bis 23.06 Uhr ohne Erfolg, während die *Havelock* ihre weiten Schläge vor dem Konvoi fortsetzte. Die Steuerbord achtern aufgestellte *Godetia* (Lt. Larose) hatte auf dem ersten Schlag ihres Raspberry-Kurses hinter dem Konvoi ein sinkendes Schiff gesichtet und kam um 22.25 Uhr an die Stelle heran, an der die Boote der *Zouave* und das Wrack der *Port Auckland* trieben. Sie nahm zunächst hinter dem Konvoi die U-Bootsuche auf, bis sie um 22.33 Uhr vom S.O.E. den Befehl zum Bergen von Überlebenden erhielt. Zunächst wurden zwei Mann von der *Zouave* im Wasser zwischen Trümmern treibend und rufend gesehen. Einer wurde an Bord geholt; der zweite konnte die ihm zugeworfene Leine nicht halten und wurde beim neuen Anlauf nicht wieder gefunden. Dann nahm man 28 Mann aus einem Boot der *Zouave* und einen Mann von einem Floß an Bord; schließlich 32 Mann aus einem Boot der *Port Auckland*, die noch in der Nähe trieb. Plötzlich erschien auf dem Radarschirm in 2700 m ein neues Echo. Mit größter Eile wurden die restlichen Überlebenden an Bord geholt. Doch ehe man Fahrt aufnehmen konnte, krachte ein neuer Torpedo gegen die Steuerbordseite der *Port Auckland.*

U 305 war nach dem Ablaufen des Konvois aufgetaucht und hatte bald den in der Nähe liegenden havarierten Frachter und den Schiffbrüchige bergenden »Zerstörer« erkannt. Der Frachter hatte offenbar einen Treffer im Maschinenraum erhalten und lag gestoppt und leicht brennend quer zur See. Kptlt. Bahr lief sofort zum Fangschuß an und ließ um 23.41 Uhr einen G7e aus dem Heckrohr losmachen. Er traf mittschiffs mit einer etwa 200 m hohen schwarzen Sprengwolke, ohne daß das Schiff aber gleich Wirkung zeigte.

Die *Godetia* hatte inzwischen das U-Boot auch optisch erkannt und drehte mit 14 kn Fahrt darauf zu. Das Radar und die Ausgucks hielten das U-Boot gut fest, das anscheinend über Wasser ablaufen wollte. Lt. Larose ließ auf Höchstfahrt gehen, um aufzuschließen und das Feuer mit der 10,2-cm-Kanone auf der Back eröffnen zu können. Da tauchte *U 305* um 00.05 Uhr, nachdem es seine Erfolgsmeldung abgesetzt hatte. Die *Godetia* lief noch etwas auf und ging dann auf Asdic-Suchfahrt. Doch wurden nur wenige flüchtige Kontakte gewonnen. Die Korvette warf eine Wasserbombe mit 30 m

Tiefeneinstellung in die Tauchstelle. Nach 2000 m machte die *Godetia* kehrt und suchte nochmals auf Gegenkurs, doch ohne Erfolg, weil das Asdic-Gerät — wie bereits ausgeführt — beschädigt war.

Um 00.30 Uhr erreichte die *Godetia* erneut das Wrack der *Port Auckland*. Zuerst wurde ein leeres Floß gefunden, dann wurden 68 Mann von zwei weiteren Rettungsbooten geborgen. Nachdem man trotz mehrfachen Absuchens des Trümmerfeldes keine Überlebenden mehr gefunden hatte, nahm die *Godetia* um 01.05 Uhr Kurs zum Konvoi. 13 Mann der *Zouave* und 8 der *Port Auckland* blieben vermißt, meist auf Wache im Maschinenraum befindliche Heizer und Kohlentrimmer der beiden Schiffe.

Der Angriff von *U 305* war von dem zähe wieder Fühlung suchenden *U 338* beobachtet worden, das sich an der Backbordseite vorsetzte und im Anlauf um 24.00 Uhr ein Fühlunghaltersignal absetzte. Es wurde dabei jedoch von der vor dem Konvoi hin- und herpreschenden *Havelock* mit HF/DF eingepeilt. Cdr. Boyle ließ sofort in den Peilstrahl eindrehen, da das U-Boot offenbar an Backbord dicht vor dem Konvoi stand. Der Wind hatte wieder auf Stärke 7 aufgefrischt und der Seegang auf 6 zugenommen. Bei solchem Wetter war es kein Wunder, daß *U 338* den anlaufenden Zerstörer längst gesichtet hatte, ehe dessen von Wellenechos geblendetes Radar das kaum aus der See ragende U-Boot erfassen konnte. Kptlt. Kinzel mußte tauchen. Da das Asdic der *Havelock* noch nicht wieder klar war, konnte man das getauchte U-Boot nicht finden. Immerhin war dessen Angriff auf den Konvoi vereitelt.

Als *U 338* wieder auftauchen konnte, war der Konvoi abgelaufen, doch sichtete man bald darauf einen in der schweren Dünung heftig arbeitenden havarierten Frachter — das Wrack der *Port Auckland*. Kptlt. Kinzel ließ einen Heckanlauf fahren und schoß um 01.55 Uhr seinen Fangschuß. Die Detonation blieb aus. Der Torpedo hatte in der hohen Dünung offenbar untersteuert. Trotzdem sackte das Schiff kurz darauf plötzlich mit dem Heck voran weg. Der Bug ragte, auf einer Luftblase schwimmend, noch einen kurzen Moment aus der See, dann war das Schiff verschwunden. Die starken berstenden, knackenden Geräusche der brechenden Schotten und eine dumpfe Explosion — wohl der am Ende seiner Laufstrecke detonierende Torpedo — horchte auch das noch in der Nähe unter Wasser stehende *U 305*.

236

Das Wetter wurde in der Nacht schnell schlechter. Der Wind frischte auf Sturmstärke auf, heftige Schneeböen fegten über die aufgewühlte See und verminderten die wechselnde Sicht zeitweise auf fast 0. So fand keines der U-Boote bis zum Morgen den Konvoi wieder, dessen Marschordnung sich immer mehr auflockerte. Doch gelang es der *Havelock*, mit Peilzeichen zunächst die *Godetia* und am Morgen auch die *Saxifrage* mit dem Rettungsschiff *Zamalek*, die vor Mitternacht noch eine unklare Radarortung erfolglos untersucht hatte, trotz des Wetters mit einer morgens etwa 1,5 sm betragenden Sicht heranzuführen. Am Morgen des 18. 3. um 07.00 Uhr ließ der Commodore den Kurs auf 48° ändern, damit die Schiffe in der schweren See besser lagen und die starke Abdrift ausgeglichen wurde.

10. Der 18. März

Aus den zahlreichen Meldungen der U-Boote bis zum Morgen des 18. 3. war für den BdU die Annahme des Vortages bestätigt worden, daß es sich bei dem vorderen Geleit um den SC.122, bei dem zuerst bekämpften »Hauptgeleit« um den HX.229 handelte. Am 17. 3. 08.00 Uhr bestand am HX.229 Fühlung im Quadrat BD 2112. Im Laufe des Tages meldeten sechs U-Boote am Konvoi. Die letzte Meldung kam um 16.30 Uhr von *U 600* in AK 8943. Die Fühlung ging dann bis auf drei unsichere Horchpeilungen in der Nacht verloren. Auf den SC.122 hatten die nördlichen »Stürmer«-Boote und die entfernungsmäßig günstig stehenden »Dränger«-Boote operiert. Es hatte von 08.00 Uhr in AK 8655 bis 22.00 Uhr in AK 9529 nahezu durchgehend Kontakt bestanden.

Die Ursache für den Verlust der Fühlung trotz der zahlreichen auf die beiden Geleite operierenden Boote sah der BdU in erster Linie in der von den U-Booten gemeldeten »sehr starken Luftüberwachung« am Tage. Mehrere Boote hatten Bombenangriffe gemeldet. Die Boote waren offenbar »von dauernder Luft behindert immer mehr achteraus gesackt«. Der starke Lufteinsatz wurde auch durch den Bx-Dienst bestätigt, der an diesem Tage acht U-Bootsichtungen durch Flugzeuge entziffern konnte.* Andererseits hatten nach den Funkmeldungen der U-Boote *U 91, U 631, U 384, U 228, U 338* und *U 665* Unterwasserangriffe gefahren und zusammen acht Schiffe mit 41 500 BRT versenkt und vier weitere Schiffe torpediert gemeldet.

12 U-Boote meldeten bis zum Morgen des 18. 3. den Abbruch der Operation: Die drei Rückmarschierer *U 653, U 89* und *U 638*, die

---

* Tatsächlich wurden vom 17.—20. 3. fast alle von Flugzeugen am HX.229 und SC.122 abgegebenen Funksprüche über U-Bootsichtungen und Angriffe aufgefangen und sehr schnell entziffert vorgelegt (s. Anlage 15/8).

kurzfristig versucht hatten, Fühlung zu gewinnen, *U 468, U 435, U 603, U 758, U 664* und *U 616* wegen Brennstoffmangel, ferner *U 91, U 600* und *U 665* wegen aufgetretener Schäden. Weiter operierten von der alten Gruppe »Raubgraf« noch *U 615* und *U 84*, von den vom Versorger kommenden Booten *U 228* und *U 230*, von den südlichen »Stürmer«-Booten *U 618, U 190, U 530, U 631, U 598, U 384* und *U 134* sowie von der Gruppe »Dränger« *U 441, U 406, U 608, U 221* und *U 610*, insgesamt also 16 Boote gegen den HX.229. Den SC.122 verfolgten noch die »Stürmer«-Boote *U 305, U 527, U 666, U 523, U 526, U 642, U 439, U 338, U 641* und die »Dränger«-Boote *U 373, U 86, U 336, U 440, U 590* und *U 333*, also 14 Boote. Wenn auch ein Teil von ihnen schon weit achteraus geraten war, so bestand bei dem schlechter werdenden Wetter die Möglichkeit, daß verfolgende Boote auf Nachzügler oder Havaristen treffen konnten. Die Operation wurde deshalb fortgesetzt und den Booten freigestellt, auf das jeweils günstigste Ziel zu operieren. Eine weitere Verstärkung der angesetzten Boote schien nicht notwendig, so daß die für eine neue zum 21. 3. geplante Aufstellung als Gruppe »Seeteufel« anmarschierenden und bereits in die Nähe der Geleitoperation gelangten *U 564, U 572* und *U 663* »wegen zu großer Zahl bereits angesetzter Boote« Befehl erhielten, nicht auf die Konvois zu operieren, sondern nur gegebene Chancen auszunutzen und anschließend den Marsch in den befohlenen Streifen fortzusetzen.

Der BdU hoffte, daß bei dem am 18. 3. zu erwartenden schlechter werdenden Wetter auch die Luftsicherung Schwierigkeiten haben würde, so daß die Boote in der Nacht zum 19. 3. wieder in größerer Zahl nach vorn und zum Angriff kommen könnten.

10.2 DIE LAGE AUS DER SICHT DER ADMIRALITÄT UND DES
    CINCWA

Für die alliierten Führungsstellen sah die Lage am 18. 3. recht bedrohlich aus. Nach der am 18. 3. über Funk übermittelten U-Bootlage rechnete man mit einigen »nicht durch Funkortung« erfaßten U-Booten auf Westkurs in etwa 41° N / 47° W, südostwärts Neufundland. Funkmeß-(Radarortungen) hatten fünf U-Boote südlich Island mit Süd- bis Südostkurs gezeigt. Nach Funkortung (Peilun-

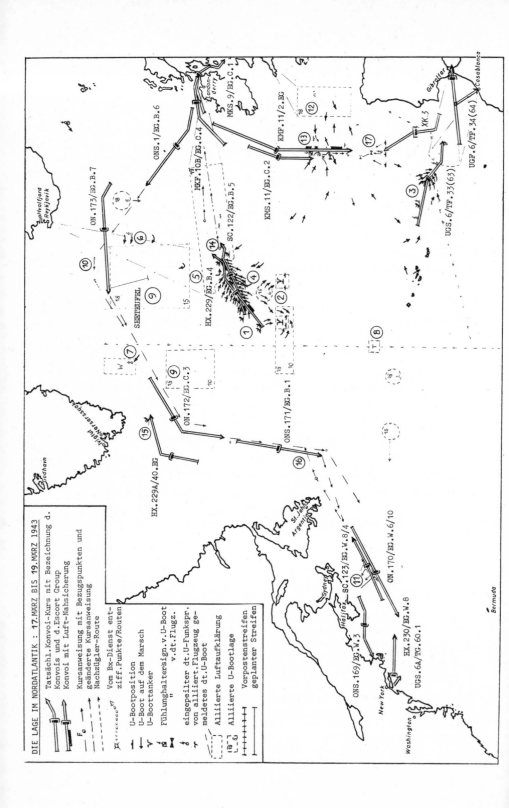

DIE LAGE IM NORDATLANTIK : 17.MÄRZ BIS 19.MÄRZ 1943

Tatsächl.Konvoi-Kurs mit Bezeichnung d.
Konvois und d.Escort Group
Konvoi mit Luft-Nahsicherung

Kursanweisung mit Bezugspunkten und
geänderte Kursanweisung
Nachzügler-Route

Vom Bx-Dienst ent-
ziff.Punkte/Routen

U-Bootposition
U-Boot auf dem Marsch
U-Boottanker

Fühlunghaltersign.v.U-Boot
"   "   v.dt.Flugz.

eingepeilter dt.U-Funkspr.
von alliiert.Flugzeug ge-
meldetes dt.U-Boot

Alliierte Luftaufklärung

Alliierte U-Bootlage

Vorpostenstreifen
geplanter Streifen

Die Lage im Nordatlantik: 17. März 1943/12.00 (GMT) bis 19. März 1943/12.00 (GMT)

1	17. 3./tags	U-Boote der Gruppen »Raubgraf«, »Stürmer« und »Dränger« halten weiter Fühlung an den Konvois HX.229 und SC.122. Von der 15th Group, Coastal Command, RAF, werden 4 »Liberators« von Nordirland über die größtmögliche Entfernung zur Luftsicherung angesetzt. Sie drängen zahlreiche U-Boote ab, doch kommen in einer Pause mittags 3 U-Boote zum Angriff und versenken 2 Schiffe aus dem HX.229 und 1 aus dem SC.122.
2	17.—18. 3.	Von den Konvois abdrehende U-Boote gehen zu den U-Tankern U 463 und U 119.
3	17.—18. 3.	Am Konvoi UGS.6 halten U-Boote weiter Fühlung, können sich aber bei gutem Wetter gegen die mit weitreichendem Radar ausgerüsteten Escorts nicht durchsetzen, zumal am 17. 3. nachm. Luftsicherung einsetzt. Am Abend noch 1 Schiff versenkt.
4	18. 3./nachts	Nur am SC.122 gelingt in der Nacht zum 18. 3. einem U-Boot ein Angriff, 2 Schiffe versenkt.
5	18. 3./tags	Die 15th Group entsendet von Nordirland 3 und von Island 4 »Liberators« zu den Konvois HX.229 und SC.122. Zusammen mit der Seesicherung drängen sie alle Angriffsversuche ab, nur U 221 versenkt in Unterw.Angriff 2 Schiffe aus HX.229.
6	18. 3./	Island-Flugzeuge sichten auf Flügen zum HX.229 U-Boote. Die Funksignale des zur Eis- und Wetterbeobachtung für den erwarteten Blockadebrecher *Regensburg* (Kursanweisung/Treffpunkt mit U 161 zur FuMB-Übergabe = T) entsandten U 229 führen auf alliierter Seite zur irrtüml. Annahme neuer U-Bootgruppen auf der Nordroute.
7		
8		
9		
10	18. 3./	Wegen des U-Lagebildes vom 18. 3. leitet der CINCWA den ONS.1 weiter nach Norden um.
11	18. 3./tags	SC.123 und ON.170 passieren HOMP. Ablösung der Local Escort Groups.
12	18. 3./tags	Starker Lufteinsatz der 19th Group, Coastal Command, RAF, über dem Westteil der Biskaya.
13	18. 3./20.00	U 621 sichtet den KMF.11 kurz nach Abflug der Luftsicherung. Weitere Operation des Bootes und anderer auf den Konvoi operierender Aus- und Rückmarschierer wird am 19. 3. durch Luftsicherung und hohe Geschwindigkeit des Konvois zunichte gemacht.
14	18.—19. 3.	In der Nacht halten einzelne U-Boote weiter Fühlung am HX.229 und SC.122. Aus dem SC.122 wird ein Schiff versenkt, am Morgen zwischen beiden Konvois ein »romper« des HX.229. Am Morgen setzt starke Luftsicherung der 15th Group ein mit 5 Liberators, 2 Catalinas und 6 Sunderlands von Island und Nordirland. U- Boote fallen zurück.
15	19/früh	Beim HX.229A wird das Walfangschiff *Svend Foyn* beim Passieren eines Eisberg-Gebietes schwer havariert und muß am 20. 3. aufgegeben werden.
16	19/vorm.	Der ONS. 171 passiert WOMP.
17	19/vorm.	Dt. Luftaufklärung erfaßt den Konvoi XK.3 zweimal, U-Boote kommen jedoch nicht heran.

gen) befanden sich mindestens sechs U-Boote innerhalb 150 sm um den Punkt 52° N/30° W in der Nähe des SC.122. Etwa 10 Boote setzte man nach Peilungen zwischen 48° und 50° N und 32° und 39° W an, davon einige auf dem Rückmarsch, die meisten aber bei der Verfolgung des HX.229. Weitere 15 U-Boote schätzte man nach Funkortungen und Flugzeugsichtungen zwischen 55° und 60° N und 24° und 32° W auf Patrouille ein. Mit etwa 10 weiteren Booten rechnete man südostwärts Cape Farewell auf Patrouille. Zwei U-Boote befanden sich im Umkreis von 150 sm um 41° N/38° W, eine Anzahl weiterer Boote verfolgte noch den zwischen Azoren und Gibraltar nach Osten marschierenden Konvoi UGS.6. Schließlich war westlich der Biskaya mit Aus- und Rückmarschierern zu rechnen. Die Chancen, alle in See befindlichen Konvois um diese Aufstellungen herumführen zu können, waren sehr problematisch.

Diese U-Bootlage, die vom deutschen Bx-Dienst einige Tage später entziffert wurde, enthielt jedoch einige deutliche Fehleinschätzungen, welche den auf deutscher Seite immer wieder nach gelungenen alliierten Ausweichbewegungen aufkeimenden Verdacht eines gegnerischen Einbruches in den für die U-Boote verwendeten Code deutlich widerlegten. Weder gab es zu diesem Zeitpunkt nördlich der laufenden Geleitzugschlachten noch südostwärts Cape Farewell operierende U-Bootgruppen. Andererseits wurde die Stärke der auf die beiden Konvois angesetzten Gruppen offenbar noch unterschätzt.

Am bedrohlichsten sah die Lage für die beiden seit Tagen angegriffenen Konvois HX.229 und SC.122 aus, an denen die U-Boote laufend Fühlunghaltersignale abgaben, wie die Landfunkpeilstellen meldeten. Doch konnte man den gefährdeten Konvois außer den bereits in See befindlichen Schiffen keine weiteren Verstärkungen zuführen, und von diesen konnte nur der Führerzerstörer der Escort Group B.4 *Highlander* im Laufe des 18. 3. seinen Konvoi erreichen. Die von St. John's später ausgelaufenen Korvetten *Abelia* und *Sherbrooke* kamen nur langsam auf. Die von Reykjavik ausgelaufenen amerikanischen Schiffe *Ingham* und *Babbitt,* die bei gutem Wetter mit hoher Fahrt noch am Abend beim SC.122 hätten eintreffen können, waren durch den Sturm in der Nacht vom 17. zum 18. 3. gezwungen, mit der Fahrt erheblich herunterzugehen und erlitten trotzdem noch erhebliche Wetterschäden an Oberdeck durch die quer anlaufenden Seen. Um 18.31 Uhr nach dem Eingang einer neuen Angriffsmeldung auf den HX.229 gab der CINCWA der *Babbitt* Befehl, statt zum SC.122 zum HX.229 zu stoßen. Der Zerstörer *Vimy* konnte erst am 18. 3. um 03.18 Uhr von Reykjavik in See gehen, so daß mit ihm frühestens in der Nacht zum 20. 3. zu rechnen war.

Auch von einem anderen Konvoi konnte man keine Verstärkung abziehen. Der ON.172 stand mit 17 Dampfern und der Escort Group G.3 unter Commander R.C. Medley, RN, mit dem Führerzerstörer HMS. *Burnham*, den kanadischen Korvetten *Eyebright, Bittersweet, La Malbaie* und *Mayflower* sowie der von der in Aufstellung befindlichen 1st Escort Group abgestellten neuen Fregatte MKS.8 aus dem Mittelmeer gekommen waren und nach Kanada außerdem eine Gruppe kanadischer Korvetten mit HMCS. *Alberni, Summerside, Woodstock* und *Port Arthur*, die mit dem Konvoi MKS.8 aus dem Mittelmeer gekommen waren und nach Kanada zurückkehrten. Der Konvoi ON.172 war einerseits zu weit ab, andererseits befand er sich in einem Gebiet, in dem man mit einer U-Bootgruppe rechnete.

Der folgende ON.173 mit 39 Schiffen und der Escort Group B.7 unter Cdr. P. W. Gretton, RN, mit der Fregatte *Tay* als Führerboot, dem Zerstörer *Vidette* und den Korvetten *Alisma, Loosestrife, Snowflake* und *Pink* sollte am 18./19. 3. die zwischen 55° und 60° N vermutete deutsche U-Bootaufstellung im Norden umgehen. Die Escort Group war zu schwach, um Abgaben riskieren zu können.

Die beiden südgehenden Gibraltar-Konvois KMS.11 und KMF.11 südwestlich Irland hatten am 18./19. 3. gerade das An- und Abmarschgebiet der deutschen U-Boote westlich der Biskaya zu passieren, wo man außer mit U-Booten auch mit deutschen Fernkampfflugzeugen und Aufklärern zu rechnen hatte, so daß Abgaben nicht in Frage kommen konnten. Der KMS.11 bestand aus 62 Handelsschiffen und wurde von der Escort Group C.2 unter LtCdr. E. H. Chavasse, RN, mit den Zerstörern HMS. *Broadway*, HMS. *Sherwood*, der Fregatte HMS. *Lagan*, den Korvetten HMS. *Primrose*, HMS. *Snowdrop*, HMCS. *Morden*, HMCS. *Drumheller* und HMCS. *Chambly* sowie dem französischen Aviso FFS. *Savorgnan da Brazza* gesichert. Der KMF.11 lief mit neun Transportern unter Sicherung durch eine ad hoc gebildete Gruppe unter Führung durch die noch in Aufstellung befindliche 2nd Escort Group, die später unter Capt. Walker große Berühmtheit erlangen sollte. Vorläufig hatte sie aber nur die beiden Sloops *Wren* und *Woodpecker* unter Führung von LtCdr. Proudfoot zur Verfügung, denen die von verschiedenen Flottillen kommenden Zerstörer *Douglas, Eggesford, Badsworth, Whaddon, Goathland* und ORP. *Krakowiak,* die letzten fünf zur »Hunt«-Klasse gehörig, zugeteilt waren.

So blieb auch am 18. 3. nichts anderes übrig, als alle verfügbaren VLR-»Liberators« von Reykjavik und Aldergrove zur Sicherung der beiden Konvois einzusetzen. Insgesamt standen in Aldergrove fünf und in Reykjavik vier »Liberator« der Squadron 120 bereit. Um 01.46 Uhr war als erste von Aldergrove die *O/120* zum SC.122 gestartet. Von Reykjavik starteten um 06.37 und 06.43 Uhr die *P/120* und *L/120* zum SC.122 und HX.229. Von Aldergrove folgten um 07.44 und 09.39 Uhr die Maschinen *E/120* und *N/120* zum SC.122 und HX.229. Zur Ablösung dieser Flugzeuge starteten um die Mittagszeit von Aldergrove um 10.31 Uhr die *B/120* zum SC.122 und um 11.14 Uhr die *M/120* zum HX.229. Von Reykjavik stiegen um 11.06 Uhr die *X/120* zum SC.122 und die *S/120* um 11.14 Uhr zum HX.229 auf.

Bei der Heranführung der Flugzeuge an die Konvois ergaben sich jedoch insbesondere am Vormittag des 18. 3. einige Schwierigkeiten. Zunächst befanden sich beide Konvois in einem Gebiet starker Bewölkung und zahlreicher Schneeschauer, in denen die Sicht teilweise nur 0,5 sm betrug. Zusätzliche Probleme traten auf, weil von beiden Konvois für die Abgabe der Peilzeichen und den Funkverkehr zwischen S.O.E.'s und Flugzeugen von den nahe beieinander stehenden Konvois die gleiche Frequenz verwendet wurde. Die *O/120* begann um 06.20 Uhr mit dem Senden von Peilzeichen, doch kam sie erst um 10.38 Uhr in die Nähe des Konvois SC.122. Bei der schlechten Sicht war es jedoch nicht möglich, den Konvoi und seine Zusammensetzung zu erkennen. Bei einer Windstärke von 35 kn und ständigen Schneeschauern trat das Flugzeug um 11.39 Uhr den Rückflug an und landete um 17.56 Uhr wieder in Aldergrove. So blieben beide Konvois am Morgen des 18. 3. ohne Luftsicherung.

LtCdr. Luther hatte der Nacht zum 18. 3. mit großen Befürchtungen entgegengesehen, doch waren die erwarteten Angriffe ausgeblieben. Nur um 03.30 Uhr hatte die *Volunteer* mit HF/DF ein Fühlunghaltersignal eines U-Bootes dicht vor dem Konvoi eingepeilt und war sofort mit hoher Fahrt dem Peilstrahl entlanggelaufen, ohne aber einen Kontakt zu bekommen. Wahrscheinlich war das U-Boot rechtzeitig getaucht. An der geschätzten Tauchstelle wurde eine Wasserbombe geworfen und dann wieder auf Position gegangen.

Sehr deutlich wurde die unterschiedliche Leistungsfähigkeit des Radars Typ 271 M gegen U-Boote und Überwasserschiffe bei dem herrschenden stürmischen Wetter an der Tatsache, daß die *Volunteer* ein in der Richtung sicher erfaßtes, nahe befindliches U-Boot nicht orten konnte, während die von achtern mit unsicherer Position auflaufende *Anemone* die Echos der viel höher aus dem Wasser ragenden Handelsschiffe um 00.20 Uhr bereits auf 8 sm auf ihrem Radarschirm erkannte.

Sehr erleichtert war der S.O.E., als um 02.00 Uhr und um 02.20 Uhr die beiden Korvetten *Pennywort* und *Anemone* beim Konvoi eintrafen und die Positionen Q und G einnahmen. Doch mußte er um 07.00 Uhr den Zerstörer *Mansfield* detachieren, dessen Öl- und Wasservorrat gerade noch langte, um mit einer Maschine Londonderry zu erreichen, denn eine Brennstoffergänzung aus dem Escort Oiler war wegen der Feind- und Wetterlage unmöglich geblieben.

Nach Hellwerden am 18. 3. hatte *U 600* (Kptlt. Zurmühlen) erneut Fühlung gewonnen und um 08.00 Uhr ein Fühlunghaltersignal abgesetzt, das die *Volunteer* nicht einpeilen konnte, weil ihr HF/DF-Personal wieder mit der Aufnahme der Peilzeichen der anfliegenden »Liberators« L/120 und N/120 und der Übermittlung der Peilstrahlen an die Flugzeuge beschäftigt war. Auf das Signal von *U 600* hatten gegen Mittag auch *U 663* (Kptlt. Schmid) — eines der »Seeteufel«-Boote — und *U 221* (Oblt. z. S. Trojer) bei Nordwest-Windstärke 6 und starker Nordwest-Dünung Fühlung gewonnen. Da der Konvoi seit dem 16. 3. seinen Generalkurs 53° beibehalten hatte, konnten sie sich unter Ausnutzung der häufigen Schneeschauer unerkannt vorsetzen, obgleich mehrfach Flugzeuggeräusche gehört wurden.

Zuerst versuchte *U 663* von der Steuerbordseite her seinen Unterwasserangriff. Um 14.35 Uhr schoß es einen 3er-Fächer gegen einen 6000 BRT-Dampfer, der aber fehlging. Bei einem weiteren Einzelschuß 5 Minuten später meinte es, einen Treffer gehorcht zu haben. Doch ist der Angriff beim Konvoi offenbar unbemerkt geblieben; vermutlich war die Entfernung zu groß.

U 221 kam an der Backbordseite auf und tauchte gegen 15.00 Uhr vor dem Konvoi. Deutlich waren im Unterwasser-Horchgerät dessen lauter werdende Schraubengeräusche zu hören, und bald kamen im Sehrohr im Südwesten die stampfenden und rollenden Dampfer in Sicht, die direkt auf das Boot zuliefen.

Um 15.43 Uhr schoß Oblt. Trojer zuerst den Hecktorpedo gegen einen Dampfer vom Typ *Salacia* (5495 BRT), dann drehte er zwischen den Kolonnen 1 und 2 auf zum Bugschuß gegen einen inzwischen sehr nahe herangekommenen Dampfer vom Typ *Clan Macdougal* (6843 BRT) in der nächsten Kolonne. 2 Minuten 51 Sekunden nach dem Heckschuß wurde der erste Torpedotreffer gehorcht. Um 15.49 fiel der 4er-Fächer mit einem FAT-, zwei G7e- und einem weiteren FAT-Torpedo.

Nach 30 und 32 Sekunden gab es zwei krachende Detonationen, denen zuerst leise, dann laute Sinkgeräusche folgten. Nach 12 Minuten wurde eine weitere Detonation gehorcht. Man nahm an, daß auch einer der FAT-Torpedos sein Ziel getroffen hatte. Das erste Zeichen des Angriffs für den Konvoi war der auf dem in Position 21 laufenden, nagelneuen amerikanischen »Liberty«-Frachter *Walter Q. Gresham* (7191 BRT) um 15.47 Uhr detonierende Torpedo. Er traf an Backbordseite auf der Höhe von Luke 5, riß ein Loch von 10 m Durchmesser und ließ das Deck in einer Breite von 15 cm aufbrechen. Das Quartier der achteren Geschützbedienung im Deckhaus wurde zerstört. Anscheinend war die Schraube durch die Detonation abgerissen. Die Maschinen wurden sofort gestoppt und ein Notsignal über Funk abgegeben. Der Kapitän gab Befehl zum Verlassen des Schiffes und beförderte die Geheimsachen weisungsgemäß über Bord. Zwei der Boote kenterten beim Aufsetzen in der rauhen See, was erhebliche Verluste verursachte.

Um 15.52 Uhr erhielt das in Position 33 laufende britische Motorschiff *Canadian Star* (8293 BRT) kurz hintereinander zwei Torpedotreffer an der Backbordseite. Es begann sofort stark abzusacken, und die Besatzung verließ das sinkende Schiff.

Um 15.55 Uhr gab LtCdr. Luther irrtümlich den Befehl »1/2 Raspberry«. Seine Absicht war es, wie in solchen Fällen vorgesehen, Operation »Artichoke« zu befehlen: ein U-Jagdmanöver, bei dem die Escorts durch die Kolonnen des Konvois hindurchliefen und die Suche auf Gegenkurs hinter dem Konvoi fortsetzten. Während die *Volunteer*, die an Backbord voraus gestanden hatte, noch herandrehte, um zwischen der zweiten und dritten Kolonne hindurchzustoßen, sichteten die in den Positionen 13 und 23 laufenden Dampfer *Empire Knight* und *Mathew Luckenbach* zwischen den Kolonnen ein schnell achteraus sackendes Sehrohr und eröffneten zuerst mit MG's, dann sogar mit der 10,2-cm-Kanone das Feuer darauf. Möglicherweise war es eine der detonierenden Granaten, die Oblt. Trojer zur Annahme der FAT-Torpedodetonation verleitete.

Die *Pennywort* und *Anemone* drehten auf das »Raspberry«-Signal der *Volunteer* sofort nach innen. Doch ihre Kommandanten, Lt. Stuart und LtCdr. King erkannten bald die Absicht des S.O.E., Operation »Artichoke« zu fahren. Als Lt. Stuart das Feuer der beiden Dampfer sah, behielt er jedoch den Kurs zunächst bei, da das Ziel offenbar in dem »Raspberry«-Dreieck lag. Im letzten Suchstreifen bekam die *Pennywort* in 1050 m eine Asdic-Ortung, die auswanderte, also ein U-Boot war. Auf 650 m ging der Kontakt verloren. Aber Lt. Stuart ging mit der Fahrt an und warf auf die geschätzte Position des U-Bootes einen Teppich von sechs Wasserbomben. Trotz einstündiger Suche konnte der Kontakt nicht wieder hergestellt werden.

Kurz nach 16.00 Uhr gab LtCdr. Luther der *Anemone* den Befehl, zu den beiden Wracks zu gehen und Überlebende zu bergen, während er selbst kurz Operation »Observant« fuhr. Um 16.25 Uhr stoppte die *Anemone*, um die auf Flößen und in Booten treibenden Schiffbrüchigen aufzunehmen. Um 16.45 Uhr sank die *Canadian Star*. Bei dem herrschenden Seegang war es sehr schwierig, die Überlebenden aus den auf- und abtanzenden Booten und von den schwankenden Flößen auf die heftig rollende *Anemone* herüberzuholen. Lt. Stuart manövrierte die *Anemone* so, daß sie mit dem Wind auf die Boote und Flöße zutrieb. Oft konnten die Schiffbrüchigen bei den heftigen Bewegungen die Maschen des ausgebrachten Rettungsnetzes nicht halten, bis die Männer der Korvette sie packen und über das Schanzkleid ziehen konnten. Einige gerieten zwischen das rettende Schiff und die Boote und wurden nur unter

Mühen und verletzt geborgen. Eine Frau starb noch am nächsten Tage an den erlittenen Verletzungen. Viele der Überlebenden waren stark unterkühlt und konnten sich selbst kaum helfen. So mußte eine Frau an ihren Haaren festgehalten werden, ehe ein Seemann in das Netz klettern, sie unterfangen und hereinziehen konnte.

Um 17.20 Uhr kam auch die *Pennywort* heran und beteiligte sich an der Rettungsaktion. Insgesamt nahm die *Anemone* 51 Überlebende der *Canadian Star* und 16 der *Walter Q. Gresham* auf. Sie hatte nun 163 Überlebende an Bord, darunter sechs Frauen und zwei Kinder. Die *Pennywort* rettete 26 Mann von der *Walter Q. Gresham* und einige von der *Canadian Star*. 27 Mann der *W. Q. Gresham* blieben vermißt.

Um 19.30 Uhr verließen die beiden Korvetten nach einer letzten Nachsuche die bereits tief im Wasser liegende *Walter Q. Gresham*, die um 19.35 Uhr in einer Schneebö außer Sicht kam. Sie muß bald darauf gesunken sein. Die Korvetten nahmen Kurs auf den Konvoi, den sie kurz nach 01.00 Uhr am 19. 3. wieder erreichten.

10.4 DIE LUFTSICHERUNG AM NACHMITTAG DES 18. MÄRZ

Während der HX.229 weiterhin in seinem Schlechtwettergebiet blieb, kam der SC.122 kurz nach Mittag zunehmend in eine Zone besseren Wetters. Insbesondere riß die Wolkendecke nun auf, so daß die von Irland und Island gestarteten Flugzeuge der Squadron 120 den Konvoi finden konnten. Als erste Maschine traf bereits um 11.09 Uhr die »Liberator« *P/120* von Reykjavik in der Nähe des Konvois ein, von dem sie in dem noch herrschenden stark wechselnden Wetter nur 30 Schiffe und drei Geleitfahrzeuge erkennen konnte. Das Flugzeug flog dann etwa 20 Meilen achteraus vom Konvoi Suchstreifen. Um 12.51 Uhr traf die *E/120* von Aldergrove ein und nahm Patrouillen rund um den Konvoi in 8—10 sm Entfernung auf. Um 13.28 Uhr sichtete die Maschine 10 sm Steuerbord achteraus vom Konvoi ein tauchendes U-Boot und griff es aus 140 Meter Höhe mit vier Wasserbomben an, die dicht vor dem gerade noch erkennbaren Turm aufschlugen. Bei der sehr rauhen See und den starken Regenböen war eine genaue Beobachtung unmöglich. Das Flugzeug meldete den Angriff dem Konvoi, und eine Korvette

DIE WESTERN LOCAL ESCORTS

HMS. LEAMINGTON gehörte mit der CHEL-SEA, MANSFIELD, MONTGOMERY, SALIS-BURY und anderen zu den in Neufundland stationierten britischen Zerstörern der »Flushdeck«-Klasse, welche die »Western Support Force« bildeten. Einzeln oder zu zweit konnten sie bedrohten Konvois zur Unterstützung geschickt werden oder ein-springen, wenn die vorgesehenen Escort Groups wegen Verzögerungen in Brenn-stoffschwierigkeiten kamen. Zu ihren Schwesterschiffen gehörten die kanadi-schen Zerstörer ANNAPOLIS, HAMILTON, NIAGARA und ST. CLAIR der »Western Escort Force.«
Foto: Imperial War Museum

Gelegentlich wurden neu in Dienst ge-stellte amerikanische Zerstörer der »Ben-son«- oder »Livermore«-Klasse, die an der Ostküste gebaut waren, während ihrer Einfahrzeit zur Verstärkung der »Western Local Escorts« verwendet. So gehörte die USS. KENDRICK zur WL-Escort Group des HX.229, die abgebildete USS. COWIE zur WLS-Escort Group des HX.229A. Das Bild vom 23. 1. 43 zeigt die damals typische Aus-rüstung der modernen US-Zerstörer: Im Masttop das Luftwarnradar SC-1, darunter auf der Höhe der Rah das 9-cm-Seeziel-Radar SG-1 und auf dem Mark 37-Leitstand das Feuerleit-Radar FD.
Foto: Archiv BfZ

Den Hauptanteil stellten auch bei den Local Escort Groups die Korvetten der »Flower«-Klasse, die von den kanadischen Werften in zunehmender Zahl abgeliefert wurden. HMCS. KAMSACK, die u. a. zur WLN-Escort Group am HX.229A gehörte, besitzt noch die kurze Back und den Mast vor der Brücke. Obgleich das Typ 217M-Radar bereits auf der Brücke eingebaut ist, hat man die An-tenne des älteren SW 1 C-Radar im Top nicht abmontiert.
Foto: Archiv BfZ

HMCS. RIMOUSKI, die u. a. zur WL-Escort Group des SC.122 gehörte, besitzt bereits die verlängerte Back, und der Mast ist hinter die Brücke versetzt, um die im Sektor voraus besonders störenden Radar-Reflexe zu be-seitigen. An der Backbordseite der Brücke ist der MF/DF-Peilrahmen für Navigations-zwecke zu erkennen. An den beiden Seiten des Schutzschildes der 10,2-cm-Kanone je drei schräg aufwärts weisende Startgestelle für »Snowflake« Leuchtraketen.
Foto: Royal Canadian Navy

Zur Ergänzung ihrer nicht ganz ausreichend vorhandenen Korvetten zog die kanadische Marine für die »Western Local Escort Groups« ihre neu gebauten Hochsee-Minen-sucher der »Bangor«-Klasse heran. Hier die HMCS. COWICHAN (steam type), die u. a. zur WLN-Escort Group des SC.122 gehörte. Auch sie ist mit dem SW 1 C-Radar im Masttop ausgerüstet, auf der Brücke eben-falls ein MF/DF-Peilrahmen.
Foto: Sammlung Anthony Watts

DIE OCEAN ESCORTS

Eine besondere Rolle am Konvoi HX.228 spielte die freifranzösische Korvette FFS. ACONIT der E.G.B. 3. Sie versenkte das vom Führerboot HMS. HARVESTER beschädigte U 444 und U 432, das vorher die HARVESTER versenkt hatte, mit Rammstößen.
Foto: Imperial War Museum

HMS. WHIMBREL war eine neue Sloop der 2nd Escort Group, die später unter Captain Walker so berühmt wurde. Beim ON.170 wurde sie vorübergehend der EG. B. 2 als Führerboot zugeteilt, da die HESPERUS nach einem Rammstoß in der Werft lag. WHIMBREL's neues, leistungsfähigeres HF/DF FH 4 (Antenne im Masttop) gab Cdr. Donald Macintyre die Möglichkeit, die U-Bootgruppe »Raubgraf« auszumanövrieren.
Foto: Imperial War Museum

HMS. CLEMATIS war eine der Korvetten der E.G. B. 2. Sie wurde vom ON.170 detachiert, um den havarierten und torpedierten Tanker EMPIRE LIGHT vom ON.168 zu suchen. Das Bild zeigt die nach Backbord versetzte »Laterne« des Typ 271M Radar. Ungewöhnlich die aus Zwillings-MG's bestehende leichte Flak. Über dem Schanzkleid unter dem Flakstand die Wasserbombenwerfer, am Heck die beiden Einschnitte für die Waboablaufgestelle.
Foto: Royal Navy

HMS. SWALE war als eine der ersten »River«-Class Fregatten der E.G. B. 5 zugeteilt worden und sicherte den SC.122. Sie besaß das Typ 271M Radar, aber das vorgesehene HF/DF war noch nicht eingebaut. Auf der Back der »Hedgehog« Werfer, auf dem Achterdeck je drei Wabowerfer. Bei diesen kampfkräftigeren Nachfolgern der Korvetten waren die Geschwindigkeit und Seeausdauer wesentlich erhöht.
Foto: Imperial War Museum

HMS. LAVENDER war eine Korvette der E.G. B. 5 am Konvoi SC.122. Ihr Mast stand noch vor der Brücke, und auf ihrem Flakstand war eine 4 cm »Pompom« aufgestellt. Auf dem Oberdeck vor der Brücke auf jeder Seite ein halber »Hedgehog«-Werfer.
Foto: Archiv BfZ

HMS. VIMY war einer der 3 Zerstörer der E.G. B. 4, sie war jedoch nach Reykjavik detachiert worden und stieß erst im letzten Abschnitt der Fahrt zum HX.229. Der Zensor hat auf diesem Bild die Radarantennen wegretuschiert. Auf der Back anstelle des 12-cm-Geschützes der »Hedgehog«-Werfer. Die HF/DF-Antenne achtern fehlt noch.
Foto: Imperial War Museum

HMS. BEVERLY war ein »Flushdeck«-Zerstörer der E.G. B. 4. Mit ihrem Schwesterschiff MANSFIELD von der Western Support Force sicherte sie den HX.229. Die alte Bewaffnung war stark reduziert, um Platz und Gewicht für die Wasserbomben zu gewinnen. Auf der Brücke das Typ 271M-Radar.
Foto: Imperial War Museum

HMS. PENNYWORT war eine der Korvetten der E.G. B. 4 am HX.229. Ihr Typ 271M-Radar konnte die in der ersten Nacht über Wasser angreifenden U-Boote wegen der auftretenden Wellenechos nicht auffassen. Umso erfolgreicher war die PENNYWORT bei der Bergung der Schiffbrüchigen.
Foto: Imperial War Museum

HMS. ABERDEEN war eine Vorkriegs-Sloop der 40th E.G., die normalerweise auf den Südrouten eingesetzt war, im März 1943 aber auf der Nordatlantik-Route aushelfen mußte. Sie war Führerboot am HX.229A. Ausgerüstet mit Typ 271M und 291-Radar, HF/DF-Mast achtern, »Hedgehog« auf der Back und Wabowerfern auf der Schanz waren diese Sloops kampfstarke U-Bootjäger.
Foto: Imperial War Museum

HMS. LULWORTH war einer der 10 älteren U. S. Coast Guard-Cutter, die Roosevelt im Frühjahr 1941 an die Royal Navy abgegeben hatte. Sie wurden meist auf den Südrouten eingesetzt. Die LULWORTH und ihr Schwesterschiff LANDGUARD gehörten zur 40th E.G. am HX.229A. Auf ihrem geräumigen Oberdeck hatten außer der alten 12,7 cm noch 3–7,6-cm-Flak, ein »Hedgehog«-Werfer, 4 Wabowerfer und zwei Ablaufgestelle Platz.
Foto: Archiv BfZ

DIE ESCORTS AUF DEN GIBRALTAR-ROUTEN

Ohne die drei in der Werft liegenden Sloops konnten die HMS. COLUMBINE und ihre drei Schwester-Korvetten der 38th E.G. nicht verhindern, daß U 130 in einem Tages-Unterwasserangriff aus dem Konvoi XK.2 vier Schiffe herausschoß.

HMS. BALSAM mit ihren drei Schwesterschiffen von der 39th E.G. erging es jedoch nicht besser, obgleich auch die drei Sloops anwesend waren. Aus dem OS.44 versenkte U 107 im Überwasser-Nachtangriff vier Schiffe. Die BALSAM zeigt die »Flower«-Class Korvetten in ihrer letzten Form mit langer Back, hinter die Brücke versetztem Mast, erhöhter »Hedgehog«-Aufstellung und verstärkter Flak.

Ein ungewöhnliches Bild war dieser frei-französische Aviso FFS. SAVORGNAN DA BRAZZA, welcher der schwachen kanadischen E.G. C.2 für die Sicherung des KMS.11 zugeteilt wurde. Das recht große Schiff war besonders wertvoll, weil es mit einem FH.3 Kurzwellenpeiler ausgerüstet war, dessen Antennenmast achtern gleichzeitig eine Faffel für die Flagge besaß.

USS. CHAMPLIN gehörte mit seinem Schwesterschiff HOBBY zur T.F. 33, die den UGS.6 sicherte. Gegen Mitternacht am 14./15. 3. ortete sie mit ihren hoch angebrachten und deshalb weiter als bei den britischen Schiffen reichenden SC-1- und SG-1-Radar U 130, das vor dem anlaufenden Zerstörer mit Höchstfahrt abzulaufen versuchte. Auf 1800 m eröffnete CHAMPLIN unter FD-Radar-Feuerleitung mit ihren vorderen 12,7-cm-Geschützen das Feuer. U 130 konnte nicht mehr rechtzeitig tauchen, der erste Wabo-Teppich lag mitten im Tauchschwall.

Auf dem Verlegungsmarsch ins Mittelmeer verwendete die U. S. Navy ihre neuen Hochseeminensucher der »Raven«-Klasse oft auch als Geleitfahrzeuge. Während die beiden ersten Typschiffe RAVEN und OSPREY mit der T. F. 38 eingesetzt waren, geleitete die hier am 30. 3. 1943 von deutschen Agenten in Algesiras fotografierte USS CHICKADEE mit der TASK Group 32.1 einen Landungsschiff-Konvoi.

Fotos: Archiv BfZ

wurde zur Überwachung des Gebietes entsandt. Als die »Liberator« P/120 die Angriffsmeldung mithörte, schloß sie heran und bat den S.O.E um Aufträge, doch lagen keine weiteren Anhaltspunkte für U-Boote vor, so daß das Flugzeug in 10-Meilen-Schlägen rund um den Konvoi flog, bis es um 14.22 Uhr den Rückflug antreten mußte. Die E/120 blieb noch bis 20.00 Uhr beim Konvoi, sichtete jedoch nur noch um 18.27 Uhr 14 sm hinter dem Konvoi einen Nachzügler. Die Maschine kehrte um 01.40 Uhr nach Benbecula zurück.

Um 15.43 Uhr und 16.29 Uhr trafen die beiden nächsten Maschinen B/120 und X/120 beim SC.122 ein. Außerdem kam zeitweise die L/120, die ihren Konvoi HX.229 nicht finden konnte, in die Nähe des SC.122 und versuchte durch Signalverkehr mit dem S.O.E. die Position des HX.229 zu erfahren. Die Flugzeuge wurden teilweise auf HF/DF-Peilungen, teilweise nach optischer Sicht zu »Cobra-Patrols« eingesetzt. Die Flüge wurden durch den immer noch herrschenden starken Wind und die verschiedenen Regenschauer, in denen die Sicht bis auf 1000 m absank, erschwert. Um 17.12 Uhr sichtete die B/120 ein tauchendes U-Boot. Der Pilot drückte die Maschine von 750 auf 50 Meter und warf zwei Wasserbomben, von denen eine gut 100 Meter vor dem Tauchschwall aufschlug. Um 17.45 Uhr wurde ein Schaumstreifen gesichtet, der nach 7—8 Sekunden verschwand. Fünf Minuten später griff die Maschine von steuerbord querab ein zweites U-Boot nur 8 sm Backbord achteraus vom Konvoi an. Aus 50 Meter Höhe wurden vier Wasserbomben geworfen, von denen die erste dicht vor dem Bug an Backbordseite, die restlichen in größerer Entfernung aufschlugen. Wieder wurde der Konvoi informiert und danach die Suche achteraus vom Konvoi fortgesetzt. Um 20.38 Uhr sichtete die Maschine nochmals ein voll aufgetauchtes U-Boot, doch konnte es nicht angegriffen werden, weil alle Wasserbomben geworfen waren. Um 21.09 Uhr mußte das Flugzeug abdrehen und landete um 02.24 Uhr in Benbecula.

Zur gleichen Zeit hatte die X/120 m 17.22 Uhr aus 550 Meter Höhe in 3 Meilen Entfernung (35 sm Steuerbord achteraus vom Konvoi) ein aufgetauchtes U-Boot gesichtet, das tauchte, ehe ein wirksamer Angriff geflogen werden konnte. Um 18.11 Uhr wurde ein zweites U-Boot gesichtet und aus 60 Meter Höhe vier Wasserbomben geworfen, die etwa 200 Meter vor dem Tauchschwall auf der Kurslinie aufschlugen. Das Flugzeug blieb für etwa eineinhalb Stunden in der Gegend, konnte jedoch bei der heftigen Dünung und häufigem

Regen keine weiteren Anzeichen für das U-Boot erkennen. Um 19.45 Uhr trat die Maschine den Rückflug an und erreichte um 01.24 Uhr Benbecula.

Von den am Morgen gestarteten Maschinen für den HX.229 hatte *L/120* zwar um 09.52 Uhr Peilsignale mit dem Konvoi ausgetauscht, doch wurden die Signale um 12.26 Uhr so schwach, daß sie nicht weiter ausgewertet werden konnten. Um 13.20 Uhr mußte die Maschine über Funk melden, daß sie den Konvoi nicht finden könne. Sie traf 20 Minuten später auf den SC.122. Die zweite Maschine *N/120* fand den Konvoi ebenfalls bis 16.30 Uhr nicht, befand sich jedoch im Gebiet achteraus vom Konvoi. Um 16.40 Uhr sichtete sie etwa 60 sm achteraus vom Konvoi ein U-Boot, verlor aber beim Versuch anzufliegen den Tauchschwall in der starken Dünung. Um 17.16 Uhr sichtete das Flugzeug eine von achtern zum Konvoi auflaufende Korvette, wahrscheinlich die *Abelia*. Um 17.58 Uhr bekam die Maschine etwa 50 sm achteraus vom Konvoi eine Radarortung und sichtete kurz darauf den Turm des U-Bootes auch optisch. Auch in diesem Fall konnte das Flugzeug bei der herrschenden schlechten Sicht nicht so schnell drehen, daß es den Tauchschwall rechtzeitig erreichte. Um 18.49 Uhr traf das Flugzeug die von Aldergrove gestartete *M/120* und trat um 19.27 Uhr den Rückflug nach Benbecula an, das um 02.20 Uhr erreicht wurde.

Als einziges Flugzeug kam die *M/120* am Abend in die Nähe des HX.229. Sie sichtete um 20.05 Uhr 40 sm Steuerbord achteraus ein U-Boot und griff dieses in zwei Anflügen mit sechs Wasserbomben an. Doch auch in diesem Falle war das U-Boot bereits unter Wasser, ehe die Wasserbomben detonierten. Die *M/120* kehrte um 01.58 Uhr nach Benbecula zurück. Die neunte gestartete Maschine *S/120* fand weder den HX.229 noch den SC.122 und kehrte um 18.15 Uhr nach Reykjavik zurück.

Alle Angriffsmeldungen der Flugzeuge wurden erneut vom deutschen Bx-Dienst entziffert (s. Anlage 15.8)

10.5 DER SC.122 AM NACHMITTAG DES 18. MÄRZ

Durch das aufklarende Wetter und den nachlassenden Sturm konnte der Commodore den Konvoi SC.122 wieder enger zusammenschließen und die geordnete Marschformation wieder herstellen. Nur der in Position 131 laufende Frachter *Empire Morn* fiel gegen 15.00 Uhr wegen eines Kesselschadens zurück und setzte seine Reise allein fort, da der S.O.E. bei den drohenden U-Bootangriffen während der Nacht kein Geleitfahrzeug entbehren konnte.

Cdr. Boyle entschloß sich, einen Versuch zu machen, die Fühlung haltenden U-Boote durch eine Ausweichbewegung nach Dunkelwerden und ein Täuschungsmanöver abzuschütteln. Er ersuchte den Commodore, den Kurs in der Zeit zwischen 21.00 Uhr und 00.30 Uhr auf 95° zu ändern und danach wieder auf den Generalkurs 60° zu gehen. Das noch in der Nähe des Konvois befindliche Flugzeug *B/120* wurde ersucht, vor der Kursänderung und Einbruch der Dunkelheit eine »Frog«-Patrouille zu fliegen, um alle in der Nähe befindlichen U-Boote unter Wasser zu drücken. Außerdem wurde der sich an den Konvoi annähernde US-Coast Guard Cutter *Ingham* über Funk gebeten, eine Ablenkung etwa 40 sm vom Konvoi entfernt durch das Feuern von Leuchtgranaten und das Werfen von Wasserbomben zu versuchen. Die *Ingham* konnte jedoch diesem Ersuchen nicht nachkommen, da sie noch weiter als erwartet von dem Treffpunkt entfernt war.

Da nach Einbruch der Dunkelheit hervorragende Sicht bei klarem Mondlicht herrschte, wurde der Befehl gegeben, während der Nacht keine »Snowflake«-Leuchtraketen oder Leuchtgranaten zu verwenden, außer bei der Beleuchtung unmittelbar erkannter Ziele.

Cdr. Boyle ließ die Geleitfahrzeuge für die Nacht die Sicherungsformation NE 8 einnehmen. Mit seinem Führerboot *Havelock*, dessen Asdic-Gerät immer noch defekt war, ging er in die Position S hinter dem Konvoi. Auch die Korvette *Godetia* hatte ein defektes Asdic-Gerät und wurde deshalb in der Position H Steuerbord achtern aufgestellt. Vor dem Konvoi marschierten die Korvetten *Lavender* in Position M, *Saxifrage* in Position A und *Pimpernel* in Position C, an Steuerbordseite die Fregatte *Swale* in Position F, an Backbordseite der Zerstörer *Upshur* in Position P und Backbord achteraus in Position R die Korvette *Buttercup*.

Kurz vor Einbruch der Dunkelheit und Ausführung des Kursänderungssignal fing das HF/DF-Gerät der *Havelock* erneut eine Peilung eines U-Bootfühlunghaltersignals auf. Die *Upshur* wurde auf den Peilstrahl angesetzt, um das U-Boot unter Wasser zu drücken. Für die Zeit ihrer Abwesenheit erhielt die *Saxifrage* den Befehl, die Position an Backbord einzunehmen.

Doch offenbar konnte das U-Boot oder ein zweites Boot diesen Vorstoß der *Upshur* ausmanövrieren, denn um 21.57 Uhr gab ein U-Boot Backbord vor dem Konvoi in relativ geringer Entfernung erneut ein Fühlunghaltersignal ab, das vom HF/DF-Peiler der *Havelock* eingepeilt wurde. Cdr. Boyle gab daraufhin seinen Escorts den Befehl »$1/2$ Raspberry«. Inzwischen hatte jedoch die Backbord vorn stehende Korvette *Lavender* bereits um 21.44 Uhr mit ihrem Typ 271 M — Radargerät in 60° etwa 3000 m voraus einen Radarkontakt bekommen. Zunächst war man etwas unsicher, ob es sich bei dem Kontakt eventuell um den Zerstörer *Upshur* handelte, der von seinem Vorstoß zurückkehrte oder ob es die erwartete *Ingham* war, die etwa um diese Zeit den Konvoi erreichen sollte. Um 21.52 Uhr wurde von dem Asdic-Gerät auch ein Schraubengeräusch gehorcht. Unmittelbar darauf konnten der Kommandant, Lt. Pilcher, und einige Männer der Brückenwache deutlich voraus Bugwelle und Hecksee eines U-Bootes erkennen. Um 21.54 Uhr feuerte die *Lavender* eine Leuchtgranate, um das Ziel besser erkennen zu können, jedoch ohne Erfolg. Die Leuchtgranate wurde auch von einigen der anderen Geleitfahrzeuge gesichtet. Die Backbord achteraus stehende *Buttercup* nahm zunächst an, es sei ein Schiff torpediert worden und habe eine Notrakete gefeuert, zumal etwa gleichzeitig der Befehl »$1/2$ Raspberry« einging. Um 21.58 Uhr zeigte das Radar der *Lavender*, daß das U-Boot langsam Raum gewann, und Lt. Pilcher gab den Befehl »emergency full speed«. Um das U-Boot zum Tauchen zu veranlassen, ließ er zwei Schuß mit der 10,2 abgeben. Tatsächlich tauchte das U-Boot. Um 22.00 Uhr ging der Radarkontakt verloren, während das Asdic-Gerät weiterhin auf etwas über 3000 m die Schraubengeräusche meldete. Um 22.02 Uhr ging der Geräuschkontakt verloren, offenbar weil das U-Boot inzwischen auf Schleichfahrt gegangen war. Die *Lavender* lief auf die letzte festgestellte Position zu, ohne jedoch einen Kontakt zu bekommen. Nach 500 m machte Lt. Pilcher kehrt und lief mit Asdic-Suchfahrt erneut an. Erst um 22.03 Uhr ging bei der *Havelock* und anderen Geleitfahrzeugen die Meldung der *Lavender* über die Ortung und Sichtung eines U-Bootes ein. Um 22.09 Uhr gab Cdr. Boyle mit dem Signal »negative raspberry« den Geleitfahrzeugen den Befehl, ihre Position wieder einzunehmen. Z. T. wurde dieser Befehl mißverstanden, denn die *Buttercup* begann erst jetzt »$1/2$ Raspberry« auszuführen.

Um 22.15 Uhr bekam die *Lavender* auf 1550 m wieder einen guten, sich langsam nach Steuerbord bewegenden Asdic-Kontakt. Um 22.20 Uhr warf sie einen 10er Wasserbombenteppich mit der Tiefeneinstellung 30 m für die normalen und 70 m für die schweren Wasserbomben. Da der Asdic-Kontakt verlorenging, lief die *Lavender* 1700 m ab und ging dann wieder auf Gegenkurs. Um 22.28 Uhr wurde erneut in etwa 1100 m das U-Boot mit Asdic aufgefaßt. Bei diesem Anlauf sollten die Wasserbomben mit 45 und 90 m Tiefeneinstellung detonieren, doch versagte die Kartusche beim Wasserbombenwerfer Nr. 2, und bei den Heck-Abrollgestellen hatten sich Wasserbomben verklemmt, so daß nur eine normale und zwei schwere Wasserbomben von den übrigen drei Werfern abgefeuert werden konnten. Um 22.32 Uhr gab es 1 Minute nach dem Wurf eine Unterwasserexplosion, die von einem rumpelnden Geräusch gefolgt war, das für mehrere Sekunden deutlich gehört werden konnte. Der Kontakt konnte nicht wieder gewonnen werden. Während des Asdic-Suchanlaufs faßte das Radar um 22.44 Uhr erneut ein Ziel auf. Kurz darauf stellte sich jedoch heraus, daß es die Korvette *Saxifrage* war, die herangeschlossen hatte und selbst um 22.31 Uhr in 80° und 2300 m Entfernung einen Asdic-Kontakt bekommen hatte, der nicht sehr klar war. LtCdr. Knight entschloß sich trotzdem wegen der möglicherweise gefährlichen Position des Zieles zum Angriff und warf um 22.40 Uhr sieben Wasserbomben mit mittlerer Tiefeneinstellung. Beide Korvetten suchten anschließend ohne Ergebnis das Gebiet in einem »box sweep« ab, ohne aber das U-Boot erneut auffassen zu können. Um 22.50 Uhr nahm die *Saxifrage* wieder Kurs auf ihre Position, während die *Lavender* noch bis 23.25 Uhr ohne Erfolg weitersuchte und dann hinter dem Konvoi herlief. Um 00.15 Uhr am 19. März hatten die beiden Korvetten und auch die inzwischen wieder eingetroffene *Upshur* ihre Position in der Formation NE 8 eingenommen. Um 00.30 Uhr ging der Konvoi wieder auf seinen Generalkurs 60°. Es ließ sich leider nicht genau klären, welches U-Boot diesen durch den sofortigen Gegenangriff der *Lavender* vereitelten Angriffsversuch unternahm. Möglicherweise war es *U 384*, das zwar am nächsten Morgen noch ein Fühlunghaltsignal am Konvoi absetzte, jedoch später, wie noch zu zeigen ist, verlorenging. So läßt sich nicht klären, ob der von einigen Besatzungsangehörigen der *Lavender* wahrgenommene Ölgeruch auf eine Beschädigung des U-Bootes zurückzuführen war.

Beim HX.229 hoffte der Führer der Escort Group B.4, Cdr. Day, mit seinem Führerboot *Highlander* am frühen Nachmittag einzutreffen. Aus dem mitgehörten Funkverkehr, den aufgefangenen Notsignalen der Schiffe 22, 81 und 102 sowie den Signalen der *Volunteer* vom 17. 3. 05.40 Uhr und 14.37 Uhr wußte Cdr. Day, daß der Konvoi mehrfach angegriffen worden war und sich in einer kritischen Situation befand. Unglücklicherweise konnte er die weitere Entwicklung der Situation am Nachmittag des 18. nicht mehr genau verfolgen. Um 12.10 Uhr war ein Mann des Schlüsselpersonals an Oberdeck auf dem Wege, die neuen Schlüsselunterlagen vom Funkraum zur Kabine des Schlüsseloffiziers zu bringen. Durch eine in der noch laufenden heftigen Dünung überkommende See wurden dem Coder Griffin die Beine weggerissen, so daß er hinschlug und beim Versuch, wieder festen Halt zu gewinnen, die Codebücher verlor, die über Bord gespült wurden. Zwar meldete Cdr. Day den Verlust um 12.15 Uhr mit einem Funkspruch an den CINCWA, doch dauerte es eine gewisse Zeit, bis dieser Funkspruch bei den Empfängern entschlüsselt vorlag, so daß die *Highlander* am Nachmittag kein klares Bild der Lageentwicklung bekommen konnte.

Am Vormittag des 18. 3. hatten eine Anzahl von HF/DF-Peilungen in südostwärtiger Richtung gezeigt, daß man sich dem Konvoi HX.229 näherte. Cdr. Day hatte deshalb am Vormittag die *Volunteer* über Funk um eine Positionsmeldung gebeten. Um 10.55 Uhr gab die *Volunteer* an *Highlander* und die zweite folgende Korvette *Abelia* das Signal »My position, course and speed at 1200 Z/18th 053° 33′ N/028° 14′ W, 053°, 9 1/2 knots.« Diese Position war die vom Commodore erwartete Mittagsposition. Sie lag eine beträchtliche Distanz vor der von der *Highlander* erkoppelten Position und schien deutlich zu machen, daß die HF/DF-Peilungen offenbar achteraus vom Konvoi lagen. Cdr. Day entschloß sich deshalb, den Kurs um 25° nach Steuerbord auf 95° zu ändern, um die hinter dem Konvoi folgenden Fühlunghalter unter Wasser zu drücken und den Konvoi von achtern einzuholen, da noch genügend Tageslichtzeit zur Verfügung stand. Durch diese Kursänderung kam die *Highlander* aus der Zone klaren Wetters in das Gebiet schlechter Sicht mit wechselnden Schneeschauern, in dem sich auch der Konvoi selbst befand. Als man glaubte, den Konvoi-Kurs um 14.35 Uhr erreicht zu haben, ging die *Highlander* auf 53°. Dabei spielte es eine Rolle, daß eine HF/DF-Peilung etwa aus dieser Richtung einging, die anzuzeigen schien, daß man auf dem richtigen Kurs lag. So erbat Cdr. Day von der *Volunteer* keine Peilzeichen, zumal er wußte, daß zur gleichen Zeit von der *Volunteer* Peilzeichen für Flugzeuge beobachtet wurden und das Funkpersonal auf diesem Schiff überbeansprucht war.

Später stellte sich heraus, daß die Mittagsposition des Commodore um etwa 40 sm falsch war, so daß die *Highlander* etwa 2 Stunden vom Konvoi wegmarschierte, gerade in der Zeit, als der Angriff von *U 221* erfolgte. Erst um 16.30 Uhr wurde die Situation geklärt, als die *Beverley* eine »observed position« meldete: »Your 11.55 to *Highlander*. My observed position at 1300 Z / 053° 09' N — 028° 44' W. *Anemone's* observed position agreed.« Diese Position lag um 30 sm südwestlich der bisherigen Position. Die *Highlander* wendete sofort und ging auf den neuen »Abfang-Kurs«.

Um 17.15 Uhr gab die *Voltunteer* die Frage des Commodore an die *Highlander* weiter »Commodore wishes to alter course now to position O to make better speed. Do you concur?« Um 17.39 Uhr antwortete die *Highlander* darauf »Your 17.15. Suggest alter to 80° at 19.00 Z and back to 40° at 23.00 Z.« Um 18.28 Uhr gab nun auch die *Volunteer* eine beobachtete Position an die *Highlander*: »Observations now put my 1200 Z as 53° 05' North, 28° 95' West, speed 7 knots.«

So fand die *Highlander* gegen 19.00 Uhr den Konvoi etwa eine Meile von der berichtigten erkoppelten Position. Cdr. Day konnte LtCdr. Luther von seinem schweren Amt als S.O.E. ablösen. Zu diesem Zeitpunkt, als der Konvoi, wie in dem Signal der *Highlander* vorgesehen, seinen Kurs auf 80° änderte, waren die beiden Korvetten *Anemone* und *Pennywort* noch achteraus vom Konvoi nach der Bergung der Überlebenden des letzten Angriffs. Cdr. Day ließ die *Highlander* die Position vor dem Konvoi einnehmen, die *Beverley* wurde Steuerbord querab, die *Volunteer* Backbord querab aufgestellt.

Gegen 22.00 Uhr, etwa eine Stunde bevor der Konvoi erneut auf 40° wendete, beobachtete der neue S.O.E., wie der am Schluß der nun 2. Kolonne laufende amerikanische Frachter *Mathew Luckenbach* sich aus dem Konvoi löste und mit seinem Fahrtüberschuß von nahezu 13 kn dem Konvoi vorauslief. Die *Highlander* ging an das Schiff heran und versuchte, es mit ihrem Signalscheinwerfer anzumorsen. Es kam zwar eine Antwort, die jedoch unverständlich war, und der Kapitän des Frachters führte den gegebenen Befehl, seine Station wieder einzunehmen, nicht aus. Auch der Versuch, den Befehl über Lautsprecher zu geben, führte zu keinem Ergebnis. Es war offensichtlich, daß das Schiff den Konvoi absichtlich verlassen hatte und sich weigerte, seine Position wieder einzunehmen. Dieses Verhalten sollte verhängnisvolle Folgen für das Schiff haben. Wie sich später herausstellte, hatten die Besatzung und der Kapitän unter dem Eindruck der zahlreichen Torpedierungen im Konvoi ein »meeting« abgehalten und beschlossen, den Konvoi zu verlassen.

10.7 DIE ANGRIFFSVERSUCHE GEGEN DEN HX.229 IN DER NACHT ZUM 19. MÄRZ

Im Laufe des Nachmittags des 18. und der Nacht zum 19. 3. hatten insgesamt 9 U-Boote Kontakt mit den beiden Konvois gemeldet. Zu ihnen gehörten *U 663*, *U 221*, *U 666*, *U 134*, *U 441*, *U 608*, *U 527*, *U 564* und *U 384*. Einige dieser Boote waren zwar, insbesondere am SC.122, durch die Luftsicherung unter Wasser gedrückt und achteraus gesackt, doch versuchten sie nach Einbruch der Dunkelheit mit hoher Fahrt wieder aufzuschließen, um in der Nacht zum Angriff zu kommen.

Am HX.229 kamen in der Nacht zwischen 04.00 Uhr und 05.30 Uhr fünf U-Boote in die Nähe des Konvois und versuchten, zum Angriff heranzustaffeln. Um 04.04 Uhr sichtete die in Position S achteraus vom Konvoi laufende Korvette *Anemone* etwa 3600 m achteraus ein Kurs 315° laufendes U-Boot, genau im Schein des im Wasser sich spiegelnden Mondlichts. Bei einer aufgelockerten Wolkendecke von 8/10 herrschte klare Sicht von etwa 7 sm, die Windstärke betrug Nordnordwest 4, der Seegang war auf 3—4 zurückgegangen. Das U-Boot versuchte offenbar, die Wind-Luv- und Mond-Lee-Seite zu gewinnen, um seinen Angriff gegen die vor dem hellen Hintergrund stehenden Schiffe ansetzen zu können, denn es lief quer zum Konvoi. Sofort gab die *Anemone* das Signal »1 sub. 6 o'clock — 3 miles — 04.05«. Die *Anemone* drehte auf das U-Boot zu und ging auf Höchstfahrt. Das U-Boot erkannte den andrehenden »Zerstörer« und tauchte um 04.08 Uhr. Auf 2300 m bekam die *Anemone* Asdic-Kontakt und lief sofort mit hoher Fahrt zu seinem ersten Wasserbombenangriff an. Um 04.10 Uhr wurden 10 Wasserbomben aus den 4 Werfern und den Heckgestellen mit einer Tiefeneinstellung von 45 und 120 m geworfen. Durch die Detonationen fiel zeitweise das Asdic-Gerät aus. An der vermutlichen Tauchstelle des U-Bootes wurde ein Leuchtsatz geworfen. Um 04.13 Uhr hatte Cdr. Day der *Volunteer,* die in Position Q Backbord achteraus vom Konvoi stand, befohlen, zur Unterstützung der *Anemone* heranzuschließen. LtCdr. Luther drehte sofort auf den gut erkennbaren Leuchtsatz zu und ging mit der Fahrt herauf. Um 04.25 Uhr kam er in die Nähe der angegebenen Position, und das Asdic-Gerät zeigte in 2200 m Entfernung ein Ziel an. Mit 14 kn überlief die *Volunteer* die Position des U-Bootes und warf gleichzeitig 10 Wasserbomben. Der Kontakt ging zunächst verloren, und die *Volunteer* begann Operation »Observant«. Inzwischen war das Asdic-Gerät der *Anemone* repariert, und sie bekam um 04.29 Uhr auf 1650 m einen neuen Kontakt. Wegen der geringen Zahl der noch vorhandenen Wasserbomben entschloß sich LtCdr. King zu einem »Hedgehog«-Angriff. Um 04.38 Uhr hatte King die *Anemone* in eine vermeintlich günstige Position manövriert, doch wurden von den 24 Bomben des Werfers 18 Versager und die übrigen 6 sanken ab, ohne zu detonieren. Da das Asdic-Gerät den Kontakt weiterhin hielt, wendete die *Anemone* und lief um 04.52 Uhr zu einem neuen 10-Wabo-Angriff an. Wieder klemmte eine der schweren Wasserbomben im Werfer, so daß nur 9 Wabos geworfen werden konnten. Nach den Detonationen hatte das Asdic-Gerät das U-Boot wiederum sehr schnell aufgefaßt, und die *Anemone* lief zu ihrem 4. Anlauf an. Die *Volunteer* war inzwischen auf den Befehl der *Highlander* zum Wiedereinnehmen der Positionen um 05.02 Uhr abgelaufen. Da die *Anemone* keine Wasserbomben mehr einsatzklar hatte, entschloß sich LtCdr. King trotz des unsicheren Funktionierens, um 05.14 Uhr nochmals einen »Hedgehog«-Angriff zu fahren. Dieses Mal starteten nur vier Bomben, ohne daß Detonationen folgten. 20 wurden Versager. Im Augenblick, als dieser Angriff beendet war, faßte das Radargerät Backbord voraus in 1800 m und Steuerbord querab in 1200 m Entfernung je ein Echo auf. Eine schwere Regenbö überzog im gleichen Moment die Szene, so daß optisch nichts zu erkennen war. LtCdr.

King drehte auf das nächstgelegene Echo an Steuerbord zu. Im Augenblick, als die *Anemone* aus der Regenbö herauskam, wurde in 500 m voraus ein U-Boot über Wasser gesichtet, das auch die Korvette im gleichen Moment sah und mit Alarm auf Tiefe ging. Das Asdic-Gerät faßte das U-Boot sofort auf, und LtCdr. King ließ um 05.32 Uhr aus den inzwischen wieder klargemachten achteren Wasserbombengestellen die einsatzbereiten 4 Bomben mit Tiefeneinstellungen von 15 und 40 m werfen. Nach dem Wurf wendete die *Anemone* sofort und drehte zum neuen Anlauf an. Um 05.41 Uhr wurden nochmals 4 Wasserbomben mit 45 m und 100 m Tiefeneinstellung geworfen. Nach diesem Angriff konnte kein neuer Asdic-Kontakt hergestellt werden. Der zweite Radarkontakt verschwand nach kurzer Zeit ebenso, und da die Korvette nur noch 2 Wasserbomben an Bord hatte, nahm sie um 07.20 Uhr wieder Kurs auf den Konvoi.

Während die *Anemone* und *Volunteer* achteraus das zuerst aufgefaßte U-Boot jagten, sichtete um 04.47 Uhr die *Highlander* an Backbord voraus in 340° auf 3650 m Entfernung ein weiteres U-Boot, das vom Radargerät erst auf 3500 m aufgefaßt wurde. Alles was man erkennen konnte, war eine weiße Bugwelle. Als die *Highlander* auf das U-Boot zudrehte, drehte dieses sofort auf 290° ab. Die *Highlander* ging auf 22 kn, und als sich die Entfernung auf 1800 m verringert hatte, tauchte das U-Boot. Es war *U 608* (Kptlt. Struckmeier), das unmittelbar vor dem Tauchen noch einen Dreier-Fächer auf den Zerstörer losgemacht hatte. Doch liefen diese Torpedos an dem anlaufenden Zerstörer vorbei. Man glaubte im U-Boot, zwei Aufschläge nach 5 min. 34 sec. Laufzeit gehorcht zu haben. Die dann folgende Massendetonation von Wabos verleitete den Kommandanten zur Annahme, daß ein Zerstörer der D-Klasse versenkt worden sei. Tatsächlich hatte jedoch die *Highlander* 3 1/2 Minuten, nachdem das U-Boot verschwunden war, seinen ersten Wasserbombenteppich mit 10 Wasserbomben geworfen, hatte danach gewendet und war um 05.05 Uhr bereits zum zweiten Angriff mit 14 Wasserbomben angelaufen. Nach dem zweiten Anlauf gewann das Asdic-Gerät nur einen recht unklaren neuen Kontakt, und Cdr. Day konnte seinen beabsichtigten dritten Angriff mit »Hedgehog« nicht ausführen. Vorsichtig, um das U-Boot nicht zu verlieren, wurde der Abstand wieder auf 1300 m vergrößert, und die Ortung kam wieder klarer heraus. So wurde um 05.21 Uhr mit

8 kn Fahrt ein neuer »Hedgehog«-Angriff angesetzt. Im Andrehen wurde der Kontakt jedoch wieder ungenau, bis die Entfernung sich um 05.24 Uhr auf etwa 900 m verringert hatte. Als Cdr. Day den Befehl zum Feuern gab, flogen nur 2 Bomben aus den Werfern. Der Kontakt ging verloren, und Cdr. Day drehte erneut ab, um von einer größeren Entfernung die Suche wieder aufzunehmen. Um 05.36 Uhr wurde erneut Kontakt gewonnen, und Cdr. Day setzte einen neuen Wasserbombenangriff gegen das scharf manövrierende U-Boot an. Um 05.42 Uhr wurde ein neuer Wasserbombenteppich geworfen. 10 Minuten später gab es dicht hinter dem Heck eine heftige Explosion, wie nach einem nahe am Schiff detonierenden Wasserbombenteppich. Nachträgliche Untersuchungen ergaben, daß weder ein anderes Geleitfahrzeug zu diesem Zeitpunkt geworfen hatte, noch konnte es eine Bombe der *Highlander* selbst sein. Möglicherweise hat das U-Boot noch einen weiteren Torpedo geschossen, der im Kielwasser detoniert ist. Danach wurde noch verschiedentlich der Kontakt zum U-Boot kurzfristig wiedergewonnen, doch war er jeweils zu ungenau, um darauf einen Angriff ansetzen zu können. Die *Highlander* setzte die Jagd noch bis 07.00 Uhr morgens fort. Zu diesem Zeitpunkt war sie etwa 20 Meilen achteraus vom Konvoi, und Cdr. Day entschloß sich, wieder aufzuschließen, um bei einem Dämmerungsangriff beim Konvoi zu sein. Auch schien es ihm notwendig, den »screen« nach den Verfolgungen und Angriffen neu zu ordnen.

Zu diesem Zeitpunkt hatte auch die *Pennywort* Kontakt zu einem U-Boot gewonnen. Um 05.20 Uhr bekam ihr Asdic-Gerät 900 m Backbord querab eine Ortung, während sie selbst etwa 4000 m vom Konvoi entfernt in der Position G zackte. Bei diesem U-Boot handelte es sich um *U 441* (Kptlt. Klaus Hartmann), der sich während der Aktionen an der Backbordseite und achteraus von Steuerbord vorn in den Konvoi sacken lassen wollte. Unbemerkt von der *Beverley* hatte er um 05.50 Uhr eine Schußposition erreicht und feuerte aus den Bugrohren nacheinander einen FAT-Torpedo, 2 G7e und einen weiteren FAT. Nach dem Abdrehen ließ er um 06.00 Uhr noch einen weiteren G7e-Torpedo aus dem Heckrohr losmachen. Das Boot horchte nach dem sofortigen Tauchen 3 Detonationen und nahm an, entsprechende Treffer auf einem Passagierfrachter von 7000 BRT und 2 weiteren Frachtern von etwa 5000 BRT erzielt zu haben. Tatsächlich hat das U-Boot vermutlich Wasserbombendeto-

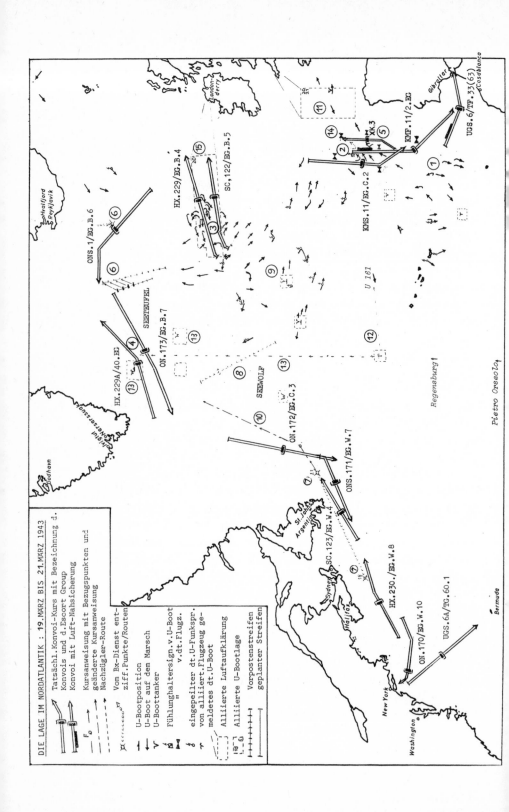

DIE LAGE IM NORDATLANTIK : 19.MRZ BIS 21.MRZ 1943

Tatsächl.Konvoi-Kurs mit Bezeichnung d.
Konvois und d.Escort Group
Konvoi mit Luft-Nahsicherung

Kursanweisung mit Bezugspunkten und
geänderte Kursanweisung
Nachzügler-Route

Vom Bx-Dienst ent-
ziff.Punkte/Routen

U-Bootposition
U-Boot auf dem Marsch
U-Boottanker

Fühlunghaltersign.v.U-Boot
   "   v.dt.Flugz.
eingepeilter dt.U-Funkspr.
von alliiert.Flugzeug ge-
meldetes dt.U-Boot

Alliierte Luftaufklärung

Alliierte U-Bootlage

Vorpostenstreifen
geplanter Streifen

Die Lage im Nordatlantik: 19. März 1943/12.00 (GMT) bis 21. März 1943/12.00 (GMT)

1	19. 3./11.30	Da bei der starken Luftsicherung am UGS.6 für die nach 6 Tagen Verfolgung erschöpften U-Boote keine Erfolgsaussicht mehr besteht, bricht der BdU die Operation ab. Die U-Boote marschieren zur Weiteroperation nach Süden, zur Versorgung und zum KMF.11.
2	19. 3./nachm.	Die Luftsicherung der 19th Group, Coastal Command, RAF, drängt U 621, das zähe Fühlung am KMF.11 zu halten versucht, und andere Aus- und Rückmarschierer ab. Vom UGS.6 kommend werden drei Rückmarschierer dem Konvoi entgegengeschickt, gewinnen aber keine Fühlung.
3	19. 3.—20. 3.	Die restlichen am HX.229 und SC. 122 Fühlung haltenden U-Boote versuchen noch einmal, sich für Nachtangriffe vorzusetzen, können sich aber gegen die durch herangeführte zusätzliche Escorts verstärkte Seesicherung und die starke Luftsicherung der 15th Group von Nordirland nicht mehr durchsetzen. Nur noch ein zurückgebliebener Havarist wird versenkt. Der BdU bricht die Operation mit Hellwerden am 20. 3. ab. Beim Absetzen nach Westen wird U 384 von einem Flugzeug versenkt.
4	20. 3./07.00	USCGC *Bibb* übernimmt den Islandteil vom HX.229A (2 Dampfer). Der Konvoi gerät erneut in Eisberg-Felder: Eisschäden an mehreren Schiffen.
5	20. 3./13.42	Dt. Luftaufklärung erfaßt die Konvois KMS.11 und KMF.11 sowie den nordgehenden XK.3. Kein planmäßiger U-Boot-ansatz.
6	20. 3./	Dt. Bx-Dienst entziffert Treffpunkt des Islandteils des ONS.1 mit Hauptkonvoi für den 21. 3. Der BdU stellt die Gruppe »Seeteufel« zur Erfassung des Konvois am 22. 3. morgens auf.
7	20. 3./	Dt. Bx-Bx-Dienst entziffert Passierpunkte des SC.123 für den 18. 3. und 21. 3. Der BdU befiehlt die Aufstellung des neuen Vp-Streifens »Seewolf«, der den Konvoi am Morgen des 25. 3. erfassen soll.
9	20.—21. 3./	U-Boote melden die Sichtung und Verfolgung alliierter und neutraler Einzelfahrer. Wegen der Einpeilung dieser Funksprüche und der Lagemeldungen der sich vom HX.229/SC.122 absetzenden U-Boote befiehlt der COMINCH dem SC.123 für den 22.3./20.00 den Ausweichkurs 23°, um die U-Bootgebiete nördlich zu umgehen. (Vom Bx-Dienst am 25. 3. entziffert.)
10		
11	20.—21. 3./	Aufgrund von Agentenmeldungen, Beobachtungen, Funkpeilungen und Gefangenen-Aussagen erwartet alliierte Führung von Ostasien kommende dt. Blockadebrecher. Deshalb starker Aufklärungseinsatz der 19th Group, Coastal Command, über der Biskaya.
12	20.—26. 3./	U 161 soll die von Ostasien kommenden Blockadebrecher *Regensburg* und *Pietro Orseolo* auf dem Treffpunkt (T) mit Funkmeßbeobachtungsgeräten ausrüsten (23. 3. und 26. 3. ausgeführt). Die *Regensburg* soll dann nach Norden durch die Dänemarkstraße Norwegen erreichen. Auf dem Wege sind Wetter-Melde-U-Boote, die auch im Notfall die Besatzung bergen sollen, aufgestellt. *P. Orseolo* soll die Biskaya erreichen. *R.* wird am 30. 3. in der Dänemarkstr. von HMS. *Glasgow* gestellt, *P.O.* wird am 30. 3. vor Cabo Villano von 4 dt. Zerstörern aufgenommen und eingebracht.
13		
14	21. 3./	Dt. Luftaufklärung erfaßt nochmals den XK.3.
15	21. 3./	Zusätzliche Escorts und mit Schiffbrüchigen überladene Einheiten am HX.229 und SC.122 werden detachiert.

nationen für Torpedotreffer gehalten. Die *Pennywort* drehte sofort nach Backbord und warf um 05.28 Uhr an der vermuteten Position des getauchten U-Bootes 6 Wasserbomben. Es konnte jedoch den Kontakt nicht wiedergewinnen. Als die *Highlander* um 05.28 Uhr den Geleitfahrzeugen befahl, wieder auf ihre Position zu gehen, brach es die weitere Suche ab und nahm um 06.10 Uhr ihre Station wieder ein. Um 05.56 Uhr war auch die *Volunteer* wieder an der Backbordseite auf ihrer Position Q eingetroffen, so daß wieder 3 Geleitfahrzeuge am Konvoi standen.

10 sm westnordwestlich des Konvois bekam die von Island herankommende amerikanische *Babbitt* (Cdr. Quarles) in 2000 m direkt voraus in Richtung auf den Konvoi einen Radarkontakt, der nur wenige Minuten später verschwand, während gleichzeitig das Sonar-Gerät in derselben Richtung eine Ortung meldete. In schneller Folge machte der Zerstörer 2 Wasserbombenangriffe mit vollen Teppichen. Nach dem dritten Angriff faßte das Radargerät wieder ein Ziel auf, was andeutete, daß das U-Boot entweder durch den Angriff zum Auftauchen gezwungen war, oder daß es versuchen wollte, über Wasser zu entkommen. Die *Babbitt* feuerte sofort Leuchtgranaten, doch konnte wegen der niedrigen Wolken nichts erkannt werden. Der Radarkontakt wurde durch die detonierenden Leuchtgranaten gestört, so daß das U-Boot zunächst entkam. Nach etwa 10 Minuten wurde erneut mit dem Sonar ein U-Boot geortet. Ein weiterer voller Wasserbombenteppich wurde geworfen, und mit insgesamt 7 weiteren Angriffen setzte die *Babbitt* die Verfolgung bis 10.51 Uhr fort. Dabei wurde die Zahl der geworfenen Wasserbomben wegen des langsam geringer werdenden Vorrats reduziert. Bei mehreren Angriffen wurden starke Luftblubber und auch Ölgeruch festgestellt. Nach dem letzten Angriff konnte ein großer Dieselölfleck an der Oberfläche beobachtet werden, und in dem Ölfleck waren auch einige Korkteile zu erkennen. Der Zerstörer nahm einige Proben des Öls aus dem Wasser auf. Nachdem die weitere Suche ergebnislos geblieben war, nahm die *Babbitt* um 12.00 Uhr mit 20 kn Kurs auf HX.229. Insgesamt hatte sie 53 Wasserbomben in 11 Angriffen geworfen.

Kurz nach Mitternacht begann *U 666* (Oblt. z. S. Engel), das sich unbemerkt an der Backbordseite des Konvois vorgesetzt hatte, zum Angriff heranzustaffeln. Das Boot traf auf eine günstige Situation, denn an der Backbordseite des Konvois fand gerade eine Umgruppierung der Geleitfahrzeuge statt. Während die Korvette *Lavender* und der Zerstörer *Upshur* nach ihrer U-Bootjagd wieder ihre vorgesehenen Positionen M und P ansteuerten, verließ die Korvette *Saxifrage*, die in der Zwischenzeit die Backbordseite gesichert hatte, ihre Station, um auf ihre alte Position A vor dem Konvoi zu gehen. So war die Aufmerksamkeit der Geleitfahrzeuge durch diese Ablösung in Anspruch genommen, und *U 666* konnte sich aus dem dunklen Horizont im Norden mit einer schwachen Brise und Dünung im Rücken zwischen der ablaufenden *Saxifrage* und der anlaufenden *Lavender* auf eine Schußposition manövrieren, während der Konvoi in einer Lücke der Bewölkung im hellen Mondlicht klar zu erkennen war. Um 00.17 Uhr machte der I.W.O., Lt. z. S. Fahizius, auf zwei sich überlappende, auf 4000 und 5000 BRT geschätzte Frachter an der Backbordseite des Konvois einen Vierer-Fächer los. Der erste Schuß wurde ein Oberflächenläufer. Die anderen 3 Torpedos liefen normal, doch blieben Detonationen aus. Einerseits hatte das U-Boot den Kurs des Konvois auf 70° statt auf 95° geschätzt, außerdem war die Entfernung offenbar größer, als mit 3000 m angenommen. Der Angriff wurde jedoch weder vom Konvoi noch von den Geleitfahrzeugen bemerkt.

Oblt. Engel ließ das Boot nach Backbord mit dem Konvoi mitdrehen, um auch noch den Hecktorpedo loszumachen. Eine Viertelstunde lief das Boot auf parallelem Kurs mit dem Konvoi mit, um eine etwas vorlichere Position zu erreichen. Um 00.30 Uhr drehte Oblt. Engel ab, und 4 Minuten später machte Lt. Fahizius seinen Hecktorpedo auf das Spitzenschiff der Backbordkolonne los. Inzwischen waren wieder Wolken aufgezogen, und kurz nach dem Schuß versperrte eine durchziehende Regenbö die Sicht auf den Konvoi. Man glaubte im Boot, eine Torpedodetonation zu hören, konnte jedoch optisch keine Wirkung beobachten. Auch jetzt blieb der Angriff des U-Bootes von den Geleitfahrzeugen unbemerkt. Obgleich die Entfernungen zwischen dem U-Boot und der *Lavender* und *Upshur* während dieser Zeit meist zwischen 2500 und 3500 m gelegen haben müssen, wurde von den Radargeräten der beiden Schiffe keine Ortung aufgefaßt. Der neue Fehlschuß war möglicherweise darauf zurückzuführen, daß der Konvoi gerade um 00.30 Uhr wieder auf seinen alten Generalkurs 60° zurückdrehte.

U 666 lief über Wasser ab und versuchte während des Nachladens der Torpedos weiterhin Fühlung zu halten, um zu einem zweiten Angriff zu kommen. Durch den um 02.00 Uhr einsetzenden Regen bemerkte U 666 vermutlich die Kursänderung des Konvois nicht und geriet dadurch auf die Steuerbordseite des Konvois. Auf die im Augenblick des ersten Angriffs abgegebene Fühlunghaltermeldung von U 666 hatte ein zweites U-Boot kurz vor 04.00 Uhr Backbord achtern Fühlung gewonnen und ein weiteres Fühlunghaltersignal abgegeben. Es wurde von dem HF/DF der *Havelock* eingepeilt, und Cdr. Boyle ließ seinen Zerstörer sofort in die Peilung eindrehen, doch wurde der anlaufende Zerstörer von dem U-Boot, vermutlich U 384, gesehen, ehe dessen Radargerät das Boot auffassen konnte. Auch jetzt noch war das Asdic-Gerät der *Havelock* defekt, so daß eine Unterwasserortung unmöglich war. So dreht die *Havelock* wieder ab und nahm um 05.50 Uhr ihre Position S hinter dem Konvoi wieder ein.

Während die *Havelock* achtern wieder auflief, hatte sich an der Steuerbordseite U 666 erneut vorgesetzt. Dieses Manöver wurde ihm erleichtert, weil die auf der Position F stationierte Fregatte *Swale* (LtCdr. Jackson) bei ihren Zickzackkursen etwas nach achteraus gesackt war und nicht wie vorgesehen etwa 3600 m an Steuerbord, sondern etwa 3000 m Steuerbord achteraus stand, ganz in der Nähe der Korvette *Godetia*. So war zwischen der Steuerbord vorn laufenden Korvette *Pimpernel* und der *Swale* ein breites Loch, durch das Kptlt. Engel seinen Anlauf ansetzen konnte. Bei dem auf etwa Nordwest 3 auffrischenden Wind und einem Seegang von 2—3 orteten die Geleitfahrzeuge bei einer Entfernung von mehr als 4000 m das anlaufende U-Boot nicht. Bei einer Sicht von etwa 6 sm konnte U 666 im Licht des untergehenden Dreiviertelmondes die Schiffe des Konvois deutlich erkennen. Auf 3000 m Entfernung machte Lt. Fahizius seine Bugtorpedos als verbundene Einzelschüsse gegen die an der Steuerbordseite des Konvois erkennbaren Schiffe los: einen Frachter von 3000 BRT, einen Frachter von 4000 BRT, einen Frachter von 7000 BRT und einen weiteren von 4000 BRT. Der erste Torpedo wurde ein Oberflächenläufer, doch bemerkte ihn offenbar im Konvoi niemand. Der zweite Torpedo traf nach einer Laufzeit 3 min. 15 sec. (= 3009 m) das an der Steuerbordseite in die von der *Empire Morn* verlassene Position 131 aufgerückte griechische Schiff *Carras* (5234 BRT). Das U-Boot beobachtete am Ziel eine 60—80 m hohe und sehr breite Sprengwolke mit dunkelgrauer Färbung. Sie stand einige Zeit über dem Ziel, bevor sie in sich zusammensank. Im Boot wurde eine sehr starke Detonation gehört.

Kurz bevor die *Carras* getroffen wurde, bekam die Fregatte *Swale* auf ihrem Radargerät in 3650 m Entfernung einen Radarkontakt und drehte darauf zu. Im Augenblick der Torpedodetonation war sie noch 3300 m von dem Ziel entfernt. Im gleichen Augenblick erkannte Kptlt. Engel auf der Brücke des U-Bootes das Herandrehen des »Zerstörers« und gab den Befehl zum Tauchen. Man glaubte auf der Brücke im Einsteigen, auf einem weiteren Ziel einen Treffer an der Achterkante des Schornsteins im Maschinenraum mit einer über 100 m hohen weißlichgrauen Sprengwolke zu beobachten. Eine dritte Detonation folgte kurz darauf, so daß das U-Boot annahm, drei Treffer erzielt zu haben.

2 Minuten nach dem Tauchen des U-Bootes bekam die *Swale* mit ihrem Asdic-Gerät in 1550 m Entfernung Kontakt und hielt auf das U-Boot mit 15 kn Fahrt zu, um einen Wasserbombenangriff zu fahren. Auf etwa 200 m Entfernung vom Ziel ging der Kontakt verloren, doch hielt LtCdr. Jackson trotz der geringen Entfernung von nur noch etwa 200 m von den Schiffen des Konvois seinen Kurs durch und warf seinen Teppich von 14 Wasserbomben mit Tiefeneinstellungen von 15,40 und 70 m.

Inzwischen hatten die Geleitfahrzeuge des Konvois die von der *Carras* gefeuerten Notraketen erkannt. Auch das von der *Swale* gegebene Signal über ihre U-Bootsichtung wurde von der Mehrzahl der Geleitfahrzeuge aufgefangen. Um 05.57 Uhr befahl Commander Boyle »1/2 Raspberry«, wenige Minuten später dem Rettungsschiff *Zamalek*, Überlebende zu bergen, und der Korvette *Buttercup*, das Rettungsschiff zu sichern. Die übrigen Geleitfahrzeuge bekamen bei ihren Suchkursen keine Kontakte. Bei den wieder einsetzenden schweren Regenschauern hatte die *Zamalek* (Capt. Morris) einige Schwierigkeiten, das getroffene Schiff zu finden, das offenbar verhältnismäßig schnell gesunken war. Nach einiger Zeit fand man jedoch die Rettungsboote, von denen 34 Überlebende geborgen wurden. Die *Zamalek* hatte nun 165 Schiffbrüchige an Bord.

Auf dem Rückweg zum Konvoi meldete die *Zamalek*, daß die *Carras* noch schwimme und bergungsfähig erscheine sowie, daß der Kapitän versäumt habe, die Geheimsachen zu vernichten. Der S.O.E. gab darauf den Befehl, daß die *Zamalek* mit Höchstfahrt zum Konvoi zurückkehren, die *Buttercup* umkehren solle, um die Geheimsachen zu bergen. Ein Enter-Kommando führte diesen Befehl aus. Doch schwamm die *Carras* immer noch, als die Korvette wieder Kurs auf den Konvoi nahm.

11. Das Ende der Operation

Aus den Meldungen der U-Boote hatte der BdU den Eindruck gewonnen, daß die Operationen am 18. 3. tags am HX.229 vor allem durch das schlechte Wetter — NNW-Wind Stärke 6, Schneeschauer mit zwischen 500 und 5000 m wechselnder Sicht — behindert worden waren, was ein Fühlunghalten meist nur nach Horchpeilungen möglich machte. Nur *U 221* hatte einen erfolgreichen Unterwasser-Angriff fahren können.

In der Nacht zum 19. 3. meldeten 9 U-Boote Fühlung an den Konvois, doch wurden keine befriedigenden Erfolge erzielt. Nur *U 666* funkte Erfolgsmeldungen über 2 Angriffe am SC.122. Die anderen Boote schienen meist in der hellen Mondnacht bei ihren Anläufen erkannt und durch Zerstörer abgedrängt worden zu sein.

Am SC.122 vor allem schien sich die Sicherung erheblich verstärkt zu haben, da zahlreiche Boote einerseits Wasserbombenverfolgungen durch Zerstörer, andererseits sehr starke Luftsicherung meldeten, die das Nachvornkommen erschwerten. Die Luftsicherung wurde auch aus Entzifferungen des Bx-Dienstes deutlich (s. Anlage 15.8).

Immerhin lagen am Morgen Fühlunghaltersignale von *U 666* von 05.45 Uhr am SC.122 und von *U 134* von 04.10 Uhr am HX.229 vor. Nur 3 weitere Boote — *U 230, U 86* und *U 228* — hatten den Abbruch ihrer Operation auf den Konvoi gemeldet. Die Mehrzahl der »Stürmer«- und »Dränger«-Boote versuchte weiter, Fühlung zu gewinnen. Mindestens 10 Boote waren den Konvois noch recht nahe. So entschloß sich der BdU, die Operation trotz der wegen größerer Landnähe für den Tag des 19. 3. zu erwartenden starken Luftsicherung bis zum Morgen des 20. 3. fortzusetzen.

Am 19. 3. konnte der Bx-Dienst auch die Aufklärung für die entstandene Unklarheit über die Route des HX.229 liefern. Er er-

271

kannte, daß die am 12. 3. entzifferte Route und die am 16. 3. entzifferte Kursänderung ein »Teil-Geleit HX.229A« betrafen, das die Nordroute genommen hatte, während der »Haupt-Konvoi« HX.229 auf dem am 15. 3. entzifferten Südkurs gelaufen und dann am 16. 3. von den U-Booten erfaßt worden war.

Tatsächlich hatte der HX.229A seine Reise dicht südostwärts an Cape Farewell vorbei fortgesetzt und war in der Nacht vom 18. zum 19. März erneut in ein Gebiet mit einer großen Zahl von Eisbergen geraten. Die Sicht verschlechterte sich durch einen Schneesturm derartig, daß die von Cdr. Dalison angewandte Taktik, durch ein vorauslaufendes Geleitfahrzeug erkannte Eisberge mit Scheinwerfer beleuchten zu lassen, nicht mehr genügte. Um 07.20 Uhr am 19. März stieß das große Walfang-Mutterschiff *Svend Foyn* (14 795 BRT) mit einem Eisberg zusammen und blieb mit erheblichen Schäden liegen. Da das Schiff eine größere Zahl von Passagieren an Bord hatte, mußte man alles versuchen, das wertvolle Schiff einzubringen. Cdr. Dalison, der mit seinem Führerboot *Aberdeen* zunächst bei dem Havaristen geblieben war, erkannte, daß er das manövrierunfähige Schiff mit seiner Sloop *Aberdeen* gegen U-Boote nicht sichern konnte, da sein Asdic-Gerät total ausgefallen war. So beorderte er die Sloop *Hastings* als Sicherung zu dem Havaristen und lief selbst mit hoher Fahrt hinter dem Konvoi her. Um 09.23 Uhr gab er an den Flag Officer Iceland (FOIC) einen Notruf für die *Svend Foyn* ab, und der CTF 24 gab um 16.45 Uhr der auf der Grönland-Route zur Geleitsicherung eingesetzten Task Unit 24.8.2 die Weisung, den Coast Guard Cutter *Modoc* zur havarierten *Svend Foyn* in 58° 05′ N 43° 50′ W zu entsenden und notfalls die 195 Passagiere und die Besatzung zu bergen.

Am Abend des 19., um 23.50 Uhr, traf der Coast Guard Cutter *Bibb* bei dem inzwischen nach Osten weitergelaufenen HX.229A ein, um am kommenden Morgen die beiden für Island bestimmten Dampfer zu übernehmen. In der Nacht gab es noch eine kurze Aufregung, als der Frachter *Fresno Star* durch einen Bedienungsfehler auf der Brücke 2 »snowflake«-Raketen auslöste, so daß die Geleitfahrzeuge zunächst einen U-Bootangriff annahmen und eine Operation »raspberry« ausführten.

Im Laufe des Tages meldeten auch die beiden Frachter *Belgian Airman* und *Lone Star* Eisschäden, so daß die *Aberdeen* um 13.00 Uhr am 20. 3. dem CINCWA eine entsprechende Meldung machte und daraufhin die Erlaubnis erhielt, beide Schiffe zum nächsten Hafen zu entlassen. Alle von dem Konvoi HX.229A abgegebenen Funksprüche wurden mit dreitägiger Verspätung vom deutschen Bx-Dienst entziffert, doch konnte kein U-Boot auf diese Meldungen angesetzt werden, da die Entfernung zu groß war. Die *Svend Foyn* ging jedoch wegen ihrer erheblichen erlittenen Schäden auch ohne Nachhilfe eines U-Bootes verloren, nachdem die Besatzung und die Passagiere geborgen waren.

Für den CINCWA zeigten die seit dem Abend des 18. 3. eingehenden Peilungen der Y-Stations nicht nur für die beiden angegriffenen Konvois HX.229 und SC.122 weitere Gefahren, sondern nun auch für den auf der Gibraltar-Route laufenden KMS.11, der mit 62 Schiffen und der kanadischen Escort Group C.2 (s. S. 243) westlich der Biscaya nach Süden lief. Um 20.00 Uhr hatte *U 621* (Oblt. z. S. Kruschka) im Quadrat BE 6134 an diesem mit Kurs 190° und 8 sm Fahrt steuernden Konvoi Fühlung gewonnen. Der BdU gab den in der Nähe stehenden U-Booten, falls sie noch in der Nacht den Geleitzug erreichen konnten, den Befehl, mit Höchstfahrt darauf zu operieren. *U 634* meldete seinen Standort in der Nähe des Geleites. *U 632* versuchte ebenfalls heranzukommen, wurde aber von einem Flugzeug unter Wasser gedrückt und setzte dann den Ausmarsch fort. *U 621* gab während der Nacht mehrfach Fühlunghaltermeldungen aus den Quadraten BE 6156, BE 6455 und zuletzt um 04.30 Uhr in BE 6482 mit Kurs 180° und nun höherer Fahrt ab. Aus den vom Bx-Dienst gelieferten Unterlagen konnte der BdU schließen, daß es sich um den KMS.11 handelte. Am gleichen Tage hatten deutsche Flugzeuge westlich der Iberischen Halbinsel im Quadrat BE 9783 und später in CG 1112 einen amerikanischen Dampfer angegriffen, und der BdU setzte auf die aus der entzifferten Meldung des Dampfers gewonnene Position die drei noch westlich Spanien operierenden *U 107, U 445* und *U 410* an.

Am Morgen des 19. März um 07.30 Uhr gewann *U 621* wieder Fühlung am Konvoi KMS 11 in BE 6737. Obgleich das Boot im Laufe des Tages mehrfach durch die Sicherungsflugzeuge abgedrängt wurde, kam es mit Unterbrechungen immer wieder in die Nähe und konnte die Fühlung bis zum Abend um 18.13 Uhr im Quadrat BE 9431 halten. Das vorübergehend nur mit geringem Brennstoffbestand auf den Konvoi operierende *U 332* kam nicht heran. Der

BdU setzte jedoch nun die auf dem Rückmarsch von der Konvoi-Operation gegen den UGS.6 befindlichen *U 504, U 521* und *U 103,* je nach ihrer Brennstofflage, auf den Konvoi an und gab auch *U 107, U 445* und *U 410* entsprechende Befehle. Jedoch sollte keines dieser Boote an den Konvoi herankommen. Nach Dunkelwerden mußte auch *U 621* die Operation abbrechen und nach Hause marschieren. Die zahlreichen Funkmeldungen der U-Boote im Bereich dieses Konvois in Verbindung mit weiteren Sichtungsmeldungen zurückmarschierender U-Boote westlich der Biscaya über einzelfahrende Dampfer und neutrale Schiffe ließen den CINCWA für den KMS.11 Gefahren sehen, so daß er ihm eine weitere Unterstützungsgruppe, die aus den Minensuchtrawlern HMCS. *Shippagan,* HMCS. *Tadoussac,* HMS. *Dornoch* und HMS. *Ilfracombe* gebildet war, entgegenschickte.

Die größere Sorge machten ihm jedoch die Konvois HX.229 und SC.122. Aus dem mitgehörten Funkverkehr der Escort Groups ging hervor, daß U-Boote an beiden Konvois Angriffe versucht hatten. Am Morgen wurde dann klar, daß sie am HX.229 von der Escort Group sämtlich vereitelt worden waren. Um 06.07 Uhr hatte jedoch der Führer der Escort Group B.5 vom SC.122 einen Angriff und den Verlust eines Schiffes gemeldet und um 09.19 Uhr auch dessen Namen *Carras* über Funk mitgeteilt.

Immerhin sah die Situation trotz dieses neuen Verlustes für den kommenden Tag günstiger aus als an den Vortagen. Beide Konvois kamen mit Hellwerden an die 600-sm-Grenze von den Luftbasen in Nordirland und auf Island heran. Damit konnten nun nicht nur die VLR-»Liberators« der Squadrons 120 und 86 zur Unterstützung eingesetzt werden, sondern auch die »Fortress«-Bomber der Squadrons 220 von Aldergrove und 206 von Benbecula sowie die »Sunderland«-Flugboote der Squadrons 201, 228 und der kanadischen 423 von Castle Archdale. Wenn man auch mit kaum mehr als 1/3 der 18 »Fortresses« und knapp der Hälfte der 18 »Sunderlands« einsatzbereit rechnen konnte und berücksichtigte, daß auch der Konvoi ONS.1 gesichert werden mußte, so war doch eine wesentliche Verstärkung der durch die zweitägigen Einsätze bis an die äußerste Grenze der Eindringtiefe stark beanspruchten »Liberator«-Squadrons möglich. Zum ersten Mal konnte man, außer den Flügen zur unmittelbaren Sicherung der Konvois, auch sog. »protective sweeps« im Bereich beiderseits der Konvois ansetzen. Es wurden 4 »Liberators« von Aldergrove, 2 von Reykjavik, 7 »Fortresses« von Benbecula und 3 »Sunderlands« von Castle Archdale vorgesehen. Zusätzlich stellte die Squadron VP 84 der US-Navy in Reykjavik noch 2 »Catalina«-Flugboote für den HX.229. Die Luftsicherung des jetzt südlich Island auf den ICOMP zulaufenden ONS.1 wurde von Benbecula und Island aus gestellt. Sie brauchte aber nicht so stark bemessen werden, da hier nach der U-Bootlage nur mit ausmarschierenden neuen U-Booten, nicht aber mit einer regelrechten Aufstellung zu rechnen war.

Die Situation der Seesicherung der beiden Konvois mußte sich im Laufe des 19. 3. wesentlich verbessern. Zwar waren die seit dem 16./17. 3. an den Geleitzugschlachten beteiligten Escorts inzwischen knapp an Wasserbomben und hatten ihre Brennstoffbestände weit heruntergefahren, doch die Escort oiler waren bisher den Angriffen entgangen und konnten — falls es den Flugzeugen am Tage gelang, den Konvois Luft zu verschaffen — bei dem besser werdenden Wetter einige Beölungen durchführen. Vor allem aber waren inzwischen beim HX.229 das Führerboot der Escort Group B.4, die *Highlander,* und die amerikanische *Babbitt* eingetroffen, so daß nun 4 Zerstörer und 2 Korvetten am Konvoi standen. Am Nachmittag konnten auch der von Island kommende Zerstörer *Vimy* und die dem Konvoi folgende Korvette *Abelia* eintreffen. Beim SC.122 mit seiner ohnehin stärkeren Gruppe von 2 Zerstörern, einer Fregatte und 4 Korvetten war der besonders seefähige und kampfkräftige US Coast Guard Cutter *Ingham* eingetroffen. Für die Nacht würden also beide Konvois je 8 Geleitfahrzeuge besitzen. Um diese Stärke der Sicherung am SC.122 aufrechtzuerhalten, war es allerdings notwendig, die für Island bestimmten Dampfer nicht wie ursprünglich vorgesehen mit der *Ingham* und dem US-Zerstörer *Upshur* auf dem ICOMP zu entlassen. Um 12.07 Uhr befahl deshalb die CINCWA dem Commodore, daß die *Askepot, Godafoss* und *Fjallfoss* beim Konvoi bleiben sollten. Die seit dem 16. 3. als Nachzügler fahrende *Selfoss* hatte schon selbständig Kurs auf Island genommen, wo sie am 23. 3. eintraf.

Die *Ingham* war — nachdem sie am Abend den Befehl zu dem Ablenkungsmanöver nicht hatte ausführen können — in der Nacht so nahe an den SC.122 herangekommen, daß sie die Notraketen bei der Torpedierung der *Carras* erkennen konnte. Um 07.45 war die erste optische Signalverbindung zum Konvoi hergestellt. Um 08.29 Uhr erreichte sie von Norden kommend den Konvoi und lief von vorn durch die Kolonnen hindurch auf die ihr von der *Havelock* zugewiesene Position achteraus, verringerte ihre Fahrt auf 12 kn und nahm ihre Zickzack-Kurse auf. Wind und Seegang hatten weiter abgenommen, und bei klarer Sicht und leichter Bewölkung spendete die über längere Perioden scheinende Sonne erstmalig etwas Wärme.

Inzwischen waren kurz nach Hellwerden die ersten Flugzeuge bei den Konvois eingetroffen. Am HX.229 hatte die als Führerboot ausgerüstete und personell besser als die *Volunteer* besetzte *Highlander* keine Schwierigkeiten, die »Fortress«-B/206 mit Peilzeichen heranzuführen. Da die *Highlander* noch 20 sm hinter dem Konvoi stand und auch die *Anemone* noch beim Aufschließen und die *Babbitt* bei der Verfolgung ihres U-Bootes waren, ließ Cdr. Boyle das Flugzeug zunächst rund um den Konvoi aufklären und dann vor allem in den etwa nicht besetzten Sektoren fühlunghaltende U-Boote unter Wasser drücken. Dabei sichtete die B/206 um 08.24 Uhr in etwa 30 sm Backbord achteraus ein U-Boot, doch wurde die anfliegende »Biene« vom U-Boot rechtzeitig gesehen. Es tauchte so früh, daß die 4 Wasserbomben keinen Schaden anrichteten. Das Flugzeug flog darauf die in etwa 6 sm Entfernung ihr U-Boot suchende *Babbitt* an, um sie zu dem angegriffenen Boot zu führen. Cdr. Quarles hielt aber lieber an seinem »Spatzen« fest, anstatt der entfernten »Taube« nachzujagen. Vermutlich wurde durch diesen Angriff der Fühlunghalter *U 134* (Kptlt. Brosin), der zuletzt um 04.10 Uhr eine Meldung abgegeben hatte, unter Wasser gedrückt.

Am SC.122 führte die *Havelock* ebenfalls ohne Schwierigkeiten die zweite in Benbecula gestartete »Fortress« *M/220* heran. *U 527* (Kptlt. Uhlig), das am Morgen nach der Abdrängung von *U 666* die Rolle des Fühlunghalters übernehmen wollte, mußte sofort tauchen. Doch hatte Flight Lt. Knowles in der *M/220* nicht dieses

U-Boot, sondern ein zweites 16 sm Steuerbord achteraus gesehen und griff es um 09.14 Uhr im Tauchen an. Die 4 Wasserbomben detonierten rund um das Boot, *U 338*, das zunächst durch die Detonationen wieder an die Oberfläche gerissen wurde, ehe es Kptlt. Kinzel — selbst ein ehemaliger Marineflieger — wieder auf Tiefe bringen konnte.

U 527 hatte zuerst die Wasserbombendetonationen gehorcht. Kurz darauf meldete der Horchraum Schraubengeräusche. Im Sehrohr erkannte Kptlt. Uhlig zwei Masten und schließlich einen Dampfer, der mit 10 kn Fahrt auf geradem Kurse hinter dem Konvoi herzulaufen schien. Kptlt. Uhlig mußte mit hoher Fahrt unter Wasser heranschließen, um noch eine Schußposition gegen den als Transporter oder — wegen seiner vielen Waffen — als Hilfskreuzer von 8000 BRT angesprochenen Dampfer zu erreichen.

Tatsächlich war es die amerikanische *Mathew Luckenbach* (8848 BRT), die am Abend vorher eigenmächtig den folgenden HX.229 verlassen hatte.

Um 09.47 Uhr machte Kptlt. Uhlig auf eine geschätzte Entfernung von 1200 m seinen 3er-Fächer los. Er glaubte schon, das Ziel verfehlt zu haben, als nach 4 min. 16 sec. einer der Torpedos doch noch auf der Höhe des achteren Mastes mit einer hohen Wassersäule detonierte. Die Entfernung betrug tatsächlich 3950 m. Die Schraubengeräusche verstummten sofort. Man konnte erkennen, daß das Schiff Dampf abließ und achtern etwas tiefer sackte.

Auf der Brücke der *Ingham* hatte der Wachoffizier bei einem Rundblick vor einem Zack zufällig im Glas die Wassersäule des Treffers am Horizont entdeckt. Zunächst dachte er, es sei ein Flugzeug, das Bomben geworfen habe. Doch er konnte keine Maschine am Himmel entdecken. Dann erkannte er eine weiße Notrakete. Er ließ die *Ingham* wenden und drehte mit 18 kn auf den Punkt zu. Bald erkannte man ein torpediertes Schiff und identifizierte es um 10.30 Uhr als die *Mathew Luckenbach*. 3 Boote und 2 Flöße mit Überlebenden trieben in der Nähe, ohne daß eines von ihnen versuchte, einen im Wasser schwimmenden Schiffbrüchigen aufzunehmen. Da ein U-Boot in der Nähe sein mußte, konnte Capt. A. M. Martinson nicht sofort stoppen und mußte warten, bis die auf seine Meldung vom S.O.E. entsandte *Upshur* eintraf.

U 527 hatte inzwischen erkannt, daß der Dampfer nicht weiter absackte und wollte schon zu einem Fangschuß anlaufen, als aus dem Horchraum erneut Schraubengeräusche gemeldet wurden. Im Sehrohr war ein anlaufender Zerstörer zu erkennen. Bald darauf erblickte Kptlt. Uhlig in seinem Luftzielsehrohr außer dem mit dickem »Schnauzbart« ankommenden Zerstörer auch ein Flugzeug, ging auf Tiefe und lief zunächst unter Wasser ab.

Sobald die *Upshur* mit ihrer Operation »Observant« begann, stoppte die *Ingham* neben dem ersten Boot. Innerhalb von 30 Minuten hatte sie alle 67 Überlebenden an Bord, obgleich sie sich an jedes Boot und Floß selbst heranmanövrieren mußte, da die Schiffbrüchigen keine Anstalten machten, selbst etwas zu ihrer Rettung zu tun. Das Schiff schien noch bergungsfähig. Doch war niemand von der Besatzung der *Mathew Luckenbach* bereit, wieder an Bord zu gehen. So forderte Capt. Martinson einen Hochseeschlepper an und nahm mit der *Upshur* wieder Kurs auf den Konvoi.

Doch sollte der Schlepper das Wrack nicht finden. *U 527* hatte in der Nähe das Ablaufen der Zerstörer abgewartet. Um 15.25 Uhr hatte aber auch das wieder Fühlung suchende *U 523* (Kptlt. Pietzsch) die Masten der noch schwimmenden *Mathew Luckenbach* gesichtet und einen Unterwasseranlauf begonnen. Etwa gleichzeitig setzten beide Boote, ohne voneinander zu wissen, gegen 19.00 Uhr ihren Torpedoangriff auf den Havaristen an. *U 523* kam *U 527* nur um wenige Augenblicke zuvor und machte seinen Aal um 19.08 Uhr los. Obgleich er einmal die Oberfläche durchbrach, traf er nach 2 min. 19 sec. mit einer lauten Detonation. Kptlt. Uhlig auf *U 527* sah eine 30—40 m hohe Sprengsäule am Ziel aufschießen, brach seinen Anlauf ab, und beide Kommandanten beobachteten, wie der Frachter etwa 7 min. nach dem Treffer schnell sank.

11.3 DAS ABREISSEN DER FÜHLUNG

Noch im Laufe des Vormittages trafen an den Konvois auch die »Sunderland«- und »Catalina«-Flugboote ein. Nachdem bereits die »Fortress« *M/220* die nach Hellwerden in der Nähe des SC.122 befindlichen U-Boote zum Tauchen gezwungen hatte, so daß nach der letzten Meldung von *U 666* weitere Fühlunghaltersignale ausblieben, verhinderten die kanadische »Sunderland« *E/423* und die britische »Sunderland« *V/228* anschließend jede Annäherung eines U-Bootes an den Konvoi. Um 10.45 Uhr sichtete die *E/423* ein

Sehrohr 26 sm Steuerbord voraus. Um 12.32 Uhr griff das gleiche Flugboot ein tauchendes U-Boot in einer gefährlicheren Position etwa 5 sm Backbord querab vom Konvoi mit 2 Wasserbomben an. Die andere »Sunderland« hatte um 12.16 Uhr ein drittes U-Boot 48 sm achteraus vom SC.122 im Tauchen mit 4 Wasserbomben belegt.

Die starke Luftsicherung, welche die U-Boote unter Wasser drückte, ließ es den Konvoi-Commodores angezeigt erscheinen, durch eine Kursänderung ein Aufschließen der Fühlunghalter zu erschweren. Um 11.00 Uhr ging der SC.122 auf 75°, um 14.00 Uhr sogar auf 83°. Der HX.229, der zeitweise 40° gesteuert hatte, um aus dem Kielwasser des SC.122 mit seinen dem Konvoi folgenden U-Booten herauszukommen, ging auf 76° und marschierte nun nordwestlich des SC.122. Durch diese Maßnahmen riß die Fühlung auch am HX.229 um 11.30 Uhr tatsächlich ab.

Für die Escorts wurde diese Situation bald durch das Ausbleiben weiterer HF/DF-Peilungen deutlich. Aber die U-Boote gaben noch nicht auf. Zähe versuchten einige von ihnen trotz der Luftsicherung über Wasser Raum nach Osten zu gewinnen, um nicht zu weit hinter ihren Konvoi zu geraten und mit Dunkelwerden wieder heranstaffeln zu können. Um 18.30 Uhr sichtete *U 642* (Kptlt. Brünning) Rauchwolken des SC.122 im Quadrat AL 5746. Sein Fühlunghaltersignal wurde von der *Havelock* mit HF/DF eingepeilt. Als kurz darauf die zu einem »protective sweep« angesetzte »Liberator« *J/120* beim S.O.E. um Aufträge bat und mitteilte, daß sie bis um 02.00 Uhr beim Konvoi bleiben werde, wurde sie angewiesen, einen Peilstrahl in 287° auf 10 sm abzufliegen und dann eine »frog«-Patrouille anzuschließen. Um 19.25 Uhr sichtete das Flugzeug in 280°, vom Konvoi 45 sm entfernt, ein U-Boot und griff es nach dem Tauchen mit 2 Wasserbomben an. Um 21.48 Uhr peilte die *Havelock* ein neues Signal in 224° ein und bat die »Liberator«, den Peilstrahl in 5—10 sm Entfernung abzufliegen. Um 22.36 Uhr kehrte die Maschine zurück und meldete, daß sie zwei Kontakte angeflogen habe, die daraufhin verschwunden seien und daß sie darüber hinaus in 215° 45 sm ab einen Nachzügler gefunden habe. Offenbar war eines der U-Boote bald wieder aufgetaucht, denn um 23.36 Uhr peilte die *Havelock* ein neues Fühlunghaltersignal und ersuchte das Flugzeug, die gleiche Peilung nochmals, insbesondere zwischen 3 und 10 sm abzufliegen. Kurz darauf sichtete die

J/120 in 240° 9 sm ab das U-Boot und griff es im Tauchen an. Doch versagten diesmal die Wasserbombenwurfeinrichtungen, und die »Liberator« mußte sich auf Bordwaffenangriffe beschränken, die man von der *Havelock* deutlich an den Leuchtspurgarben beobachten konnte. Um 01.42 Uhr fragte das Flugzeug nochmals nach Aufträgen, da es bald abfliegen müsse. Es wurde angewiesen, den achteren Sektor abzusuchen. Um 01.55 Uhr meldete es den Nachzügler in 225°, 14 sm Entfernung und einen weiteren Kontakt in der gleichen Richtung in 20 sm und flog dann ab. *U 642*, das zwar mehrfach tauchen mußte, konnte aber doch noch an Horchpeilungen Fühlung halten und meldete zum letzten Mal morgens um 03.00 Uhr aus dem Quadrat AL 5852 in 40° Geräusche des Konvois. Der deutsche Bx-Dienst entzifferte auch diese Flugzeugmeldungen vollständig (s. Anlage 15.8).

Am HX.229 war am Nachmittag die Korvette *Abelia* eingetroffen. Die *Highlander* konnte mit ihren Peilzeichen sowohl sie als auch weitere Flugzeuge heranführen, die am Nachmittag verhinderten, daß eines der dem Konvoi folgenden U-Boote in Sichtweite kam. Am Abend, um 20.50 Uhr, sichtete *U 631* (Oblt. z. S. Krüger) einen einzelnen Zerstörer. Entweder war es die nach der Verfolgung eines U-Bootes aufschließende *Babbitt*, die um 21.30 Uhr ihre Station wieder einnahm, oder die *Vimy*, die kurz nach Mitternacht um 00.49 Uhr den Konvoi erreichte. Das mit höchster Fahrt nachstoßende *U 631* konnte gegen 05.00 Uhr am Morgen im Quadrat AL 5528 in Richtung 60° ein Geräuschband horchen, kam aber vor Hellwerden nicht mehr heran.

Damit war die Fühlung an den beiden Konvois endgültig abgerissen. Der BdU hatte bereits am Abend des 19. 3. den Booten befohlen, bei Helligkeitsbeginn am 20. 3. die Operation abzubrechen, da sie nun zu sehr in den Bereich der englischen Luftsicherung geraten mußten. Nur eventuell günstig stehende Boote sollten nach Hellwerden Chancen zu Tages-Unterwasserangriffen noch ausnutzen. Dann sollten sich aber alle Boote auf dem Geleitzugkurs nach Südwesten absetzen, um eventuell hier noch folgende Nachzügler oder Havaristen abfangen zu können.

Tatsächlich hatte noch am Abend des 19. 3. *U 333* (Oblt. z. S. Schwaff) die verlassen treibende *Carras* gefunden. Der Dampfer schien Oblt. Schwaff Maschinenschaden zu haben, da man keine Bewegung feststellen konnte, das Schiff aber normale Schwimmlage hatte, ohne daß man einen Trefferschaden zu erkennen vermochte. Oblt. Schwaff wollte im Unterwasserangriff einen 2er-Fächer schießen, um sicherzugehen. Aber nur der Torpedo im Rohr III lief programmgemäß, Rohr I wurde Rohrläufer. *U 333* mußte auf 20 m gehen, um den Torpedo, ohne herauszubrechen, ausstoßen zu können. So konnte man die Wirkung des ersten nach 138 sec. detonierenden Torpedos nicht optisch beobachten. 8 min. nach dem Treffer hörte man eine dumpfe Explosion und anschließend Sinkgeräusche. Nach dem Auftauchen fand man an der Stelle eine Öllache und Trümmer.

Am Morgen des 20. März ließ Air Vice Marshal Slatter, der AOC 15th Group, RAF Coastal Command, schon vor Hellwerden seine »Fortress«-Bomber der Squadrons 220 und 206 und die »Sunderland«-Flugboote der Squadrons 201, 228 und 423 starten. Die »Fortress«-Bomber sollten an diesem Tage in pausenloser Folge Nahsicherung um die Konvois fliegen, während die »Sunderland«-Flugboote für die abgesetzten »protective sweeps« vorgesehen waren.

Der im Gebiet des SC.122 nachts um 02.00 Uhr einsetzende Dauerregen lockerte sich gegen 07.00 Uhr am Morgen des 20. 3. bei Südostwind zu einzelnen Regenböen auf. Kurz nach 07.30 Uhr traf das erste »Sunderland«-Flugboot *Z/201* in der Nähe des Konvois ein, gerade als die *Havelock* nach einer längeren Pause wieder ein U-Bootsignal mit HF/DF eingepeilt hatte. Cdr. Boyle ließ das Flugboot den Peilstrahl entlangfliegen. Um 07.50 Uhr sichtete die Maschine etwa 18 sm Steuerbord achteraus vom Konvoi ein tauchendes U-Boot und griff es mit zwei Wasserbomben an.

Bald darauf trafen auch die beiden »Sunderland«-Flugboote *H/423* und *F/423* in der Nähe des Konvois SC.122 ein und begannen ihre Flüge an den Flanken und achteraus. Dabei sichtete *H/423* um 08.35 Uhr etwa 35 sm achteraus vom Konvoi ein tauchendes U-Boot, kam jedoch nicht mehr rechtzeitig zu einem Wasserbombenwurf heran. *F/423* griff 20 Minuten später 110 sm Steuerbord achteraus vom Konvoi ein tauchendes U-Boot mit fünf Wasserbomben an.

Um 09.30 Uhr bat Cdr. Boyle nach einer weiteren nicht ganz klaren HF/DF-Peilung den Konvoi-Commodore um einen »emergency turn« um 45° nach Backbord, um einem Steuerbord voraus vermuteten U-Boot auszuweichen. Um 10.50 Uhr ging der Konvoi wieder auf Kurs 85°. Währenddessen war das »Sunderland«-Flug-boot *F/423* weiter achteraus vom Konvoi Patrouillen geflogen und griff um 13.27 Uhr 60 sm Steuerbord achteraus nochmals ein U-Boot mit der letzten verbliebenen Wasserbombe im Tiefflug an. Es war deutlich, daß die U-Boote inzwischen weiter achteraus ge-sackt waren. So konnte das »Sunderland«-Flugboot *T/201* am Nachmittag um 16.13 Uhr zunächst 250 sm achteraus vom SC.122 ein U-Boot unter Wasser drücken und griff um 17.44 Uhr in 210 sm Backbord achteraus vom Konvoi ein U-Boot in überraschendem An-flug mit sechs Wasserbomben an. Das U-Boot, es war *U 384* (Kptlt. von Rosenberg-Gruszczinski), konnte nicht mehr rechtzeitig tau-chen und wurde durch zwei unmittelbar am Boot detonierende Wa-bos versenkt. Auch diese Erfolgsmeldung entzifferte der deutsche Bx-Dienst. (s. Anlage 15.8)

11.4 DIE ANKUNFT DER KONVOIS

Gegen Mittag am 20. 3. wurde es für Commander Day auf der *Highlander* deutlich, daß die U-Boote die Fühlung am HX.229 verloren hatten. Um 13.16 Uhr gab er deshalb durch Funkspruch seine Absicht bekannt, am nächsten Morgen die z. T. mit Schiff-brüchigen überladenen Geleitfahrzeuge zu detachieren. Um 14.05 Uhr bestätigte der CINCWA bereits diese Ankündigung und be-fahl darüberhinaus, den amerikanischen Zerstörer *Babbitt* ebenfalls am 21. 3. früh nach Londonderry zu entlassen. Mit weiteren Funk-sprüchen um 15.30 und 17.53 Uhr gab Cdr. Day der Escort Group seine weiteren Absichten bekannt. Inzwischen hatte Commodore Mayall die 24 Schiffe, die von seinem Konvoi übriggeblieben wa-ren, in acht Kolonnen neu geordnet, wobei die inzwischen wieder aufgeschlossene *Tekoa* mit ihren 138 Schiffbrüchigen in die Mitte genommen wurde, wie die folgende Übersicht zeigt.

```
                              13   brit   S/S  12  amer  S/S  11  brit    S/S
                              Empire Knight     Robert Howe   Cape Breton
                              Clyde             Mersey        Clyde

                                                32  brit  M/S  31  brit    S/S
                                                Kaipara        Fort Anne
                                                Mersey         Loch Ewe

        44  brit  M/S  43  brit   S/S  42  brit  M/T  41  brit    S/S
        Antar           Tekoa           Regent Panther Nebraska
        Mersey          Mersey          United Kingdom Mersey

        54  brit  S/S  53  amer   S/T  52  brit  M/T  51  norw   M/S
        Empire Cavalier Pan Rhode Island San Veronica  Abraham Lincoln
        Mersey          Mersey          Mersey         Belfast

        64  amer  S/S  63  amer   S/S  62  amer  S/T  61  pan    M/T
        Kofresi         Jean            Gulf Disc      Belgian Gulf
        Mersey          Mersey          Clyde          Mersey

                        73  pan    S/S  72  holl  M/T  71  brit    S/S
                        El Mundo        Magdala        City of Agra
                        Mersey          Belfast        Mersey

                                        82  brit  M/T  81  brit   M/T
                                        Luculus        Nicania
                                        Belfast        Mersey

                                        92  amer  S/S  91  amer    S/S
                                        Margaret Lykes Daniel Webster
                                        Mersey         Belfast
```

Convoy Commodore: 51 *Abraham Lincoln*   Ocean Escort Group B.4
Vice Commodore: 41 *Nebraska*   Task Unit 24.1.18
Escort Oiler: 62 *Gulf Disc*   Zerstörer HMS. *Highlander*
                                         Zerstörer HMS. *Volunteer* (von B.5)
Zerstörer HMS. *Beverley*
Korvette HMS. *Anemone*
Korvette HMS. *Pennywort*
Korvette HMS. *Abelia*
Korvette HMCS. *Sherbrooke* (Nachzügler)
Supporting ships:
Zerstörer USS. *Babbitt*
Zerstörer HMS. *Vimy*

Auch beim SC.122 löste sich nach den letzten Peilungen am Vormittag die Spannung. Commodore Wight konnte die 40 verbliebenen Schiffe seines Konvois neu ordnen, wie die folgende Übersicht wiedergibt:

Marschordnung des Konvois SC.122
nach den Angriffen am 20. 3.

45 brit S/S *Vinriver* Clyde	44 isl S/S *Fjallfoss* Reykjavik	43 isl S/S *Godafoss* Reykjavik	42 amer S/S *Cartago* Reykjavik	41 norw S/S *Askepot* Reykjavik
55 brit S/S *Ogmore Castle* Loch Ewe	54 jugo S/S *Franka* Loch Ewe	53 brit S/S *Carso* Loch Ewe	52 holl S/S *Parkhaven* Loch Ewe	51 schwed S/S *Atland* Loch Ewe
65 brit S/S *Drakepool* Loch Ewe	64	63 brit M/S *Innesmoor* Loch Ewe	62 brit S/S *Baron Semple* Belfast?	61 brit S/S *Baron Stranrear* Loch Ewe
75 brit S/S *Aymeric* Loch Ewe	74 brit S/S *Baron Elgin* Loch Ewe	73 brit S/S *Bridgepool* Loch Ewe	72	71 brit M/T *Benedick* Clyde
	84 amer LST *LST 365* United Kingdom	83 brit S/S *Reaveley* Mersey	82	81 brit M/S *Glenapp* Mersey
95 brit S/T *Beaconoil* Clyde	94 brit S/S *Orminister* Loch Ewe	93 brit S/T *Empire Galahad* United Kingdom	92	91 brit S/S *Historian* Mersey
105 amer LST *LST 305* United Kingdom	104 brit S/S *Badjestan* Glasgow	103 brit S/S *Filleigh* Mersey	102 brit S/T *Gloxinia* Mersey	101 brit M/S *Losada* Mersey
	114 schwed S/S *Porjus* Mersey	113	112 brit S/T *Shirvan* Belfast	111 brit S/S *Empire Dunstan* Mersey
		123 holl M/S *Kedoe* Belfast	122 amer S/T *Vistula* Belfast	121 brit S/S *Dolius* Belfast
	134 pan S/S *Bonita* United Kingdom	133 brit S/S *Helencrest* Mersey	132 brit S/T *Christian Holm* United Kingdom	131 brit S/S *Boston City* Belfast

Convoy Commodore: 81 *Glenapp*
Vice Commodore: 131 *Boston City*
Escort Oiler: 71 *Benedick*
Standby Oiler: 132 *Christian Holm*

Ocean Escort Group B.4
Task Unit 24.1.19
Zerstörer HMS. *Havelock*
Fregatte HMS. *Swale*
Korvette HMS. *Lavender*
Korvette HMS. *Pimpernel*
Korvette HMS. *Buttercup*
Korvette HMS. *Saxifrage*
Korvette HMS. *Godetia*
Task Unit 24.6.
Zerstörer USS. *Upshur*
Cutter USCGC. *Ingham*

284

E ENTWICKLUNG DES RADAR UND HF/DF

beiden französischen Erfinder Busignies und Deloraine, die bereits
dem Kriege in Frankreich mit der Entwicklung eines Kurzwellenpeilers
annen und sie in den USA abschlossen, vor einem ihrer ersten HF/DF-
ler.
p: Archiv BfZ

Sir Robert Alexander Watson-
Watt, der Vater des britischen
RADAR. Er war u. a. Deputy
Chairman of the Radio Board
of the War Cabinet.
Foto: Imperial War Museum

Mit einem ersten, noch hand-
gesteuerten Kurzwellenpeiler
war HMS. HESPERUS 1941
ausgerüstet, doch bewährte
sich das Gerät noch nicht. Die
Antenne befand sich am kurzen achteren Mast.
Foto: Imperial War Museum

HMS. VANOC war einer der
ersten britischen Zerstörer, die
mit dem Radar Typ 286M in der
weitgehend starren Anordnung
auf halber Höhe des Mastes
ausgerüstet wurden. Mit diesem Gerät ortete die VANOC
am HX.112 am 17. März 1941
auf 1000 m Entfernung U 100
und konnte es anschließend
mit Rammstoß versenken. Im
März 1943 verstärkte die
VANOC zeitweise den Konvoi
XK.2.
Foto: Imperial War Museum

Die Korvette HMS. VETCH, die
damals zur 36th Escort Group
des Cdr. Walker gehörte, erzielte den ersten Erfolg mit
einem der neuen 9-cm-Radar-
Geräte vom Typ 271M. Am
14. April 1942 ortete sie am
Konvoi OG.82 bei ruhigem
Wetter auf 7000 m das anlaufende U 252, manövrierte 2 Torpedos aus und verfolgte das
über Wasser ablaufende U-
Boot. Schließlich zwang die
VETCH mit dem herangerufenen Führerboot der Gruppe,
der Sloop STORK, U 252 zum
Tauchen. In mehreren Anläufen versenkten die beiden
Schiffe das Boot mit ihren
Waboteppichen.
Foto: Archiv BfZ

HF/DF-GERÄTE AUF DEN ESCORTS

HMCS. RESTIGOUCHE, das 1942/43 zur E.G. C.4 gehörte, besaß Ende 1942 im Masttop das drehbare Radar 286M, dessen Reichweite gegenüber der Anbringung auf der VANOC erhöht war. Sie war einer der ersten Zerstörer, die mit dem auf Veranlassung von Sir Robert Watson-Watt entwickelten automatischen Kurzwellen-Peiler (HF/DF) FH.3 ausgerüstet wurden.
Foto: Royal Canadian Navy

Zu den ersten Schiffen, die mit dem in den USA entwickelten HF/DF-Geräten DAJ ausgerüstet wurden, gehörten die beiden Coast Guard Cutter der E.G. A.3, die CAMPBELL und SPENCER. Während die CAMPBELL auf der Schanz einen besonderen Antennenmast erhielt, wurde die HF/DF-Antenne auf der SPENCER im Masttop anstelle des SC-1-Radar angebracht.
Foto: Archiv BfZ

HMS. CHURCHILL war einer der wenigen »Flushdeck«-Zerstörer, die noch das HF/DF FH.3 erhielten und somit als Führerboot kanadischer Escort Groups dienen konnten, wie die CHURCHILL bei der Gruppe C.4 im Frühjahr 1943.
Foto: Archiv BfZ

HMS. KALE war eine der Fregatten der »River«-Klasse. Sie gehörte im Frühjahr 1943 zur Escort Group B.1 und war schon mit dem HF/DF-Gerät ausgerüstet, dessen Antenne im Masttop zu erkennen ist. Die Gruppe war offenbar im Ausweichen vor deutschen U-Bootaufstellungen besonders erfolgreich, denn sie wurde in keine größere Konvoi-Operation verwickelt, obgleich sie 1942/43 ebenso viele Konvois wie die anderen Gruppen über den Nordatlantik eskortierte.
Foto: Imperial War Museum

USS. KENDRICK zeigt die gleiche Anbringung der HF/DF-Antenne im Top des Vormastes anstelle des SC-1-Radargerätes, wie sie ab Juni 1942 bei verschiedenen neuen Zerstörern der »Benson«- und »Livermore«-Klasse vorgesehen wurde, nachdem die Versuche mit der CORRY erfolgreich verlaufen waren.
Foto: Archiv BfZ

erkommando der Kriegsmarine
Skl./Chef MND III 1177/43 Gkdos. Cheffache.

Berlin, den 22. April 1943

DIE ERKENNTNISSE DER DEUTSCHEN FUNKAUFKLÄRUNG

Geheime Kommandofache!

30 Ausfertigungen

(Cheffache)

14. Ausfertigung

X-B-Bericht Nr. 16/43

der Abteilung Funkaufklärung

An

Prüf-Nr.

Marinegruppenkommando West	1
Marinegruppenkommando West	2
Marinegruppenkommando Nord zugl. Flottenkommando	3
Befehlshaber der U-Boote — Op —	4
B. d. A.	5

Wie aus einem Funkspruch vom 9.4. hervorging, ist Küstenwachkreuzer Spencer als Führerschiff der den Geleitzug ON 175
sichernden Task Unit 24,1,9 mit einem Kurzwellenpeiler (high
frequency D.F.) ausgerüstet. Am 6.4. war das Schiff in einem
Hafen Kanadas oder Neufundlands ins Trockendock gegangen.

Nach einem Funkspruch vom 21.4. nachmittags
sollte die Task Unit 24,18,8 am 24.4.
900 Uhr in 45·47 N 45·29 W durch die Task
mit 24,1, 14/18, bestehend aus Zerstörer
Churchill, als Führerboot, 1 Unbek., beide
mit Kurzwellen-Peiler und den Geleitfahrzeugen Brandon, Trent und Collingwood
abgelöst werden.

Task Unit 24,1,15 bestand am 27.4. aus einem mit Kurzwellenpeiler ausgerüsteten unbekannten Kriegsschiff als Flaggschiff
der englischen Korvette Kale, den unbekannten Kriegsschiffen Mont
errat und Bonage sowie zwei weiteren Kriegsschiffen.

.4.x 5 Boote in der Nähe von ONS 4 nach "several separate D.F.'s".
x Etwa 15 Boote im Gebiet 50-55 N 39-45 W, davon einige
wahrscheinl. N-Kurs, um ONS 4 abzufangen.
x 5 Boote wahrscheinl. in 150 sm Umkreis von 50 N 34 W.
4 Boote auf dem Rückmarsch, je eins in 42 N 46 W, 54 25 N
34 30 W nach Funkortung um 1149 Uhr und in 52 N 31 W,
50 N 28 W nach Funkortung am 24.4. 1429 Uhr.
x Etwa 10 Boote auf Patrouille in 50 N ......
x 1 Boot möglicherweise auf Ausmarsch im Gebiet 41 N 58 W.
.4. x Keine guten "indications" über Ubootstätigkeit im Gebiet
des Cdt. Northatlantic Coastel Frontier.
x Etwa 20 Boote im Gebiet 50-56 N 38-46 W.
x (Möglicherweise) 20 Boote in 150 sm Umkreis von 55 N 32 W
nach "light D.F. activity".
x 1 Boot im Gebiet 38 N 60 W nach "separate D.F.", möglicherweise bei Abgabe einer Meldung über GUF 7.
x 1 Boot "unlocated" wahrscheinl. in 300 sm Umkreis von
31 N 67 W, wahrscheinl. O-Kurs.
x 1 Boot auf Ausmarsch in 31 N 56 W nach Funkortung am 26.4.
2229 Uhr.
x 1 Boot mit O-Kurs in 28 36 W nach Funkortung um 0234 Uhr.
x 1 Boot schätzungsweise in 150 sm Umkreis von 28 N 30 W.
x 1 Boot wahrscheinl. im Gebiet 31 N 80 W nach mehreren Sichtungen und Angriffen in den letzten 24 Stunden.
4. x Keine Anzeichen über Ubootstätigkeit im Gebiet des Cdt.
Northatlantic Coastel Frontier.
x ..... 50 - 54 (?) N 38-46 W nach "light D.F. activity" und
Angriff am 27.4. 1530 Uhr.

In den wöchentlich vom Chef MND III, Kapitän zur See Bonatz, herausgegebenen X-B-Berichten, in denen die Ergebnisse des deutschen Marine-Entzifferungsdienstes zusammengefaßt wurden, erschienen seit April 1943 verschiedene Hinweise auf die alliierten HF/DF-Geräte, doch wurde ihre richtige Bedeutung von den deutschen Führungsstellen nicht erkannt, offenbar weil sich das Interesse fast ausschließlich auf das Radar-Problem konzentrierte.

Auszug aus dem X-B-Bericht vom 22. April 1943 mit dem Hinweis auf das HF/DF auf der SPENCER.

Auszug aus dem X-B-Bericht vom 6. Mai 1943 mit dem Hinweis auf HF/DF auf der CHURCHILL. Das zweite unbekannte Schiff muß die RESTIGOUCHE gewesen sein, da es sich offensichtlich um die Gruppe C.4 handelte.

Auszug aus dem X-B-Bericht vom 13. Mai 1943 mit dem Hinweis auf die KALE, die zwar als Korvette angesprochen wird. Das unbekannte Führerschiff muß die HURRICANE, ein Schwesterschiff der HESPERUS, HARVESTER, HAVELOCK und HIGHLANDER gewesen sein.

Auszug aus dem X-B-Bericht vom 6. Mai 1943 mit entzifferten alliierten U-Bootlagen.
Vorlagen: Archiv BfZ

DIE FOTOS DEUTSCHER AGENTEN IN ALGECIRAS

Am 15. Juli 1943 wurde der zum »Long Range Escort« umgebaute V/W-Zerstörer WANDERER der Gibraltar-Escort Force mit Teleobjektiv fotografiert, deutlich ist an der Vorkante der Hütte der Mast mit der Adcock-Antenne des HF/DF zu erkennen.
Foto: Archiv BfZ

Am 19. August 1943 wurde mit Teleobjektiv auch HMS. VOLUNTEER fotografiert, die der Escort Group B.4 am Konvoi HX.229 als Führerboot zugeteilt worden war. Auch bei ihr ist die Adcock-Antenne am Mast deutlich zu erkennen.
Foto: Archiv BfZ

Am 4. September 1943 wurde die HMS. ANTELOPE mehrfach aufgenommen.
Foto: Archiv BfZ

Das zweite Foto des Zerstörers ANTELOPE vom gleichen Tage zeigt vor dem Hintergrund der Häuser und Anlagen von Gibraltar deutlich die Adcock-HF/DF-Antenne.
Foto: Archiv BfZ

Erkennungsdienst der Kriegsmarine Nr. 21, Anlage 17

Diese beiden Fotos wurden vom Schiffserkennungsdienst der Kriegsmarine an den laufend an alle Schiffe verteilten Erkennungsblättern verwendet. Um die Herkunft zu verschleiern, wurden die Aufnahmen retuschiert, die verräterischen Häuser von Gibraltar, aber auch die »Adcock«-Antenne stand unter dem Bild: »Englischer Zerstörer der A-I-Klasse mit gekürztem achteren Schornstein. Achterer Rohrsatz ist entfernt. An Stelle des freistehenden Scheinwerferstandes zwischen Schornstein und Zerstörerinsel ein vierläufiges 4-cm-Pompom. Elektrisches Ortungsgerät über der Brücke.« Soweit man bei der Auswertung solcher Fotos überhaupt auf die Adcock-Antennen aufmerksam wurde, interpretierten die Auswerter sie auch als in seiner Wirkung und Arbeitsweise noch nicht geklärtes elektrisches Ortungsgerät, also ein Funkmeß- oder Radargerät.
Oben das Original.
Unten das retuschierte Foto.
Vorlagen: Archiv BfZ

Englischer Zerstörer A-I-Klasse
USA.-Geleitzerstörer / Englischer Minenleg«

Am Morgen des 21. 3. um 08.15 Uhr wurden die beiden amerikanischen Geleitfahrzeuge des SC.122, der Coast Guard Cutter *Ingham* und der Zerstörer *Upshur* detachiert. Am HX.229 verließ um 07.00 Uhr der Zerstörer *Babbitt* den Konvoi, zur gleichen Zeit, als die von achtern aufschließende kanadische Korvette *Sherbrooke* den Konvoi endlich erreichte. Um 07.30 Uhr wurden die beiden Korvetten *Anemone* mit 158 und *Pennywort* mit 127 Überlebenden zusammen mit dem Frachter *Tekoa* zur möglichst schnellen Anlandung ihrer Schiffbrüchigen detachiert. Um 08.00 Uhr bat die *Volunteer* um ihre Entlassung, da ein Besatzungsangehöriger an akuter Blinddarmentzündung erkrankt war und in ein Lazarett gebracht werden sollte. Die *Beverley* hatte 31, die *Volunteer* 68 Schiffbrüchige an Bord.

Am 22. 3. früh traf der SC.122 in River Foyle ein. Beim HX.229 wurden um 09.30 Uhr die für nördliche Häfen bestimmten Schiffe mit dem Zerstörer *Vimy* detachiert. Um 14.00 Uhr löste die Eastern Local Escort Group mit dem Trawler *Aquamarine* die restlichen Schiffe der Escort Group B.4, die *Highlander, Beverley, Sherbrooke* und *Abelia* zusammen mit dem Escort Oiler *Gulf Disc*, ab.

Drei Tage später brachte Commodore Casey auch seinen Konvoi HX.229A, der weit nach Norden ausgeholt und damit die U-Bootaufstellungen umgangen hatte, in den Nordkanal ein.

Die Konvois hatten ihr Ziel erreicht.

12. Die Folgerungen aus der Geleitzugschlacht

Unmittelbar nach dem Ende der Operationen zogen die Führungs-
stäbe auf beiden Seiten ihre Folgerungen.
Wie aus dem Abschlußbericht des BdU vom 20. 3. (s. Anlage 15.9)
hervorgeht, sah die deutsche U-Bootführung in der Operation den
bisher größten Erfolg in einer Geleitzugschlacht. Als besonders positiv wurde dabei bewertet, daß an diesem Konvoi nicht nur alte »Ge-
leitzughasen« zu Erfolgen gekommen waren, sondern fast 50 v. H.
der an der Operation beteiligten U-Boote Erfolgsmeldungen abgegeben hatten: 32 Schiffe mit 187 560 BRT und ein Zerstörer waren versenkt, neun weitere Treffer auf Schiffen erzielt worden. Diesen Erfolgen gegenüber schien während der eigentlichen Geleitoperation kein Bootsverlust eingetreten zu sein, und nur ein Boot —
U 384 — war möglicherweise nach dem Abbruch der Operation
noch der feindlichen Luftsicherung zum Opfer gefallen.
Wie bei früheren Operationen, so hatte sich auch jetzt wieder gezeigt, daß die größten Erfolgschancen für die U-Boote in der ersten
Nacht bestanden, insbesondere, wenn der Konvoi außerhalb der
Reichweite der landgestützten Luftsicherung angegriffen werden
konnte. Je länger die Operation dauerte, um so stärker wurde die
Sicherung durch weitere herangezogene Überwasserstreitkräfte und
vor allem die dann meist bald einsetzende Luftsicherung des Konvois beiderseits des immer kleiner werdenden »Lochs im Nordatlantik«.
Insgesamt schien die Operation eine glänzende Bestätigung der operativen Führung des Geleitzugkampfes im Nordatlantik zu sein,
an dem in dieser Phase die sehr guten Ergebnisse des deutschen
Bx-Dienstes wesentlichen Anteil hatten. Aber auch die gründliche
Ausbildung im Geleitzugkampf während der mehrere Monate dauernden Ausbildungsphase der neuen U-Boote in der Ostsee schien
sich hier erneut bewährt zu haben.
Für die Zukunft mußte es darauf ankommen, die U-Bootaufstel-

lungen, wenn möglich mit Hilfe der Funkaufklärung, so zu plazieren, daß sie einen zu erwartenden Konvoi möglichst früh am Tage erfassen konnten, damit das fühlunghaltende U-Boot vor Einbruch der ersten Nacht eine möglichst große Zahl von U-Booten zum Angriff heranführen konnte. Um diese erste Überraschung ausnutzen zu können, war es unbedingt erforderlich, dem Gegner keine Möglichkeit zu geben, die U-Bootaufstellungen vorzeitig zu erfassen. Wie schon in den vergangenen Wochen wurden deshalb auch in den kommenden die U-Boote immer wieder darauf hingewiesen, daß befohlene Vorposten- oder Aufklärungsstreifen erst kurz vor dem befohlenen Zeitpunkt eingenommen werden sollten, um den mit Radargeräten ausgerüsteten gegnerischen Landflugzeugen keine Anhaltspunkte zu geben. Um der gegnerischen Funkaufklärung keine Peilmöglichkeiten von ihren zahlreichen Landstationen zu bieten, wurde den Booten außerdem die bis zur ersten Feindberührung einzuhaltende Funkstille ans Herz gelegt. Nach dem Beginn einer Geleitzugschlacht schien das Funken der U-Boote weiterhin keine ernste Gefahr mehr zu sein, da ihre Anwesenheit am Konvoi ohnehin durch die Angriffe bekannt geworden war. Den U-Booten drohte nun eher durch die Radargeräte auf den feindlichen Kriegsschiffen und Flugzeugen Gefahr, wie insbesondere die gleichzeitige Operation an dem Konvoi UGS.6 im Mittelatlantik zeigte. Hier hatte es sich als erfolgversprechende Taktik zur Ausmanövrierung der Radarortung erwiesen, daß sich die U-Boote mit ausgebrachtem Funkmeßbeobachtungsgerät an den gegnerischen Radarortungen oder an der am Horizont zu erkennenden Luftsicherung während der hellen Tagesstunden vorsetzten, um dann kurz vor Einbruch der Dämmerung zu gleichzeitigen Unterwasserangriffen mit mehreren Booten heranzuschließen.

Es kam nun alles darauf an, den Erfolgen gegen die letzten Geleitzugpaare schnell weitere folgen zu lassen. So wurden aufgrund der inzwischen eingegangenen neuen Entzifferungen des Bx-Dienstes im mittleren Nordatlantik zwei neue Gruppen »Seeteufel« und »Seewolf« gebildet, mit denen die in der Funkaufklärung erkannten Konvois ONS.1, SC.123 und HX.230 angegriffen werden sollten.

Auf alliierter Seite war das Bild, das sich nach den ersten zwanzig Tagen des März 1943 ergab, düster. Im Januar hatte man während der Konferenz von Casablanca zwischen den alliierten Regierungschefs und ihren militärischen Beratern festgestellt, daß der Sieg über die U-Boote die Grundvoraussetzung jeder weiteren Großoperation gegen Europa und damit eines alliierten Sieges sein müsse. Am 1. März war in Washington die auf Veranlassung von Admiral King einberufene »Atlantic Convoy Conference« zusammengetreten, um die Verantwortlichkeiten im Schwerpunkt des Kampfes gegen die U-Boote bei der Konvoisicherung im Nordatlantik neu zu ordnen.

Ehe diese Konferenz jedoch zu Beschlüssen kommen konnte, schien nun die Entwicklung im Nordatlantik das Konvoisystem selbst infrage zu stellen. In den ersten zehn Tagen des März waren 41 Schiffe mit 229 949 BRT gesunken. In den zweiten zehn Tagen hatten die U-Boote 44 Schiffe mit 282 000 BRT versenkt. Über eine halbe Million BRT waren verloren, und was diese Verluste so schwerwiegend machte, war die Tatsache, daß 68 v. H. der Schiffe aus Konvois herausgeschossen worden waren. Auf der anderen Seite hatten Geleitfahrzeuge an den Konvois nur vier U-Boote, Flugzeuge bei der abgesetzten Sicherung an Konvois zwei weitere versenkt.

Die Geleitzugschlachten, vor allem aber das stürmische Wetter der ersten Monate des Jahres 1943 hatten dazu geführt, daß eine ungewöhnlich große Anzahl von Geleitfahrzeugen zu Reparaturen in den Werften lag. Stürme hatten darüberhinaus den Konvoifahrplan an vielen Stellen verzögert, so daß die ganze Gruppenorganisation der Geleitzugsicherung drohte, auseinandergerissen zu werden.

Auf der anderen Seite stieg die Zahl der U-Boote in einem Tempo, daß die auf der eigenen Funkaufklärung aufbauende, ausweichende Steuerung der Konvois immer sinnloser zu werden schien. Ein Konvoi, der die Konzentration eines U-Bootrudels umgangen hatte, drohte dicht dahinter der nächsten in den Rachen zu laufen. Verluste in der Höhe der letzten Geleitzugschlachten, bei denen Konvoi nach Konvoi vier, sechs, acht oder gar zwölf Schiffe verlor, konnten nicht längere Zeit getragen werden. Die Moral und Einsatzbereitschaft der Seeleute ließ sich nicht weiter aufrecht erhalten. Die Möglichkeit zeichnete sich ab, daß man auf das Konvoisystem als wirksamen Schutz der Handelsschiffe verzichten mußte. Das Konvoisystem, das sich in dreieinhalb Jahren der Schlacht im Atlantik zum Angelpunkt der alliierten maritimen Strategie entwickelt hatte, war in Gefahr. Andererseits sahen die Admiralität und auch der COMINCH in Washington keine andere Lösung, welche dieses System ersetzen konnte.

Im Dezember 1943, als die Krise vorüber war, wurde im Rückblick das ganze Ausmaß der »Krise aller Krisen« deutlich. Wenn auch niemand es seinerzeit zugegeben hatte, im März 1943 schien manchem die Möglichkeit einer Niederlage vor Augen zu stehen. Doch gab es auf der anderen Seite auch Zeichen der Hoffnung. Es gelang der »Atlantic-Convoy-Conference« zwar nicht, der zentral geführten deutschen U-Bootwaffe einen alliierten »Super-Commander-in-Chief-Atlantic« gegenüberzustellen, so wie es von verschiedenen Persönlichkeiten gefordert worden war. Doch konnte man die zahlreichen Überschneidungen, die sich im Nordatlantik ergeben hatten, überwinden. Die bisher zwischen 35° und 25° W liegende »Change of Operational Control« (CHOP)-Linie wurde mit Wirkung vom 1. April auf 47° W verschoben. Ein neugebildetes kanadisches »Northwest Atlantic Command« übernahm die Steuerung und Sicherung der Konvois zwischen den USA und dieser Linie, während die Bewegungen ostwärts davon weiterhin vom CINCWA kontrolliert wurden. Die amerikanischen Escort Groups wurden aus dem Nordatlantik herausgezogen, und die zur einheitlichen Leitung aller U-Bootbekämpfungsmaßnahmen im amerikanischen Bereich neugebildete, und Admiral King direkt unterstellte »Tenth Fleet« übernahm die Verantwortung für die Routen von Amerika nach Gibraltar/Marokko und aus der Karibik nach England. Auch gelang es, neue aufeinander abgestimmte Konvoi-Rhythmen zu beschließen und Vereinbarungen über die Zuteilung der Langstreckenflugzeuge und der Geleitträger sowie den besonders wichtigen Ausbau des Funkpeilnetzes zu treffen.

Mit besonderem Nachdruck war der CINCWA, Admiral Sir Max Horton, bemüht, seine zwei wichtigsten Forderungen durchzusetzen. Einerseits mußte das »Air Gap« im Nordatlantik durch die Zuteilung von Geleitflugzeugträgern geschlossen werden und andererseits mußten die Ocean Escort Groups durch die schon lange geforderten, von den Konvois unabhängigen »Support Groups« ergänzt werden. Er drängte die Admiralität, die im Jahre 1942 von amerikanischen Werften gelieferten, dann aber zunächst in England für die britischen Standards umgerüsteten Geleitflugzeugträger schnellstens für den Nordatlantik bereitzustellen. Jeder dieser Träger mußte zwei bis drei Zerstörer mit großem Fahrbereich als Sicherung erhalten. Diese Zerstörer konnten jedoch nicht von den schon stark angespannten Kräften des »Western Approaches Command« gestellt werden. Selbst wenn er darauf drängte, daß die Werftliegezeiten seiner Schiffe verkürzt wurden, reichten deren Zahlen nicht aus. Doch auch die anderen Kommandos glaubten, angesichts der vor ihnen stehenden Aufgaben diese gesuchtesten Einheiten der ganzen Flotte, die Zerstörer, nicht abgeben zu können. Aus dem Mittelmeer konnten die Schiffe wegen der bevorstehenden Invasion Siziliens nicht kommen. Erst als man sich entschloß, die Murmansk-Konvois für den Sommer 1943 einzustellen, konnte die »Home Fleet« 12 bis 15 Zerstörer bereitstellen, aus denen Admiral Horton die dritte, vierte und fünfte »Support Group« bildete, denen nach ihrer Fertigstellung die ersten britischen Geleitträger *Biter, Dasher* und *Archer* beigegeben werden sollten. Darüberhinaus gelang es ihm durchzusetzen, eine Anzahl von »Liberator«-Bombern des »Bomber-Command« und der US-Army-Air-Force mit Priorität zu U-Jagdzwecken umzurüsten.

All diese Maßnahmen sollten, in Verbindung mit der verbesserten Führungsorganisation, dem Ausbau des Funkpeilnetzes rund um den Nordatlantik, vor allem aber auch der Ausrüstung von weiteren Geleitfahrzeugen mit HF/DF-Peilern und den neuen 9-cm-Radargeräten und verbesserten U-Jagdwaffen, schon in den nächsten Wochen die Wende einleiten, die dann bereits Mitte Mai 1943 mit einem unerwartet schnellen Umschwung die Waage sich auf die Seite der Alliierten neigen ließ. Am 24. Mai mußte Großadmiral Dönitz seine U-Boote aus dem Nordatlantik zurückziehen: Die Schlacht im Atlantik war entschieden.

13. Taktisch-technische Analyse der Operationen

Im folgenden soll eine etwas differenziertere Analyse der Ursachen von Erfolgen und Mißerfolgen in taktischer und technischer Hinsicht versucht werden. Sie beruht auf den Berichten der Escort Commanders und den U-Bootbekämpfungs-Berichten der Kommandanten der Geleitfahrzeuge einerseits und den Kriegstagebüchern und den Torpedoschuß-Meldungen der U-Bootkommandanten andererseits. Um die unterschiedliche Situation an den beiden Konvois und die wechselnden Einflüsse der jeweiligen Wetterlage berücksichtigen zu können, ist die Analyse auf die einzelnen Konvois und die Angriffsabschnitte in den einzelnen Nächten und an den Tagen unterteilt und erst am Schluß noch einmal zusammengefaßt.

13.1 DIE ERSTE NACHT AM HX.229

Am Konvoi bestand seit dem frühen Morgen den ganzen Tag über Fühlung. Durch eine früher angeordnete Kursänderung des Konvois gerieten die angesetzten 11 Boote in eine taktisch günstige Ausgangsposition. Trotz regelmäßig gefunkter Fühlunghaltersignale hatte HF/DF nur geringe Auswirkungen. Das einzige damit ausgerüstete Geleitfahrzeug — *Volunteer* — war unvorhergesehen als Führerboot einer fremden Gruppe abgeteilt. Es hatte personelle Schwierigkeiten in der Bedienung des Gerätes. Soweit bekannt, wurden erst nach 5 Stunden die ersten Peilungen erfaßt. Daraufhin konnten am frühen Nachmittag zwei U-Boote abgedrängt werden. Danach scheint HF/DF nicht mehr zu Gegenmaßnahmen verwendet worden zu sein, obgleich die U-Boote am Nachmittag und insbesondere nach Beginn der Angriffe in der Nacht zahlreiche Funksignale und Funksprüche abgaben. Dabei spielte möglicherweise die zu geringe Zahl der 5 vorhandenen Escorts eine Rolle, die dem S.O.E. eine Abstellung von mehr als einem Fahrzeug zum Ablaufen

295

von HF/DF-Peilungen nicht zuzulassen schien.

Obgleich alle Escorts mit dem Radar Typ 271 M ausgerüstet waren, enttäuschte das Gerät vollkommen. Kein Angriff konnte damit verhindert werden, obgleich die U-Boote sämtlich über Wasser angriffen und dabei jeweils ein oder zwei Escorts in 3000—1200 m passierten. Erst gegen Morgen wurde von der *Beverley* ein aufgetauchtes U-Boot, das sich vorzusetzen versuchte, auf knapp 2750 m mit Radar geortet und nach dem Tauchen und einer Asdic-Ortung mit 7 WB bekämpft. Das Versagen des Gerätes war darauf zurückzuführen, daß bei einer optischen Sicht zwischen 5—9 sm die U-Boote die Geleitfahrzeuge klar erkennen konnten, bevor sie selbst bei dem herrschenden Seegang von 3—4 von den Radargeräten aufgefaßt werden konnten.

Die optische Beobachtung vom Turm des aufgetauchten U-Bootes erwies sich bei den herrschenden Wetterverhältnissen sowohl der Ortung als auch der optischen Beobachtung von den höher gelegenen Ausguckposten der Escorts überlegen. Nur in einem Falle erkannte die Korvette *Anemone* auf rund 2700 m optisch ein von achtern auflaufendes U-Boot, das anschließend tauchte und nach Ortung mit Asdic in 5 Anläufen mit 35 Wasserbomben und einer Hedgehog-Salve bekämpft wurde. Bei beiden Verfolgern gab es Waffenversager: Bei *Beverley* klemmten Wabos wegen Seeschäden, bei *Anemone* versagten 20 von 24 Hedgehog-Bomben. Alle angreifenden U-Boote blieben vor und nach dem Schuß unbemerkt. Dabei spielte allerdings eine Rolle, daß durch die Abteilung von Geleitfahrzeugen zu Rettungsaufgaben teils nur noch ein Escort in taktisch ungünstiger Position (U-Boot achteraus) auf der angegriffenen Seite stand.

5 U-Boote machten in 6 Anläufen insgesamt 16 FAT- und 8 G7e-Torpedos gegen 18 Ziele im Konvoi los. Davon trafen 10 auf 8 verschiedenen Schiffen. Eine Unterscheidung der FAT- und G7e-Treffern ist nur z. T. möglich, da von mehreren U-Booten Torpedos beider Arten in einem Anlauf abgefeuert wurden. Außerdem feuerten 2 U-Boote 7 G7e-Torpedos in zwei Fächern gegen zwei Zerstörer, die aber fehlgingen.

Der Konvoi war am Tage nicht erfaßt worden. Von den zwei mit HF/DF ausgerüsteten Schiffen waren zahlreiche Peilungen von U-Bootsignalen am folgenden HX.229 aufgefangen, so daß man mit U-Bootangriffen rechnen mußte.

Der Konvoi wurde während der Nacht von dem auf den HX.229 operierenden *U 338* zufällig erfaßt. Bei der sehr guten Sicht von 12 sm konnte sich das Boot, da die Sicherungsposition A nicht besetzt war, durch die Lücke von 10—11 000 m zwischen den Korvetten *Lavender* und *Pimpernel* von vorn in den Konvoi sacken lassen, ohne daß diese das U-Boot bei dem herrschenden Seegang 2 mit ihren Typ 271 M Radar-Geräten auffassen konnten.

U 338 gab seine ersten Fühlunghaltersignale erst unmittelbar vor dem Schuß. Es wurde zwar von dem Führerboot und dem Rettungsschiff eingepeilt, aber zu Gegenmaßnahmen war es zu spät. Nach dem Schuß wurde das Boot von den vorderen Dampfern des Konvois optisch gesichtet und unter Feuer genommen, doch hatte es bereits geschossen und war im Tauchen. Nach dem Schuß konnten die suchenden Escorts das Boot mit Asdic nicht auffassen.

U 338 schoß auf 1560 bzw. 860 m zwei G7e-Zweierfächer und einen Heck-G7e gegen drei Schiffe. Nach seiner Beobachtung schienen jeweils beide Torpedos der Fächer ihre Schiffe getroffen zu haben, der Heckschuß ging fehl. Tatsächlich traf jedoch ein Torpedo des ersten Fächers ein drittes Schiff. Der Hecktorpedo verfehlte zwar das anvisierte Ziel, traf aber nach 6000 m ein anderes Schiff. Alle vier Schiffe sanken, das letztere möglicherweise erst nach einem Fangschuß eines anderen U-Bootes.

13.3 DIE VERSENKUNG DER HAVARISTEN

Die Wirkung der Torpedos war teilweise ungenügend. Sofort waren am HX.229 nur zwei, am SC.122 zwei weitere Schiffe gesunken. Zwei von ihnen hatten je einen, zwei je zwei Treffer erhalten. Zwei bzw. ein weiteres Schiff sanken nach den ersten Treffern innerhalb mehrerer Stunden. 5 der insgesamt 12 getroffenen Schiffe blieben jedoch zunächst schwimmfähig, eines sogar mit zwei Treffern.

Diese 5 Schiffe wurden am folgenden Tage durch Unterwasserangriffe von den Konvois folgenden U-Booten versenkt, davon 4 allein durch 5 Treffer von *U 91*. 5 weitere Schüsse von 3 U-Booten gegen drei Ziele sind dagegen nicht einwandfrei zu klären, möglicherweise richtete sich ein Angriff gegen das Wrack der *Fort Cedar Lake* vom SC.122, außerdem verfehlte ein U-Boot eine Korvette mit einem Einzel-G7e achteraus vom Konvoi.

13.4 DER ZWEITE TAG AM HX.229

Am zweiten Tag kamen rund zwanzig U-Boote in die Nähe der Konvois, je sechs von ihnen meldeten am HX.229 und SC.122 Fühlung.

Am HX.229 konnten die Fühlunghaltersignale nicht zu HF/DF-Peilungen ausgenutzt werden, da die *Volunteer* ihr Funkpersonal für andere Aufgaben einsetzen mußte. Bei der herrschenden guten Sicht (8 sm) wurden die aufgetaucht in Reichweite kommenden U-Boote auf Entfernungen von 11—14 000 m optisch gesichtet, ehe sie bei Seegang 3—4 mit Radar aufgefaßt werden konnten. Vier Boote wurden von Geleitfahrzeugen so zum Tauchen gezwungen, drei davon in 6 Anläufen mit 45 Wasserbomben und 1 Hedgehog-Salve belegt. Zwei U-Boote kamen zu Unterwasserangriffen, von ihren 6—8 in zwei Fächern gegen 4 Ziele geschossenen Torpedos wurden drei Treffer auf zwei Schiffen, die beide sanken. Die angreifenden U-Boote wurden von den Escorts mit Asdic weder vor noch nach dem Angriff erfaßt.

Am Abend wurden alle sechs U-Boote beim Vorsetzen an der Steuerbordseite von dem einzigen eingetroffenen Sicherungsflugzeug optisch gesichtet und unter Wasser gedrückt, eines von ihnen mit 4, eines mit 2 Wasserbomben, zwei mit Maschinenwaffen angegriffen.

13.5 DER ZWEITE TAG AM SC.122

Am SC.122 setzte das Führerboot sein HF/DF-Gerät ein, das Rettungsschiff mit HF/DF befand sich achteraus. Auf die Peilungen wurden z. T. wiederholt die drei schnellen Geleitfahrzeuge angesetzt. Bei der herrschenden Sicht von 14 sm erkannten die U-Boote die anlaufenden Escorts jedoch so früh, daß sie vor einer optischen

Sichtung oder Radarortung tauchen konnten. Sie wurden zwar nicht erkannt, ihre Vorsetzversuche jedoch damit jeweils vereitelt. Nur ein U-Boot, erneut *U 338,* kam zum Unterwasserangriff. Es blieb bis zum Schuß unbemerkt, dann erkannte ein Geleitfahrzeug optisch einen Torpedo-Oberflächenläufer, und das Boot wurde von 2 Geleitfahrzeugen in 3 Anläufen mit 18 Wasserbomben belegt. Von den gegen zwei Ziele geschossenen 4 Torpedos traf einer. Das getroffene Schiff sank. Zwei Flugzeuge griffen am Vor- bzw. Nachmittag je zwei optisch gesichtete U-Boote bei Vorsetzmanövern an. Bei zwei Angriffen wurden 4, bei einem 2 Wasserbomben geworfen, beim vierten Angriff versagte die Auslösevorrichtung. Wegen der guten Sicht konnten alle U-Boote am HX.229 und SC.122 vor Luftangriffen rechtzeitig tauchen.

13.6 DIE ZWEITE NACHT AM HX.229

In der zweiten Nacht blieb der HX.229 von Angriffen verschont. Das vorübergehende Abreißen der Fühlung war auf das Unterwasserdrücken der nächsten 6 U-Boote durch ein Flugzeug unmittelbar vor Einsetzen der Dämmerung zurückzuführen. Das einzige U-Boot, das einen Angriff versuchte, wurde bei der Abgabe seines Fühlunghaltersignals vor dem Schuß von der *Volunteer* eingepeilt und unter Wasser gedrückt, ehe es zum Schuß kam.

13.7 DIE ZWEITE NACHT AM SC.122

Trotz der Abdrängung von mindestens 5 U-Booten am Nachmittag durch die See- und Luftsicherung war die Fühlung erhalten geblieben. Zwei U-Boote versuchten in der Nacht Überwasserangriffe. Bei guter Sicht — 6 sm — und zunehmendem Wind und Seegang (von 2—3 auf 6) konnten die U-Boote wieder optisch weiter sehen, als die Escorts mit ihrem Typ 271 M Radargeräte orten konnten. *U 305* wurde von der *Pimpernel* erst nach längerer Zeit, während die Entfernung bereits wieder zunahm, auf 3600 m erfaßt, von der *Swale* überhaupt nicht, obgleich die Entfernung zeitweise kaum 1000 m betragen haben kann. Da das Boot im gleichen Augenblick seine Schußposition erreicht hatte, konnte der Angriff nicht vereitelt werden. Im zweiten Fall wollte *U 338* wieder kurz vor dem Schuß ein Fühlunghalter-Signal abgeben, wurde diesmal jedoch von der auf Position A stehenden *Havelock* selbst eingepeilt und durch einen sofortigen Vorstoß noch vor dem Schuß unter Wasser gedrückt. Asdic-Ortungen konnten im ersten Falle nicht gewonnen werden, im zweiten waren sie wegen Geräteausfall nicht möglich.

Von den beabsichtigten zwei Zweier-Fächern G7e wurde ein Torpedo Rohrläufer, die drei anderen trafen zwei Schiffe, von denen eines sank, das zweite mit 2 Treffern liegen blieb. Es wurde anschließend durch einen Fangschuß versenkt, ein zweiter Fangschuß des anderen Bootes kam zu spät. Das erste Boot wurde bei seinem Anlauf durch eine Korvette optisch erkannt, es wurde jedoch keine Asdic-Ortung gewonnen.

13.8 DER DRITTE TAG AM HX.229

Der Konvoi besaß am Tage nur 4 Escorts. Das einzige HF/DF-Schiff mußte sein Personal wieder für andere Aufgaben einsetzen. So blieben die ab morgens einsetzenden Fühlunghaltersignale unbemerkt. Bei dem herrschenden, wenn auch abflauenden Sturm mit Seegang 5—6 waren Radar-Ortungen kaum zu erzielen. Aber auch die U-Boote waren bei einer Sicht von 2 sm, die erst langsam wieder besser wurde, stark behindert. Nur zwei U-Boote kamen deshalb zu Unterwasserangriffen. Eines schoß auf zu große Entfernung gegen zwei Ziele 4 Torpedos, die fehlgingen. Das zweite erzielte mit einem Heckschuß und einem gemischten FAT/G7e-Viererfächer 3 Treffer auf zwei Schiffen, die beide sanken.

Beide U-Boote blieben vor dem Angriff unbemerkt, das zweite wurde im Konvoi von Dampfern am Sehrohr optisch erkannt, dann von einer Korvette mit Asdic geortet und mit 6 Wasserbomben angegriffen.

Die Luftsicherung konnte bei dem herrschenden Wetter den Konvoi nicht finden, nur achteraus wurden von zwei Maschinen zwei U-Boote optisch gesichtet und eins mit Radar geortet. Eines der optisch gesichteten wurde mit 6 Wasserbomben angegriffen.

Nach vorübergehendem Abreißen der Fühlung kamen die U-Boote erst ab Mittag wieder in die Nähe des Konvois. Er war inzwischen bei sich beruhigendem Wetter in eine Zone klarerer Sicht gekommen. Von den drei am Nachmittag eintreffenden Flugzeugen, z. T. von der *Havelock* auf HF/DF-Peilungen angesetzt, wurden 6 U-Boote optisch gesichtet und vier davon im Tauchen mit zusammen 13 Wasserbomben angegriffen. Angriffe blieben aus.

13.10 DIE DRITTE NACHT AM HX.229

Durch ein 30—40 sm falsches Besteck des Konvois kam die aufschließende *Highlander* erst unmittelbar vor der Dämmerung an den Konvoi heran und konnte die taktische Fühlung übernehmen. Eine Ausnutzung seines sehr gut arbeitenden HF/DF-Teams, das nachmittags zahlreiche Peilungen aufgefaßt hatte, war nicht möglich. Die Sicherung war aber auf 5 Escorts verstärkt.
Die Radarreichweite wurde durch den Seegang 3—4 behindert. Sie übertraf nur in Regenböen, in denen die sonst 7 sm betragende Sicht zeitweise auf 500 m absank, die optische Sichtweite von Geleitfahrzeugen gegen U-Boote. In der Nacht kamen mindestens 5 U-Boote in die Nähe des Konvois, drei erreichten ganz oder nahezu Schußpositionen. Von diesen wurden zwei optisch auf rund 3600 m erkannt, ehe sie zum Schuß kamen. Das erste wurde von 2 Escorts in 5 Anläufen mit 29 Wabos und 2 Hedgehog-Salven belegt, von denen aber 18 bzw. 20 Geschosse versagten. Das zweite Boot feuerte 3—4 Torpedos auf den anlaufenden Zerstörer, der das Boot auf 3500 m auch mit Radar aufgefaßt hatte. Die Torpedos gingen fehl, einer wurde möglicherweise Kielwasserdetonierer. Der Zerstörer griff das getauchte U-Boot in 4 Anläufen mit 38 Wabos und einer Hedgehog-Salve an, von der jedoch 22 Geschosse versagten.
Ein drittes Boot kam unbemerkt zum Angriff, schoß 5 Torpedos, die aber fehlgingen (falsche Schußwerte), tauchte dann und wurde erst danach von einer Korvette mit Asdic erfaßt und mit 6 Wabos belegt.
Drei weitere U-Boote, davon vermutlich eines der vorher optisch

301

erfaßten, wurden auf 1200—2000 m mit Radar geortet, als die Sicht in Regenböen stark abgesunken war. Alle Boote konnten tauchen. Zwei von ihnen wurden bekämpft, eines in 2 Anläufen mit 8 Wabos (Wabomangel) und eines in 11 Anläufen mit 53 Wabos. Letzteres erlitt Schäden an den Treibölbunkern.

13.11 DIE DRITTE NACHT AM SC.122

An diesem Geleitzug waren nun 8 Escorts, davon eines und zusätzlich das Rettungsschiff mit HF/DF. 4 U-Boote kamen in der Nacht in die Nähe des Konvois. In drei Fällen wurden ihre Fühlunghaltersignale von dem Führerboot *Havelock* mit HF/DF eingepeilt, zwei von ihnen konnten vor den anlaufenden Escorts rechtzeitig tauchen, ehe sie mit Radar oder optisch erkannt wurden. Eines wurde von einer Korvette auf 3000 m mit Radar geortet und anschließend von 2 Korvetten in 3 Anläufen mit 20 Wabos belegt. *U 666* kam zwei Mal in der Nacht unbemerkt in eine Schußposition und feuerte insgesamt 9 Torpedos. Der erste Anlauf ging wegen falscher Werte fehl, blieb insgesamt unbemerkt, beim zweiten traf 1 Torpedo, das Boot wurde unmittelbar nach dem Schuß von einem Geleitfahrzeug mit Radar auf 3650 m erfaßt und nach dem Tauchen dicht am Konvoi in einem Anlauf mit 14 Wabos belegt.

13.12 DER VIERTE TAG AN BEIDEN KONVOIS

Am vierten Tag verstärkte sich die Seesicherung beider Konvois bis zum Abend auf je 8 Escorts. Es kam jedoch kein U-Boot mehr so nahe heran, daß es mit den Escorts in Kontakt kam.
Von den angesetzten 16 Flugzeugen kamen am HX.229 ein und am SC.122 vier zu insgesamt 7 U-Bootsichtungen. Davon wurden 4 U-Boote vom Flugzeug optisch gesichtet, 3 nach Ansatz auf HF/DF-Peilungen gleichfalls optisch. Es wurden 4 Angriffe mit insgesamt 12 Wabos geflogen. Bei einem weiteren klemmten die Wabos. Ein U-Boot wurde beschädigt.

In der Nacht wurden von U-Booten nur aus großer Entfernung nach Horchpeilungen Fühlunghaltersignale abgegeben. Ansätze der Escorts auf Peilungen unterblieben.

Am Tage wurden nur am SC.122 von der Luftsicherung 6 U-Boote erfaßt. Nur eines wurde nach HF/DF-Peilungen optisch gesichtet, die anderen 5 zum Teil in großer Entfernung vom Konvoi optisch. Es wurden 4 Angriffe mit 14 Wabos geflogen. 1 U-Boot wurde vernichtet.

14. Zusammenfassung: Der Geleitzugkampf im März 1943

Auf alliierter Seite war es das Bestreben der Führungstellen, die Konvois um die Aufstellungen deutscher U-Boote herumzuführen. Das wichtigste Hilfsmittel zur Erkennung deutscher U-Boot-Aufstellungen war die alliierte Funkaufklärung. Wegen der bisher aufrechterhaltenen Geheimhaltung der Erfolge des britischen Entzifferungsdienstes läßt sich heute noch nicht mit Sicherheit sagen, welche Rolle dieser Zweig der Funkaufklärung in den einzelnen Phasen der »Schlacht im Atlantik« tatsächlich spielte. Der für eine Entzifferung im Durchschnitt benötigte Zeitaufwand läßt vermuten, daß man vor allem über längere Fristen im voraus gegebene Ansteuerungs- oder Aufstellungsbefehle nutzen konnte, weniger dagegen die gerade Anfang 1943 häufigen kurzfristigen Verschiebungen der Aufstellungen aufgrund deutscher Funkaufklärungs-Erfolge. In Perioden, in denen der alliierten Funkaufklärung ein »Mitlesen« des deutschen Funkverkehrs aufgrund von erbeutetem Schlüsselmaterial möglich war, dürfte dagegen der Zeitfaktor kaum eine Rolle gespielt haben. Das auf S. 62 mitgeteilte Zitat macht es wahrscheinlich, daß nach dem 8. März 1943 für einige Zeit weder eine Entzifferung noch ein Mitlesen möglich war. So blieb, insbesondere während der hier geschilderten Konvoi-Operationen, das alliierte landgestützte, automatisierte Kurzwellenfunkpeilnetz rund um den Atlantik, mit dem praktisch jeder noch so kurze Funkspruch eines U-Bootes verzugslos erfaßt und lokalisiert werden konnte, die bedeutsamste Erkenntnisquelle der alliierten Führungsstellen hinsichtlich der Dislokation der deutschen U-Boote.

Die Technik war der deutschen Seite zwar im Prinzip bekannt, wurde jedoch auf Grund der Erfahrungen der ersten Kriegsjahre in ihrer Genauigkeit erheblich unterschätzt. Die U-Boot-Führung wies die U-Boote wiederholt auf die Einhaltung der Funkstille bis zur Feindberührung hin, danach bestanden aber kaum Einschränkungen, so daß die alliierten Funk-Peilstellen aus den eingepeilten Signalen recht gute Anhalte über die Stärke der gegen einzelne Konvois operierenden Gruppen erhielten.

Aus den einerseits durch Agentenmeldungen aus den deutschen Einsatzbasen in Frankreich bekannten ungefähren Zahlen der in See befindlichen U-Boote, und dem andererseits bekannten Grundoperationsmuster, konnten erste Anhalte für die Aufstellungen nach Geleitzugoperationen gewonnen werden. Trotz der befohlenen Funkstille von den U-Booten gegebene Meldungen über gesichteten Verkehr, über Flugzeuge oder eingetretene Schäden usw. gaben oft Hinweise über die Verschiebung von Gruppen, die zur Einleitung von großräumigen Ausweichbewegungen genügten.

Die von der U-Boot-Führung befürchtete Kompromittierung eigener Schlüsselmittel spielte vor dem 8. März 1943 vermutlich eine nicht unbedeutende Rolle, nach diesem Zeitpunkt jedoch für eine gewisse Periode nicht mehr. Die auf Seiten der deutschen U-Bootführung als Hauptursache für die Erfassung von Aufstellungen angesehene Möglichkeit der weiträumigen Radarortung von Flugzeugen wurde erheblich überschätzt.

Auf deutscher Seite spielte bei der Auffindung der Konvois wegen des Fehlens anderer Aufklärungsmittel die Funkaufklärung eine hervorragende Rolle. Der deutsche Bx-Dienst konnte gerade in dieser Periode häufig die Konvoisteuerung betreffende Kursanweisungen alliierter Führungsstellen, die über Funk übermittelt wurden, so rechtzeitig entziffern, daß daraufhin der Ansatz von Operationen möglich war. Dabei spielte gelegentlich auch die Entzifferung des Flugverkehrs der Luftsicherung der Konvois eine Rolle.

14.2 DIE FUNKFÜHRUNG IN DER PHASE DES FÜHLUNGSHALTENS

In der Phase zwischen der Erfassung eines Konvois durch ein U-Boot und dem Beginn des eigentlichen Angriffes spielte die Funkführung eine entscheidende Rolle. Das erste Fühlunghaltersignal des am Konvoi stehenden U-Bootes gab der U-Boot-Führung die unverzichtbare Möglichkeit, ihre U-Boote zum Angriff anzusetzen. Zugleich wurde dieses Signal von den alliierten Landpeilstellen eingepeilt und zeigte damit an, daß der Konvoi bedroht war. Standen entsprechende See- oder Luftstreitkräfte in erreichbarer Nähe, konnten Unterstützungsmaßnahmen eingeleitet werden.

Mit dieser Möglichkeit rechnete auch der BdU stark. Er wußte jedoch nicht, daß zu dieser Zeit praktisch jeder Geleitzug mit wenigstens einem, meist aber mehreren Geleitfahrzeugen (auch Rettungsschiff) mit einem automatischen Kurzwellenfunkpeilgerät an Bord ausgestattet war. Wurde dieses Gerät von einem erfahrenen Team bedient und gelang es bereits, das erste Fühlunghaltersignal einzupeilen, konnte ein geschickter Escort-Commander häufig das fühlunghaltende U-Boot abdrängen, den Konvoi eine scharfe Ausweichbewegung machen lassen und damit die Fühlung zum Abreißen bringen, ehe weitere U-Boote herankamen. Wurden sehr zahlreiche HF/DF-Peilungen aufgenommen, stand der Escort-Commander allerdings bald vor dem Problem — insbesondere, wenn seine Gruppe zahlenmäßig schwach war —, nicht genügend Schiffe zum Ablaufen der Peilungen einsetzen zu können, ohne seine Nahsicherung zu stark zu entblößen.

Obgleich auf alliierter Seite zu dieser Zeit fast alle Geleitfahrzeuge mit dem Radargerät Typ 271 M ausgerüstet waren, zeigte sich bei normalen Sichtverhältnissen, daß die U-Boote regelmäßig optisch weiter sehen konnten als die Geleitfahrzeuge mit ihren Radargeräten orten konnten, insbesondere, wenn schon bei mittlerem Seegang starke Wellenechos auftraten, welche die Ortungsentfernung gegen U-Boote rapide absinken ließen. So konnten sich die U-Boote meist an der Grenze der optischen Sicht zu den Geleitfahrzeugen, am Konvoi vorbei vorsetzen, ohne geortet zu werden. Gaben sie ihre Fühlunghaltersignale ab, wurden dabei eingepeilt und dann von einem auf den Peilstrahl angesetzten Geleitfahrzeug angelaufen, entstand auf deutscher Seite vielfach der Eindruck, durch Radar erfaßt worden zu sein. Tatsächlich konnten die Boote jedoch meist tauchen, ehe sie von dem Radargerät erfaßt waren.

Eine am Konvoi befindliche Luftsicherung, zu der oft schon ein einzelnes Flugzeug genügte, konnte das Vorsetzmanöver der U-Boote außerordentlich erschweren und oft unmöglich machen. Optimal ließen sich Flugzeuge ausnutzen, wenn die Signalverbindungen zwischen Escort-Commander und Flugzeug gut waren und die Maschinen, insbesondere vor der Dämmerung, gegen gepeilte U-Boote eingesetzt werden konnten. Da die meisten Flugzeuge noch mit dem ASV II Radar ausgerüstet waren, spielte unter normalen Wetterbedingungen für das Finden des U-Bootes offenbar die optische Sichtung eine größere Rolle als das Radargerät.

14.3 DER ANGRIFF DER U-BOOTE

Im Vordergrund der deutschen Taktik stand zu dieser Zeit der Überwasser-Nachtangriff. Das U-Boot versuchte, wenn möglich unter Ausnutzung von Wetter- und Beleuchtungsverhältnissen (Mondlicht), Sicherungsfahrzeuge auszumanövrieren und eine günstige Schußposition Backbord oder Steuerbord voraus vom Konvoi zu gewinnen. Bei normalen Sichtverhältnissen und der häufig auch etwas bewegten See konnte das U-Boot die höher aus dem Wasser ragenden Geleitfahrzeuge und Dampfer regelmäßig weiter sehen als das Geleitfahrzeug die vor dem dunklen Meereshintergrund niedriger im Wasser liegenden U-Boote. Die Reichweite der Typ 271 M Radargeräte übertraf im allgemeinen nur bei schlechten Sichtverhältnissen (insbesondere bei Nebel und ruhiger See) die optische Sicht, konnte dann allerdings (wie beim ONS.5) entscheidend werden. Die nicht auf dem Brückenhaus, sondern wesentlich höher am Mast (Typ SG) oder gar im Masttop (Typ SC) angebrachten amerikanischen Radargeräte erzielten größere Reichweiten (so am UGS.6).
In geringerem Umfange wurden auch Unterwasser-Tagesangriffe gefahren. Waren U-Booten ihre Vorsetzmanöver geglückt und hatten sie vor dem Konvoi tauchen können, bestand eine gute Chance, in eine Schußposition zu gelangen. Die geringe Zahl der Geleitfahrzeuge und die geringe Reichweite der Asdic-Geräte reichte nicht aus, vor der Front des Konvois eine durchgehende Unterwasserortungslinie aufzubauen.
Die U-Boote griffen in dieser Zeit im allgemeinen sowohl über als auch unter Wasser auf Entfernungen zwischen 1500 m und 3000 m an und feuerten in möglichst kurzer Zeit ihre Torpedos in Fächern von den Seiten der Konvois. Ein Angriff innerhalb der Konvois, wie er 1940 vor allem von Kapitänleutnant Kretschmer praktiziert worden war, und wie ihn einige seiner Schüler (so z. B. *U 402*, Kapitänleutnant S. Freiherr von Forstner) auch später noch versuchten, kamen selten vor.

Bei der Erfassung der U-Boote durch die Geleitfahrzeuge spielte die Einpeilung von Fühlunghaltersignalen mit dem HF/DF die größte Rolle. Es hatte einerseits die größte Reichweite, andererseits jedoch die geringste Genauigkeit in der präzisen Festlegung des Ortes der U-Boote. Die Zahl der Erfassungen der U-Boote durch optische Sicht und Radar hielt sich insgesamt etwa die Waage, wobei die optische Sicht bei guten Sichtbedingungen eine größere Reichweite als das Radargerät besaß, bei schlechten Sichtverhältnissen das Radargerät. Mit dem Asdic-Gerät wurden dagegen selten U-Boote erstmalig aufgefaßt. Dagegen spielte es bei der Bekämpfung der durch andere Geräte erfaßten und dann getauchten U-Boote eine große Rolle. Für die Bekämpfung der U-Boote stand zu dieser Zeit noch die normale, über Heck-Abrollbühnen oder durch Wasserbombenwerfer eingesetzte Wasserbombe im Vordergrund. Ergänzt wurde sie in den meist geworfenen Zehner-Wasserbombenteppichen durch einige der schweren Mark-X-Torpex-Wasserbomben, die vor allem in großer Tiefe eine vernichtende Wirkung hatten. Außerdem war der Großteil der Geleitfahrzeuge bereits mit dem Hedgehog-Werfer ausgerüstet, der jedoch offenbar noch mancherlei Kinderkrankheiten besaß.

14.5 DIE ERGEBNISSE AN DEN KONVOIS HX.229/SC.122

An den beiden Konvois kam es insgesamt zu 75 Feindberührungen zwischen den Dampfern des Konvois, Geleitfahrzeugen und Flugzeugen (ohne einzeln fahrende Havaristen und Nachzügler) einerseits und U-Booten andererseits.
32 davon kamen auf das Konto der Luftsicherung. 24 U-Boote wurden von Flugzeugen optisch gesichtet, 13 von ihnen mit Wasserbomben angegriffen. 7 weitere U-Boote wurden von auf HF/DF-Peilungen angesetzten Flugzeugen optisch gesichtet, nur ein weiteres U-Boot wurde mit Radar-Gerät geortet. Bei insgesamt 19 Wasserbombenangriffen wurden 65 Wasserbomben geworfen, 1 U-Boot vernichtet und ein weiteres beschädigt.
Beim Vorsetzen und vor dem Angriff wurden von Geleitfahrzeugen 22 U-Boote erfaßt. 11 Boote wurden mit HF/DF eingepeilt, 10 von

ihnen konnten jedoch tauchen, ehe eine Radarortung oder optische Sichtung erfolgte. Nur eines von ihnen wurde mit Radar geortet, tauchte und wurde dann mit Wasserbomben bekämpft.

5 U-Boote wurden mit Radar geortet, tauchten und wurden anschließend mit Wasserbomben bekämpft.

Auf das Konto der optischen Sichtung kamen 6 U-Boote, davon eines mit anschließender Radar-Ortung. Alle 6 wurden mit Wasserbomben bekämpft.

Die U-Boote versuchten 21 Angriffe (ohne Schüsse auf Havaristen). 9 Überwasser- und 4 Unterwasserangriffe blieben völlig unbemerkt. 2 Unterwasserangriffe wurden nach dem Schuß bemerkt und darauf eine Bekämpfung nach Asdic-Ortung eingeleitet. 3 U-Boote gaben kurz vor dem Angriff Meldungen ab, die mit HF/DF eingepeilt wurden. In einem Fall kam das Boot trotzdem zum Angriff. 2 angreifende Boote wurden durch Radar geortet, eines davon kam trotzdem zum Schuß. Ein Boot wurde durch Asdic nach dem Angriff geortet, ein weiteres wurde beim Überwasserangriff durch die Dampfer optisch gesehen. Alle beobachteten Boote tauchten vor der Gegenwehr.

Insgesamt wurden beim Vorsetzen oder bei Angriffen erfaßte U-Boote in 19 Fällen von den Geleitfahrzeugen angegriffen, dabei wurden in 37 Anläufen 276 Wasserbomben geworfen und 5 Hedgehog-Salven abgefeuert, von denen jedoch nur 40 Projektile von 120 ordnungsgemäß starteten. Außer leichten Schäden auf verschiedenen U-Booten wurden mit diesen Angriffen keine Erfolge erzielt.

U-Boote fuhren insgesamt 17 Angriffe gegen die beiden Konvois, bei denen einmal 2, einmal 3, neunmal 4 und sechsmal 5 Torpedos geschossen wurden. Sie verteilten sich auf 8 Viererfächer mit 32 Torpedos, bei denen 13 Treffer erzielt wurden, 4 Dreierfächer mit 12 Torpedos, bei denen 3 Treffer erzielt wurden, 9 Zweierfächer mit 18 Torpedos, bei denen 9 Treffer erzielt wurden, 9 Einzelschüsse mit 9 Torpedos, bei denen 1 Treffer erzielt wurde. Insgesamt gab es also bei 30 Einzelanläufen mit 71 Torpedos 26 Treffer (gleich 36,6 Prozent).

Außerdem wurden gegen Geleitfahrzeuge 5 Angriffe mit 2 Einzelschüssen, 2 Dreierfächern, und einem Viererfächer gefahren, die sämtlich fehlgingen.

Gegen havarierte Schiffe wurden 5 Einzelschüsse, 3 Zweierfächer

und 1 Dreierfächer abgegeben, bei denen insgesamt 8 Treffer erzielt wurden.
Tatsächlich versenkt wurden 21 Schiffe mit 140 842 BRT.

14.6 DIE ROLLE DES HF/DF

Das bemerkenswerteste Ergebnis einer Analyse der großen Geleit-zugschlachten vom Juni 1942 bis zum Mai 1943, und zwar sowohl der von deutscher Seite für erfolgreich gehalten als auch der mit geringen oder Mißerfolgen endenden Operationen zeigt, daß es immer wieder entscheidend von der Wirksamkeit der HF/DF-Verwendung abhing, wie die Operation ausging.
Auch die Analyse selbst für die Alliierten besonders verlustreicher Operationen, so gegen die Konvois SC.118 und ON.166 im Februar und gegen die SC.121, HX.229 und SC.122 im März, zeigt bei einer detaillierteren Untersuchung, daß hier ein nicht unbeträchtlicher Teil der U-Boote auf Grund von HF/DF-Peilungen abgedrängt werden konnte; und daß besonders dann sehr große Verluste eintraten, wenn dieses Gerät nicht zweckentsprechend eingesetzt werden konnte, wie in den ersten Abschnitten der Operation am HX.229. So kamen in den einzelnen Nächten meist nur einige wenige Boote nacheinander an den Konvois zum Angriff, und nicht wie im Jahre 1940 die Hälfte oder sogar die Mehrzahl der beteiligten Boote.
Die Erfolge, die in den ersten Monaten 1943 tatsächlich errungen wurden, überschätzte man auf deutscher Seite noch, weil die U-Boote auf Grund häufiger irrtümlicher Interpretationen gemachter Beobachtungen — nicht auf Grund von bewußten Falschmeldun-gen — die Zahl der getroffenen Schiffe zu hoch ansetzten. Deshalb wurde von der deutschen Führung das immer ungünstiger werdende Verhältnis zwischen eingesetzten und tatsächlich zum Erfolg kom-menden U-Booten nicht im vollen Umfange erkannt. Man stellte natürlich fest, daß es für die U-Boote immer schwieriger wurde, am Konvoi zu Angriffen und Erfolgen zu kommen. Das Kriegstagebuch des BdU spiegelt eindringlich die Sorge wieder, mit der man dieses Stärkerwerden der alliierten Abwehr beobachtete, und die Intensität, mit der man den Ursachen auf die Spur zu kommen ver-suchte. Fast alle denkbare Möglichkeiten wurden untersucht. Immer wieder überprüfte man mit negativem Ergebnis die Frage, ob even-

tuell Verrat im Spiele sein könne, oder ob dem Gegner ein Einbruch in die Schlüsselmittel gelungen war. Immer wieder kam man zu dem Ergebnis, daß dem Gegner ein wirksames und noch nicht klar erkanntes Instrument zur Verfügung stehen müßte, mit dem er die U-Boote von Schiffen und vor allem von Flugzeugen aus orten konnte. Am naheliegensten war natürlich die Möglichkeit des auf deutscher Seite auch bekannten Radargerätes. Es wurde festgestellt, daß die eigenen Funkmeß- und Beobachtungsgeräte, mit denen man die feindliche Radar-Ortung feststellen wollte, selbst strahlten. Fälschlicherweise vermutete man, daß der Gegner auf diese Strahlung hin operieren könnte.

Dann wurde bei einem in Rotterdam abgeschossenen britischen Bomber das auf 9 cm Wellenlänge arbeitende neue Radargerät gefunden. Im Sommer 1943 schien es deutlich zu sein, daß dieses Gerät die Hauptursache für die vernichtenden Rückschläge war. Darüberhinaus ging man der Frage nach, ob der Gegner auch auf dem Wege einer Infrarot-Ortung arbeitete.

Merkwürdigerweise ist man aber auf deutscher Seite in diesen Monaten und noch lange nachher nicht auf die Idee gekommen, daß der Gegner eventuell gerade bei den Geleitzugoperationen den sehr starken Kurzwellen-Funkverkehr der U-Boote nicht nur von Landstationen, sondern auch von Bord der Geleitfahrzeuge aus peilte und für den unmittelbaren taktischen Ansatz nutzte. Hinweise in dieser Richtung wurden immer wieder unbeachtet abgelegt, da sie sich durch ein vermeintlich einleuchtenderes technisches Verfahren, das Radar, erklären ließen. So brachte man die Warnung des französischen Flottenadmirals Darlan gegenüber Großadmiral Raeder am 28. Januar 1942 vor dem zu vielen Funken der deutschen U-Boote nur mit der Peilungsgefahr durch die Landstellen in Verbindung, die man für ungefährlicher als erwartet hielt. Meldungen von fühlunghaltenden U-Booten, die kurz nach der Abgabe von Fühlunghaltersignalen von feindlichen Geleitfahrzeugen mit Lage 0 angelaufen wurden und die den Verdacht des Ansatzes auf eine Funkpeilung äußerten, wurden nicht weiter verfolgt, da sie sich ebenso gut und besser mit Radar erklären ließen. Dabei muß man bedenken, daß Oberleutnant Otto Ites, der Kommandant von *U 94*, der als erster überhaupt nach einer HF/DF-Peilung schwer mit Wasserbomben belegt wurde, diesen Verdacht bereits im Juni 1942 geäußert hatte.

In den umfassenden Analysen und Lagebetrachtungen des BdU im Mai 1943 anläßlich des Abbruchs des U-Boot-Krieges im Nordatlantik ist mit keinem Wort auf die Möglichkeit der Funkpeilungen hingewiesen. Die Aufmerksamkeit scheint völlig von der Funkmeßortung, dem Radargerät absorbiert worden zu sein. Sie schien das Mittel zu sein, mit dem die sich ständig verstärkenden See- und Luftstreitkräfte in der U-Boot-Bekämpfung eingesetzt wurden.

Das Verkennen der Ursachen war möglich, obgleich der deutschen Seite spätestens seit dem Frühjahr 1943 eindeutige Beweise für das Vorhandensein von Kurzwellenfunkpeilgeräten auf Geleitfahrzeugen vorlagen. Der deutsche Bx-Dienst hatte im April einen Funkspruch vom 9. 4. entziffert, nach dem der amerikanische Küstenwachkreuzer *Spencer* als Führerschiff der den Geleitzug ON.175 sichernden Task Unit 24.1.9. mit einem Kurzwellenpeiler (*High Frequency Direction Finder*) ausgerüstet war. Diese Nachricht blieb kein Einzelfall. Eine weitere Meldung vom 24. April besagte, daß bei der Sicherung des Konvois HX.235 der Zerstörer *Churchill* und eine weitere Einheit mit einem Kurzwellenpeiler ausgerüstet seien. Drei Tage später wurde festgestellt, daß auch das Führerschiff der Escort Group 24.1.15 mit einem Kurzwellenpeiler ausgerüstet ist.

Weder in den wöchentlichen Berichten des Bx-Dienstes, in dem diese Angaben verzeichnet sind, wurde auf deren Bedeutung besonders hingewiesen, noch läßt sich in den Kriegstagebüchern der im Verteiler dieser Bx-Berichte genannten Dienststellen irgendeine Reaktion auf die Hinweise feststellen. Die nach dem Kriege befragten Leiter und Offiziere dieser Dienststellen konnten sich trotz ihres teilweise belegt sehr guten Gedächtnisses nicht an solche Hinweise in der fraglichen Zeit erinnern.

Aber auch aus einer anderen Quelle stammende Hinweise wurden falsch interpretiert. Deutschen Agenten, die aus einem Haus bei Algeciras auf der Reede von Gibraltar liegende alliierte Kriegs- und Handelsschiffe fotografierten, gelang es im Juli 1943 und September 1943, britische Zerstörer aufzunehmen, auf denen deutlich die Adcock-Antennen der Kurzwellenpeiler auf einem hohen achteren Mast zu erkennen waren. Diese Antennen wurden in einem Schreiben der zuständigen Abteilung der Seekriegsleitung vom 24. Juli 1943 zusammen mit einigen anderen »Spezialantennen auf Feindschiffen« analysiert. Dabei wurde folgendes festgestellt: »Dieser Apparat besteht aus einer Reihe von senkrechten Metallstäben, die wie die Kanten eines Prismas zueinanderstehen (eines sechsseitigen). Diese sind drei oder mehrfach unterteilt durch Querstäbe, 1 m bis 1,50 m hoch, deren Seiten 60 bis 1 m lang sind. Man nimmt an, daß dies die Antenne des Funk-Ortungsgerätes ist, die die Engländer mit »R.A.D.A.R.« bezeichnen und die wahrscheinlich zum Ausmachen von U-Booten dient. Ein Gerät, von dem wir noch nichts Genaues wissen.«

Man muß dabei bedenken, daß der Begriff »Radar« zu dieser Zeit auch in England erst eingeführt wurde und gerade begann, die bis dahin verwendete Abkürzung für das Funk-Meßgerät R.D.F. abzulösen. Man hat sich offenbar nicht weiter mit diesen Fotos beschäftigt. Sie sind danach vor allem für Zwecke der Schiffstypenkunde ausgewertet worden und kamen auf diesem Wege über den Nachlaß des deutschen Schiffstypenkundeexperten Erich Gröner über den Krieg.

Wäre aus den entzifferten Funksprüchen und Fotos im Sommer 1943 die Tatsache der Kurzwellenpeilung von Schiffen erkannt worden, hätte die deutsche U-Boot-Führung zweifellos sofort Gegenmaßnahmen ergriffen. Sicher hätte man auf das Funken der U-Boote nicht völlig verzichten können. Aber man hätte zweifellos die Zahl der Funksignale und Funksprüche, die U-Boote an Konvois bisher unbedenklich abgaben, »weil ihre Anwesenheit dem Gegner ja ohnehin bekannt war«, stark eingeschränkt, wenn man gewußt hätte, daß die Abgabe solcher Funksprüche nicht nur die Anwesenheit, sondern auch recht genau die Position des U-Bootes in bezug auf den Konvoi, verriet.

Die Kenntnis dieser Technik des Gegners hätte aber auch für die deutsche Seite taktische Möglichkeiten geboten. Bei einer entsprechenden Weiterentwicklung der Führungstechnik wäre es möglich gewesen, durch speziell zum Funken abgeteilte U-Boote, eventuell unter Verwendung von auszusetzenden Funkbojen, die Geleitfahrzeuge teilweise vom Konvoi abzuziehen und damit den übrigen Booten den Angriff zu erleichtern. Die Analyse der Konvoi-Operationen vom SC.107 im November 1942 bis zum SC.122 im März zeigt, wie schnell nach dem Einsetzen von Angriffen die normale Ordnung einer nicht allzu starken Escort Group verlorenging, so daß auch aufgefangene Peilungen kaum noch zu Ansätzen auszuwerten waren. Als man im September 1943 mit dem akustisch zielsuchenden Torpedo »Zaunkönig« eine Waffe gegen die Zerstörer in

313

die Hand bekam, hätte die Kenntnis des alliierten HF/DF-Verfahrens sogar benutzt werden können, um den feindlichen Zerstörer durch eine absichtliche Einpeilung mit anschließendem Anlauf in die optimale Schußposition, die Lage 0, zu bringen, Tatsächlich wurde der erste Treffer mit diesem Torpedo am 20. September, ohne daß man es allerdings beabsichtigte oder bemerkte, aus einer solchen Lage erzielt.

Anlage 15.1

LISTE DER HANDELSSCHIFFE DER KONVOIS SC. 122, HX. 229, HX. 229A

Pos.	Nat.	Typ	Name	ge-baut	BRT	Kn.	Verbleib
		SC.					
A.1	Konvoi	122	von New York				
11	pan	M/T	Permian	31	8890	8,5	an Zielhafen Halifax 8.3.
12	brit	M/S	Asbjörn	35	4733	12,0	an Zielhafen Halifax 8.3.
21	brit	S/Wh	Sevilla	00	7022	9,5	an Zielhafen St. John's 12.3.
22	norw	S/S	Polarland	23	1591	7,5	zurück nach New York 8.3.
23	brit	S/S	Livingston	28	2140	8,0	zurück nach Halifax 9.3.
24	pan	S/S	Alcedo	37	1392	10,0	zurück n. Halifax 8.3./HX.229A
31	norw	S/S	Askepot	37	1312	9,5	an Loch Ewe (Zielhaf. Island)
32	amer	S/S	Cartago	08	4732	13,0	an Loch Ewe (Zielhaf. Island)
33	amer	S/S	Eastern Guide	19	3704	8,5	zurück nach Halifax 8.3.
34	norw	S/S	Gudvor	28	2280	8,5	zurück nach Halifax 8.3.
41	pan	S/S	Granville	30	5745	8,0	versenkt von U 338 am 17.3.
42	isl	S/S	Godafoss	21	1542	11,0	an Loch Ewe (Zielhaf. Island)
43	brit	S/S	Carso	23	6275	9,0	an Zielhafen Loch Ewe
51	brit	S/S	Kingsbury	37	4898	8,0	versenkt von U 338 am 17.3.
52	brit	S/S	King Gruffydd	19	5072	8,5	versenkt von U 338 am 17.3.
53	brit	S/S	Empire Summer	41	6949	8,0	zurück nach Halifax 9.3.
54	schwed	S/S	Atland	10	5203	8,0	an Zielhafen Loch Ewe
61	holl	S/S	Alderamin	20	7886	9,5	versenkt von U 338 am 17.3.
62	brit	S/T	Empire Galahad	42	7046	9,0	an Zielhafen Mersey
63	brit	M/S	Innesmoor	28	4392	8,5	an Zielhafen Loch Ewe
64	brit	S/T	Beacon Oil	19	6893	9,0	an Zielhafen Glasgow
65	griech	S/S	Georgios P.	03	4052	8,5	an Zielhafen Clyde
71	brit	S/S	Baron Stranrear	29	3668	8,5	an Zielhafen Loch Ewe
72	brit	M/T	Christian Holm	27	9119	9,0	an Zielhafen Belfast
73	brit	S/S	Bridgepool	24	4845	8,0	an Zielhafen Loch Ewe
74	brit	S/S	Baron Elgin	33	3942	8,5	an Zielhafen Loch Ewe
75	brit	S/S	Aymeric	19	5196	9,0	an Zielhafen Loch Ewe
81	brit	M/S	Glenapp	20	9503	10,0	an Zielhafen Mersey
82	brit	M/T	Benedick	28	6978	9,0	an Zielhafen Clyde
83	brit	S/S	Clarissa Radcliffe	15	5754	7,5	vermißt am 7.3.
91	brit	S/S	Vinriver	17	3881	8,0	an Zielhafen Loch Ewe
92	brit	S/S	Historian	24	5074	7,5	an Zielhafen Mersey
93	brit	S/S	Orminister	14	5712	8,5	an Zielhafen Loch Ewe
101	brit	S/S	Losada	21	6520	8,5	an Zielhafen Mersey
102	brit	S/T	Gloxinia	20	3336	7,5	an Zielhafen Mersey
103	brit	S/S	Filleigh	28	4856	8,5	an Zielhafen Mersey
104	amer	LST	No. 365	43	1490ts	10,0	an Zielhafen Mersey
111	brit	S/S	Empire Dunstan	42	2887	8,0	an Zielhafen Mersey
112	brit	S/T	Shirvan	25	6017	8,0	an Zielhafen Belfast
113	brit	S/S	Boston City	20	2870	9,0	an Zielhafen Belfast
114	amer	LST	No. 305	43	1490ts	10,0	an Zielhafen Clyde
121	brit	M/S	Dolius	24	5507	8,5	an Zielhafen Belfast
122	amer	M/T	Vistula	20	8537	9,5	an Zielhafen Belfast
123	brit	S/S	English Monarch	24	4557	8,5	zurück nach Halifax 9.3.
124	brit	S/S	Fort Cedar Lake	42	7134	9,0	versenkt von U 338 am 17.3.

315

Pos.	Nat.	Typ	Name	ge-baut	BRT	Kn.	Verbleib
		SC.					
A.1	Konvoi 122		von New York				
131	brit	S/S	Baron Semple	39	4573	9,0	an Zielhafen Loch Ewe
132	griech	S/S	Carras	18	5234	8,5	versenkt v. U 666/U 333 a.19.3.
133	pan	S/S	Bonita	18	4929	8,0	an Zielhafen Belfast
141	amer	S/S	McKeesport	19	6198	9,5	zurück nach New York 8.3.
142	holl	M/S	Kedoe	21	3684	9,5	an Zielhafen Belfast
		HSC.					
A.2	Konvoi 122		von Halifax				
11	isl	S/S	Fjällfoss	19	1451	11,0	an Loch Ewe (Zielhaf. Island)
12	isl	S/S	Selfoss	14	775	8,0	Nachzügler, an Island
42	brit	S/S	Ogmore Castle	19	2481	,	an Zielhafen in U.K.
45	jugosl	S/S	Franka	18	5273	,	an Zielhafen Loch Ewe
55	holl	S/S	Parkhaven	20	4803	10,0	an Zielhafen Loch Ewe
65	brit	S/S	Drakepool	24	4838	,	an Zielhafen Loch Ewe
84	brit	S/S	Zouave	30	4256	10,0	versenkt von U 305 am 17.3.
85	brit	S/S	P.L.M.13	21	3754	10,0	zurück nach St. John's
92	brit	S/S	Port Auckland	22	8789	13,0	versenkt von U 305 am 17.3.
95	brit	S/S	Zamalek	21	1567	13,0	an Londonderry (Rettungssch.)
104	brit	S/S	Badjestan	28	5573	,	an Zielhafen Clyde
114	schwed	S/S	Porjus	06	2965	9,0	an Zielhafen Manchester
131	brit	S/S	Empire Morn	41	7092	11,0	Nachzügler, an Zielhafen U.K.
133	brit	S/S	Helencrest	41	5233	,	an Zielhafen Belfast
		WSC.					
A.3	Konvoi 122		von St. John's				
63	brit	M/S	Reaveley	40	4998	9,5	an Zielhafen Mersey
		HX.					
B.	Konvoi 229		von New York				
11	brit	S/S	Cape Breton	40	6044	10,5	an Zielhafen Clyde
12	amer	S/S	Robert Howe	42	7176	10,0	an Zielhafen Mersey
13	brit	S/S	Empire Knight	42	7244	10,5	an Zielhafen Clyde
21	amer	S/S	Walter Q. Gresham	43	7191	10,5	versenkt von U 221 am 18.3.
22	amer	S/S	William Eustis	43	7196	10,5	versenkt von U 435/U 91, 17.3.
23	amer	S/S	Stephen C. Foster	43	7196	11,0	zurück nach St. John's 13.3.
31	brit	S/S	Fort Anne	42	7131	10,0	an Zielhafen Loch Ewe
32	brit	M/S	Kaipara	38	5882	12,0	an Zielhafen Mersey
33	brit	M/S	Canadian Star	39	8293	12,5	versenkt von U 221 am 18.3.
34	amer	S/S	Mathew Luckenbach	18	5848	11,0	Nachzügl., vers. v. U 527/U523
41	brit	S/S	Nebraska	20	8261	10,5	an Zielhafen Mersey
42	brit	M/T	Regent Panther	37	9556	10,5	an Zielhafen in U.K.
43	brit	M/S	Antar	41	5250	10,0	an Zielhafen Mersey
51	pan	M/T	Belgian Gulf	29	8401	10,5	an Zielhafen Mersey

Pos.	Nat.	Typ	Name	ge-baut	BRT	Kn.	Verbleib
52	brit	M/T	San Veronica	43	8600	12,0	an Zielhafen Mersey
53	amer	S/T	Pan Rhode Island	41	7742	11,0	an Zielhafen Mersey
54	brit	M/T	Empire Cavalier	42	9891	11,0	an Zielhafen Mersey
61	norw	M/S	Abraham Lincoln	29	5740	12,0	an Zielhafen Belfast
62	amer	S/T	Gulf Disc	38	7141	11,0	an Zielhafen Clyde
63	amer	S/S	Jean	18	4902	10,0	an Zielhafen Mersey
64	amer	S/S	Kofresi	20	4934	10,5	an Zielhafen Mersey
71	brit	S/S	City of Agra	36	6361	13,5	an Zielhafen Mersey
72	brit	S/Wh	Southern Princess	15	12156	10,5	versenkt von U 600 am 17.3.
73	pan	S/S	El Mundo	10	6008	12,0	an Zielhafen Mersey
74	amer	S/S	Margaret Lykes	19	3537	11,5	an Zielhafen Mersey
81	amer	S/S	Irenée du Pont	41	6125	15,0	versenkt von U 600/U 91, 17.3.
82	brit	S/S	Coracero	23	7252	10,0	versenkt von U 384/U 631
83	brit	M/T	Nicania	42	8179	11,0	an Zielhafen Mersey
84	brit	S/S	Tekoa	22	8695	13,0	an Zielhafen Greenock/Mersey
91	brit	S/S	Clan Matheson	19	5613	10,0	zurück nach Halifax 12.3.
92	brit	S/S	Nariva	20	8714	10,5	an Zielhafen Mersey
93	holl	M/T	Magdala	31	8248	10,0	an Zielhafen Belfast
94	amer	S/S	James Oglethorpe	42	7176	10,0	versenkt von U 758/U 91, 17.3.
101	norw	M/S	Elin K.	37	5214	11,0	versenkt von U 603 am 16.3.
102	brit	M/T	Luculus	29	6546	10,0	an Zielhafen Belfast
103	holl	S/S	Zaanland	21	6813	11,5	versenkt von U 758 am 17.3.
104	holl	S/S	Terkoelei	23	5158	10,0	versenkt von U 384/U 631, 17.3.
111	amer	S/S	Harry Luckenbach	19	6355	12,0	versenkt von U 91 am 17.3.
112	amer	S/S	Daniel Webster	42	7176	10,5	an Zielhafen Mersey
113	amer	S/S	Hugh Williamson	42	7176	10,0	Nachzügler, an Zielhaf. Belfast

		HX.					
C.1	Konvoi	229 A	von New York				
11	brit	S/S	Fort Amherst	36	3489	13,0	an Zielhafen Halifax
12	amer	S/T	Esso Baltimore	38	7949	12,0	an Zielhafen Halifax
13	holl	M/T	Regina	37	9545	12,0	an Zielhafen Loch Ewe
. .	amer	S/S	Shickshinny	19	5103	,	zurück nach Halifax
21	brit	S/S	Fort Drew	43	7134	11,0	an Zielhafen Loch Ewe
22	brit	S/S	Iris	40	1479	12,0	an Zielhafen Halifax
23	pan	M/T	Esso Belgium	37	10568	12,0	an Zielhafen Halifax
. .	amer	S/S	Pierre Soule	43	7191	11,0	zurück nach Halifax
32	amer	S/S	Fairfax	26	5649	13,0	an Zielhafen St. John's
33	amer	S/S	Michigan	19	5594	10,0	zurück nach St. John's
41	amer	S/T	Pan Florida	36	7237	12,0	an Zielhafen Loch Ewe
42	brit	M/T	Daphnella	38	8078	12,0	an Zielhafen Belfast
43	pan	S/S	North King	03	4934	13,0	zurück nach St. John's
44	brit	S/S	Tortuguero	21	5285	13,0	an Zielhafen Belfast
51	brit	S/S	Esperance Bay	22	14204	16,0	an Zielhafen Liverpool
52	pan	M/T	Orville Harden	33	11191	12,0	an Zielhafen Clyde
53	brit	S/S	Empire Airman	42	9813	11,0	an Zielhafen Mersey
54	amer	S/S	Lone Star	19	5101	10,0	mit Eisschäden entlassen

317

Pos.	Nat.	Typ	Name	ge-baut	BRT	Kn.	Verbleib
61	amer	S/T	*Pan Maine*	36	7232	12,0	an Zielhafen Mersey
62	amer	S/T	*Esso Baytown*	37	7991	13,0	an Zielhafen Belfast
63	brit	M/T	*Clausina*	38	8083	12,0	an Zielhafen Belfast
64	brit	S/S	*Port Melbourne*	14	9142	13,0	an Zielhafen Clyde
71	amer	S/T	*Socony Vacuum*	35	9511	13,0	an Zielhafen Manchester
72	brit	S/S	*Empire Nugget*	42	9807	11,0	an Zielhafen Belfast
81	brit	S/Wh	*Svend Foyn*	31	14795	12,0	gesunken nach Eisschäd. a. 19.3.
82/3	amer	S/S	*Henry S. Grove*	21	6220	11,0	an Zielhafen Mersey
91	amer	S/S	*John Fiske*	42	7176	11,0	an Zielhafen Manchester
92/3	brit	S/S	*Tactician*	28	5996	13,0	an Zielhafen Clyde

HHX.

C.2	Konvoi	229A	von Halifax				
11	brit	M/S	*Belgian Airman*	42	6959	11,0	mit Eisschäden entlassen
12	holl	S/S	*Ganymedes*	17	2682	11,0	an Zielhafen Loch Ewe
14	pan	S/S	*Alcedo* (ex SC.122!)	37	1392	10,0	an Zielhafen Reykjavik
22	brit	S/S	*Lady Rodney*	29	8194	14,0	an Zielhafen St. John's
22	brit	M/S	*Taybank*	30	5627	14,0	an Zielhafen Mersey
23	brit	S/S	*Bothnia*	28	2407	10,0	an Zielhafen Loch Ewe
24	brit	S/S	*Manchester Trader*	41	5671	11,0	an Zielhafen Manchester
31	brit	S/S	*Akaroa*	14	15130	15,0	an Zielhafen Belfast
32	brit	S/S	*Tudor Star*	19	7199	12,0	an Zielhafen Manchester
34	brit	S/S	*Fresno Star*	19	7998	13,0	an Zielhafen Belfast
73	pan	M/S	*Rosemont*	38	5002	16,0	an Zielhafen Mersey
74	brit	S/S	*Arabian Prince*	36	1960	12,0	an Zielhafen Mersey
82	brit	S/S	*City of Oran*	15	7323	12,0	an Zielhafen Clyde
84	brit	M/S	*Lossiebank*	30	5627	14,0	an Zielhafen Mersey
92	brit	M/S	*Tahsinia*	42	7267	11,0	an Zielhafen Mersey
94	brit	S/S	*Norwegian*	21	6366	11,0	an Zielhafen Clyde

Handelsschiffe der Konvois SC.122, HX.229 und HX.229A, die später im Krieg versenkt oder beschädigt wurden

1   20. 4. 43   *Michigan* (HX.229A/33) versenkt von *U 565* in 35° 59' N/01° 25' W
2   26. 4. 43   *Empire Morn* (SC.122/131) beschädigt durch Mine von *U 117* in 33° 52' N/07° 50' W
3   29. 4. 43   *McKeesport* (SC.122/141) versenkt von *U 258* im Konvoi ONS.5 in 60° 52' N/34° 20' W
4   5. 5. 43   *Dolius* (SC.122/121) versenkt von *U 584* im Konvoi ONS.5 in 54° 00' N/43° 55' W
5   7. 5. 43   *Aymeric* (SC.122/75) versenkt von *U 657* im Konvoi ONS.7 in 59° 42' N/41° 39' W
6   18. 5. 43   *Fort Anne* (HX.229/31) beschädigt von *U 414* in einem Mittelmeerkonvoi in 36° 35' N/01° 01' O
7   16. 7. 43   *Kaipara* (HX.229/32) beschädigt von *U 306* in 13° 30' N/17° 43' W
8   2. 8. 43   *City of Oran* (HX.229A/82) versenkt von *U 196* im Konvoi CB.21 in 13° 45' S/41° 16' O
9   6. 9. 43   *Fort Drew* (HX.229A/21) versenkt durch Mine in 35° 52' N/14° 47' O
10 1. 10. 43   *Tahsinia* (HX.229A/92) versenkt von *U 532* in 06° 51' N/73° 48' O
11 2. 11. 43   *Baron Semple* (SC.122/131) versenkt von *U 848* in 05° S/21° W
12 18. 11. 43   *Empire Dunstan* (SC.122/111) versenkt von *U 81* in 39° 24' N/17° 40' O
13 5. 12. 43   *Clan Matheson* (HX. 229/91) beschädigt durch japanische Bomben in Calcutta
14 10. 1. 44   *Daniel Webster* (HX.229/112) versenkt durch Lufttorpedo in 36° 07' N/00° 11' W
15 8. 4. 44   *Nebraska* (HX. 229/41) versenkt von *U 843* in 11° 55' S/19° 52' W
16 25. 8. 44   *Orminister* (SC.122/93) versenkt von *U 480* in 50° 09' N/00° 44' W
17 3. 9. 44   *Livingston* (SC.122/23) versenkt von *U 541* im Konvoi ONS.251 in 46° 15' N/58° 05' W
18 10. 11. 44   *Godafoss* (SC.122/42) versenkt von *U 300* im Konvoi UR.142 in 64° 08' N/22° 45' W
19 10. 11. 44   *Shirvan* (SC.122/22) versenkt von *U 300* im Konvoi NR.142 in 64° 08' N/22° 45' W
20 4. 1. 45   *Polarland* (SC.122/22) versenkt von *U 1232* in 44° 30' N/63° 00' W
21 28. 2. 45   *Alcedo* (HX.229A/14) versenkt von *U 1022* im Konvoi UR.155 in 64° 07' N/23° 17' W
22 14. 4. 45   *Belgian Airman* (HX.229A/11) versenkt von *U 879* in 36° 09' N/74° 05' W
23 18. 4. 45   *Filleigh* (SC.122/103) versenkt von *U 245* im Konvoi TAM.142 in 51° 20' N/01° 42' W

Anlage 15.2

Geleitfahrzeuge der Konvois SC.122 und HX.229

Nat.	Name	Nr.	Gruppe	in Dienst	Kommandant	Verbleib
a) Zerstörer						
HMS	*Havelock*	H. 88	B. 5	10. 2. 40	Cdr. R. C. Boyle, RN.	31. 10. 46 abgewrackt
HMS	*Highlander*	H. 44	B. 4	18. 3. 40	Cdr. E. C. L. Day, RN.	27. 5. 46 abgewrackt
HMS	*Vimy*	I. 33	B. 4	9. 3. 18	Lt. Cdr. R. B. Stannard, RNR.	. 2. 48 abgewrackt
HMS	*Volunteer*	I. 71	B. 4	7. 11. 19	Lt. Cdr. G. J. Luther, RN.	. 4. 48 abgewrackt
HMS	*Witherington*	I. 76	Supp.	10. 10. 19	Lt. Cdr. M. H. R. Crichton, RN.	20. 3. 47 abgewrackt
HMS	*Mansfield* (ex *USS Evans*)	G. 76	Supp.	11. 11. 18 23. 10. 40	Lt. Cdr. L. C. Hill, RN.	21. 10. 44 abgewrackt
HMS	*Leamington* (ex *USS Twiggs*)	G. 19	Supp.	28. 7. 19 23. 10. 40	Lt. A. D. B. Campbell, RN.	16. 7. 44 UdSSR: Žgučij
USS	*Babbitt*	DD. 128	Supp.	24. 10. 19	Cdr. S. F. Quarles, USN	25. 2. 46 abgewrackt
USS	*Upshur*	DD. 144	Supp.	23. 12. 18	Cdr. G. McCabe, USN	16. 11. 45 abgewrackt
HMS	*Beverley* (ex *USS Branch*)	H. 64	B. 4	26. 7. 20 8. 10. 40	Lt. Cdr. Rodney Price, RN.	11. 4. 43 versenkt von U 188
b) Coast Guard Cutter						
USCGC	*Ingham*	WPG. 35	Supp.	. 36	Capt. A. M. Martinson, USCG.	wieder USCG-Cutter
c) Fregatte						
HMS	*Swale*	K. 217	B. 5	24. 6. 42	Lt. Cdr. J. Jackson, RN.	26. 2. 55 abgewrackt
d) Korvetten						
HMS	*Anemone*	K. 48	B. 4	12. 10. 40	Lt. Cdr. P. G. A. King, RNR.	. 50 Handelssch.
HMS	*Pimpernel*	K. 71	B. 5	9. 1. 41	Lt. H. D. Hayes, RNR.	. 10. 48 abgewrackt
HMS	*Abelia*	K. 184	B. 4	3. 2. 41	Lt. Cdr. F. Adern, RNR.	. 48 abgewrackt
HMS	*Lavender*	K. 60	B. 5	16. 5. 41	Lt. L. G. Pilcher, RN.	. 48 Handelssch.
HMCS	*Sherbrooke*	K. 152	B. 4	15. 6. 41	Lt. J. A. M. Levesque, RCNR.	5. 47 abgewrackt
HMS	*Saxifrage*	K. 04	B. 5	6. 2. 42	Lt. M. L. Knight, RNR.	. 47 norweg. Mar.
HMS	*Godetia*	K. 226	B. 5	23. 2. 42	Lt. M. A. F. Larose, RNR.	. 47 abgewrackt
HMS	*Pennywort*	K. 111	B. 4	5. 3. 42	Lt. O. G. Stuart, RCNVR.	2. 49 abgewrackt
HMS	*Buttercup*	K. 193	B. 5	24. 4. 42	Lt. Cdr. J. C. Dawson, RNR.	. 45 norweg. Mar.

Technische Daten:

Highlander, Havelock (gebaut für Brasilien als *Jaguaribe* und *Jutahy,* erworben 1939)
Wasserverdrängung: 1340 ts (standard)
Abmessungen: 98,4 (ü. a.) x 10,1 x 2,6
Antrieb: 2 Wellen, Getriebe-Turbinen, 34 000 PS, 35,5 Kn Geschwindigkeit (max)
Brennstoffvorrat und Aktionsradius: 450 tons, 5000 sm bei 12 Kn
Bewaffnung: 3—12 cm, 1—7,6 cm Flak, 4—2 cm Flak, 4-Torpedorohre 53,3 cm in Vierlingssatz, 1 Hedgehog-Werfer, 4 Wasserbombenwerfer
Ortungsgeräte: Radar Type 271M, Asdic, HF/DF
Besatzung: 145 Mann

Vimy, Volunteer (umgebaut Jan.—Juni 1941 bzw. Aug. 42—Jan. 43 als »Long Range Escorts«)
Wasserverdrängung: 1090 bzw. 1120 ts
Abmessungen: 95,1 (ü. a.) x 9,0 x 3,3
Antrieb: 2 Wellen, Getriebe-Turbinen, 18 000 PS, 24,5 Kn
Brennstoffvorrat und Aktionsradius: 450 tons, 5000 sm bei 12 Kn
Bewaffnung: 1—10,2 cm (*Vol.* 12 cm), 1—7,6 cm Flak, 4—2 cm Flak, 3 Torpedorohre 53,3 cm in 1 Drillingssatz, 1 Hedgehog-Werfer, 4 Wasserbombenwerfer
Ortungsgeräte: Radar Type 271M, Asdic, HF/DF
Besatzung: 125 Mann

Witherington (Short leg escort)
Wasserverdrängung: 1112 tons
Abmessungen: wie *Vimy*
Antrieb: 2 Wellen, Getriebe-Turbinen, 27 000 PS, 34 Kn
Brennstoffvorrat und Aktionsradius: 365 tons, 2380 sm bei 12 Kn
Bewaffnung: 3—12 cm, 1—7,6 cm Flak, 2—2 cm Flak, 3 Torpedorohre 53,3 cm in 1 Drillingssatz, 4 Wasserbombenwerfer
Ortungsgeräte: Radar Type 271M, Asdic
Besatzung: 125 Mann

Leamington, Mansfield (Short leg escorts)
Wasserverdrängung: 1090 tons
Abmessungen: 95,7 (ü. a.) x 9,3 x 2,5
Antrieb: 2 Wellen, Getriebe-Turbinen, 26 000 PS (*Mansf.* 25 200 PS), 35 Kn
Brennstoffvorrat und Aktionsradius: 290 tons, ca. 2000 sm bei 12 Kn
Bewaffnung: 3—10,2 cm (*Mansf.* 1—10,2 cm), 1—7,6 cm Flak, 4—2 cm Flak, 6 Torpedorohre (*Mansf.* 3) 53,3 cm in 2 (1) Drillingssatz, 4 Wasserbombenwerfer
Ortungsgeräte: Radar Type 271M, Asdic
Besatzung: 146 Mann

Babbitt, Upshur
Wasserverdrängung: 1090 tons
Abmessungen: wie *Leamington*
Antrieb: 2 Wellen, Getriebe-Turbinen, 26 000 (*Babb.* 24 900) PS, 35 Kn
Brennstoffvorrat und Aktionsradius: 290 tons, ca. 2000 sm bei 12 Kn
Bewaffnung: 6—7,6 cm Flak, 5—2 cm Flak, 6 Torpedorohre 53,3 cm in 2 Drillingssätzen, 4 Wasserbombenwerfer
Radar: US-Type SC-1 und SG-Radar, Sonar
Besatzung: 150 Mann

Beverley (umgebaut als Long range escort)
Wasserverdrängung: 1190 tons
Abmessungen: 95,6 (ü. a.) x 9,4 x 2,8
Antrieb: 2 Wellen, Getriebe-Turbinen, 13 500 PS, 25 Kn
Brennstoffvorrat und Aktionsradius: 430 tons, 5000 sm bei 12 Kn
Bewaffnung: 1—10,2 cm, 1—7,6 cm Flak, 4—2 cm Flak, 3 Torpedorohre 53,3 cm
in 1 Drillingssatz, 1 Hedgehogwerfer, 4 Wasserbombenwerfer
Ortungsgeräte: Radar Type 271M, Asdic
Besatzung: 146 Mann

Ingham
Wasserverdrängung: 2216 tons
Abmessungen: 99,7 (ü. a.) x 12,5 x 3,8
Antrieb: 2 Wellen, Getriebe-Turbinen, 6200 PS, 20 Kn
Brennstoffvorrat und Aktionsradius: 572 tons, 8270 sm bei 12 Kn
Bewaffnung: 3—12,7 cm Mehrzweck, 3—7,6 cm Flak, 5—2 cm Flak, 4 Wasser-
bombenwerfer
Ortungsgeräte: Radar US-Typ SC-1 und SG, Sonar
Besatzung: 201 Mann

Swale (Fregatte der »River«-Klasse)
Wasserverdrängung: 1370 tons
Abmessungen: 91,8 (ü. a.) x 10,1 x 2,7
Antrieb: 2 Wellen, Expansionsmaschinen, 6500 PS, 20 Kn
Brennstoffvorrat und Aktionsradius: 720 tons, 9600 sm bei 12 Kn
Bewaffnung: 2—10,2 cm Mehrzweck, 10—2 cm Flak, 1 Hedgehog-Werfer,
4 Wasserbombenwerfer
Ortungsgeräte: Radar Type 271M, Asdic (HF/DF im Frühjahr 1943 noch nicht
eingebaut!)
Besatzung: 140 Mann

Korvetten der »Flower«-Klasse
Wasserverdrängung: 940 tons
Abmessungen: 62,5 (ü. a.) x 10,1 x 4,5
Antrieb: 1 Welle, Expansionsmaschine, 2750 PS, 16 Kn
Brennstoffvorrat und Aktionsradius: 200 tons, 4000 sm bei 12 Kn
Bewaffnung: 1—10,2 cm, 1—4 cm Flak, 2—2 cm Flak, 1 Hedgehogwerfer,
4 Wasserbombenwerfer
Ortungsgeräte: Radar Type 271 M, Asdic
Besatzung: 85 Mann

Anlage 15.3

U-Boote, die gegen die Konvois SC. 122 und HX. 229 operierten (Gruppen »Raubgraf«, »Stürmer« und »Dränger«)

U-Boot in Dienst		Kommandant	Feindfahrt/aus/ein		Gruppe	Schicksal	
Typ VIIB							
U 84	19.11.41	KL Uphoff	7.	17. 2.— 3. 5. 43	Raubgraf	24. 8. 43	versenkt in 27° 09′ N/37° 03′ W durch Flugzeug von USS.Core
Typ VIIC							
U 89	19.11.41	KK Lohmann	4.	23. 1.—28. 3. 43	Rückmarsch	12. 5. 43	versenkt in 46° 30′ N/25° 40′ W durch Flugzeug von HMS.Biter und W/B von HMS.Broadway und HMS.Lagan; Konvoi HX.237
U 91	28. 1. 42	KL Walkerling	3.	11. 2.—29. 3. 43	Raubgraf	25. 2. 44	versenkt in 49° 45′ N/26° 20′ W von HMS.Affleck, HMS.Gore, HMS.Gould; 1st Escort Group.
U 134	26. 7. 41	KL Brosin	6.	6. 3.— 2. 5. 43	Stürmer	24. 8. 43	versenkt in 42° 07′ N/09° 30′ W von »Wellington«, RAF-Sq. 179
U 221	9. 5. 42	OL Trojer	3.	27. 2.—28. 3. 43	Dränger	27. 9. 43	versenkt in 47° 00′ N/18° 00′ W von »Halifax«, RAF-Sq. 58
U 228	12. 9. 42	OL Christophersen	1.	6. 2.—29. 3. 43	Rückmarsch	26. 1. 45	außer Dienst in Bergen, Bombenschäden 4. 10. 44.
U 230	24.10. 42	OL Siegmann	1.	4. 2.—30. 3. 43	Rückmarsch	21. 8. 44	gesprengt vor Toulon
U 305	17. 9. 42	KL Bahr	1.	28. 2.—12. 4. 43	Stürmer	17. 1. 44	versenkt in 49° 39′ N/20° 10′ W von HMS.Wanderer und HMS.Glenearn
U 333	25. 8. 41	OL Schwaff	5.	2. 3.—13. 4. 43	Dränger	31. 7. 44	versenkt in 49° 39′ N/07° 28′ W von HMS.Starling und HMS.Loch Killin; 2nd Escort Group
U 336	14. 2. 42	KL Hunger	2.	2. 3.—11. 4. 43	Dränger	4. 10. 43	versenkt in 60° 40′ N/26° 30′ W von »Liberator« USN-VB-128; Konvoi HX.258
U 338	25. 6. 42	KL Kinzel	1.	22. 2.—24. 3. 43	Stürmer	20. 9. 43	versenkt in 57° 40′ N/29° 48′ W von »Liberator« RAF-Sq. 120; Konvoi ON.202/ONS.18.
U 373	22. 5. 41	KL Loeser	8.	25. 2.—13. 4. 43	Dränger	8. 6. 44	versenkt in 48° 10′ N/05° 31′ W von »Liberator« RAF-Sq. 224.
U 384	18. 7. 42	KL v. Rosenberg-Gruszczinski	2.	6. 3.—20. 3. 43 †	Stürmer	20. 3. 43	versenkt in 54° 18′ N/26° 15′ W von »Sunderland« RAF-Sq. 201; Konvoi HX.229/SC.122.
U 406	22.10. 41	KL Dieterichs	5.	22. 2.—29. 3. 43	Dränger	18. 2. 44	versenkt in 48° 32′ N/23° 36′ W von HMS.Spey

U-Boot in Dienst	Kommandant	Feindfahrt/aus/ein	Gruppe	Schicksal	
U 435	30. 8. 41	KL Strelow	6. 18. 2.—25. 3. 43	Raubgraf	9. 7. 43	versenkt in 39° 48' N/14° 22' W von »Wellington« RAF-Sq. 179
U 439	20. 12. 41	OL v. Tippelskirch	2. 22. 2.—28. 3. 43	Stürmer	3. 5. 43	versenkt in 43° 32' N/13° 20' W nach Kollision mit U 659
U 440	24. 1. 42	KL Geissler	4. 22. 2.—11. 4. 43	Dränger	31. 5. 43	versenkt in 45° 38' N/13° 04' W von »Sunderland« RAF-Sq.201
U 441	21. 2. 42	KL Hartmann	3. 22. 2.—11. 4. 43	Dränger	18. 6. 44	versenkt in 49° 03' N/04° 48' W von »Wellington« poln.Sq.304
U 468	12. 8. 42	OL Schamong	1. 28. 1.—27. 3. 43	Raubgraf	11. 8. 43	versenkt in 12° 20' N/20° 07' W von »Liberator« RAF-Sq.200
U 590	2. 10. 41	KL Müller-Edzards	6. 22. 2.—12. 4. 43	Dränger	9. 7. 43	versenkt in 03° 22' N/48° 38' W von A/C USN-VP. 94
U 598	27. 11. 41	KL Holtorf	3. 6. 3.—13. 5. 43	Stürmer	23. 7. 43	versenkt in 04° 05' S/33° 23' W von 3 »Liberator« USN-VP.10
U 600	11. 12. 41	KL Zurmühlen	3. 11. 2.—26. 3. 43	Raubgraf	25. 11. 43	versenkt in 40° 31' N/22° 07' W von HMS.Bazely und HMS.Blackwood
U 603	2. 1. 42	KL Bertelsmann	2. 7. 2.—26. 3. 43	Raubgraf	1. 3. 44	versenkt in 48° 55' N/26° 10' W von USS.Bronstein
U 608	5. 2. 42	KL Struckmeier	3. 20. 1.—28. 3. 43	Rückmarsch	10. 8. 44	versenkt in 46° 30' N/03° 08' W von »Liberator« RAF-Sq.53 und HMS. Wren
U 610	19. 2. 42	KL Frhr. v.Freyberg-Eisenberg-Allmendingen	3. 8. 3.—12. 5. 43	Stürmer	8. 10. 43	versenkt in 55° 45' N/24° 33' W von »Sunderland« RCAF-Sq.423, Konvoi SC.143
U 615	26. 3. 42	KL Kapitzky	3. 18. 2.—20. 4. 43	Raubgraf	7. 8. 43	selbstversenkt in 12° 38' N/64° 15' W nach Bombenschäden von Flugzeugen UNS-VP 130, 204, 205, USAAF-10, 1 Blimp.
U 616	2. 4. 42	OL Koitschka	1. 6. 2.—26. 3. 43	Rückmarsch	14. 5. 44	versenkt in 36° 46' N/00° 53' E von 3 Flugzeugen und USS.Niels, Gleaves, Ellyson, H.P. Jones, Macomb, Hambleton, Rodman, und Emmons.
U 618	16. 4. 42	KL Baberg	3. 21. 2.— 7. 5. 43	Stürmer	14. 8. 44	versenkt in 47° 22' N/04° 39' W von »Liberator« RAF-Sq. 53 und HMS.Duckworth

U-Boot in Dienst	Kommandant	Feindfahrt/aus/ein	Gruppe	Schicksal	
U 621	7. 5. 42	OL Kruschka	3.	1. 2.–23. 3. 43	Rückmarsch	18. 8. 44	versenkt in 45° 52' N/02° 36' W von HMCS.*Ottawa*, HMCS.*Kootenay*, HMCS.*Chaudière*
U 631	16. 7. 42	OL Krüger	2.	6. 3.–10. 5. 43	Stürmer	17. 10. 43	versenkt in 58° 13' N/32° 29' W von HMS.*Sunflower*, Konvoi ON.206
U 638	3. 9. 42	KL Bernbeck	1.	4. 2.–30. 3. 43	Rückmarsch	5. 5. 43	versenkt in 53° 06' N/45° 02' W von HMS. *Loosestrife*, Konvoi ONS.5
U 641	24. 9. 42	KL Rendtel	1.	20. 2.–11. 4. 43	Stürmer	19. 1. 44	versenkt in 50° 25' N/18° 49' W von HMS.*Violet*
U 642	1. 10. 42	KL Brünning	1.	20. 2.– 8. 4. 43	Stürmer	5. 7. 44	versenkt bei Luftangriff in Toulon
U 653	25. 5. 41	KL Feiler	6.	28. 1.–30. 3. 43	Rückmarsch	15. 3. 44	versenkt in 53° 46' N/24° 35' W von HMS.*Starling*, HMS.*Wild Goose*, Flugzeug HMS.*Vindex*. 2nd Escort Group
U 663	14. 5. 42	KL Schmid	2.	10. 3.– 4. 4. 43	Seeteufel	7. 5. 43	versenkt in 46° 33' N/11° 12' W von Liberator RAF-Sq.58
U 664	17. 6. 42	OL Graef	3.	14. 2.–27. 3. 43	Raubgraf	9. 8. 43	versenkt in 40° 12' N/37° 29' W von A/C USS.*Card*
U 665	22. 7. 42	OL Haupt	1.	20. 2.–22. 3. 43 †	Stürmer	22. 3. 43	versenkt in 46° 47' N/09° 58' W von »Wellington« RAF-Sq.172
U 666	26. 8. 42	OL Engel	1.	25. 2.–10. 4. 43	Stürmer	10. 2. 44	versenkt in 53° 56' N/17° 16' W von A/C HMS. *Fencer*
U 758	5. 5. 42	KL Manseck	2.	14. 2.–29. 3. 43	Raubgraf		außer Dienst in Kiel

Typ IX/C

U 523	25. 6. 42	KL Pietzsch	1.	9. 2.–16. 4. 43	Stürmer	25. 8. 43	versenkt in 42° 03' N/18° 02' W von HMS.*Wallflower* und HMS.*Wanderer*

Typ IX/C—40

U 190	24. 9. 42	KL Wintermeyer	1.	20. 2.–29. 3. 43	Stürmer	10. 5. 45	übergeben vor St. John's
U 526	12. 8. 42	KL Möglich	1.	11. 2.–14. 4. 43 †	Stürmer	14. 4. 43	versenkt in 47° 30' N/04° 45' W durch Mine
U 527	12. 8. 42	KL Uhlig	1.	9. 2.–12. 4. 43	Stürmer	23. 7. 43	versenkt in 35° 25' N/27° 56' W von Flugzeug USS. *Bogue*
U 530	14. 10. 42	KL Lange	1.	20. 2.–22. 4. 43	Stürmer	10. 7. 45	übergeben vor Mar del Plata (Argentinien)

Technische Daten

Typ VII B
Wasserverdrängung: 753/857 tons
Abmessungen: 66,5 x 6,1 x 4,7 m
Antrieb: 2 Wellen, Diesel 2800 PS, 17,2 Kn über Wasser, Elektro-Motoren 750 PS, 8,0 Kn unter Wasser
Brennstoffvorrat und Aktionsradius: 108,2 t Öl, 9700 sm bei 10 Kn über, 130 sm bei 2 Kn unter Wasser
Bewaffnung: 1—8,8 cm, 2—2 cm Flak, 4 Bug-, 1 Heck-Torpedorohre 53,3 cm, 12 Torpedos.
Besatzung: 44 Mann

Typ VII C
Wasserverdrängung: 769/871 tons
Abmessungen: 67,2 x 6,1 x 4,8 m
Antrieb: 2 Wellen, Diesel 2800 PS, 17,0 Kn über Wasser, Elektromotoren 750 PS, 7,6 Kn unter Wasser
Brennstoffvorrat und Aktionsradius: 113,5 tons Öl, 9400 sm bei 10 Kn über Wasser, 130 sm bei 2 Kn unter Wasser
Bewaffnung: wie Typ VII B
Besatzung: 44 Mann

Typ IX C
Wasserverdrängung: 1120/1232 tons
Abmessungen: 76,8 x 6,8 x 4,7 m
Antrieb: 2 Wellen, Diesel 4400 PS, 18,3 Kn über Wasser, Elektromotoren 1000 PS, 7,3 Kn unter Wasser
Brennstoffvorrat und Aktionsradius: 208,2 tons Öl, 16 300 sm bei 10 Kn über Wasser, 128 sm bei 2 Kn unter Wasser
Bewaffnung: 1—10,5 cm, 2—2 cm-Flak, 4 Bug-, 2-Heck-Torpedorohre. 19 Torpedos 53,3 cm
Besatzung: 48 Mann

Typ IX C/40
Wasserverdrängung: 1144/1257 tons
Abmessungen: 76,8 x 6,7 x 4,6 m
Antrieb: 2 Wellen, Diesel 4400 PS, 18,3 Kn über Wasser, Elektromotoren 1000 PS, 7,3 Kn unter Wasser
Brennstoffvorrat und Aktionsradius: 214,0 tons Öl, 16 800 sm bei 10 Kn über Wasser, 128 sm bei 2 Kn unter Wasser
Bewaffnung: 1—10,5, 2—2 cm Flak, 4 Bug-, 2 Heck-Torpedorohre 53,3 cm, 22 Torpedos
Besatzung: 48 Mann

Anlage 15.4

DIE LAGEBEURTEILUNG DES BEFEHLSHABERS DER
UNTERSEEBOOTE
VOM 5. MÄRZ 1943

(Quelle: Kriegstagebuch des Befehlshabers der Unterseeboote 5. März 1943)

ALLGEMEINES

1) A. 1) Die systematische Auswertung der englischen U-Bootslagen des Monats
Januar und Anfang Februar (Vergleiche der geschätzten, vom Engländer vermuteten U-Bootspositionen, Feststellung der dem Engländer zugänglichen Anhalte —
Funkpeilungen, Sichtungen, U-Bootsangriffe, Ortungen durch Flugzeuge — auch
nach Rückkehr einer Anzahl von U-Booten etc.) hat zu einer gewissen Beruhi-
gung hinsichtlich des schweren Verdachtes geführt, daß dem Feind ein Einbruch
in die eigenen Schlüsselmittel gelungen sei oder daß er sonst ungewöhnliche
Kenntnisse unserer Operationen erhält.
Bis auf zwei bis drei ungeklärte Fälle lassen sich die englischen Angaben auf die
ihm zugänglichen Anhalte über U-Bootstandorte und die von ihm durchgeführte
Mitkopplung der Boote, ferner auf durchaus verständliche Kombinationen zu-
rückführen.
Als wichtigstes Ergebnis hat sich als so gut wie sicher herausgestellt, daß es dem
Gegner mit Hilfe der Flugzeug-Funkmeßortung möglich war, U-Bootsaufstellungen bis zu einer Genauigkeit zu erfassen, die für erfolgreiche Ausweichbewegungen seiner Geleitzüge ausreichend war. Wie immer bei derart neuen Praktiken
des Gegners hinken die Gegenmaßnahmen von unserer Seite einige Wochen hin-
terdrein, da

a) seine Umgehungsmaßnahmen erst nach mehrfacher Anwendung, z. T. nach
   Eingang erst Wochen später gelöster englischer Funksprüche (Bx-Meldungen)
   sichtbar werden,

b) Meldungen über festgestellte Funkortung in U-Bootsaufstellungen auf dem
   FT-Wege sehr spärlich eingingen, ihre häufige Anwendung durch den Gegner
   erst bei der Auswertung der U-Bootslagen und bei der mündlichen Bericht-
   erstattung der Kommandanten klar erkennbar wurde,

c) die technischen Möglichkeiten der ASV-Ortung (gleichzeitige Feststellung
   mehrerer Ziele auf größere Entfernungen, damit gleichzeitige Erfassung mehrerer Boote einer Aufstellung) noch unbekannt war.

1) A. 2) Die einwandfreie, durch den in den englischen U-Bootslagen häufig
auftretenden Zusatz 'radio located' erhärtete Tatsache der Feststellung von U-
Bootsaufstellungen durch Flugzeugortung bedeutete eine unangenehme Erschwe-
rung des bisher angewendeten Verfahrens, Geleitzüge durch Vorpostenstreifen zu
erfassen. Da bei den noch zu geringen U-Bootszahlen auf den Vorpostenstreifen
in vielen Fällen nicht verzichtet werden kann, wurde

a) den Booten Befehl gegeben, bei Feststellung von Flugzeugortung im Vorpostenstreifen sofort für etwa 30 Minuten zu tauchen (Voraussetzung für

eine erfolgreiche Auswirkung dieser Maßnahme ist das Vorhandensein eines stets ausgebrachten, klaren Fu.M.B.'s. Die z. Z. in der Front befindlichen Fu.M.B.-Antennen können jedoch nicht bei jeder Wetterlage gefahren werden. Eine Änderung tritt erst ab Anfang März ein, dem Zeitpunkt der Ausrüstung der Boote mit fest verlegten Fu.M.B.-Kabeln und Runddipolen.)

b) jegliches unnötige Warten im Vorpostenstreifen vor dem mutmaßlichen Passierzeitpunkt eines Geleitzuges vermieden, Aufstellung der Gruppen »Neptun«, »Ritter«, »Burggraf«, »Neuland«.

Mit westlichen bis südwestlichen Kursen sollten diese Gruppen auf den Geleitzugwegen bis in das Gebiet der Neufundland-Bank 'harken'. In der z. Z. noch allgemein bestehenden Schlechtwetterlage war die Vormarschgeschwindigkeit meist sehr gering. Die Aufstellung war im Hinblick auf die große Reichweite der ASV-Geräte und die hohe Geschwindigkeit und den Aktionsradius der englischen Flugzeuge beinahe noch als stationär zu bezeichnen. Z. Z. ist noch kein besseres Verfahren erprobt. Alle anderen Aufstellungen — z. B. das wahllose, unsystematische Streuen — hat nun einmal den Nachteil zu großer Lücken zwischen den einzelnen Booten.

Nach jedem durch eine solche 'Aufstellung' nicht erfaßten Geleitzug ergibt sich das 'Rätselraten', was tun'? Es fehlt die bei klaren linearen Aufstellungen doch bis zu einem gewissen Grade (Schlechtwetter-Nebelperioden ausgenommen) erlangte Gewißheit, daß der Geleitzug *nicht* durch das Gebiet der Aufstellung gelaufen ist, daß also ein Wechsel des Seegebietes bzw. Verfahrens erforderlich ist.

1) B. 1) Die Bekämpfung des Afrika-Nachschubes aus Nordamerika im Gebiet nördlich und südlich der Azoren hat zu keinem Erfolg geführt. Es ist nicht gelungen, mit Vorposten- bzw. Aufklärungsstreifen (»Rochen«, »Robbe«) einen UGS- oder GUS-Geleitzug zu erfassen. Die Ausweichmöglichkeiten des Gegners nördlich oder südlich des Großkreises sind bei der großen Länge der Gesamtstrecke ohne wesentliche Verlängerung des Geleitmarschweges sehr groß.

1) B. 2) Die schwierige Lage der Verteidigungskräfte des Brückenkopfes Tunis zwingt aber weiterhin zur Bekämpfung des Afrika-Nachschubes. Da einerseits die Bekämpfung der Geleitzüge im Gebiet der Gibraltar-Strecke wegen zu starker Abwehr wenig erfolgversprechend ist, andererseits, wie unter 1) beschrieben, die Erfassung der Geleitzüge auf halber Strecke wegen der Größe des Raumes fast aussichtslos ist, bleibt als letzter Versuch: Ansatz von *U-Booten* vor den nordamerikanischen Abgangshäfen, hier Erfassung der Geleitzüge und deren Verfolgung in den freien Seeraum. Hierbei ist festzustellen:

a) Die Luftabwehr im Küstenvorfeld ist voraussichtlich sehr stark, Aufstellung daher nur stationär.

b) Die Angaben über Auslaufhäfen und Abgangszeiten sind sehr lückenhaft, daher eine gewisse Anzahl von Booten erforderlich.

c) Die Abwehr insgesamt wird zur Mondzeit ein abgesetztes Operieren außerhalb des Küstenvorfeldes erforderlich machen.

Berücksichtigung dieser Tatsachen führt zu der Forderung nach einer genügenden Anzahl von Booten, von denen einige als Späher unmittelbar und stationär vor den Häfen, die anderen weiter abgesetzt als »Auffanggruppe« stehen und auf die Meldung der Späher beweglich operieren können.

Wegen der Länge des Anmarschweges, der geringen Anzahl von U-Booten kommen für diese Aufgabe z. Z. nur Boote des Typs IX c infrage. Es wurden hierfür abgeteilt die ursprünglich für Einsatz im Kapstadt-Raum vorgesehenen *U 172*, *U 515*, *U 513*, ferner *U 167*, *U 130*, *U 106*, *U 159* (siehe auch KTB vom 27. 2.).

2) Die Meldung von *U 333* vom 5. 3. und *U 156* vom 6. 3. bestätigen die seit einigen Wochen aufgetretenen Vermutungen, daß der Gegner neue Ortungs-methoden anwendet, die mit der jetzigen Fu.M.B.-Anlage nicht festgestellt wer-den können. Die Boote haben aus See- und bei Kommandanten-Besprechungen erst vereinzelt, dann häufiger gemeldet, daß sie (vor allem im Seegebiet Biscaya und im Seegebiet vor Trinidad) nachts von Flugzeugen angegriffen wurden oder daß in der Nähe plötzlich ein Flugzeugscheinwerfer aufleuchtete, ohne daß vor-her Ortung festgestellt wurde. Folgende neue Ortungsmethoden erscheinen nach bisherigen Beobachtungen und Überlegungen möglich:

a) Der Gegner arbeitet mit sehr hohen oder sehr niedrigen und deshalb kaum oder nicht hörbaren Impuls-Frequenzen.

Diese Möglichkeit wird durch die Beobachtung von *U 214* aus der Karibi-schen See erhärtet. Der Funkmaat Bruster hat, nachdem er kaum hörbare Impuls-Frequenzen feststellte, das magische Auge des Rundfunkempfängers Ela 10/12 in den Metox-Empfänger eingebaut, um die nicht hörbaren Im-puls-Frequenzen sichtbar zu machen und hat anscheinend auf diese Weise einmal eine Ortung festgestellt. Nach mündlichem Vortrag des Funkmaaten Bruster bei Chef M.N.D. und N.Wa ist der Einbau von magischen Augen in alle Empfänger auslaufender U-Boote angeordnet.

Außerdem sind am 6. 3. eine Reihe von Oszillographen mit Kurier in den Westraum abgesandt worden, die zusätzlich auf den Booten an die Metox-Empfänger angeschlossen werden sollen, um möglichst bald Klarheit darüber zu bekommen, ob der Gegner tatsächlich mit nicht hörbaren Impuls-Frequen-zen arbeitet.

Boote haben Befehl, ggf. Beobachtungen auf See durch FT zu melden.

b) Der Gegner arbeitet auf Trägerfrequenzen, die außerhalb des Frequenz-bereiches des jetztigen Fu.M.B.-Empfängers liegen. Der Abschuß einer feind-lichen Maschine über Holland, die anscheinend ein Gerät mit der Frequenz 5,7 cm an Bord hatte, ist vorläufig der einzige Anhalt für die Möglichkeit. Die Möglichkeit, daß der Gegner mit seiner Ortungsfrequenz aus dem Frequenzbereich unseres Fu.M.B.-Empfängers herauszugehen versucht, liegt jedoch nahe, so daß dies vorausschauend bedacht und ihr entgegengearbeitet werden muß.

c) Der Gegner setzt sein Gerät zum Suchen und Messen nur sehr kurzzeitig (2—3 sec) ein. Dieses Verfahren ist eine Weiterführung und Vervollkomm-nung des bereits beobachteten sparsamen Ortungsgebrauches. Dem Fu.M.B.-Beobachter wäre es in diesem Falle mit der jetzigen Fu.M.B.-Anlage nur sehr schwer und fast nur zufällig möglich, die Ortung festzustellen.

Theoretisch erscheint es wünschenswert, allen drei Möglichkeiten auf folgende Weise entgegenzutreten:

Einsatz eines aperiodischen, d. h. nicht abstimmbaren Empfängers mit optischer Sichtanzeige, bei dem jeder Ortungsimpuls, gleich welcher Träger- oder Impuls-Frequenz, sofort sichtbar wird. Einsatz eines zweiten abstimmbaren Empfängers zur weiteren eingehenden Beobachtung festgestellter Ortungen.

Ob diese Möglichkeit technisch durchführbar ist, bleibt nachzuprüfen. Weiteres in dieser Hinsicht wird unmittelbar mit zuständigen Stellen veranlaßt.

Anlage 15.5

Die »Sailing telegrams« der Konvois SC.122 und HX.229

A) SAILING TELEGRAM OF CONVOY SC.122

Text:

From: PORT DIR NYK

For action: AMIRALTY

For information: NSHQ, FONF, CTF 24, COMEASTSEAFRON, CTG 24.6
NOIC SYDNEY CB, COMINCH C-R ALL INFO;
FROM PORT DIR NYK COMEASTSEAFRON PASS TO COAC FOR INFO.

PART 1   2130Z/5   NCR 5472
PART 2   2136Z/5   NCR 5547

SAILING TELEGRAM
PART 1

THIS COMPLETES MY 041800.

SC 122

7. 14 COLUMNS: 2 4 4 3 4 5 5 3 3 4 4 4 3 2

8. CONVOY COMMODORE S N WHITE RNR IN GLENAPP
VICE COMMODORE F R NEIL MASTER IN BOSTON CITY

14. ALL SHIPS HOLD SP 272 (22) (23) AND SP 2406, 220
ALL U.S. SHIPS HOLD CSP 1321 GH FOLLOWING SHIPS
HOLD SP 2413:

CARTAGO	208
BEACON OIL	1644
VISTULA	256
PERMIAN	1122
SHIRVAN	1739
GLOXINIA	1191
CHRISTIAN HOLM	434
POLARLAND ISSUED ONLY	SP 2406, 220

15. TQ

Text:

From: PORT DIR. NEW YORK

For action: ADMIRALTY

For information: COMINCH C & R, NSHQ, COMEASTSEAFRON, C.T.F.24,
                 FONF, NOIC SYDNEY FOR INFO;
                 FROM PORT DIR. NEW YORK. COMEASTSEAFRON PASS TO COAC.

PART 1   2228Z/Ø5   NCR 5549
PART 2   2230Z/Ø5   NCR 552Ø

(1)   SAILING TELEGRAM SC-122.   PART 2

	(1Ø)	(11)	(12)	
PAN	PERMIAN	8.5	FUEL OIL	HALIFAX
BR	ASBJORN	12	BALLAST	HALIFAX
NOR	SEVILLA	9.5	GENERAL	ST. JOHNS
NOR	POLARLAND	7.5	GENERAL	ST. JOHNS FOR
BR	LIVINGSTON	8	GENERAL	ST. JOHNS FOR
PAN	ALCEDO	1Ø	GENERAL	ICELAND
NOR	ASKEPOT	9.5	ARMY SUPPL.	ICELAND
US	CARTAGO	13	REEFER	ICELAND
US	EASTERN GUIDE	8.5	AMMU, ARMY GENERAL	ICELAND
NOR	GUDVOR	8.5	GENERAL	ICELAND
PAN	GRANVILLE	8	GAS, GENERAL 35Ø MAIL	ICELAND
ICE	GODAFOSS	11	GENERAL 2 PASSEN- GERS	ICELAND
BR	CARSO	9	MINERALS	LOCH EWE
BR	KINGSBURY	8	BAUXITE GENERAL 2 PASSEN.	LOCH EWE
BR	KING GRUFFYDD	8.5		LOCH EWE
BR	EMPIRE SUMMER	8	EXPL. GENERAL 8 PLANES	LOCH EWE
SW	ATLAND	9	IRON ORE	LOCH EWE
NETH	ALDERAMIN	9.5	GENERAL	LOCH EWE
BR	EMPIRE GALAHAD	9.5	GENERAL REEFER 1 PASSEN.	U. K.
BR	INNESMOOR	8.5	WHEAT	LOCH EWE
PAN	BEACON OIL	9	POOL DIESEL OIL	CLYDE
GR	GEORGIOS P.	8.5	SUGAR	CLYDE
BR	BARON STRANREAR	8.5	IRON ORE	LOCH EWE
BR	CHRISTIAN HOLM	9	FUEL OIL	U. K.
BR	BRIDGEPOOL	8	LINSEED	LOCH EWE
BR	BARON ELGIN	8.5	SUGAR	LOCH EWE

331

BR	AYMERIC	9	IRON ORE	LOCH EWE
BR	GLENAPP	1Ø	AFRICAN PRODUCE 24 PASSEN.. 5ØØ MAIL	MERSEY
BR	BENEDICK	9	AD FUEL	CLYDE
BR	CLARISSA RAD- CLIFFE	7.5	IRON ORE	LOCH EWE
BR	VINRIVER	8	SUGAR	CLYDE
BR	HISTORIAN	7.5	GENERAL	MERSEY
BR	ORMINISTER	8.5	IRON ORE	LOCH EWE
BR	LOSADA	8.5	GENERAL 1 MAIL	MERSEY
BR	GLOXINIA	7.5	LUBE OIL	MERSEY
BR	FILLEIGH	8.5	GENERAL 17 MAIL	MERSEY
BR	LST 365	9		U. K.
BR	EMPIRE DUNSTAN	8	SUGAR	MERSEY
BR	SHIRVAN	8	GAS	BELFAST
BR	BOSTON CITY	9	GENERAL EXPL	BELFAST
BR	LST 3Ø5	9		U. K.
BR	DOLIUS	8.5	BAUXITE GENERAL 172 MAIL	BELFAST
US	VISTULA	9.5	PETRO PROD	BELFAST
BR	ENGLISH MONARCH	8.5	EXPL. GENERAL	BELFAST
BR	FORT CEDAR LAKE	9	EXPL. GENERAL	BELFAST
BR	BARON SAMPLE	9	GENERAL	BELFAST
GRK	CARRAS	8.5	WHEAT	BELFAST DOCKS
PAN	BONITA	8	STEEL TOBACCO	U. K.
US	MCKEESPORT	9.5	GRAIN GENERAL	U. K.
NETH	KEDOE	9.5	WHEAT ZINC ORE	BELFAST

M/FD/F GUARD SHIPS BRIDGEPOOL (R/T) DOLIUS.
ROVING FREQUENCY EMPIRE SUMMER (R/T) ESCORT OILER
     BENEDICK
STANDBY OILER CHRISTIAN HOLM

B) SAILING TELEGRAM OF CONVOY HX.229:

From: P.D. NEW YORK

For action: ADMIRALTY

For information: COMINCH C&R, COMEASTSEAFRON, CTF 24, CTG 24.6, NSHQ,
FONF, COMEASTSEAFRON PASS TO COAC FOR INFO)

Text:

THIS COMPLETES MY Ø72144

SAILING TELEGRAM PART 1 HX 229.

(7) 11 COLUMNS DOUBLE 3 SINGLE 4 SINGLE 3
6 COLUMNS 4 EACH SINGLE 3

(13) COMMODORE M J D MAYALL RNR IN ABRAHAM LINCOLN FOR BELFAST
VICECOMMODORE R J PARRY MASTER IN CLAN MATHESON FOR LOCH EWE

(14) ALL SHIPS HOLD RECODING TABLES 22 AND 23 AND SP 24Ø6, 261.
ALL US SHIPS HOLD CSP 1321 G H EXCEPT MARGARET LYKES HOLDS ONLY G
ONLY FOLLOWING SHIPS HOLD 1 SHIP PADS LUCULUS 11 Y4 NICANIA 67
EMPIRE CAVALIER 1182 SOUTHERN PRINCESS 56 SAN VERONICO 1683
BELGIAN GULF 179 PAN RHODE ISLAND 1569 MAGDALA 298 GULFDISC 1598
IRENEE DU PONT 14Ø1.

(15) A Z

Text:

From: PORT DIR NEW YORK

For action: ADMIRALTY

For information: COMINCH C&R, NSHQ, COMEASTSEAFRON, CTF 24, FONF
COMEASTSEAFRON PASS TO COAC FOR INFO.

PART 1 2152Z/8 NCR 7725
PART 2 224ØZ/8 NCR 7774

(1) SAILING TELEGRAM HX 229 PART 2-

(1Ø) (11) (12).

BR	CAPE BRETON	1Ø-1/2	LINSEED 1 PASS CLYDE
US	ROBERT HOWE	1Ø	GEN MERSEY
BR	EMPIRE KNIGHT	1Ø-1/2	GEN CLYDE
US	WALTER Q.GRESHAM	1Ø-1/2	FOOD 2 PASS CLYDE
US	WILLIAM EUSTIS	1Ø-1/2	SUGAR CLYDE
US	STEPHEN C FOSTER	11	SUGAR GEN 2 PASS MERSEY
BR	FORT ANNE	1Ø	LEAD PHOS LUMS LOCH EWE
BR	KAIPARA	12	REEFER GEN 15 MAIL MERSEY
BR	CANADIAN STAR	12-1/2	REEFER 22 PASS UKAY
US	MATHEW LUCKENBACH	11	GEN SOME MAIL UKAY
BR	NEBRASKA	1Ø-1/2	REEFER MERSEY
BR	REGENT PANTHER	1Ø-1/2	AV GAS UKAY
BR	ANTAR	1Ø	GEN 21 MAIL MERSEY

PAN	BELGIAN GULF	10-1/2	LUBE OIL MERSEY
BR	SAN VERONICO ND	12	GAS MERSEY
US	PAN RHODE ISLAND	11	AV GAS MERSEY
BR	EMPIRE CAVALIER	11	AV GAS MERSEY
NOR	ABRAHAM LINCOLN	12	EXPL GEN BELFAST
US	GULF DISC	11	AD FUEL CLYDE
US	JEAN	10	GEN 56 ARMY PASS SOME MAIL MERSEY
US	KOFRESI	10-1/2	ARMY STORES MERSEY
BR	CITY OF AGRA	13-1/2	GEN EXPL 46 PASS MERSEY
BR	SOUTHERN PRINCESS	10-1/2	FUEL OIL 26 PASS CLYDE
PAN	EL MUNDO	12	VAL GEN SOME MAIL MERSEY
US	MARGARET LYKES	11-1:2	GEN GRAIN MERSEY
US	IRENEE DUPONT	15	OIL GEN 9 PLANES MERSEY
BR	CORACERO	10	REEFER 1 MAIL MERSEY
BR	NIGERIA	11	GAS MERSEY
BR	TEKOA	13	REEFER GEN 442 MAIL MERSEY
BR	CLAN MATHESON	10	GEN 1 PASS 6 MAIL LOCH EWE
BR	NARIVA	10-1/2	REEFER MERSEY
DU	MAGDALA	10	AV GAS BELFAST
US	JAMES OGLETHORPE	10	GEN PLANES FOOD MERSEY
NOR	ELIN KONG	11	MANG WHEAT 339 MAIL BELFAST DOCKS
BR	LUCULUS	10	GAS OIL BELFAST
DU	ZAANDAND	11-1/2	REEFER WHEAT ZINC BELFAST
DU	TERKOELEI	10	ZINC WHEAT 7 MAIL BELFAST
US	HARRY LUCKENBACH	12	GEN UKAY
US	DANIEL WEBSTER	10-1/2	GEN BELFAST
US	HUGH WILLIAMSON	10	GEN 6 PLANES BELFAST

M/FD/F GUARD SHIPS CORACERO, NARIVA, NEBRASKA, SOUTHERN PRINCESS,
ROVING FREQUENCY TEKOA, KAIPARA, ALL GUARD SHIPS PLUS FOLLOWING
HAVE R/T BELGIAN GULF. EMPIRE CAVALIER. ABRAHAM LINCOLN. ESCORT
TAKER GULF DISC 62 STANDBY ESCORT TANKER SOUTHERN PRINCESS 72.

DIE U-BOOTANGRIFFE

U-Boot
1 angreifendes U-Boot

Zeit
1 Datum
2 Schußzeit (GMT)

Wetter
1 Windrichtung und Stärke (Beaufort Skala)
2 Seegang
3 Sicht in sm

Konvoi
1 Konvoi Nummer
2 Zahl der anwesenden Escorts

Beobachtung
1 angreifendes U-Boot nicht beobachtet von Konvoi oder Escort
2 HF/DF-Peilung des angreifenden U-Bootes
3 RDF (RADAR)-Ortung
4 optische Sichtung
5 ASDIC (SONAR)-Ortung

Zielansprache des angreifenden U-Bootes
1 Typ des angegriffenen Schiffes
2 Schätzung der BRT-Größe

Angriffsart
1 Überwasser-Angriff
2 Unterwasser-Angriff
3 Überwasser-Fangschuß
4 Unterwasser-Fangschuß
5 Zahl der gefeuerten Torpedos
6 Typ des verwendeten Torpedos

Entfernung
1 Entfernungsschätzung des U-Bootes
2 Laufzeit des Torpedos in min./sec.
3 tatsächliche Entfernung des Zieles

Erfolg
1 Treffer auf Ziel
2 Treffer auf anderem Schiff
3 Fehlschuß

U-Boot 1	Zeit	Wetter 1	Wetter 2	Wetter 3	Konvoi 1	Konvoi 2	Beob. 1	Beob. 2	Beob. 3	Beob. 4	Beob. 5	Zielanspr.	Angr. 1	Angr. 2	Angr. 3	Angr. 4	Angr. 5	Angr. 6	Entf. 1	Entf. 2	Entf. 3	Erfolg 1	Erfolg 2	Erfolg 3	Bemerkungen
U 603	16/2200	N-2	1	9	HX.229	4		x				S/S:6000	x				3	FAT / FAT / FAT	3000	4'.."	4000		x	x x	1 Treffer Stb. Seite No. 101 / ELIN K., gesunken in 4 min.
	16/2202	N-2	1	9	HX.229	4		x				S/S:6000	x				1	G7e	3000	–				x	
U 758	16/2323	NzE3	3	5	HX.229	3		x				S/S:6000	x				1	FAT	?	?		x			1 Treffer Stb. Seite No. 93 / J. OGLETHORPE, beschädigt
	16/2324											S/S:7000	x				1	G7e	?	?				x	
	16/2325											S/T:8000	x				1	FAT	?	–		x			1 Treffer Stb. Seite No. 103 / ZAANLAND, gesunk. in 1h 30min
	16/2332											S/S:4000	x				1	G7e	?	–				x	
U 435	17/0022	NE3	3	1	HX.229	5		x				S/T:7000	x				2	FAT / FAT	?	13'46"	12000		x	x	1 Treffer an Bb. Seite No. 22 / W. EUSTIS, beschädigt
U 338	17/0205	W2-3	2	12	SC.122	7				x		S/S:5000	x				2	G7e / G7e	1500 / 1500	1'50" / 1'50"	1600 / 1600		x x		je 1 Treffer Stb. Seiten No. 51 / KINGSBURY, 52 KING GRUFFYDD / beide gesunken
	17/0206											S/S:8500	x				2	G7e / G7e	860	1'00"	800	x	x		2 Treffer an Stb. Seite No. 61 / ALDERAMIN, gesunken
	17/0207											S/S:4000	x				1	G7e	6600	?	6000		x		1 Treffer an Bb. Seite No. 124 / FORT CEDAR LAKE, gesunken?

U-Boot	Zeit	Wetter			Konvoi		Beobachtung					Zielanspr.		Angriffsart						Entfernung			Erfolg			Bemerkungen
1	**1 2**	**1**	**2**	**3**	**1**	**2**	**1**	**2**	**3**	**4**	**5**	**1**	**2**	**1**	**2**	**3**	**4**	**5**	**6**	**1**	**2**	**3**	**1**	**2**	**3**	
U435	17/0230	NE3	2	5	HX.229		x					S/S:	7000	x				2	FAT	3500	?	3500			x x	Deton. nach 8m19s und 9m12s von Treffern von U91
	17/0232											S/S:	6000	x				1	G7e	3500	?	3500			x	Angriff von Bb. Seite
	17/0233											S/S:	4500	x				1	G7e	3500	?	3500			x	
U91	17/0237	NE3	2	5	HX.229		x					S/S:	8000	x				2	FAT	1860	–	?				
	17/0238											S/S:	10000	x				2	G7e G7e	1500	1'23" 1'23"	1280	x x			2 Treffer Stb. Seite No. 111 H. LUCKENBACH, gesunken
U435	17/0255	NE3	2	5	HX.229		x					S/T:	7000	x				1	G7e	?	–	?			x	
U616	17/0418	NNW3	4-5		Einzel		x					Zerstörer		x				4	G7e G7e G7e G7e	1500	– – – –	?	x		x x x	Angriff gegen BEVERLEY? Fehl
U600	17/0456	NNE4	3	6	HX.229		x					S/S: S/S: S/S: S/S:	7000 5000 5000 5000	x				4	FAT FAT FAT FAT	3000	?	2800 3600 3600	x x x		x	1, 2, 1 Treffer auf No. 91, 81, 72 NARIVA, IRENEE DU PONT, SOUTHERN PRINCESS, 91, 81 besch., 72 gesunken
	17/0457											S/S:	5000	x				1	FAT	3000	?	4200	x			
U228	17/0534	NNE4	3	6	Einzel		x					Zerstörer		x				3	G7e G7e G7e	2000	–	1240	x		x x x	Angriff gegen MANSFIELD, Fehl
U91	17/0739	NNE5	4	8	Nachzügler		x					S/S: S/S:	5000 6000			x		3	G7e G7e G7e	3200 3200 3400	3'30" 3'30" 3'40"	3200 3200 3350	x x x			2 Treffer auf J OGLETHORPE, 1 Treffer auf W. EUSTIS, beide gesunken
U228	17/0958	NNE4	3	7	Nachzügler		x					S/S:	6000		x			2	G7e G7e	?.?	?.?	?.?			x x	1 Treffer angenommen, tatsächl. Fehlschuß
U616	17/1033	NNE4	3	6	Einzel		x					Zerstörer			x			1	G7e	?	–	?			x	Angriff gegen ANEMONE, Fehl
U665	17/1057	NW	2	10?	Einzel?		x					S/S:	5000		x			2	G7e G7e	?	?. |	?		?		1 Treffer auf beschäd. FORT CEDAR LAKE möglich (?)
U616	17/1210	NNE4	3	6	Nachzügler		x					S/S:	5000			x		1	G7e	?	–	?			x	Angriff gegen NARIVA + I. DU PONT, Fehlschüsse

U-Boot	Zeit	Wetter 1	Wetter 2	Wetter 3	Konvoi 1	Konvoi 2	Beob. 1	Beob. 2	Beob. 3	Beob. 4	Beob. 5	Zielanspr. 1	2	Angr. 1	2	3	4	5	6	Entf. 1	2	3	Erfolg 1	2	3	Bemerkungen
U 384	17/1305	NNE 5	3-4	8	HX.229	3	x					S/S:	6000 4000 2500	x				3	FAT FAT FAT	? ? ?	? ? ?	? ? ?	x		x	2 Treffer Stb. Seite No. 91 TERKOELEI, gesunken
U 631	17/1306	NNE 5	3-4	8	HX.229	3	x		x			S/T:	7000	x				4	FAT FAT FAT FAT	? ?	? – –	? – –	x		x	1 Treffer Stb. Seite No. 81 CORACERO, später gesunken
U 338	17/1352	NW 2	3	14	SC.122	7	x		x	x		S/S:	10000	x				1	G7e	1200	–	–	x		x	Angriff gegen CARTAGO, Fehl
	17/1354											S/S:	5000		x			3	G7e G7e G7e	2000	2'30"	2300		x	x	1 Treffer auf No. 41 GRANVILLE, 1 Oberflächenläufer
U 91	17/1508	?	?	?	Nachzügler		x					S/S:	4000				x	1	G7e	?	?	?	x		x	Fangschuß IRENEE DU PONT
					Nachzügler		x					S/S:	7000				x	1	G7e	?	?	?	x		x	Fangschuß NARIVA
U 305	17/2208	NW 5	3-4	6	SC.122	7			x			S/S:	8400	x				2	G7e	1500	3'47"	3500		x	x	1 Treffer Stb. Seite No. 92 PORT AUCKLAND, beschädigt 1 Treffer Stb. Seite No. 84 ZOUAVE, gesunken
																			G7e	1500	5'07"	4700		x	x	
	17/2209											S/S:	6000	x				2	G7e	1500	3'58"	3700			x	Treffer auf PORT AUCKLAND oder WB von PIMPERNEL nicht logemacht
																			G7e							
U 305	17/2341	NW 4	2-3	6	Nachzügler		x					S/S:	6000		x			1	G7e	1450	1'34"	1450	x			Fangschuß PORT AUCKLAND
U 338	18/0155	NW 6	6	2	Nachzügler		x					S/S:	6000			x		1	G7e	?	–	?			x	PORT AUCKLAND gesunken bevor Torpedo Ziel erreichte
					Nachzügler																					
U 665	18/1435	NW 7	6	2	HX.229	4	x					S/S:	6000	x				3	G7e G7e G7e	?	–	?	x	x	x	Stb. Seite
	18/1440							x				S/S:	6000		x			1	G7e	?	?	?			x	Detonation gehorcht, Fehl
U 221	18/1543	NW 7	6	2	HX.229	4	x					S/S:	5495	x				1	G7e	3000	2'51"	2600	x		x	1 Treffer Bb. Seite No. 21 W. Q. GRESHAM, gesunken
	18/1549							x				S/S:	6843		x			4	FAT G7e G7e FAT	600	0'30" 0'32" –	500	x x		x x	2 Treffer Bb. Seite No. 33 CANADIAN STAR, gesunken

U-Boot	Zeit		Wetter			Konvoi		Beobachtung					Zielanspr.		Angriffsart						Entfernung			Erfolg			Bemerkungen
1	1	2	1	2	3	1	2	1	2	3	4	5	1	2	1	2	3	4	5	6	1	2	3	1	2	3	
U 666	19/0017		NW 3	2-3	6	SC.122	6	x					S/S: S/S:	4000 5000	x				4	G7e G7e G7e G7e	3000	– – – –	4000			x x x x	Angriff an Bb. Seite
	19/0034												S/S:	4000	x				1	G7e	3000	–				x	1 Detonation gehorcht
U 441	19/0450		NNW 4	3	7	HX.229	3	3	x				S/S: S/S:	7000 5000	x				4	FAT FAT G7e G7e	? ?	? ?	? ?			x x x	Angriff an St. Seite 3 Detonationen gehorcht
	19/0500												S/S:	5000	x				1	G7e	?	?	?			x	
U 608	19/0506		NNW 4	3	3	HX.229	3		x		x		Zerstörer		x				3	G7e G7e G7e	2000	5'34"	5150?			x x x	2 Detonationen gehorcht tatsächl. Wasserbomben von HIGHLANDER
U 666	19/0541		NW 3	2-3	6	SC.122	7		x				S/S: S/S: S/S: S/S:	3000 4000 7000 4000	x				4	G7e G7e G7e G7e	3000	– 3'15" 3'20" 3'20"	3000	x		x x	1 Treffer Stb. Seite No.131 CARRAS, beschädigt 2 weitere Detonationen gehorcht
U 527	19/0947		?		4	„Romper"	4	x					S/S:	8000		x			3	G7e G7e G7e	1200	4'16" – –	3950	x			1 Treffer auf „Romper" v. HX.229 MATHEW LUCKENBACH, besch.
U 523	19/1908		?		?	Nachzügler		x					S/S:	6000				x	1	G7e		2'19"	2150	x			Fangschuß M. LUCKENBACH, ges.
U 333	19/2028		?		?	Nachzügler		x					S/S:	5000				x	2	G7e G7e	2000	– 2'18"	? 2100	x			Fangschuß Fehl Fangschuß CARRAS, gesunken

338

DIE U-BOOTBEKÄMPFUNGEN

Datum/ Uhrzeit	(Konvoi) Escort	Pos. d. Escort in Bezug auf den Konvoi in m	Pos. des U-Bootes zum Konvoi in m	Art der Erfassung			Angriffe und benutzte Waffen				Ergebnisse/Beobachtungen
				erste m	zweite	dritte	No. Zeit	Anzahl	Type	Tiefen einstell.	
16/2355	ANEMONE (HX.229)	achteraus von Bb. Kolonnen 8300 m	achteraus 10650 m	opt. Sichtung 2750 m	Asdic 2000 m		1 0009 2 0048 3 0108 4 0126 5 0147	5 D/C MkVII 10 D/C MkVII 10 D/C MkVII Hedgehog 10 D/C MkVII		15/ 15 30/ 70 45/ 90 45/120	kein Ergebnis zu früh abgefeuert 1 schwere Explosion nur 4 abgefeuert, kein Ergebnis kein Ergebnis
17/0201	GLENAPP commodore No. 61 (SC.122)	–	voraus von No. 61 300 m	opt. Sichtung 300 m			1 0201	M/G fire			bei Angriff U 338 4 Schiffe in Konvoi torpediert
17/0517	MANSFIELD (HX.229)	Bb. Seite	Bb. achteraus	Asdic ?			1	D/Cs			keine Ergebnisse bekannt (Ortungsziel kein U-Boot?)
17/0635	BEVERLEY (HX.229)	Steuerb. querab 3650 m	Steuerb. achteraus 5550 m	Radar 2750 m	Asdic 1100 m		1 0645	7 D/C MkVII		15/ 45	kein Ergebnis
17/1120	ANEMONE (HX.229)	achteraus 50 sm	achteraus 50 sm	opt. Sichtung 11000 m	Asdic 1830 m		1 1154	10 D/C MkVII		45/120	kein Ergebnis
17/1352	BEVERLEY (HX.229)	Steuerb. voraus	Steuerb. voraus 15750 m	opt. Sichtung 15750 m	Asdic 1550 m		– 1453 – 1502 1 1521 2 1548 3 1635 4 1657 5 1718	1 D/C MkVII 1 D/C MkVII Hedgehog 10 D/C MkVII 10 D/C MkVII 1 D/C MkX 5 D/C MkVII		– 120 –/120 45/ 90 45/105 165	kein Ergebnis Hedgehog-Anlauf abgebrochen keine Detonationen kein Ergebnis kein Ergebnis keine Detonation (Versager) kein Ergebnis
17/1352 17/1407	GODETIA UPSHUR (SC.122)	Bb. querab 3650 m Bb. achteraus	Bb. voraus	Torpedo Laufbahn gesichtet 2750 m	Asdic 1000 m 600 m		G1 1407 U2 1420	10 D/C MkVII 8 D/C		30/ 70	kein Ergebnis/Angriff U 338 kein Ergebnis/No. 31 gesunken
17/.....	MANSFIELD (HX.229)	achteraus, aufschließend		?	?		1	D/Cs			keine Einzelheiten bekannt

Datum/ Uhrzeit	(Konvoi) Escort	Pos. d. Escort in Bezug auf den Konvoi in m	Pos. des U-Bootes in m	Art der Erfassung			Angriffe und benutzte Waffen				Ergebnisse/Beobachtungen
				erste m	zweite m	dritte m	No. Zeit	Anzahl Typ		Tiefen einstell.	
17/2206	PIMPERNEL (SC.122)	Steuerb. voraus 3650 m	Steuerb. voraus 2750 m	Radar 3650 m	Sichtung 2750 m		-				U-Boot taucht, kein Asdic-Kontakt. U 305 greift an, No. 92 torpediert
17/2215	REAVELEY No. 63 in (SC.122)	Pos. 63	zwischen 7. und 8. Kolonne	Sichtung			-				Sehrohr gesichtet, kein Kontakt durch Escorts
17/2356	GODETIA (SC.122)	achteraus 22200 m	achteraus	Radar 2750 m	Sichtung	Asdic	- 0005	1 D/C MkVII		30	Bei Rettungsarbeiten, Asdic war defekt
18/1555	PENNYWORT (HX.229)	Bb. achteraus Op. Raspberry		Asdic 1000 m			1 1637	6 D/C MkVII		45/ 90	kein Ergebnis
18/2144	LAVENDER (SC.122)	Bb. voraus 4570 m	Bb. voraus 7400 m	Radar 2920 m	Laufbahn gesichtet	Asdic 1550 m	1 2220 2 2231	10 D/C MkVII MkX 3 D/C MkVII		30 70 45 90	kein Ergebnis Ölspur, Explosion
19/0404	ANEMONE VOLUNTEER (HX.229)	achteraus von Bb. Kolonne	achteraus 5550 m	Sichtung 3650 m	Asdic 2200-2300 m		A 1 0410 V 1 0425 A 2 0438 A 3 0452 A 4 0514	10 D/C MkVII 10 D/C MkVII Hedgehog 9 D/C MkVII Hedgehog		45 120 45 90 150/165	kein Ergebnis kein Ergebnis nur 6 abgefeuert, keine Deton. kein Ergebnis nur 4 abgefeuert, keine Deton.
19/0420	PENNYWORT (HX229)	Steuerb. achteraus 3650 m	Steuerb. achteraus	Asdic 900 m			1 0428	6 D/C MkVII		30/ 30	kein Ergebnis
19/0447	HIGHLANDER (HX229)	Bb. voraus 6000 m	Bb. voraus 7400 m	Sichtung 3650 m	Radar 3500 m	Asdic 2200 m	1 0457 2 0505 3 0527 4 0542	10 D/C MkVII 14 D/C MkVII Hedgehog 14 D/C MkVII		30/ 70 45/ 90 60/120	kein Ergebnis kein Ergebnis nur 2 abgefeuert, keine Deton. Explosion 8m 30s später
19/0515	ANEMONE (HX229)	achteraus	achteraus 16 miles	Radar 2000 m Radar 3000 m	Sichtung 450 m	Asdic sehr nah	1 0532	4 D/C MkVII 4 D/C MkX		15/ 45 45/105	kein Ergebnis, 2 U-Boote gesichtet, nur 1 angegriffen nicht angegriffen, weil anderes Boot näher
19/0530	BABBITT (HX229)	Bb. querab 10 sm, aufschließend	Bb. querab	Radar 2000 m	Asdic		11 att.	53 D/Cs			Ölspur nach Angriffen
19/0548	SWALE	Steuerb. querab	Steuerb. voraus	Radar	Asdic		1 0557	14 D/C MkVII MkX		15/ 70	kein Ergebnis

340

Anlage 15.8

Die Flugzeugmeldungen und die Entzifferungen des xB-Dienstes

Flugzeugmeldung					Deutsche Entzifferung		
Date / Time GMT	Aircraft	Position of U-boat relative to convoy	Method of detection	Weapons used	Tag /Uhrz. MEZ	Position	Text der entzifferten Meldung
17/0822	Liberator M/86	20 m pt.beam SC.	Sighting	4 D/Cs.	17/1035	5223 N/ 45 W	tauchendes U-Boot, Kurs 200°, Fahrt 8 sm
17/0935	Liberator M/86	10 m pt.bow SC.	Sighting	2 D/Cs.	17/1115	5225 N/ 59 W	tauchendes U-Boot, Kurs 100°, Fahrt 6 sm
	(Liberator M/86)						
17/1336	Liberator G/120	10 m pt. beam SC.	Sighting	4 D/Cs.	17/1437	5132 N/3010 W	tauchendes U-Boot, Ostkurs
17/1448	Liberator G/120	10 m stb.bow SC.	Sighting	D/C fail	17/1548	5128 N/2932 W	Sehrohr, Kurs 330°
17/1908	Liberator J/120	25 m stb. beam HX.	Sighting	2 U-boats	17/2006	5119 N/3019 W	U-Boot, Kurs 45°, Fahrt 10 sm
				5 D/Cs.	17/2008	5121 N/3000 W	tauchendes U-Boot, Kurs 45°, Fahrt 10 sm
17/1947	Liberator J/120	25 m stb. quart. HX.	Sighting	3 U-boats	17/2151	5118 N/3031 W	3 tauch. U-Boote, Kurs 20°, Fahrt 10 sm
17/1956	Liberator J/120	25 m stb. quart. HX.	Sighting	1 D/Cs.	17/2156	5113 N/3020 W	tauchendes U-Boot, Kurs 20°, Fahrt 10 sm
18/1328	Liberator E/120	10 m stb. quart. SC.	Sighting	4 D/Cs.	18/1428	5331 N/2745 W	U-Boot
18/1640	Liberator N/120	60 m astern HX.	Sighting	—	18/1750	5310 N/2925 W	tauchendes U-Boot, Kurs 70°, Fahrt 7 sm
18/1712	Liberator B/120	22 m astern SC.	Sighting	2 D/Cs.	18/1812	5308 N/2612 W	U-Boot
18/1722	Liberator X/120	35 m stb. quart. SC.	Sighting	—	18/1822	5302 N/2750 W	tauchendes U-Boot, Kurs 70°, Fahrt 12 sm
18/1750	Liberator B/120	8 m starb.qu. SC.	Sighting	4 D/Cs.	18/1845	5302 N/2752 W	U-Boot
18/1757	Liberator N/120	50 m astern HX.	Radar/Sight—				
18/1811	Liberator X/120	10 m stb. bow SC.	Sighting	3 D/Cs.			
18/2005	Liberator M/120	40 m stb. quart. HX.	Sighting	6 D/Cs.	18/1845	5320 N/2752 W	U-Boot, Kurs 360°
					18/2106	5312 N/2840 W	U-Boot, Kurs 45°, Fahrt 10 sm
					18/2128	5335 N/2913 W	U-Boot, Kurs 90°, Fahrt 4 sm
18/2038	Liberator B/120	22 m stb. quart SC.	Sighting	—	18/2136	5315 N/2800 W	U-Boot

19/0824	Fortress B/206	30 m Bb. quart. HX.	Sighting	4 D/Cs.	19/0924	5435 N/2530 W	U-Boot, Ostkurs
19/0914	Fortress M/220	16 m stb. quart. SC.	Sighting	4 D/Cs.	19/1014	5355 N/2331 W	tauchendes U-Boot, Kurs 330°
19/1045	Sunderland E/423	26 m stb. bow SC.	Sighting	—	19/1155	5403 N/2246 W	Sehrohr, Ostkurs, Fahrt 5 sm
					19/1333		über U-Boot (Flugzeug wie 1155)
19/1232	Sunderland E/423	5 m pt.beam. SC.	Sighting	2 D/Cs.	19/1316	5440 N/2548 W	tauchendes U-Boot, Kurs 10°
					19/1318	5440 N/2548 W	(gleiches Flugzeug) Wasserbombenangriff
19/1216	Sunderland V/228	48 m astern SC.	Sighting	4 D/Cs.	19/1333	5440 N/2548 W	(gleiches Flugzeug) über U-Boot
19/1925	Liberator J/120	45 m pt.quart. SC.	Sighting	2 D/C.	19/2026	5424 N/2319 W	tauchendes U-Boot, Ostkurs, Fahrt 10 sm
					19/2028	5424 N/2319 W	(gleiches Flugzeug) Wasserbombenwurf
19/2330	Liberator J/120	9 m stb.quart. SC.	Sighting	D/C fail	20/0030	5417 N/2114 W	tauchendes U-Boot, Kurs 90°, Fahrt 11 sm
20/0750	Sunderland Z/201	18 m stb.quart. SC.	Sighting	2 D/Cs.	20/0855	5438 N/1921 W	tauchendes U-Boot, Kurs 220°, Fahrt 10 sm
20/0835	Sunderland H/423	35 m astern SC.	Sighting	—	20/0938	5427 N/1950 W	tauchendes U-Boot
20/0855	Sunderland F/423	110 m stb.qu. SC.	Sighting	5 D/Cs.	20/1003	5404 N/2157 W	U-Boot
					20/1004	5404 N/2035 W	(gleiches Flugzeug) Wasserbombenwurf
					20/1015	5420 N/2035 W	U-Boot
					20/1427	5422 N/1910 W	U-Boot
20/1327	Sunderland F/423	60 m stb quart. SC.	Sighting	1 D/C.	20/1430	5422 N/1910 W	(gleiches Flugzeug) Angriff im Tiefflug
20/1613	Sunderland T/201	250 m astern SC.	Sighting	—	20/1445	5530 N/1930 W	tauchendes U-Boot, Kurs 270°, Fahrt 10 sm
					20/1716	5438 N/2450 W	tauchendes U-Boot
					20/1800	5447 N/2303 W	U-Boot
20/1744	Sunderland T/201	210 m pt.quart. SC.	Sighting	6 D/Cs.	20/1910	5530 N/2315 W	U-Boot, wahrscheinlich 2 Treffer.

Anlage 15.9.

DER ABSCHLUSSBERICHT des Befehlshabers der Unterseeboote vom
20. 3. 1943:

(Quelle: Kriegstagebuch des Befehlshabers der Unterseeboote 20. März 1943)

ABSCHLUSSBETRACHTUNG GELEITZUG NR. 19

Die Geleit-Operation auf den nach England gehenden HX-Geleitzug dauerte
vier Tage, vom 16. 3.—20. 3. 1943. Bei sehr schwerem Westwetter wurde am
16. morgens der Geleitzug in BD 1491 erfaßt. Die frühe Tageszeit hatte zur
Folge, daß die im Streifen stehenden Burggraf-Boote fast alle bis zum Abend
des selben Tages noch dran sein konnten, um gleich in der ersten Nacht den Geleitzug überraschend anzugreifen. Wie bei so vielen Geleitzugoperationen hatte auch
dieser überraschende Angriff vieler Boote in der ersten Nacht den größten Erfolg.
Insgesamt wurden 38 Boote angesetzt, die am zweiten Tag und in der zweiten
Nacht alle dran sein konnten. An- und abmarschierende Boote eingerechnet
konnten pro Tag ca. zwanzig Boote im Durchschnitt in der Nähe des Geleitzuges
stehen.
Die Operation wurde am zweiten Tag durch das unsichtige Wetter sehr beeinflußt, so daß leider bei Beginn der zweiten Nacht nur noch wenig Boote in der
Nähe des Geleites standen. Am zweiten Tage war dann morgens um 03.00 Uhr
ein zweiter Geleitzug, wahrscheinlich der SC-Geleitzug, der im gleichen Seegebiet nur 120 sm voraus stand, erfaßt. Da die Standorte der Führung nicht genau
bekannt sein konnten, hatten die einzelnen Boote freies Manöver und konnten
auf das ihnen am nächsten stehende Geleit operieren. Dadurch wurde ein Teil der
Boote vom Hauptgeleit abgezogen und operierte auf das neue Geleit.
Die Fühlung an beiden Geleiten konnte mit kleinen Unterbrechungen gehalten
werden. Aber schon am zweiten Tag setzte eine erhebliche Luftabwehr ein, mit
Land- und Seeflugzeugen. Auch die Sicherung durch Überwasserstreitkräfte
wurde stärker, so daß die Boote vom zweiten Tage an ein sehr schweres Kämpfen
hatten. Dieses wurde dann an den beiden letzten Tagen der Operation noch erschwert durch besonders ruhige Wetterlage im Gebiet des Geleitzuges. Trotz der
sehr erschwerenden Umstände für die Boote konnten aber nach dem ersten Schlag
laufend weitere Erfolge erzielt werden, z. T. in Unterwasserangriffen am Tage.
Insgesamt wurden 32 Schiffe mit 186.000 BRT und ein Zerstörer versenkt, außerdem weitere neun Treffer auf Schiffe erzielt. Dies ist der bisher größte Erfolg
in einer Geleitzugschlacht. Umso erfreulicher, als fast 50 v. H. an dem Erfolg
der Boote beteiligt sind.
Nach dem ersten Überraschungsschlag wurde die Abwehr des Gegners zusehends
stärker. Trotzdem ging wahrscheinlich kein Boot bei der Geleitoperation verloren.
Möglicherweise ist U 384 noch nach Abbruch der Operation von der feindlichen
Luft erfaßt worden. Dieses Boot meldete seitdem nicht mehr. Zwei Boote wurden
durch Fliebos schwer beschädigt, so daß Unternehmung abgebrochen werden
mußte. Fast alle Boote erhielten Wabos und Fliebos, die aber bis auf die beiden
stark beschädigten Boote keine ernsten Folgen hatten.

VORLÄUFIGE BEMERKUNGEN ZUR FRAGE DER SICHERHEIT DER DEUTSCHEN SCHLÜSSELMITTEL

Erst nach Fertigstellung des Manuskriptes des vorliegenden Bandes wurden dem Verfasser drei in Polen, Frankreich und England erschienene Bücher[1] bekannt, die sich mit den Erfolgen alliierter Entzifferungsdienste gegenüber dem verschlüsselten Funkverkehr der deutschen Wehrmacht beschäftigen. Im folgenden soll zunächst knapp über das sich aus diesen Büchern ergebende Bild referiert werden, ehe dazu Stellung genommen wird — soweit es die in Großbritannien noch weiter aufrechterhaltene Geheimhaltung in dieser Frage erlaubt, die eine Nachprüfung der Behauptungen vorerst unmöglich macht, und soweit es die schwierige Quellenlage in der Bundesrepublik Deutschland und die sich vorerst zum Teil noch widersprechenden Zeugenaussagen zulassen. Dem Inhalt dieses Buches entsprechend sollen sich die ausdrücklich als *vorläufig* bezeichneten Bemerkungen auf die mit der Entzifferung des deutschen Marine-Funkverkehrs im Zusammenhang stehenden Fragen beschränken. Der Verf. beabsichtigt, zu diesen Fragen später in einer gesonderten, in die Details gehenden Veröffentlichung ausführlicher Stellung zu nehmen.

DIE LÖSUNG DER »ENIGMA«-SCHLÜSSELVERFAHREN

Das Chiffrierbüro des polnischen Heeres unter dem späteren Oberst Langer erkannte bereits 1928 die Verwendung von Schlüsselmaschinen bei der deutschen Reichswehr, im gleichen Jahr als das Heer die von der Firma »Chiffriermaschinen A. G.« in Berlin hergestellten Maschinen vom Typ »Enigma G« einführte. Mit Hilfe von Mathematikern und Analytikern versuchte man, die Maschine in ihren technischen Einzelheiten zu analysieren und ihre Verfahren zu lösen. Dabei nutzte man auch sich bietende Gelegenheiten zur Werkspionage.

In Frankreich wurde das Interesse an den in der Reichswehr verwendeten Schlüsselmaschinen anscheinend durch einen Angestellten der Chiffrierstelle des Reichswehrministeriums geweckt, der sich dem französischen Nachrichtendienst als Agent anbot. Tatsächlich ist dieser Agent »Asche« von Oktober 1931 bis Sommer 1939 neunzehn Mal mit Offizieren des französischen Heeres-Nachrichtendienstes an verschiedenen Plätzen Europas zusammengetroffen und hat dabei insgesamt 303 Dokumente, darunter Vorschriften wie die »Gebrauchsanleitung« und die »Schlüsselanleitung« für die Chiffriermaschine »Enigma«, laufende Schlüsselunterlagen von 1931—1934, Material aus der Forschungsstelle der Luftwaffe und vieles andere, übergeben. Dieses Material wurde im Rahmen einer im Dezember 1931 beginnenden Zusammenarbeit zu wesentlichen Teilen auch dem polnischen Entzifferungsdienst zur Verfügung gestellt, der dafür entsprechende nachrichtendienstliche Erkenntnisse an Frankreich lieferte. Bereits im Jahre 1932 gelangen in Polen auf diese Weise erste Teillösungen, doch dauerte es nach Einführung der verbesserten Schlüsselmaschine »Enigma-I« in der Reichswehr bis zum Frühsommer 1939, bis dem polnischen Entzifferungsdienst der Nachbau der »Enigma«-Schlüsselmaschine gelang.

Nachdem Ende 1938 auch auf diesem Gebiet eine Zusammenarbeit zwischen

---

[1] Kozaczuk, Wladyslaw: Bitwa o tajemnice. Warszawa: Książka i Wiedza 1967.
Bertrand, Gustave: Enigma ou la plus grande énigme de la guerre 1939—1945. Paris: Librairie Plon 1973.
Winterbotham, F. W.: The Ultra Secret. London: Weidenfeld & Nicolson 1974.

Frankreich und Großbritannien begonnen hatte, kam es am 24./25. Juli 1939 in Warschau zu einem ersten Treffen der Experten aus England (Denniston, Knox), Frankreich (Braquenié, Bertrand) und Polen, bei dem Oberst Langer den Besuchern die nachgebaute »Enigma«-Maschine vorführte. Im August 1939 wurde je ein Exemplar dieser Maschine von Polen nach Paris und London überführt. Bei dem schnellen Zusammenbruch der polnischen Armee im September 1939 kamen die Leistungen des polnischen Entzifferungsdienstes nicht mehr zum Tragen. Das Team des Obersten Langer entkam jedoch über Rumänien nach Frankreich und wurde hier in den französischen Entzifferungsdienst eingegliedert. Mit dieser erfahrenen Hilfe und weil man selbst schon länger in der Materie arbeitete, kam der französische Entzifferungsdienst vom 28. Oktober 1939 ab zunehmend zu Erfolgen. In der Zeit bis zum Beginn des deutschen Norwegen-Feldzuges gelang die Lösung von 25 Tagesschlüsseln – d. h. der jeweils täglich wechselnden Einstellungen der Schlüsselmaschine – und die Entzifferung von 947 Funksprüchen, zunächst vor allem der Luftwaffe, dann auch des Heeres. Vom 11. April bis 12. Mai 1940 wurden an 27 Tagen 768 Funksprüche entziffert. Während des Frankreich-Feldzuges waren es vom 20. Mai bis 14. Juni 1940 zusammen 3074 Funksprüche. Insgesamt sind von Ende Oktober 1939 bis Juni 1940 141 Tagesschlüssel nachgebildet worden, allerdings nur knapp die Hälfte davon so kurzfristig, daß daraufhin noch operative oder taktische Maßnahmen hätten getroffen werden können, wenn die höhere Führung dieser durch die Funkaufklärung gegebenen Hilfe mehr Zutrauen entgegengebracht hätte.

In England wurde im August 1939 die von Alistaire Denniston geleitete »Government Code and Cipher School« von London nach Bletchley Park verlegt mit dem Auftrag, unter Einsatz von Mathematikern, Analytikern, sonstiger Fachexperten und geeigneter Maschinen an der Lösung der deutschen, auf der »Enigma« beruhenden Schlüsselverfahren zu arbeiten. Im September 1939 wurde auch die militärische Dienststelle des »Secret Intelligence Service«« (SIS) nach Bletchley Park verlegt. Offenbar scheint es zwischen den Intelligence Groups der Regierung, der Army und der Air Force bald zu einer engen Zusammenarbeit gekommen zu sein, während die Royal Navy sich — aus noch zu schildernden Gründen — zunächst abseits hielt. Unter Verwendung polnischer Verfahren und Techniken ging man in Bletchley Park daran, eine Art Computer zu konstruieren, dem man die umfangreiche Arbeit übertragen konnte, die Fülle des täglich eingehenden Funkspruchmaterials, das die den deutschen Funkverkehr überwachenden Funkhorchstellen aufgezeichnet hatten, nach Verkehrs- und Schlüsselkreisen zu sortieren, um aus den sortierten Funksprüchen dann mit Hilfe von Lochschablonen und anderen Hilfsmitteln Parallelstellen herauszusieben, mit deren Hilfe zunächst der gültige Tagesschlüssel eines Schlüsselkreises gelöst werden konnte. Dabei spielte eine Anordnung von sechs hintereinander geschalteten, nachgebauten »Enigma«-Maschinen, genannt »the bomb« (nicht wie Winterbotham sagt, »bronzene Göttin«), eine besondere Rolle.

Nachdem eine erste Version dieser neuen Anordnung in Betrieb genommen war, fielen ab April 1940 die ersten brauchbaren Ergebnisse an, zunächst vor allem Entzifferungen, die den personellen Bereich der Luftwaffe betrafen. Dabei spielte es eine Rolle, daß diese im Rahmen des Flugbetriebs auf Funkverkehr angewiesen war, aber auch, daß in ihrem Bereich eine geringere Funkdisziplin herrschte als beim Heer, das seinen Nachrichtenverkehr, so weit es anging, auf dem Drahtweg abwickelte, den die Funkaufklärung nicht erfassen konnte. Erst als im Frankreich-Feldzug 1940 die über Funk geführten Panzergruppen ihre schnellen Vorstöße unternahmen, gingen auch aus diesem Bereich ausreichende Funkspruchmengen ein, so daß Entzifferungen möglich wurden.

Doch war die Lösung eines Tagesschlüssels zu dieser Zeit noch eine sehr zeitraubende Operation. So fielen taktisch oder operativ nutzbare Entzifferungen nur in größeren Abständen an. Winterbotham, der seit dieser Zeit u. a. für die Sicherheit der nun »Ultras« genannten Entzifferungen und für ihre Übermittlung an Churchill verantwortlich war, gibt an, daß die Entzifferungen aus dem Bereich der Luftwaffe während der Luftschlacht um England große operative Bedeutung erlangten, wobei er allerdings im Vergleich dazu die Rolle des Radar übergeht. Auch in der Periode der Vorbereitung auf die Abwehr der deutschen Landung in England (Operation »Seelöwe«) sollen die »Ultras« bedeutsam gewesen sein. In den folgenden Kapiteln seines Buches schildert Winterbotham dann die in seinen Augen entscheidende Rolle, die »Ultra« während der Kämpfe in Nordafrika 1941/42, in Sizilien und Italien 1943, vor allem aber während der Invasion und der Endkämpfe in Deutschland 1944/45 spielte. Dabei wird vor allem deutlich, daß die Ergebnisse von »Ultra« im Verlaufe des Krieges zunehmend kurzfristiger anfielen, bis es gegen Ende möglich gewesen sein soll, den deutschen Funkverkehr praktisch verzugslos zu entziffern, so daß die britische Führung die Sprüche gleichzeitig mit den deutschen Empfängern mitlesen konnte. Während Winterbotham sich als Fliegeroffizier vorwiegend für Luft- und Landoperationen interessiert, unterlaufen ihm bei der Schilderung der Rolle von »Ultra« im Seekrieg, die nur ein kurzes Kapitel umfaßt, nach dem Urteil eines besonders sachkundigen britischen Rezensenten[2] gravierende Irrtümer. Auch seine Schilderung des Einflusses von »Ultra« auf den Erfolg der amerikanischen »Magic«-Operationen gegen die japanischen Codes ist schlicht falsch. Tatsächlich begann das Entzifferungssystem der U. S. Army unter William Friedman, auf früheren ähnlichen Arbeiten aufbauend, bereits 6—7 Monate bevor Bletchley Park ins Leben gerufen wurde, mit der Lösung der japanischen »Enigma«-Maschine »Purpur«. Im August 1940 war ein Nachbau-Exemplar fertig, ein zweites ging zunächst an die U. S. Navy, das dritte schließlich wurde im Januar 1941 mit dem britischen Schlachtschiff King George V. nach England gebracht, um dann in Singapore gegen den japanischen diplomatischen Verkehr eingesetzt zu werden. Als Gegenleistung lieferte Großbritannien erst damals Erkenntnisse über die deutschen Schlüsselverfahren an die U. S. A., über die Lieferung einer deutschen »Enigma«-Maschine im Rahmen dieses Tausches ist jedoch bisher nichts bekannt.

DIE ARBEIT AM MARINE-»FUNKSCHLÜSSEL M«.

Die Royal Navy bemühte sich zunächst, selbständig in die deutschen Marine-Schlüsselverfahren einzudringen, wenn sie auch über den als Verbindungsoffizier kommandierten Lt.Cdr. M. G. Saunders Verbindung mit Bletchley Park hielt. Das erschien solange sinnvoll, als man sich in Bletchley Park — von den polnisch-französischen Vorarbeiten ausgehend — nur mit der »Enigma«-Maschine beschäftigte, die vom deutschen Heer, der Luftwaffe und verschiedenen oberen Reichsbehörden, nicht aber von der Kriegsmarine in ihrem internen Verkehr benutzt wurde. Diese besaß einen eigenen »Funkschlüssel M«. Zwar arbeiteten die von der gleichen Firma entwickelten Maschinen nach dem gleichen Prinzip des vielspaltigen Buchstabentausches, doch gab es gravierende Unterschiede. Beide besaßen ein Tastenfeld mit 26 Buchstaben. Der Strom lief durch ein Steckerbrett, dessen Buchsen durch Doppelsteckerschnüren verbunden werden konnten, durch

[2] Rezension des Buches von Winterbotham durch Captain Stephen W. Roskill, den Verf. des offiziellen britischen Seekriegswerkes 1939—1945, in: Naval Review 1975, S. 185—188.

einen Walzenteil mit drei auswechselbaren Schlüsselwalzen, auf deren Buchstaben- oder Zahlenringen man 26 verschiedene Schaltungen einstellen konnte, und durch eine Umkehrwalze wieder zurück zu dem mit 26 Birnen ausgestatteten Glühlampenfeld, auf dem dann der verschlüsselte Buchstabe aufleuchtete. Die »Enigma-I« besaß aber nur fünf austauschbare Schlüsselwalzen, von denen jeweils drei eingesetzt waren, während der »Schlüssel M« außer diesen fünf drei weitere marineinterne Schlüsselwalzen benutzte. Außerdem wurden beim »Schlüssel M« bis zu 10 Steckerkontakte statt der bei der »Enigma« üblichen 6 hergestellt. Damit ergab sich eine erhebliche Vermehrung der Möglichkeiten. Tatsächlich scheint der Royal Navy vor dem Mai 1941 kein wesentlicher Einbruch — von Zufallslösungen abgesehen — gelungen zu sein, obgleich die Schaltungen der Walzen I—V bereits bekannt waren.

Deshalb waren die auf U 110 am 8. Mai 1941 erbeutete Schlüsselmaschine, eventuell auch die auf dem Vorpostenboot Krebs am 3. März 1941 erbeuteten, an diesem Tag unbenutzten 5 Schlüsselwalzen von entscheidender Bedeutung, konnte man doch nun darangehen, auch für die Lösung der Marine-Schlüsselverfahren mit den Methoden von Bletchley Park zu arbeiten, dessen Organisation sich die Royal Navy nun voll anschloß. Es dauerte sicher eine gewisse Zeit, bis die entsprechenden technischen Vorbereitungen getroffen waren, und auch dann gab es noch große Probleme, welche insbesondere den Zeitfaktor betrafen.

Zunächst konnte man zwar für die Zeit, welche die auf U 110, den Wetterschiffen München, August Wriedt und Lauenburg sowie den Versorgern Gedania und Lothringen im Mai/Juni 1941 erbeuteten Schlüsselunterlagen abdeckten, den Funkverkehr der betroffenen Schlüsselkreise (Front-U-Boote, Wetterschiffe, Versorgungsschiffe) mitlesen. Die Aufrollung der deutschen Überwasserversorgungsorganisation im Atlantik, die im Zusammenhang mit der Bismarck-Operation aufgebaut worden war, und die Umgehung der deutschen Atlantik-U-Boot-Aufstellungen durch die Konvois im Juni, Juli und August 1941 waren die Folge. Die anderen Schlüsselkreise, der Funkverkehr der Flotte, der Sicherungsstreitkräfte in Norwegen, im Kanal und der Biskaya, der Verbände in der Ostsee usw., waren davon nicht betroffen. Um in diesen Verkehr einzudringen und um nach dem Auslaufen der Schlüsselunterlagen den der zuerst erwähnten Schlüsselkreise, insbesondere den der Atlantik-U-Boote, entziffern zu können, mußte zunächst der für den jeweiligen Schlüsselkreis geltende Tagesschlüssel gelöst werden. Erschwert wurde die Arbeit dadurch, daß das bei Kriegsbeginn eingeführte Kriegsfunkverfahren die äußeren Merkmale weitgehend reduzierte und damit eine Sortierung des aufgenommenen Funkspruchmaterials bereits zu einer sehr zeitraubenden Aktion werden ließ. Bei der großen Zahl von Einstellmöglichkeiten war dann die Rekonstruktion des Tagesschlüssels die aufwendigste und zeitraubendste Arbeit, die mit den damaligen Computern zwar erleichtert, aber nicht unnötig gemacht werden konnte. Die Verbesserungen in den Verfahren, die zu einer Beschleunigung führen konnten, wurden bis zum Frühjahr 1943 immer wieder durch die Einführung neuer Schlüsselkreise (Anfang 1943 waren es rund 40), die zusätzliche Parallelarbeit erforderten, in ihrem Wert relativiert. Sicher ist es in England nicht möglich gewesen, alle diese Schlüsselkreise mit der gleichen Intensität zu bearbeiten. Bestimmte, für die britische Kriegführung besonders wichtige, wie der »Schlüsselbereich« Triton« für die Atlantik-U-Boote, werden wohl vordringlich angegangen worden sein.

Setzt man hier einmal die für die Lösung eines Tagesschlüssels maximal notwendige Zeit, mag sie nun anfangs nach Wochen, später nach Tagen und zuletzt nach Stunden zu berechnen sein, gleich 100, dann konnte man Glück haben, und beim Zeitfaktor 5 war die Lösung gefunden. Man konnte aber auch in anderen

Fällen erst beim Faktor 95 dieses Ziel erreichen. Bringt man diesen Zeitfaktor nun mit dem zeitlichen Vorlauf bei der Funkführung der U-Boote anhand des folgenden Ablaufschemas (das nur einen summarischen Anhalt bieten kann) in Verbindung, dann wird deutlich, welche Arten von entzifferten Signalen mehr und welche weniger für eine operative oder taktische Nutzung infrage kamen.

Im allgemeinen erhielten neu ausgelaufene Boote nach ihrer Passiermeldung auf der Island-Faröer-Enge oder auf 20° West vor der Biskaya vom B. d. U. ein Ansteuerungs-Quadrat mitgeteilt, in dem die Boote für eine geplante neue Aufstellung zusammengeführt werden sollten. Um den Anmarsch möglichst brennstoffsparend durchführen zu können, mußten diese Ansteuerungsquadrate meist schon eine Woche oder länger vor dem geplanten Eintreffen gefunkt werden. Wurde ein solcher Funkspruch z. B. nach fünf Tagen entziffert, so konnte die Admiralität einen durch dieses Gebiet laufenden Konvoi noch umleiten. Die Angaben in den vom deutschen Entzifferungsdienst entzifferten alliierten U-Bootlagen vom Januar/April 1943 lassen vermuten, daß die alliierten Führungsstellen ihre Annahmen über in einem bestimmten Gebiet befindliche U-Boote — neben Erkenntnissen aus anderen Zweigen der Funkaufklärung — vor allem auf die Entzifferung solcher, längere Zeit im voraus gegebener Aufmarschbefehle stützten.

Als nächsten Schritt mußte der B. d. U. dann aufgrund seiner Lagebeurteilung, die sich ebenfalls wesentlich auf die deutsche Funkaufklärung stützte, seinen Vorpostenstreifen so aufstellen, daß er den nächsten erwarteten Konvoi fassen konnte. Dieser Befehl mußte meist 2—4 Tage im voraus gegeben werden. In diesem Falle war die britische Reaktionszeit schon wesentlich kürzer, und sie dürfte oft nicht mehr ausgereicht haben, um noch Ausweichbewegungen einzuleiten. Nur wenn die Lösung des Tagesschlüssels schon bei 5, 10 oder 15 % der Maximalzeit gelang, konnten die Konvois noch um Aufstellungen herumgeführt werden.

Oft wurden nun aber gerade Anfang 1943 die alliierten Ausweichbefehle vom deutschen Funkentzifferungsdienst so rechtzeitig entziffert, daß der B. d. U. noch mit Verschiebungen seiner Streifen darauf reagieren konnte. In diesen Fällen war dann die Zeit für Gegenmaßnahmen auf alliierter Seite fast immer zu knapp. Man geht hier wohl nicht fehl, wenn man zur Verdeutlichung auf das gleiche Zeitproblem beim deutschen Entzifferungsdienst hinweist. In den ersten 20 Tagen des März 1943 wurden von den in dieser Zeit in See befindlichen 35 alliierten Konvois im Nordatlantik 30 von der deutschen Funkaufklärung erfaßt. Es wurden 175 Positionsmeldungen, Kursanweisungen und Kursänderungsbefehle entziffert, doch nur 10 von ihnen lagen so rechtzeitig beim B. d. U. vor, daß er darauf noch U-Boote hätte ansetzen können.

Berücksichtigt man dieses Zeitproblem, so kann man *vorläufig* wohl annehmen, daß auf britischer Seite vom Herbst 1941 an in zunächst im Umfang begrenzten Maße, später langsam zunehmend die Möglichkeit bestand, den deutschen Funkverkehr zu entziffern. Vom Umfang des deutschen Verkehrs und den personellen und technischen Möglichkeiten des britischen Entzifferungsdienstes her ist aber anzunehmen, daß sich die tatsächlich gelungene Entzifferung nur auf einen Teil der vorhandenen Schlüsselbereiche und darin wieder nur auf einen Teil der benutzten Tagesschlüssel erstreckte. Von den gelösten Tagesschlüsseln wiederum standen nur wenige 1941, eine größere Zahl dann 1942 und zunehmend Anfang 1943 so rechtzeitig zur Verfügung, daß auf daraufhin gelungene Entzifferungen noch wirksame operative Maßnahmen eingeleitet werden konnten. Sonst wäre es z. B. kaum verständlich, daß die Gruppe »Hecht« im Mai/Juni 1942 mit nur 6 U-Booten in mehreren Wochen 5 aufeinander folgende Konvois erfassen konnte. Für den Fortschritt auf britischer Seite spricht aber auch die Tatsache, daß im Januar 1943 im Nordatlantik praktisch kaum noch Konvois erfaßt werden konnten, was bereits damals auf deutscher Seite zu der Vermutung des B. d. U.-Stabes führte, daß möglicherweise die Schlüsselmittel kompromittiert seien. Eine eingehende Untersuchung glaubte zwar diesen Verdacht zerstreuen zu können, doch suchte man durch die mit einem vorbereiteten Stichwort ausgelöste Änderung der Schlüsseleinstellungen nach einem mündlich befohlenen System dem Gegner die Entzifferungsarbeit zu erschweren. Tatsächlich trat auf britischer Seite, wie Vizeadmiral Sir Peter Gretton berichtete[3], am 8. März ein »black out« hinsichtlich der Ergebnisse der Funkentzifferung ein, ein Ereignis, an das sich damals in der Admiralität tätige Offiziere noch deutlich erinnern. Es ließ sich bisher noch nicht einwandfrei klären, ob dieser »black out« auf ein Auslaufen eventuell im Winter 1942/43 erbeuteter Schlüsselunterlagen oder auf einen Stichwortbefehl oder — was wahrscheinlicher ist — auf die Einführung der verbesserten Schlüsselmaschine M-4 zurückzuführen ist.[4]

Diese Maschine war bereits seit 1942 in der Auslieferung. Sie besaß im Unterschied zu den bisherigen Versionen statt 3 auswechselbarer Schlüsselwalzen deren vier. Da die Ausrüstung der Schiffe und U-Boote sich über längere Zeit erstreckte, mußte man sie zunächst wie eine Maschine der Version M-3 verwenden, indem man die zusätzliche vierte Walze stets in der Stellung A ließ. Nach Ausrüstung aller Einheiten wurde dann von einem bestimmten Termin im Jahre 1943 ab diese Maschine mit vier verstellbaren Walzen benutzt, was die Schlüsselperiode von bisher 26^3 auf 26^4 erhöhte und eine wesentlich vermehrte Zahl von Anordnungsmöglichkeiten für die Walzen (Walzenlagen) mit sich brachte. Damit erhöhte sich zwangsläufig der für die Entzifferung notwendige Zeitaufwand um die entsprechenden Potenzen.

So war die britische Entzifferung im Frühjahr 1943 wieder weit zurückgeworfen, und es dauerte einige Zeit, bis erneut Ergebnisse anfielen. Eines dieser Ergebnisse war die Entzifferung der Treffpunkte von U-Booten mit U-Tankern im Juli 1943 (sie gehörten in die oben erwähnte erste Kategorie von Funksprüchen). Nur mit Mühe konnten die Engländer ihre amerikanischen Partner davon abhalten, alle diese entzifferten Treffpunkte sofort mit »Hunter-Killer-Groups« anzugreifen, was die Gefahr der Kompromittierung der Entzifferungserfolge hätte mit sich bringen können. Tatsächlich kam dieser Verdacht auf deutscher Seite nach den Tankerverlusten auf den Treffpunkten auch auf, wurde aber wie Anfang 1943 in einer Untersuchung weitgehend zerstreut.

Im März 1944 (U 744) und vor allem im Juni 1944 (U 505) sind uns dann wieder Fälle der Erbeutung von Funk- und Schlüsselunterlagen sowie einer Schlüsselmaschine bekannt, welche den alliierten Entzifferungsdiensten für den Rest des Krieges, nachdem inzwischen die technischen Möglichkeiten in Bletchley Park und in den U. S. A. noch erheblich verbessert worden waren, ein wesentlich verzugloseres Entziffern ermöglichten.

Man sollte jedoch bei der Betrachtung der Rolle der Funkentzifferung nicht vergessen, daß die anderen Zweige der Funkaufklärung, die Verkehrsauswertung und die Peilauswertung, für die Erstellung von U-Bootlagebildern oft sehr viel schneller und auch zuverlässiger tatsächliche U-Bootpositionen lieferten. Hier könnte nur eine detaillierte alliierte Darstellung dieser Seite des U-Bootkrieges Klarheit bringen.

---

[3] Gretton, Sir Peter: Crisis Convoy. London: Cassell 1974. S. 20, deutsch in Übersetzung von H. Berenbrok: Atlantik 1943, Wende im U-Bootkrieg. Oldenburg: Stalling 1975. S. 22.
[4] Schriftliche Mitteilung von Vice Admiral B. B. Schofield, RN (Ret.), damals Chief der Trade Division in der Admiralität, an den Verf.

I. UNGEDRUCKTE QUELLEN

A) DEUTSCHLAND

Die deutschen Marine-Akten des Zweiten Weltkrieges sind, soweit sie bis Anfang
1945 in das von Berlin nach Tambach ausgelagerte Marine-Archiv gelangt sind,
erhalten geblieben. Sie wurden auf Grund eines Abkommens zwischen den Sieger-
mächten 1945 Großbritannien zugesprochen und der Naval Historical Branch
der Admiralty übergeben, die zu ihrer Verwaltung eine Foreign Documents
Section einrichtete. Hier wurden die Akten unter der Leitung von Commander
M. G. Saunders, RN, und unter Mithilfe des aus dem Marine-Archiv stammenden
deutschen Amtsrates Pfeiffer neu geordnet und mit neuen PG-Nummern si-
gniert.
Auf Grund eines Abkommens zwischen Großbritannien und der Bundesrepublik
Deutschland wurden die Aktenbestände des Marine-Archivs inzwischen an die
Bundesrepublik zurückgegeben und dem Bundesarchiv-Militärarchiv in Freiburg
zur weiteren archivarischen Betreuung übergeben. Ausgenommen von dieser Rück-
gabe blieben jedoch bisher einige besondere Bestände, darunter die U-Bootakten
des Zweiten Weltkrieges, die weiterhin im Gewahrsam der Naval Historical
Branch stehen und der Forschung im Original noch nicht zugänglich sind.
Dem Autor stand jedoch aus anderer Quelle eine vollständige Abschrift des Kriegs-
tagebuches des Befehlshabers der U-Boote von 1939—1945 sowie eine große Anzahl von auszugsweisen Abschriften aus Kriegstagebüchern einzelner U-Boote
zur Verfügung.
Aus dem Bestand des Bundesarchivs — Militärarchiv in Freiburg wurden vor
allem benutzt:
— Oberkommando der Kriegsmarine, Seekriegsleitung, 1. Abteilung
    Kriegstagebuch, Teil A, 1939—1943, insbes. Heft 43, 1.—31. März 1943.
— Oberkommando der Kriegsmarine, Seekriegsleitung, Chef Marine Nachrichten
    Dienst X-B-Berichte 1939—1943, insbes. Nr. 9—15 vom 4., 11., 18., 25. 3.,
    1., 8. und 15. 4. 1943.

B) GROSSBRITANNIEN

Mit Ablauf der 30-Jahres-Sperrfrist wurden die den Zweiten Weltkrieg betref-
fenden militärischen Akten der Royal Navy und der Royal Air Force, die bis
dahin nur von den offiziellen Historikern in der Naval Historical Branch und
der Air Historical Branch benutzt werden konnten, dem Public Records Office
übergeben und der allgemeinen Benutzung zugänglich. Folgende Bestände konnten benutzt werden:
— Admiralty, Naval Staff, Operations Division
    — Pink Lists 1939—1945, bes. March 1st, 1943, April 1st, 1943.
    — War Diary Summaries: Sitreps, bes. vol. 126, 127, 128 March 1—8, March
       9—15, March 16—23, 1943.
    — Daily Summary of Naval Events, bes. vol. 12, Jan.—June 1943.
— Admiralty, Naval Staff, Trade Division
    — British and Foreign Merchant Vessels Lost or Damaged by Enemy Action
       during Second World War. From September 3rd, 1939 to September 2nd,
       1945. London: Admiralty 1945 (printed for official use only).

— Convoy Lists, bes. vol. 6, September 17th, 1942 to June 30th, 1943.
— Convoy Organization. Size, Cycles, Routeing etc.
— Reports of Proceedings by Commodores of Convoys, bes.
SC.122 (March 22nd, 1943), HX.229 (April 12th, 1943), HX.229A
(March 29th, 1943), ON.168 (March 17th, 1943), ONS.169 (March 24th,
1943), ON.170 (March 24th, 1943), ONS.171 (March 29th, 1943), ON.172
(March 30th, 1943).
— Admiralty, Naval Staff, Anti-Submarine Division
— Analysis of U-Boats Operations in the Vicinity of Convoys, bes. vol. 43
KMS.10, OS.44, XK.2, SL.126, vol. 44 SC.121, HX.228, SC.122, HX.229.
(April 15th, 1943).
— Convoys and Escorts. Routeing of Convoys in North Atlantic.
— Enemy Submarine Attacks on H. M. Ships (3 vols).
— H. M. Ships lost or damaged Reports.
— Submarine Attacks on Convoys and Counterattacks by Escorts (3 vols.)
— Anti-Submarine Attacks and Operations, U-Boat Sighting Signals and
MkXXIV Mine Attacks.
— Frustration of U-Boat Attacks: Grouping of HF/DF Stations to give
quicker and more accurate information to Convoy Escorts
— Installment of Radar, HF and DF equipment in destroyers and escort
vessels
— Western Approaches Command
— War Diaries, bes. vol. 1943
— Reports of Proceedings by Senior Officers of Escort Groups of Convoys,
bes. S.O.E. SC.122 (March 22nd, 1943), S.O.E. HX. 229 (March 30th,
1943), S.O.E. HX.229 A (April 13th, 1943), S.O.E. ON.168 (March 8th,
1943), ONS.169 (April 10th, 1943), S.O.E. ON.170 (March 16th, 1943),
S.O.E. ON.171 (April 13th, 1943).

Von der Naval Historical Branch wurden zusätzlich Einzelangaben zur Zusammensetzung von Escort Groups der Konvois auf der England-Gibraltar-Route sowie zur personellen Besetzung der einzelnen Fahrzeuge der Escort Groups gegeben. Verschiedene Widersprüche in den Akten der Kriegszeit konnten mit Hilfe der Naval Historical Branch geklärt werden.

Von der Air Historical Branch wurden Auszüge aus der Coastal Command Order of Battle für den März 1943, sowie Summaries der vom RAF-Coastal Command durchgeführten Flüge zur Sicherung der Konvois SC.122 und HX.229 zur Verfügung gestellt sowie Einzelfragen beantwortet.

C) KANADA

Vom Department of National Defence, Directorate of History wurden zahlreiche Einzelfragen beantwortet sowie folgende Angaben in Kopie oder Abschrift zur Verfügung gestellt:
— Naval Service Headquarters Ottawa, Operations Division
— Daily State I of HMC ships, HM and Allied ships, operated by RCN
authorities, March 1st, March 4th, March 6th, March 10th, March 23rd and
March 30th, 1943.
— Information sheets incl. track charts of Convoys
SC.121, HX.228, SC.122, HX.229, HX.229A, ON.168, ONS.169,
ON.170.

— Royal Canadian Air Force Headquarters
— RCAF Organization Newfoundland, March 1943
— Summary of Operations March 10th to March 15th, 1943.

D) U.S.A.

Vom Navy Department, Division of Naval History wurden zahlreiche Einzel-unterlagen zu den Konvoi-Operationen im März 1943 zur Verfügung gestellt, darunter bes.

— Convoy information sheets (harbors and times of departure, composition of convoy and escort groups, ships with cargo and destination, datas on losses and stragglers etc.) for convoys: SC.122, HX.229, UGS 5A, UGF 6, UGS.6, UGS.6A, GUS.4, GUS.5, GUS.5B, GUF.5, GUS.5A.
— Sailing telegrams of Port Director New York for SC.122, HX.229, UGS.6.
— Wireless Signal file for convoys SC.122 and HX.229.
— Report of Proceedings by S.O.E. of Convoy UGS.6, COMTASKFOR 33.

II. BÜCHER UND ZEITSCHRIFTEN

Adams, H. H., Lundeberg, Ph. K. (&) Rohwer, J.: Der U-Bootkrieg — Die Schlacht im Atlantik 1939—1945. In: Seemacht. Von der Antike bis zur Gegenwart. München: Bernard & Graefe 1974. S. 521—550.
Andreev, Vasilij Ivanovič: Borba na okeanskich kommunikatsijach. Moskva: Voenizdat 1961.
Anrys, Henri: L'attaque du convoi TM.1. In: Revue Maritime 1967. No. 248, S. 1281—1297.
— Battaile pour le SC.122. In: Revue Maritime 1969. No. 462, S. 452—465.
— The Battle of the *Atlantic.* London: H. M. Stationery Office 1946.
Bekker, Cajus: Radar. Duell im Dunkel. Oldenburg/Hamburg: Stalling 1958. 2. Aufl. 1964.
— Verdammte See. Ein Kriegstagebuch der deutschen Marine. Oldenburg/Hamburg: Stalling 1971.
Bogolepov, V. P.: Blokada i kontrblokada. Borba na okeansko-morskich soob-ščenijach vo vtoroj mirovoj vojne. Moskva: Voenizdat 1966.
Bonatz, Heinz: Die deutsche Marine-Funkaufklärung 1914—1945. In: Wehr-wissenschaftliche Berichte. Darmstadt: Wehr und Wissen 1970.
Brennecke, Jochen: Jäger — Gejagte. Deutsche U-Boote 1939—45. Biberach: Koehler 2. Aufl. 1956. Engl. transl. by R. H. Stevens: The Hunters and the Hunted. London: Starke 1958.
Buchheim, Lothar-Günther: Das Boot. Hamburg: Hoffmann & Campe 1974.
Busch, Harald: So war der U-Bootkrieg. Bielefeld: Dt. Heimat-Verlag 2. Aufl. 1954. Engl. Übers. by L. R. P. Wilson: U-Boats at War. London: Putnam 1955.
Chalmers, William S.: Max Horton and the Western Approaches. London: Hodder & Stoghton 1954.
Churchill, Winston Spencer: The Second World War. Vol. 1—6. London: Cassell 1950—54.

Creighton, Sir Kenelm: Convoy Commodore. London: Kimber 1956.

Cunningham, Viscount Andrew Browne: A Sailor's Odyssey. An Autobiography. London: Hutchinson 1952.

Deloraine, M.: La radiogoniometrie des emissions de sousmarins pendant la bataille de l'Atlantique. Communication faite a l'Académie de Marine, Paris, 11. 6. 1965.

Dönitz, Karl: Essay on the conduct of the war at sea. Washington: Office of Naval Intelligence 1946.

— Zehn Jahre und zwanzig Tage. Bonn: Athenäum 1958. Engl. Übers. by R. H. Stevens and David Woodward: Memoirs. London: Weidenfeld & Nicolson 1959.

— Die Schlacht im Atlantik in der deutschen Strategie des Zweiten Weltkrieges. In: Marine-Rundschau 61 (1964), S. 63—76.

Easton, Alan: 50 North. An Atlantic Battleground. London: Eyre & Spottiswoode 1963.

Eremeev, L. M. (&) Šergin, A. P.: Podvodnye lodki inostrannych flotov vo vtoroj mirovoj vojne. Moskva: Voenizdat 1962.

Farago, Ladislas: The Tenth Fleet. New York: Obolensky 3. Aufl. 1962.

Frank, Wolfgang: Die Wölfe und der Admiral. Oldenburg/Hamburg: Stalling 1953. Engl. Übers. by: The Sea Wolves. New York: Rinehart 1955.

Freyer, Paul Herbert: Der Tod auf allen Meeren. Ein Tatsachenbericht zur Geschichte des faschistischen U-Boot-Krieges. Berlin (Ost): Dt. Militärverlag 1970.

German, Italian and Japanese U-Boat Casualties during the War. London: H. M. Stationery Office 1946.

Gallery, Daniel V.: Twenty Million tons under the Sea. Chicago: Regnery 1956.

Giessler, Hellmuth: Der Marine-, Nachrichten- und Ortungsdienst. In: Wehrwissenschaftliche Berichte. München: Lehmanns 1971.

Goodhart, Philip: Fifty ships that saved the world. The Foundation of the Anglo-American alliance. London: Heinemann 1965.

Gretton, Sir Peter: Convoy Escort Commander. London: Cassell 1964.

— Crisis Convoy. The Story of the Atlantic Convoy HX.231. London: Davies 1974.

Guerlac, Henry (&) Boas, Marie: The Radar War against the U-boat. In: Military Affairs Vol. 14 (1950) S. 99—111.

Hasselwander, Gerald E.: Der US-Zerstörer Greer und U 652 am 4. September 1941. In: Marine-Rundschau 59 (1962), S. 148—160.

Herlin, Hans: Verdammter Atlantik. Schicksale deutscher U-Bootfahrer. Hamburg: Nannen 1959.

Herzog, Bodo: U-Boote im Einsatz 1939—1945. Dorheim: Podzun 1970.

Hudson, J. L.: British Merchantmen at War 1939—1945. London: H. M. Stationery Office 1944.

Jeschke, Hubert: U-Boottaktik. Zur deutschen U-Boottaktik 1900—1945. In: Einzelschriften zur militärischen Geschichte des Zweiten Weltkrieges 9. Freiburg: Rombach 1972.

Joubert de la Ferté, Sir Philip B. The Third Service. The story behind the Royal Air Force. London: Thames & Hudson 1955.

Kahn, David: The Codebreakers. The Story of secret writing. London: Weidenfeld & Nicolson 1967.

Kemp, Peter K.: Victory at Sea, 1939—1945. London: Muller 1957.

Kent, Sherman: Strategic Intelligence for American World Policy. Princeton University Press 1949.

Kerr, George F.: Business in Great Waters. London: Faber & Faber 1951.

King, Ernest J. (&) Whitehill, Walter Muir: Fleet Admiral King. A Naval Record. New York: Norton 1952.

Lagevorträge des Oberbefehlshabers der Kriegsmarine vor Hitler 1939—1945. Herausgeg. von Gerhard Wagner. München: Lehmanns 1972.

Land, Emory Scott: The United States Merchant Marine at War. Washington: U. S. Government Printing Office 1946.

— Winning the War with Ships. New York: McBride 1958.

Lenton, H. T. (&) Colledge, J. J.: Warships of World War II. London: Ian Allan 1963—64.

Lenton: H. T.: German Submarines. Vol. 1—2, In: Navies of the Second World War. London: Macdonald 1965.

— British Fleet and Escort Destroyers. Vol. 1—2. In: Navies of the Second World War. London: Macdonald 1970.

— American Fleet and Escort Destroyers. Vol. 1—2. In: Navies of the Second World War. London: Macdonald 1971.

— British Escort Ships. In: W. W. 2 Fact Files. London: Macdonald & Jane's 1974.

Lewis, David D.: The Fight for the Sea. The past, present, and future of submarine warfare in the Atlantic. New York: World Publ. Co. 1961.

Lincoln, F. Ashe: Secret Naval Investigator. London: Kimber 1961.

Lohmann, Walter (&) Hildebrand, Hans H.: Die deutsche Kriegsmarine 1939 bis 1945. Gliederung, Einsatz, Stellenbesetzung. Bad Nauheim: Podzun 1956 bis 1964.

Lund, Paul (&) Ludlam, Harry: Night of the U-Boats. (The story of SC. 7). London: Foulsham 1973.

Macintyre, Donald: U-Boat Killer. London: Weidenfeld & Nicolson 1956.

— The Battle of the Atlantic. London: Batsford 1961.

McLachlan, Donald: Room 39. Naval Intelligence in Action 1939—45. London: Weidenfeld & Nicolson 1968.

Mallmann Showell, J. P.: U-Boats under the swastika. An introduction to German submarines 1939—1945. London: Ian Allan 1973.

Medlicott, William Norden: The Economic Blockade. Vol. 1—2. In: History of the Second World War. U. K. Civil Series. London: H. M. Stationery Office 1952—1959.

Monserrat, Nicholas: H. M. Corvette. New York: Lippincott 1943.

Morison, Samuel Eliot: The Battle of the Atlantic. In: History of United States Naval Operations in World War II. Vol. 1, Boston: Little Brown & Co. 1948.

— The Battle of the Atlantic Won. In: op. cit. Vol. X. Boston: Little Brown 1956.

Morsier, Pierre de: Les corvettes de la France libre. Paris: Ed. France-Empire 1972.

Noli, Jean: Les loups de l'amiral. Les Sous-marins Allemands sans la bataille de l'Atlantique. Paris: Fayard 1970.

Pertek, Jerzi: Wielkie dni malej floty. Poznan: Wydawnictwo Poznankie 3. Aufl. 1967.

Peillard, Leonce: Histoire générale de la guerre sous-marine 1939—1945. Paris: Laffont 1970.

Poolman, Kenneth: The Catafighters and Merchant Aircraft Carriers. London: Kimber 1970
— Escort Carrier 1941—1945. An account of British escort carriers in trade protection. London: Ian Allan 1972.
Preston, Anthony: V and W destroyers 1917—1945. London: Macdonald 1971.
— (&) Raven, Alan: Flower Class Corvettes. In: Ensign 3. London: Bivouak Books 1973.
Price, Alfred: Aircraft versus Submarine. The evolution of the anti-submarine aircraft 1912—1972. London: Kimber 1973.
Radar. A Report on Science at War. Washington: U. S. Government Printing Office 1945.
Raeder, Erich: Mein Leben. 2 Bde. Tübingen: Schlichtenmayer 1956—1957. Engl. Übers. My Life. Annapolis: U. S. Naval Institute 1960.
Reuter, Frank: Funkmeß. Die Entwicklung und der Einsatz des RADAR-Verfahrens in Deutschland bis zum Ende des Zweiten Weltkrieges. Opladen: Westdeutscher Verlag 1971
Richards, Denis (&) Saunders, Hilary St. George: Royal Air Force, 1939—1945. Vol. 1—3. London: H. M. Stationery Office 1953—1954.
Riesenberg, Felix: Sea War. The Story of the U. S. Merchant Marine in World War II. New York: Rinehart 1956.
Robertson, Terence: Walker R. N. The Story of Captain Frederic John Walker. London: Evans 1956.
— The Golden Horseshoe. The Story of Otto Kretschmer. London: Pan Books 1966.
Rohwer, Jürgen: Der Kearny-Zwischenfall am 17. Oktober 1941. In: Marine-Rundschau 56 (1959), S. 288—301.
— Der U-Bootkrieg und sein Zusammenbruch 1943. In: Entscheidungsschlachten des Zweiten Weltkrieges. Frankfurt/Main: Bernard & Graefe 1960. S. 327 bis 394. Engl. Übers.: The U-boat War against the Allied Supply Lines. In: Decisive battles of World War II. London: André Deutsch 1965. S. 259 bis 312.
— La radiotélégraphie auxiliaire du commandement dans la guerre sous-marine. In: Revue d'histoire de la Deuxième Guerre Mondiale, 1966, S. 42—66.
— The last Triumph of the U-boats. In: Purnell's History of the Second World War. London: Purnell 1967. Vol. 4/4, S. 143—146.
— Vor 25 Jahren: Die größte Geleitzugschlacht des Krieges: HX.229—SC.122 (März 1943). In: Wehrwissenschaftliche Rundschau 18 (1968), S. 146—158.
— Die U-Booterfolge der Achsenmächte 1939—1945. Dokumentationen der Bibliothek für Zeitgeschichte 1. München: Lehmanns 1968.
— Die Funkführung der deutschen U-Boote im Zweiten Weltkrieg. Ein Beitrag zum Thema Technik und militärische Führung. In: Wehrtechnik 1969. S. 324—328, 360—364.
— Die erste Geleitzugschlacht des Zweiten Weltkrieges. In: Koehlers Flottenkalender 1970. S. 172—176.
— Kriegsmarine U 107. In: Profile Warships No. 8. Windsor: Profile Publications 1971.
— Die zweite Geleitzugschlacht im November 1939. In: Koehlers Flottenkalender 1971. S. 128—131.
— (&) Hümmelchen, Gerd: Chronik des Seekrieges 1939—1945. Oldenburg: Stalling 1968. Erw. und ill. engl. Ausg.: Chronology of the War at Sea 1939—1945. Vol. 1—2. London: Ian Allan 1972—74.

Rössler, Eberhard: Geschichte des deutschen U-Bootbaus. München: Lehmanns 1974.

Roscoe, Theodore: United States Destroyer Operations in World War II. Annapolis: United States Naval Institute 1953.

Roskill, Stephen W.: The War at Sea 1939—1945. Vol. 1, 2, 3/1, 3/2. In: History of the Second World War. United Kingdom Military Series. London. H. M. Stationery Office 1954—1961.

— The Secret Capture. The Story of U 110. London: Collins 1959.

Ruge, Friedrich: Der Seekrieg 1939—1945. Stuttgart: Koehler 1954. Engl. Übers. Der Seekrieg. The German Navy's Story 1939—1945. Annapolis: United States Naval Institute 1957.

Salewski, Michael: Die deutsche Seekriegsleitung 1935—1945. Vol. 1—3. Frankfurt/Main-München: Bernard & Graefe 1970—75.

Schofield, Brian Betham (&) Martyn, L. F.: The Rescue Ships. Edinburgh: Blackwood 1968.

Seth, Ronald: The Fiercest Battle. The Story of North Atlantic Convoy ONS.5, 22 April—7 May 1943. London: Hutchinson 1961.

Schull, Joseph: The Far Distant Ships. An official account of Canadian Naval Operations in the Second World War. Ottawa: Cloutier 1952.

Ships of the Esso Fleet in World War II. New Jersey: Standard Oil Company of New Jersey 1946.

Slessor, Sir John: The Central Blue. Recollections and Reflections. London: Cassell 1956.

Smith, Peter C.: Destroyer Leader. The Story of H. M. S. Faulknor. London: Kimber 1968.

Sohler, Herbert: U-Bootkrieg und Völkerrecht. Marine-Rundschau, Beiheft 1. Frankfurt/Main: Mittler 1956.

Steen, Erik Anker: Marinens operasjoner fra baser i Storbritannia m. v. Juli 1940 til December 1943 (vol. 1) and m. v. Januar 1944 til Juni 1945 (vol. 2). In: Norges sjökrig 1940—1945. Vol. 6, 1/2. Oslo: Gyldendal Norsk Forl. 1963 bis 1969.

Tucker, Gilbert Norman: The Naval Service of Canada. Its official History. Vol. 1—2 Ottawa: Cloutier 1952.

Ubaldini, U. Mori: I sommergibili negli oceani. In: La Marine Italiana nelle Seconda Guerra Mondiale. Tom. 12. Roma: Ufficio Storico della Marina Militare 1963.

U-Boote. Eine Chronik in Bildern. Hrsg. von Jürgen Rohwer. Oldenburg/Hamburg: Stalling 1962.

United States Naval Chronology, World War II. Prep. by the Historical Division, Office of Naval Operations, Navy Department. Washington: U. S. Government Printing Office 1955.

Waters, John M.: Bloody Winter. Princeton: Van Nostrand 1967. Dt. Ausg.: Blutiger Winter. Höhepunkt und Ende der großen Geleitzugschlachten im Atlantik. München: Welsermühl 1969.

Watson-Watt: Sir Robert: Three steps to Victory. London: Odhams Press 1957.

Willoughby, Malcolm F.: The U. S. Coast Guard in World War II. Annapolis: United States Naval Institute 1957.

Marine - Sachbücher

Die »Schlacht im Atlantik« war die längste
Schlacht des Zweiten Weltkrieges. Sie dauerte
über 68 Monate. Es ging um die für England
lebensnotwendigen Zufuhren über See. Sie
wurden von Schlachtschiffen, Kreuzern, Hilfs-
kreuzern, Schnellbooten und Flugzeugen und mit
Minen angegriffen, doch lag die Hauptlast des
Kampfes bei den deutschen U-Booten. Den
Schwerpunkt des Ringens bildeten die Konvoi-
Routen im Nordatlantik. Hier fiel im Jahr 1943 die
Entscheidung in einer Kette von Geleitzug-
schlachten.

Viele Bücher berichten von einzelnen dieser
Geleitzugschlachten. In diesem Buch wird nun
zum ersten Male der Versuch gemacht, den Höhepunkt dieser Schlacht im Atlantik in den ersten
zwanzig Tagen des März 1943 zu schildern. Viele
bisher offen gebliebene Fragen finden ihre Antwort: Nach welcher Konzeption setzte der
deutsche Befehlshaber der U-Boote seine Kräfte
ein? Wie steuerten die alliierten Führungsstellen ihre Konvois? Welche Rolle spielte auf
beiden Seiten die Funkaufklärung? Wie wurden
ein Konvoi und seine Escort Group geführt, wie
eine U-Bootgruppe? Welche technischen Geräte –
Sensoren und Waffensysteme, welche Umwelt-
einflüsse – Wetter und Beleuchtung, und welche
menschlichen Faktoren spielten in den einzelnen
Phasen der oft tagelangen Geleitzugschlachten
die entscheidende Rolle?

Wurden bisher vorwiegend die Operationen
beschrieben, bei denen viel passierte, bei denen
die U-Boote viele Handelsschiffe oder die Escorts
viele U-Boote versenkten, so wird hier ebenso
untersucht, warum bei anderen Operationen nichts
Aufregendes geschah, warum Handelsschiffe oder
U-Boote nicht versenkt wurden, warum Geleitzugschlachten nicht zustandekamen.

Im Mittelpunkt des Berichtes steht die größte
Geleitzugschlacht des Krieges, in der 41 U-Boote
aus den Konvois HX.229 und SC.122 einundzwanzig
Schiffe mit 140 842 BRT versenkten. Aufgrund des
Vergleichs der Kriegstagebücher der U-Boote und
der alliierten Gefechtsberichte der Convoy-
Commodores, der Escort Commanders, der
Kommandanten des Escorts und der Flugzeug-
führer wird jede Gefechtsberührung, jeder Angriff
genau analysiert. Dabei stellt sich manche bisher
gängige Vorstellung über die Bedeutung einzelner
Waffen und Geräte als unzutreffend oder nur sehr
begrenzt richtig heraus.

Anhand zahlreicher Karten wird die Entwicklung
der Gesamtlage im Nordatlantik von 48 zu 48
Stunden mit allen Konvoi- und U-Bootpositionen
und -bewegungen verdeutlicht. Nicht nur die
Geleitzugschlachten, auch die gelungenen Ausweichbewegungen der Konvois und die Ergebnisse
der Funkaufklärung sind dargestellt. Gefechts-
skizzen zeigen typische Operationsformen bei
Geleitzugschlachten.

Bitte beachten Sie die Hinweise im Innern des Schutzumschlages